总 目 次

ICS 03.220.20;35.240.15
R 07
备案号:

中华人民共和国交通运输行业标准

JT/T 978.1—2015

城市公共交通 IC 卡技术规范 第1部分:总则

Technical specification on IC card for urban public transport— Part 1 :General provisions

2015-05-21 发布　　2015-07-15 实施

中华人民共和国交通运输部　发布

目　次

前　言

JT/T 978《城市公共交通 IC 卡技术规范》由 7 个部分组成:

——第 1 部分:总则;

——第 2 部分:卡片;

——第 3 部分:读写终端;

——第 4 部分:信息接口;

——第 5 部分:非接触接口通信;

——第 6 部分:安全;

——第 7 部分:检测项目。

本部分为 JT/T 978 的第 1 部分。

本部分按照 GB/T 1.1—2009 给出的规则起草。

本部分由中华人民共和国交通运输部运输服务司提出。

本部分由全国城市客运规范化技术委员会(SAC/TC 529)归口。

本部分起草单位:中国交通通信信息中心、交通运输部公路科学研究院、北京市政交通一卡通有限公司、南京市市民卡有限公司、中国道路运输协会城市客运分会。

本部分主要起草人:汪宏宇、李岚、李硕、唐猛、沈伟彬、李斌、杨蕴、陈文革、肖震宇、陈宇。

城市公共交通 IC 卡技术规范

第1部分:总则

1 范围

JT/T 978 的本部分规定了城市公共交通 IC 卡系统的组成及总体技术要求。

本部分适用于城市公共交通 IC 卡相关产品的设计、研发和城市公共交通 IC 卡系统的规划、设计与建设。

2 术语和定义

下列术语和定义适用于本文件。

2.1

城市公共交通　urban public transport

公共交通　public transport

运用公共汽电车、城市轨道交通、城市客运轮渡等运载工具和有关设施,按照核定的线路、站点、时间、票价运营,为公众提供基本出行服务的城市客运方式。

2.2

城市公共交通 IC 卡　urban public transport IC card

用于各种城市公共交通方式小额支付的集成电路卡。

2.3

读写终端　terminal

安装于交易点的用于与城市公共交通 IC 卡配合共同完成交易的设备。

2.4

城市公共交通 IC 卡系统　urban public transport IC card system

为城市公共交通 IC 卡提供各种技术支持系统的总和。

2.5

电子现金应用　the application of electronic cash(EC)

电子现金　electronic cash(EC)

采用借记/贷记技术设计和非对称和对称密钥结合体系的 IC 卡应用。

2.6

电子钱包应用　the application of electronic purse(EP)

电子钱包　electronic purse(EP)

采用对称密钥系统,进行小额消费的城市公共交通 IC 卡应用。

2.7

复合应用专用文件　complex application specified file

用于存储复合应用信息的文件。

注:可以是变长记录结构文件,也可以是循环记录结构文件。

2.8

扩展应用专用文件 comprehensive application specified file

用于存储扩展应用信息的文件。

注:可以是变长记录结构文件,也可以是循环记录结构文件。

2.9

公共交通过程信息变长记录文件 variable length record file for public transport processes information

由电子现金和电子钱包共同访问的变长记录文件,用于存储跨区域使用时的公共交通过程信息。

注:其短文件标识符(SFI)固定为0x1A,在电子钱包应用内以复合应用专用文件的形式存在,在电子现金应用内以扩展应用专用文件的形式存在。

2.10

公共交通过程信息循环记录文件 recycling stack record file for public transport processes information

由电子现金和电子钱包共同访问的循环记录文件,用于存储跨区域使用时的公共交通过程信息。

注:其SFI固定为0x1E,在电子钱包应用内以复合应用专用文件的形式存在,在电子现金应用内以扩展应用专用文件的形式存在。

2.11

圈存 load

增加城市公共交通IC卡中电子现金和电子钱包共用余额的过程。

2.12

圈提 unload

提取城市公共交通IC卡中电子现金和电子钱包共用余额的过程。

2.13

近距离支付系统环境 proximity payment system environment (PPSE)

包含应用标识、应用标签和应用优先指示器列表的支付环境。

2.14

清分 clearing

对交易数据依据机构类型和交易类型进行分类汇总,并计算结算金额的过程。

2.15

清算 settlement

根据清分结果对交易数据进行净额轧差的过程。

2.16

结算 settlement of accounts

根据清分清算的结果进行资金划拨的过程。

2.17

发卡机构 card issuer

发行城市公共交通IC卡,并对清分结算的跨机构交易数据进行验证的机构。

2.18

收单机构 acquirer

布放城市公共交通IC卡终端,为城市公共交通IC卡提供刷卡、资金结算服务,并对清分结算的跨机构交易数据进行收集、上送的机构。

2.19

入网机构　institution

城市公共交通 IC 卡运营的实体。

注：至少拥有发卡机构和收单机构其中一种角色。

2.20

清分结算机构　clearing and settlement institution

对入网机构的跨机构交易数据提供清分、清算以及结算服务的机构。

3　城市公共交通 IC 卡系统组成

3.1　系统框架

城市公共交通 IC 卡系统框架见图 1。

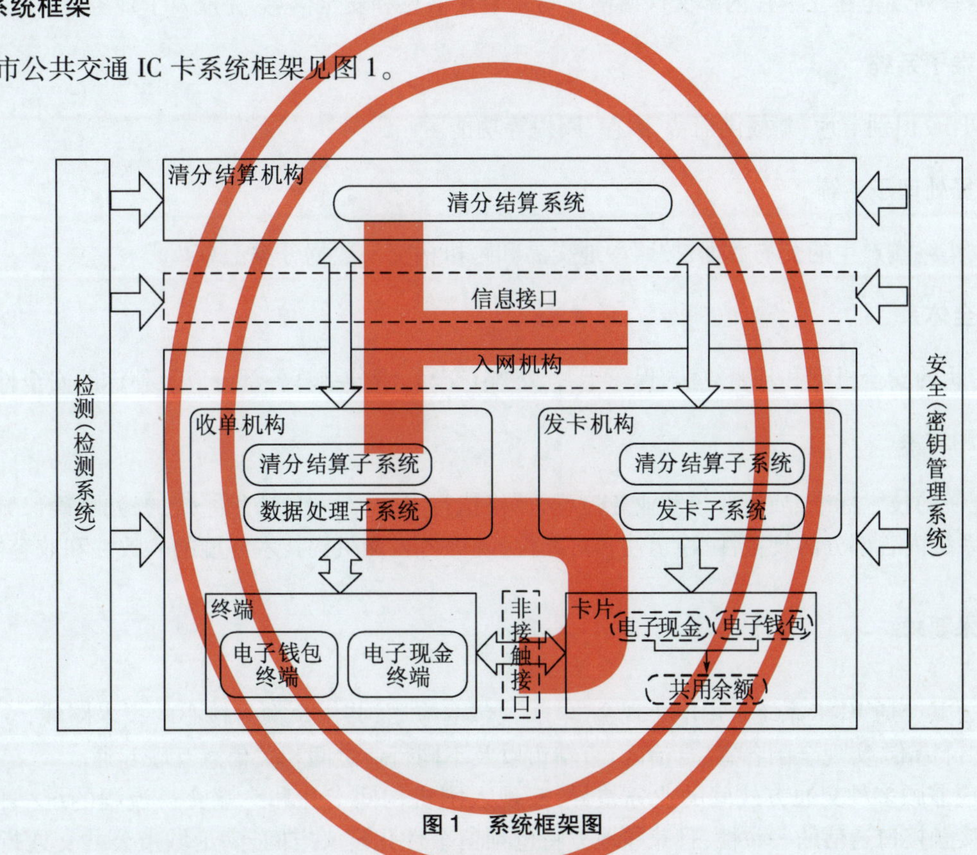

图 1　系统框架图

3.2　构建原则

城市公共交通 IC 卡系统的设计应满足各地区公共交通出行差异性需求和不同交通方式特有业务需求，并兼容电子现金应用和电子钱包应用，有效支撑不同交通方式间交易全过程的规范化、自动化、网络化综合管理；保障交易数据清分结算的及时性、公正性和合理性。

3.3　系统组成及子系统工作关系

城市公共交通 IC 卡系统由城市公共交通 IC 卡（以下简称“卡片”）、终端，以及发卡、数据处理、清分结算、安全和检测等子系统组成。

各子系统工作关系：以卡片为载体，以终端为基础，实现消费、圈存、圈提等功能；依靠安全、可靠的网络，通过统一的数据接口链接，实现入网机构系统间的交易数据及时流转；按照不同的清分规则，由清分结算系统完成跨机构交易数据的清分、结算。

3.4 子系统

3.4.1 清分结算系统

收单机构清分结算子系统主要负责收集跨机构的交易数据并传输至清分结算系统。

发卡机构清分结算子系统主要负责对本机构发行的卡片所产生的跨机构交易数据进行合法性、完整性的验证,并将验证结果传输至清分结算系统。

清分结算机构的清分结算系统根据交易验证结果进行清分、结算和数据分析、汇总。

3.4.2 发卡子系统

按照本系列规范建立卡片内部文件结构并写入卡片信息和安全信息,完成发卡业务。

3.4.3 终端子系统

通过 PPSE 识别卡片,并提供消费、圈存、圈提等功能。

3.4.4 数据处理子系统

负责收集终端产生的交易数据,按照本地交易和跨机构交易数据分类汇总。

3.4.5 安全体系

通过密钥的安全机制和加密算法,保障卡片、终端、交易、清分结算各部分以及整体的安全性。

3.4.6 检测体系

依据统一的技术标准、质量要求和业务流程,严格执行卡片、终端及应用系统的检测,确保城市公共交通 IC 卡系统内各部分的规范性、稳定性和可靠性,确保各入网机构技术环境的一致性和兼容性。

4 总体技术要求

4.1 城市公共交通 IC 卡系统采用电子现金、电子钱包双应用,共用余额为核心的技术路线,支持现有主流小额支付标准,实现全国各省、自治区、直辖市以及不同行业之间相关信息互联互通。

4.2 系统应兼顾多种交通方式间的业务差异,实现入网机构间卡片和终端交易流程的统一化、规范化,实现非接触接口通信的一致性,且兼顾地方特色预留个性化定义空间,满足城市公共交通行业的前端业务需求。

4.3 系统应采用符合国际、国内通用标准的通信接口与信息接口,保障与相关系统的互联互通,以及相关交易信息的交换、清分与结算。

4.4 安全体系应采用对称密钥和非对称密钥结合的方式,通过密钥的安全机制和加密算法,保证卡片金额、卡片与终端交易、清分结算数据传输以及系统整体的安全性,同时应支持国密算法。

4.5 检测体系应依据统一的技术标准、质量要求和业务流程,对卡片、终端和应用系统进行严格检测。

参 考 文 献

[1] GB/T 7421 信息技术 系统间远程通信和信息交换 高级数据链路控制(HDLC)规程
[2] GB/T 16649.3 识别卡 带触点的集成电路卡 第3部分:电信号和传输协议
[3] GB/T 16649.5 识别卡 带触点的集成电路卡 第5部分:应用标识符的编号系统和注册程序
[4] GB/T 16649.6 识别卡 带触点的集成电路卡 第6部分:行业间数据元

ICS 03.220.20;35.240.15
R 07
备案号:

中华人民共和国交通运输行业标准

JT/T 978.2—2015

城市公共交通 IC 卡技术规范 第 2 部分:卡片

Technical specification on IC card for urban public transport—
Part 2:Card

2015-05-21 发布 2015-07-15 实施

中华人民共和国交通运输部 发布

目　次

前　言

JT/T 978《城市公共交通 IC 卡技术规范》由 7 个部分组成:

——第 1 部分:总则;

——第 2 部分:卡片;

——第 3 部分:读写终端;

——第 4 部分:信息接口;

——第 5 部分:非接触接口通信;

——第 6 部分:安全;

——第 7 部分:检测项目。

本部分为 JT/T 978 的第 2 部分。

本部分按 GB/T 1.1—2009 给出的规则起草。

本部分由中华人民共和国交通运输部运输服务司提出。

本部分由全国城市客运标准化技术委员会(SAC/TC 529)归口。

本部分起草单位:交通运输部公路科学研究院、中国交通通信信息中心、交通运输部科学研究院、北京市政交通一卡通有限公司、南京市市民卡有限公司、武汉城市一卡通有限公司、泰州市凤城一卡通有限公司、广东岭南通股份有限公司、中国银联股份有限公司、中钞信用卡产业发展有限公司、北京中电华大电子设计有限责任公司、武汉天喻信息产业股份有限公司、北京握奇数据系统有限公司、恒宝股份有限公司。

本部分主要起草人:杨蕴、王刚、梅新明、王立岩、李岚、唐猛、沈伟彬、司徒文翰、谷云辉、张永军、陈文革、惠思涌、莫若、嵇云峰、徐锋、李斌、丁吉、孟秋霞、王晓燕、丹明波、邱峥。

城市公共交通 IC 卡技术规范
第 2 部分：卡片

1 范围

JT/T 978 的本部分规定了城市公共交通 IC 卡卡片介质、卡片文件、电子现金应用、电子钱包应用、电子现金双币应用等要求。

本部分适用于城市公共交通 IC 卡卡片的设计、研发与生产。

2 规范性引用文件

下列文件对于本文件的应用是必不可少的。凡是注日期的引用文件，仅注日期的版本适用于本文件。凡是不注日期的引用文件，其最新版本（包括所有的修改单）适用于本文件。

GB/T 2659　世界各国和地区名称代码
GB/T 4880.1　语种名称代码　第 1 部分：字母代码
GB/T 12406　表示货币和资金的代码
GB/T 14916　识别卡　物理特性
GB/T 15150　产生报文的银行卡　交换报文规范　金融交易内容
GB/T 15273　信息处理八位单字节编码图形字符集
GB/T 16649.4　识别卡　带触点的集成电路卡　第 4 部分：用于交换的结构、安全和命令
GB/T 16649.5　识别卡　带触点的集成电路卡　第 5 部分：应用标识符的编号系统和注册程序
GB/T 17552　识别卡　金融交易卡
JT/T 978.1　城市公共交通 IC 卡技术规范　第 1 部分：总则
JT/T 978.3　城市公共交通 IC 卡技术规范　第 3 部分：读写终端
JT/T 978.5　城市公共交通 IC 卡技术规范　第 5 部分：非接触接口通信
JT/T 978.6　城市公共交通 IC 卡技术规范　第 6 部分：安全

3 术语和定义

JT/T 978.1 界定的以及下列术语和定义适用于本文件。

3.1

复合应用　complex application

结合电子钱包应用的交通应用模式，适用于使用分时分段扣费、换乘优惠等应用场景。

3.2

扩展应用　comprehensive application

结合电子现金应用的交通应用模式，适用于使用分时分段扣费、换乘优惠等的应用场景。

3.3

押金抵扣 deposit deduction

当卡片内余额不足且消费金额小于发卡机构给予持卡人的押金额度时，持卡人使用押金完成交易

的过程。

3.4

发卡机构行为代码　issuer action code

发卡机构写入卡片供终端进行动作选择的代码。

4　符号和缩略语

下列符号和缩略语适用于本文件。

AAC——应用认证密文(Application Authentication Cryptogram)

AC——应用密文(Application Cryptogram)

ADA——应用缺省行为(Application Default Action)

ADF——应用专用文件(Application Definition File)

AEF——应用基本文件(Application Elementary File)

AFL——应用文件定位器(Application File Locator)

AID——应用标识符(Application Identifier)

APDU——应用协议数据单元(Application Protocol Data Unit)

ARPC——授权响应密文(Authorization Response Cryptogram)

ARQC——授权请求密文(Authorization Request Cryptogram)

ATC——应用交易计数器(Application Transaction Counter)

BER——基本编码规则(Basic Encoding Rules)

CAPP——扩展应用(Comprehensive Application)/复合应用(Complex Application)

CDA——复合动态数据认证(Combined DDA)/应用密文生成(AC Generation)

CDOL——卡片风险管理数据对象列表(Card Risk Management Data Object List)

CLA——命令报文的类别字节(Class Byte of the Command Message)

cn——压缩数字型

CRT——中国余数定理(Chinese Remainder Theorem)

CTTA——累计脱机交易总金额(Cumulative Total Transaction Amount)

CTTAL——累计脱机交易总金额限制(Cumulative Total Transaction Amount Limit)

CTTAUL——累计脱机交易总金额上限(Cumulative Total Transaction Amount Upper Limit)

CVM——持卡人验证方法(Cardholder Verification Method)

CVR——卡片验证结果(Card Verification Results)

DDA——动态数据认证(Dynamic Data Authentication)

DDOL——动态数据认证数据对象列表(Dynamic Data Authentication Data Object List)

DF——专用文件(Dedicated File)

DOL——数据对象列表(Data Object List)

EC——电子现金(Electronic Cash)

EF——基本文件(Elementary File)

FCI——文件控制信息(File Control Information)

fDDA——快速动态数据认证(Fast DDA)

GPO——获取处理选项(Get Processing Options)

IAC——发卡机构行为代码(Issuer Action Code)

IC——集成电路(Integrated Circuit)

IDD——发卡机构自定义数据(Issuer Defined Data)

INS——命令报文的指令字节(Instruction Byte of Command Message)

Lc——终端应用层在情况 3 或情况 4 命令中发出数据的实际长度

注:情况 3 或情况 4 参见 JR/T 0025.6。

Le——响应数据中的最大期望长度

MAC——报文鉴别码(Message Authentication Code)

n——数字型

P1——参数 1

P2——参数 2

PAN——主账号(Primary Account Number)

PDOL——处理选项数据对象列表(Processing Options Data Object List)

PIN——个人识别码(Personal Identification Number)

PIX——扩展的专用应用标识符(Proprietary Application Identifier Extension)

PPSE——近距离支付系统环境(Proximity Payment Systems Environment)

RFU——预留(Reserved for Future Use)

RID——注册的应用提供商标识(Registered Application Provider Identifier)

R-MAC——响应数据的报文鉴别码(Response Message Authentication Code)

RSA——Rivest、Sharmir 和 Adleman 提出的一种非对称密钥算法的简称

SFI——短文件标示符(Short File Identifier)

SW1——状态字 1(Status Word One)

SW2——状态字 2(Status Word Two)

TAC——交易验证码(Transaction Authorization Cryptogram)

TAL——终端应用层(Terminal Application Layer)

TC——交易证书(Transaction Certificate)

TLV——表示标签、长度以及值的组合(Tag Length Value)

TDOL——交易证书数据对象列表(Transaction Certificate Data Object List)

TVR——终端验证结果(Terminal Verification Results)

UDK——子密钥(Unique Key)

5 卡片介质要求

5.1 卡片介质

城市公共交通 IC 卡(以下简称“卡片”)为非接触式集成电路卡,符合 JT/T 978.5 要求,CPU 卡的可写数据存储器容量不少于 20kB。

5.2 卡体材料

卡体材料应符合 GB/T 14916 的规定。

5.3 卡片外形规格

卡片尺寸应符合 GB/T 14916 规定的 ID-1 型卡的尺寸。

5.4 卡面要求

卡片正面应包括城市公共交通 IC 卡标识及卡号。

城市公共交通 IC 卡标识位于卡片正面右侧,可分为下置格式和上置格式两种设计方案,下置格式

见图1,上置格式见图2。

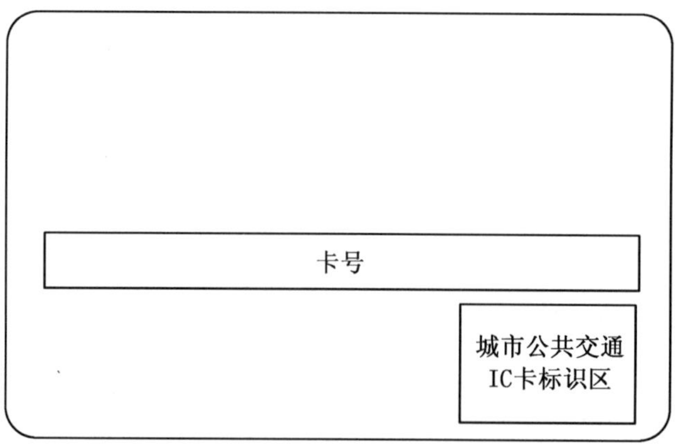

图1 城市公共交通IC卡标识下置格式

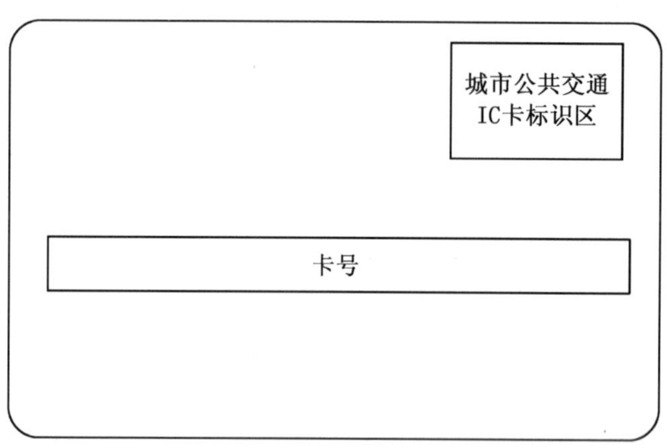

图2 城市公共交通IC卡标识上置格式

6 卡片文件要求

6.1 文件

6.1.1 概述

卡片的每个应用都包括一系列信息项,文件中的数据信息以记录方式或二进制方式存储。文件结构及引用方式由文件的用途决定,支持ADF和AEF两种文件。

6.1.2 应用专用文件(ADF)

应用专用文件(ADF)的树形结构应符合以下要求:

a) 能够将数据文件与应用联系起来;

b) 能够确保应用之间的独立性;

c) 通过应用选择实现对其逻辑结构的访问。

6.1.3 应用基本文件(AEF)

按GB/T 16649.4的规定创建。

6.1.4 文件结构的映射

文件结构的映射应符合以下要求：

a) GB/T 16649.4 规定的专用文件(DF)映射为一个 ADF;

b) GB/T 16649.4 规定的一个基本文件(EF)对应一个 AEF。

6.1.5 文件引用

6.1.5.1 概述

文件可以通过文件名或 SFI 引用。

6.1.5.2 通过文件名引用

卡片中的 ADF 都可以通过它的 DF 名引用。ADF 的 DF 名与它的 AID 对应或以 AID 作为 DF 名的开头。卡片中的每个 DF 名应在该卡内是唯一的。

6.1.5.3 通过 SFI 引用

SFI 用于选择 AEF,每个 SFI 在一个应用内应是唯一的。在一个给定的应用中可以通过 SFI 来引用任何一个 AEF。该 SFI 使用 5 bit 来编码,其值在 0x01 ~ 0x1E 的范围内。SFI 编码将在使用它的各命令中描述。SFI 的分配范围见表 1。

表 1 SFI 分配范围

数 值	说 明
0x1A,0x1E	该 SFI 对应的文件可以由发卡机构按本规范要求予以使用
0x15 ~ 0x19	在电子现金应用中,该 SFI 对应的文件可以由发卡机构自行定义使用
0x05 ~ 0x08,0x19	在电子钱包应用中,该 SFI 对应的文件可以由发卡机构自行定义使用
其他	本规范预留

6.2 数据对象列表

在交易过程中,终端根据流程要求,建立可变的数据元列表,并发送给卡片,卡片数据对象列表见 JT/T 978.3。

6.3 数据元

卡片交易过程中的相关数据元,包括数据元的名称、标识及功能等,见附录 A。

数据元的推荐值见附录 B,发卡机构可根据应用需求选择不同的数据模板。

6.4 文件结构

6.4.1 卡片中应同时存在电子现金和电子钱包两个应用,两个应用拥有独立的文件结构,两个应用的文件结构应符合 JT/T 978.3 交易流程及 JT/T 978.6 安全体系,两个应用均可访问共用余额文件、公共交通过程信息变长记录文件(0x1A)和公共交通过程信息循环记录文件(0x1E),本规范未定义的应用不允许访问。电子现金应用和电子钱包应用共享以下数据信息:实际余额、透支限额、已透支金额、余额上限。卡片文件结构见图 3。

近距离支付系统环境
AID=2PAY.SYS.DDF01
卡片电子现金应用
AID= A000000632010105
支付应用专用文件
SFI=0x01～0x04
消费交易明细文件
SFI=0x0B
圈存交易明细文件
SFI=0x0C
发卡机构自定义文件
SFI=0x15～0x19
电子现金应用
电子钱包应用
共用文件
公共交通过程信息变长记录文件
SFI=0x1A
公共交通过程信息循环记录文件
SFI=0x1E
共用余额文件
公共应用基本文件
SFI=0x15
持卡人基本信息文件
SFI=0x16
管理信息文件
SFI=0x17
交易明细文件
SFI=0x18
发卡机构自定义文件
SFI=0x05～0x08、0x19
卡片电子钱包应用
AID=A000000632010106

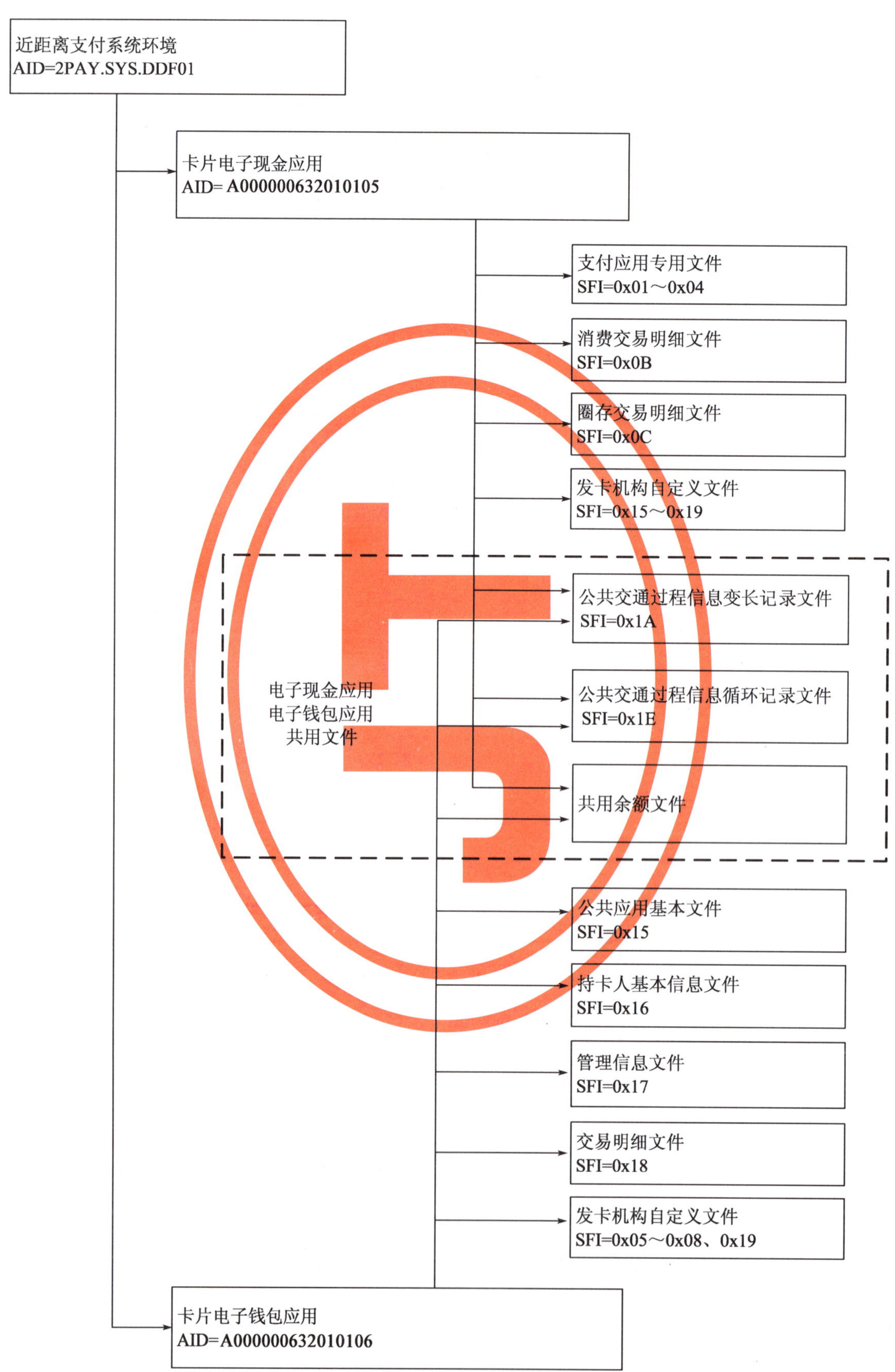

图3　卡片文件结构示意

6.4.2 共用余额文件存放卡片余额,电子现金应用更新共用余额文件命令见7.3,电子钱包应用更新共用余额文件命令见8.3。

6.4.3 公共交通过程信息循环记录文件,为循环记录结构,在换乘优惠等交通应用模式下,用于保存相应的换乘记录等信息,应按C.2.5的信息创建。

6.4.4 公共交通过程信息变长记录文件存放的交通信息记录见表2,详细结构说明见C.2.4.1,文件结构件见C.2.4。电子现金应用读写公共交通过程信息变长记录文件命令见7.3,电子钱包应用读写公共交通过程信息变长记录文件命令见8.3。

表2 公共交通过程信息变长记录文件(0x1A)的交通信息记录

记 录 号	记 录 描 述
1	城市轨道应用信息记录
2	公共汽电车应用信息记录
3	城市水上客运应用信息记录
4	出租汽车应用信息记录
5	租赁汽车应用信息记录
6	公共自行车应用信息记录
7	停车收费应用信息记录
8	长途客运应用信息记录
9	轮渡应用信息记录
10	城际铁路应用信息记录
11	民航应用信息记录
12	高速公路收费应用信息记录
13	优惠信息记录
14	本规范预留信息记录1
15	本规范预留信息记录2
16	本规范预留信息记录3
17	本规范预留信息记录4
18	本规范预留信息记录5

6.5 应用选择

终端通过选择DF名称(AID)“2PAY.SYS.DDF01”选择近场支付系统环境(PPSE),根据卡片返回的应用信息和AID,判断选择电子现金应用或电子钱包应用。终端发送选择(SELECT)命令选择应用,卡片返回相应的文件控制信息(FCI)。应用选择流程见JT/T 978.3,SELECT命令见C.1.1。

7 电子现金应用要求

7.1 基本要求

电子现金应用基本要求如下:

a) 应具备联机交易、标准快速支付交易、分时分段扣费交易、脱机预授权交易、单次扣款优惠交易功能;

b) 应具备 fDDA 功能,详细过程见附录 D;

c) 为缩短交易时间,卡片的 RSA 私钥以 CRT 模式存放和使用。

7.2 功能要求

7.2.1 电子现金应用应符合表3 中列出的功能。

表3 电子现金应用功能

功 能	条 件
应用选择 a)目录选择方式 b)直接选择方式	M O M
初始化应用	M
读应用记录	M
脱机数据认证 a)标准 DDA b)复合 DDA/应用密文生成	M M O
处理限制 a)应用版本号检查 b)应用用途控制检查 c)生效日期检查 d)失效日期检查	M M O O M
持卡人验证 单独的 CVM	O O
终端风险管理 a)终端异常文件检查 b)商户强制联机 c)最低限额检查 d)交易日志 e)随机选择 f)频度检查 g)新卡检查	M N/A N/A N/A N/A N/A O O
终端行为分析	C-当需要验证 IAC 时需具备
卡片行为分析 a)联机/脱机决定 b)卡片风险管理 c)通知报文 d)应用密文	M M M O 提供算法选择,算法标识见附录 E
联机处理 a)联机能力 b)发卡机构认证	M M O
交易结束	M
发卡机构到卡片脚本处理 安全报文	O 仅具备一种脚本形式
注:M-必备,O-可选,C-有条件,N/A 不适用。	

7.2.2 卡片应具备记录交易日志功能选项,该功能在个人化时通过卡片附加处理开启或关闭。当卡片附加处理(标签“9F68”)中第2字节第5位为‘1’时,表示脱机批准的交易,卡片记录交易日志;当卡片附加处理中第2字节第5位为‘0’时,表示脱机批准的交易,卡片不记录交易日志。

7.2.3 启用交易日志功能由发卡机构决定。

7.3 命令要求

7.3.1 卡片的电子现金应用命令,见表4。

表4 电子现金应用命令

命　令	条　件
应用锁定(APPLICATION BLOCK)	O-若具备,推荐使用应用锁定命令
应用解锁(APPLICATION UNBLOCK)	O-若具备,推荐使用应用解锁命令
卡片锁定(CARD BLOCK)	O-可通过卡片锁定命令实现
外部认证(EXTERNAL AUTHENTICATE)	C-具备发卡机构认证
生成应用密文(GENERATE AC)	M
取数据(GET DATA)	M
获取处理选项(GET PROCESSING OPTIONS)	M
内部认证(INTERNAL AUTHENTICATE)	C-具备 DDA
PIN 修改/解锁(PIN CHANGE/UNBLOCK)	C-电子现金应用,具备脱机 PIN。 PIN 解锁功能必备,使用 PIN 修改/解锁命令实现; PIN 修改功能可选,应在发卡机构可控的环境下使用
设置数据(PUT DATA)	M
验证(VERIFY)	C-电子现金应用,具备脱机 PIN
读扩展应用数据(READ CAPP DATA)	M
更新数据缓存(UPDATE CAPP DATA CACHE)	M
新增记录(APPEND RECORD)	M
取脱机交易应用密文(GET TRANS PROVE)	M
安全方式更新(SECURITY UPDATE)	M

7.3.2 电子现金应用应使用下述命令更新共用余额文件:

a) 设置数据(PUT DATA)命令;

b) 支付流程最后一条读记录(READ RECORD)命令。

7.3.3 电子现金应用应使用下述命令更新公共交通过程信息变长记录文件和公共交通过程信息循环记录文件:

a) 新增记录(APPEND RECORD)命令;

b) 更新应用数据缓存(UPDATE CAPP DATA CACHE)命令;

c) 修改记录(UPDATE RECORD)命令。

7.4 交易流程

电子现金应用交易流程见 JT/T 978.3。非接触小额支付的分时分段扣费交易在特定环境中的应用示例参见附录 F,行业应用的开通方式参见附录 G。

7.5 交易时间

单次脱机交易时间是从终端寻获卡片并上电成功后开始,到终端接收到卡片返回的最后一个字节为止,不包括终端脱机数据认证中验证静态或动态签名所需的时间。

单次脱机交易时间要求:采用 1 024 位 RSA 算法时,标准快速支付交易时间应不超过 400ms,更新一条过程记录的分时分段扣费交易时间应不超过 500ms。

8 电子钱包应用要求

8.1 基本要求

电子钱包应用基本要求如下:

a) 电子钱包应用具备圈存交易、圈提交易、消费交易、复合应用消费交易、查询交易、应用维护功能;

b) 电子钱包应用的金额数据、公共交通过程信息变长记录文件和公共交通过程信息循环记录文件的详细定义见附录 B。

8.2 功能要求

电子钱包应用应符合表 5 中列出的功能。

表 5 电子钱包应用功能

功　　能	条　　件
应用选择 a)目录选择方式 b)直接选择方式	M O M
消费	M
复合消费	M
圈提	M
修改透支限额	M
应用锁定	M
应用解锁	M

8.3 命令要求

8.3.1 卡片的电子钱包应用命令,见表 6。

表 6 电子钱包应用命令

命　　令	条　　件
应用锁定(APPLICATION BLOCK)	O-若具备,使用应用锁定命令
应用解锁(APPLICATION UNBLOCK)	O-若具备,使用应用解锁命令
外部认证(EXTERNAL AUTHENTICATE)	C-若具备,发卡机构认证时使用

表6(续)

命　　令	条　　件
取随机数(GET CHALLENGE)	M
内部认证(INTERNAL AUTHENTICATION)	M
读二进制文件(READ BINARY)	M
修改二进制文件(UPDATE BINARY)	M
圈存(CREDIT FOR LOAD)	M
消费(DEBIT FOR PURCHASE)	M
圈提(DEBIT FOR UNLOAD)	M
查询余额(GET BALANCE)	M
取交易认证(GET TRANSACTION PROVE)	M
初始化圈存(INITIALIZE FOR LOAD)	M
初始化消费(INITIALIZE FOR PURCHASE)	M
初始化圈提(INITIALIZE FOR UNLOAD)	M
修改初始化(INITIALIZE FOR UPDATE)	M
初始化复合应用消费(INITIALIZE FOR CAPP PURCHASE)	M
更新复合应用数据缓存(UPDATE CAPP DATA CACHE)	M
复合应用消费(DEBIT FOR CAPP PURCHASE)	M
新增记录(APPEND RECORD)	M
修改透支限额(UPDATE OVERDRAW LIMIT)	M
国密/国际算法操作(CRYPTOGRAPHIC OPERATION)	O

8.3.2　电子钱包应用应使用下述命令更新共用余额文件：

a)　圈存(CREDIT FOR LOAD)命令；
b)　消费(DEBIT FOR PURCHASE)命令；
c)　复合应用消费(DEBIT FOR CAPP PURCHASE)命令；
d)　圈提(DEBIT FOR UNLOAD)命令；
e)　修改透支限额(UPDATE OVERDRAW LIMIT)命令。

8.3.3　电子钱包应用应使用下述命令更新公共交通过程信息变长记录文件和公共交通过程信息循环记录文件：

a)　新增记录(APPEND RECORD)命令；
b)　更新复合应用数据缓存(UPDATE CAPP DATA CACHE)命令；
c)　修改记录(UPDATE RECORD)命令。

8.4　交易流程

电子钱包应用包括圈存交易、圈提交易、消费交易、复合应用消费交易、查询交易、应用维护功能，其交易流程见JT/T 978.3。电子钱包在一特定环境中的应用示例，参见附录F。

8.5 交易时间

电子钱包脱机交易时间是从终端寻获卡片并上电成功,到终端接收到卡片返回的最后一个字节为止的时间。电子钱包脱机消费交易时间应不超过300ms。

9 电子现金双币应用要求

9.1 概述

电子现金双币应用是在电子现金应用基础上,在卡中增加一组第二币种相关数据元(见附录A),交易时卡片根据交易货币代码,选择对应币种的数据元进行风险检查和余额更新。发卡机构通过交易货币代码来区分对应币种的电子现金账户。此应用为可选应用。

9.2 基本要求

9.2.1 一般要求

电子现金双币应用仅适用于"具备小额检查"选项(卡片附加处理选项,标签"9F68"),不适用"具备小额和CTTA检查"和"具备小额或CTTA检查"选项。当"具备小额和CTTA检查"或"具备小额或CTTA检查"选项打开时,卡片应关闭第二币种电子现金功能。

9.2.2 个人化要求

电子现金双币应用应将新增的第二币种相关数据元个人化至卡片中,PDOL至少包含交易货币代码(标签"5F2A")。卡片附加处理选项中第1字节第7位"具备小额和CTTA检查"和第1字节第6位"具备小额或CTTA检查"应设置为'0',第1字节第8位"具备小额检查"应设置为'1'。发卡机构应用数据(标签"9F10")中的发卡机构自定义数据(IDD)应包含以下选项:

a) CTTA,IDD ID为0x02;
b) 电子现金余额和CTTA,IDD ID为0x03;
c) CTTA和CTTAL,IDD ID为0x04。

9.3 电子现金双币应用标准快速支付交易流程

9.3.1 一般要求

电子现金双币应用的标准快速支付交易流程,应符合JT/T 978.3,交易时卡片应按9.3.2~9.3.4处理。

9.3.2 卡片风险管理

9.3.2.1 卡片在接收到终端发出的GPO命令后开始进行风险管理。如卡片具备电子现金双币应用功能,则应首先判断交易货币代码与应用货币代码数据的匹配。具体判断过程见图4。

9.3.2.2 卡片在接收到GPO命令后,首先将交易货币代码(标签"5F2A")与应用货币代码(标签"9F51")进行比较,如果匹配,则在后续流程中使用第一币种相关数据元进行处理;如果不匹配,则将交易货币代码与第二币种电子现金应用货币代码(标签"DF71")进行比较:如果与第二币种电子现金应用货币代码匹配,则在后续流程中使用第二币种相关数据元代替第一币种相关数据元进行处理,否则仍然使用第一币种相关数据元按标准电子现金流程中币种不匹配的情况处理;后续处理流程与标准快速支付交易流程保持一致。

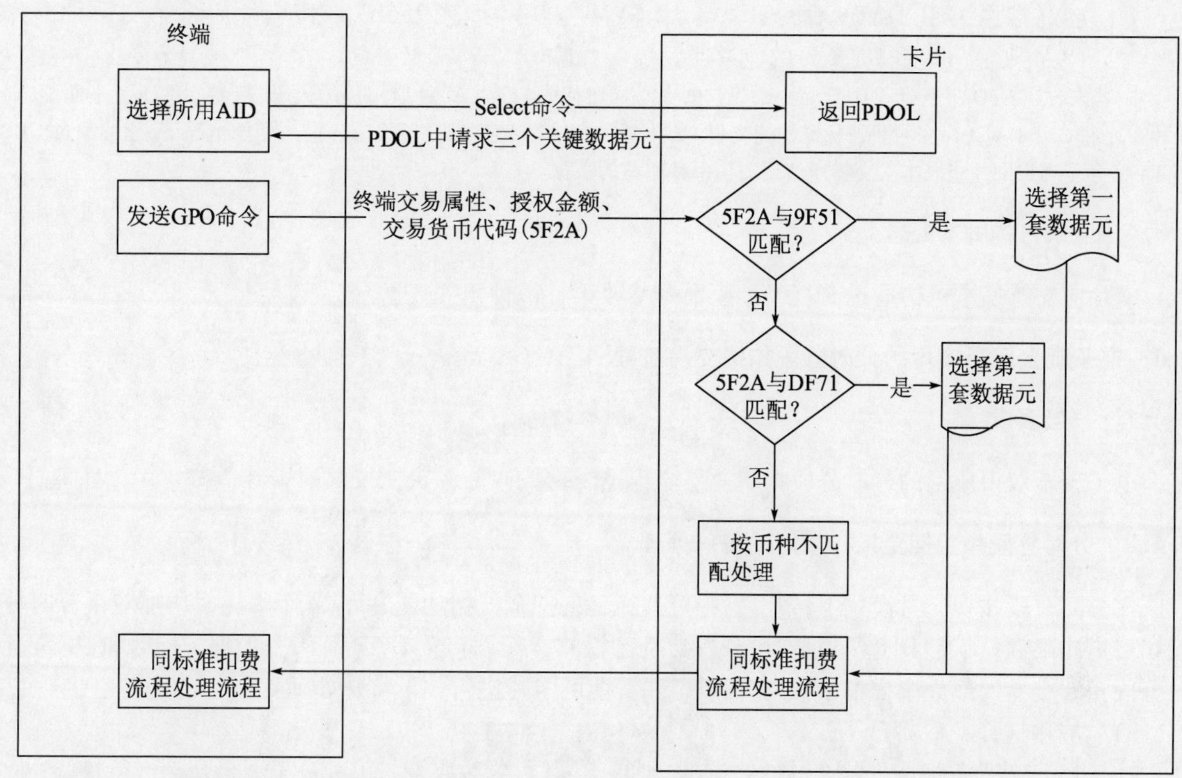

注1:三个关键数据元——由终端给卡片传的相关交易数据——包括:终端交易属性、授权金额和交易货币代码。

注2:第一套数据元——即第一货币对应的数据元。

注3:第二套数据元——即第二货币对应的数据元。

图4　卡片风险管理判断过程

9.3.2.3　卡片在风险管理结束后,返回GPO命令的响应数据时:

a) 如响应数据中包括可用脱机消费金额(标签“9F5D”),则卡片应根据卡片风险管理过程中币种匹配的结果选择使用电子现金余额(标签“9F79”)或第二币种电子现金余额(标签“DF79”)参与(标签“9F5D”)的计算;

b) 如卡片需要在发卡机构自定义数据中返回电子现金余额或脱机可用余额,则卡片应根据卡片风险管理过程中币种匹配的结果选择电子现金余额或第二币种电子现金余额参与计算。

9.3.3　读应用数据

终端读取的记录数据中包含电子现金发卡机构授权码(标签“9F74”),通过GET DATA读取电子现金余额和电子现金重置阈值(标签“9F6D”),用于终端风险管理中的处理。对于第二币种电子现金交易,卡片完成GPO命令的处理如下:

a) 当终端以GET DATA命令读取电子现金余额时,卡片应将第二币种电子现金余额的值返回;

b) 当终端以GET DATA命令读取电子现金重置阈值(标签“9F6D”)时,卡片应将第二币种电子现金重置阈值(标签“DF76”)的值返回;

c) 当终端以GET DATA命令读取电子现金余额上限(标签“9F77”)时,卡片应将第二币种电子现金余额上限(标签“DF77”)的值返回;

d) 当终端以GET DATA命令读取电子现金单笔交易限额(标签“9F78”)时,卡片应将第二币种电子现金单笔交易限额(标签“DF78”)的值返回;

e) 当终端以GET DATA命令读取脱机可用余额时,卡片应使用第二币种电子现金余额的值参与计算;

f) 当终端以 GET DATA 命令读取卡片 CVM 限额(标签“9F6B”)时,卡片应将第二币种卡片CVM 限额(标签“DF72”)的值返回。

注:若未收到 GPO 命令或者 GPO 命令中收到的交易货币代码与第二币种应用货币代码(标签“DF71”)不匹配,则卡片在处理 GET DATA 命令时仍按标准快速支付交易情况处理。保证终端在不作流程上改变的情况下,能够通过 GET DATA 命令正确识别并获取本次交易所使用的与币种相关的数据元。

9.3.4 发卡机构脚本处理

卡片应支持发卡机构通过 PUT DATA 命令修改第二币种相关数据元。

9.4 电子现金双币应用的分时分段扣费交易流程

9.4.1 一般要求

电子现金双币应用的分时分段扣费交易流程,应符合 JT/T 978.3,交易时卡片应按 9.4.2 处理。

9.4.2 分时分段扣费押金抵扣功能的特殊处理

在分时分段扣费交易模式下,发卡机构可选择具备押金抵扣功能,并需在个人化时增加双币分时分段扣费抵扣限额(标签“DF82”)和双币分段扣费已抵扣金额(标签“DF83”)两个数据。同时,在标准分时分段扣费交易的部分流程中,对具有押金抵扣功能的卡片进行如下特殊处理:

a) 应用选择:
 1) 对具备押金抵扣交易的终端,在进行交易前,应获取第二币种电子现金余额进行校验;
 2) 如果当前第二币种电子现金余额大于 0,终端继续交易;若当前第二币种电子现金余额等于 0,表示卡内余额为 0 或已经进行过押金抵扣交易,终端可根据自身业务逻辑决定继续交易或终止交易。

b) 初始化应用:
 1) 当收到 GPO 命令时,进入分时分段扣费流程;
 2) 若卡片具备分时分段扣费押金抵扣功能,则当前实际可用电子现金余额等于第二币种电子现金余额加双币分时分段扣费抵扣限额减双币分时分段扣费已抵扣金额;
 3) 若卡片不具备分时分段扣费押金抵扣功能,则当前实际可用电子现金余额等于第二币种电子现金余额。

c) 读取卡片数据内容:
 1) 终端根据 GPO 返回的 AFL,向卡片发送 READ RECORD 命令;
 2) 若卡片具备押金抵扣功能,且第二币种电子现金余额小于当前交易金额,则进行押金抵扣,交易后的双币分时分段扣费已抵扣金额等于交易前双币分时分段扣费已抵扣金额加交易金额减交易前第二币种电子现金余额;
 3) 若交易后的双币分时分段扣费已抵扣金额小于电子现金双币应用分时分段扣费抵扣限额,则在最后一个记录被成功读取后,将交易后的双币分时分段扣费已抵扣金额进行更新,同时将交易后的第二币种电子现金余额设置为零,完成交易;否则交易失败。

d) 圈存操作:
 1) 卡片收到发卡机构发送的修改余额的脚本命令时,需自动计算并同时设置第二币种电子现金余额和双币分时分段扣费已抵扣金额;
 2) 若当前第二币种电子现金余额等于 0,则卡片应按如下处理:当修改余额脚本中指定的金额大于双币分时分段扣费已抵扣金额时,则圈存后的第二币种电子现金余额等于修改余额脚本中指定的金额减双币分时分段扣费已抵扣金额时,同时将双币分时分段扣费已抵扣金额清零;当修改余额脚本中指定的金额大于双币分时分段扣费已抵扣金额时,则圈存后的第二币种电子现金余额等于修改余额脚本中指定的金额减双币分时分段扣费已抵扣金额，同时将双币分时分段扣费已抵扣金额（标签“DF83”）清零；

3） 若当前第二币种电子现金余额大于0，则按标准圈存流程处理。

e） 查询操作：

1） 标准终端只能具备第二币种电子现金余额的查询；

2） 具备分时分段扣费押金抵扣功能的终端，可单独查询第二币种电子现金余额、双币分时分段扣费抵扣限额与双币分时分段扣费已抵扣金额，根据查询结果显示余额。

f） 更新分时分段扣费抵扣限额操作：

1） 卡片收到发卡机构发送的修改双币分时分段扣费抵扣限额的脚本命令；

2） 若修改分时分段扣费抵扣限额的脚本中指定的双币分时分段扣费抵扣限额小于双币分时分段扣费已抵扣金额，则返回‘6A80’；否则，用脚本中指定的值完成双币分时分段扣费抵扣限额的更新。

附　录　A
（规范性附录）
卡片数据元

A.1　数据元格式

数据元格式包括：数字型（n）、压缩数字型（cn）、二进制（b）、字母数字（an）、特殊字母数字（ans）。

A.2　补位规则

当数据定义的长度超过数据实际长度，而位数没有占满时，补位规则如下：

a)　数字型（n）格式的数据元右对齐，左补0；
b)　压缩数字型（cn）格式的数据元左对齐，右补F；
c)　字母数字（an）格式的数据元左对齐，右补0；
d)　特殊字母数字（ans）格式的数据元左对齐，右补0。

A.3　卡片电子现金标准数据元

当一个数据元从一方传递到另一方时（例如：从卡片传递到终端），不论该数据元原来是如何被存储的，都应当将该数据元从高字节至低字节传递。构造数据时也应遵循此规则。卡片的数据元见表A.1～表A.5。

表A.1　卡片电子现金标准数据元

名字	格式	标签	长度（字节）	条　件	描　述	值（十六进制）
应用密文（AC）	b64	9F26	8	R	生成应用密文命令返回的密文	
应用货币代码	n3	9F42	2	C 如果CVM中要求金额检查，需要此数据	按GB/T 12406编码要求	
应用货币代码	n3	9F51	2	C 如果执行频度检查	本部分专有数据。按GB/T 12406编码要求	
应用货币指数	n1	9F44	1	O	指出金额数据中小数点从最右边开始第几个位置	
应用缺省行为（ADA）	b16	9F52	2	C 如果具备发卡机构认证	专有数据。定义在一些特定条件下卡片执行的发卡机构指定的行为。如果卡片中没有此数据，缺省认为全零	
应用自定义数据	b8-256	9F05	1～32	O	和卡片应用有关的发卡机构指定数据	
应用生效日期	n6-YYMMDD	5F25	3	O	卡片中应用启用日期	
应用失效日期	n6-YYMMDD	5F24	3	M	卡片中应用的失效日期	

表 A.1（续）

名字	格式	标签	长度（字节）	条件	描述	值(十六进制)
应用文件定位器（AFL）	变长	94	变长：最大 252	R	指出和应用相关的数据存放位置（短文件标识符和记录号）	
应用标识符（AID）	b40-128	4F	5～16	R	按 GB/T 16649.5 规定标识应用。由注册的应用提供商标识（RID）和扩展的专用应用标识符（PIX）组成	
应用交互特征（AIP）	b16	82	2	M	一个列表，说明此应用中卡片具备指定功能的能力	
应用标签	ans1-16	50	1～16	R	和 AID 相关的便于记忆的数据。 用于应用选择。存在于 ADF 的 FCI 中（可选）和 ADF 目录入口中（必备）	
应用首选名称	ans1-16	9F12	1～16	O	和 AID 相关的便于记忆的数据。如果终端具备在发卡机构代码表索引数据中指定的字符类型，终端在应用选择过程中显示应用首选名称	
应用主账号（PAN）	变长：最大 cn19	5A	变长：最大 10	M	持卡人有效账号	
应用主账号序列号	n2	5F34	1	O	用来表示卡片中使用同一个账号的不同应用	
应用优先指示器	b8	87	1	C	如果卡片中有多个应用，指出同一目录中的应用的优先级	a）位 8： 1）1-没有持卡人确认应用不能选择； 2）0-没有持卡人确认应用可以选择。 b）位 7～5：RFU(000) c）位 4～1： 1）0000-不指定优先级； 2）xxxx-应用显示和选择的顺序，从 1～15。1 的优先级最高
应用模板	b	61	变长：最大 252	C 如果有 PPSE	按 GB/T 16649.5 的规定，包含和应用目录入口相关的 1 个或多个数据对象	
应用交易计数器	b16	9F36	2.	R	记录个人化以后交易处理的次数。由卡片中的应用维护	初始值为 0，执行一次交易加 1
应用用途控制	b16	9F07	2	O	标明发卡机构指定的卡片应用上的一些限制，包括地域使用和服务类型等	

表 A.1（续）

名字	格式	标签	长度（字节）	条　件	描　　述	值（十六进制）
应用版本号	b16	9F08	2	M	应用版本号	
授权响应码	an2	8A	2	来自发卡机构或终端	标明了交易结果	发卡机构生成的代码，按 GB/T 15150 标准。 下面的代码由终端生成： a) Y1-脱机接受； b) Z1-脱机拒绝； c) Y3-不能联机（脱机接受）； d) Z3-不能联机（脱机拒绝）
卡片风险管理数据对象列表 1（CDOL1）	b	8C	变长：最大 252	M	列出第 1 个生成应用密文命令中，卡片请求终端传送的数据。 内容是终端数据对象（标签和长度）	
卡片风险管理数据对象列表 2（CDOL2）	b	8D	变长：最大 252	M	列出第 2 个生成应用密文命令中，卡片请求终端传送的数据。 内容是终端数据对象（标签和长度）	
卡片验证结果（CVR）	b32		4	M	专有数据。记录卡片在本次和上次交易中出现的异常情况。要作为发卡机构应用数据的一部分返回给终端	
持卡人姓名	ans2-26	5F20	2～26	R	如果持卡人姓名小于或等于 26 字节，此时不应使用标签 9F0B，完整的持卡人姓名应当存放在该标签下。按 GB/T 17552 的规定	
持卡人姓名扩展	ans27-45	9F0B	27～45	O	如果持卡人姓名大于 26 字节，此时不应使用标签 5F20，完整的持卡人姓名应当存放在该标签下。按 GB/T 17552 的规定	
持卡人证件号	an40	9F61	1～40	O	持卡人证件号	

表 A.1（续）

名字	格式	标签	长度（字节）	条 件	描 述	值(十六进制)
持卡人证件类型	cn1	9F62	1	O	表明持卡人证件类型	a)00-身份证； b)01-军官证； c)02-护照； d)03-入境证； e)04-临时身份证； f)其他
持卡人验证方法(CVM)列表	b	8E	变长:最大252	R	按优先顺序列出卡片应用具备的所有持卡人验证方法。一个应用中可以有多个CVM列表，例如一个用于国内交易，一个用于国际交易	
CA公钥索引(PKI)	b8	8F	1	C 如果具备SDA或DDA	在SDA或DDA过程中，和RID一起使用，用来标识CA公钥	
连续脱机交易计数器(国际—货币)	b8		1	C 如果执行国际—货币频度检查	专有数据元。记录自从上次联机后，不使用指定应用货币的脱机交易次数	初始值为0，每接受一次国际—货币交易脱机后加1
连续脱机交易限制数(国际—货币)	b8	9F53	1	C 如果执行国际—货币频度检查	专有数据元。不使用指定应用货币的连续脱机交易次数最大数，超过后交易请求联机	
连续脱机交易计数器(国际—国家)	b8		1	C 如果执行国际—国家频度检查	专有数据元。记录自从上次联机后，不在发卡机构所在国家内进行的脱机交易次数	初始值为0，每接受一次国际—国家交易脱机后加1
连续脱机交易限制数(国际—国家)	b8	9F72	1	C 如果执行国际—国家频度检查	专有数据元。不在发卡机构所在国家的连续脱机交易次数最大数，超过后交易请求联机。	
密文信息数据	b8	9F27	1	R	表明卡片返回的密文类型并指出终端要进行的操作	
密文版本号	n2		1	R	专有数据。标明生成密文的算法版本。作为发卡机构应用数据的一部分传送	指定密文版本号01(‘01’)
累计脱机交易金额	n12		6	C 如果执行累计金额频度检查	专有数据。记录自从上次联机交易完成后，使用应用指定货币的脱机交易累计金额	初始值为0。累加每次使用应用指定货币的脱机交易的授权金额。在某些联机交易后可以被复位成零
累计脱机交易金额限制数	n12	9F54	6	C 如果执行累计金额频度检查	专有数据。累计脱机交易金额的最大限制。超过交易请求联机	

表 A.1（续）

名字	格式	标签	长度（字节）	条 件	描 述	值（十六进制）
累计脱机交易金额（双货币）	n12		6	C 如果执行累计金额（双货币）频度检查	专有数据。记录自从上次联机交易完成后，使用应用指定货币和第2应用货币的脱机交易累计金额	初始值为0。累加每次使用应用指定货币或第2应用货币的脱机交易的授权金额。在某些联机交易后可以被复位成零
累计脱机交易金额限制数（双货币）	n12	9F75	6	C 如果执行累计金额（双货币）频度检查	专有数据。累计脱机交易金额（双货币）的最大限制。超过交易请求联机	
累计脱机交易金额上限	n12	9F5C	6	C 如果执行累计金额频度检查	专有数据。累计脱机交易金额和累计脱机交易金额（双货币）的最大限制数。如果超过而且交易无法联机时，拒绝交易	
货币转换因子	8n	9F73	4	C 如果执行双货币频度检查	用来将第2应用货币转换成指定应用货币的10进制数	a）字节1： 1）位8～5：小数点位置。从右边开始移动的位数； 2）位4～1：转换因子的第1个数字； b）字节2～4：剩下的6个数字
数据认证码	b16	9F45	2	O	发卡机构指定数值。在SDA过程中，终端从签名的静态应用数据中恢复出来。作为签名的静态应用数据保存在卡片中	
安全报文加密密钥	b128		16	C 如果执行修改PIN	自定义数据元。双长度的安全报文加密密钥，16字节。发卡机构脚本命令中的数据域需加密时使用	
专用文件（DF）名称	b40-128	84	5～16	R	按GB/T 16649.4规定的，DF的名字	
分散密钥索引（DKI）	b8		1	O	专有数据。发卡机构用来明确使用哪个主密钥分散得到卡片中的子密钥。用于卡片联机处理和发卡机构认证。在发卡机构应用数据中返回给终端	发卡机构指定。 如果不存在，缺省值为0

表 A.1（续）

名字	格式	标签	长度（字节）	条　件	描　述	值（十六进制）
目录自定义模板	变长	73	变长：最大 252	O	按 GB/T 16649.5，目录中发卡机构自定义部分	
动态数据认证数据对象列表（DDOL）	b	9F49	变长：最大 252	C 如果具备 DDA	在内部认证命令中需要终端送到卡片中的数据列表，包括数据对象的标签和长度	
动态数据认证（DDA）失败指示位	b1			C 如果具备 DDA	专有数据。标明当上次交易拒绝时 DDA 是否失败	位 1：1-上次交易 DDA 失败而且交易拒绝
文件控制信息（FCI）发卡机构自定义数据	变长	BF0C	变长：最大 222	O	FCI 中的发卡机构自定义部分	
文件控制信息（FCI）专用模板	变长	A5	变长	R	按 GB/T 16649.4，标识 FCI 模板中，专用于本部分的数据对象	
文件控制信息（FCI）模板	变长	6F	变长：最大 252	R	按 GB/T 16649.4，标识 FCI 模板	
卡片动态数据			变长	C 如果具备 DDA	卡片生成或保存的动态数据。在签名的动态应用数据中传送给终端。终端用来证明脱机动态数据认证执行	
IC 动态数	b	9F4C	2～8	C 如果具备 DDA	DDA 处理过程中，卡片生成的随时间变化不同的随机数。包括在签名动态数据中送到终端，由终端恢复	
卡片私钥	b		NIC	C 如果具备 DDA	卡片公私钥对中的私钥部分。用于脱机动态数据认证。有两种格式：模/私钥指数形式和中国余数定理（CRT）形式	
卡片 RSA 公钥指数	b	9F47	1/3	C 如果具备 DDA	卡片 RSA 公钥指数用于验证签名的动态应用数据	
卡片公钥证书	b	9F46	NI	C 如果具备 DDA	发卡机构认证过的卡片公钥	
卡片 RSA 公钥余数	b	9F48	NIC-Ni +42	C 如果需要	没有放入卡片公钥证书的卡片 RSA 公钥部分	
发卡机构行为代码（IAC）-缺省	b40	9F0D	5	R 将变成必备	指定当交易请求联机但终端不能完成联机上送的交易拒绝的条件	值和终端验证结果（TVR）中的每一位对应
发卡机构行为代码（IAC）-拒绝	b40	9F0E	5	R 将变成必备	指定交易不进行联机直接拒绝的条件	值和终端验证结果（TVR）中的每一位对应

表 A.1（续）

名字	格式	标签	长度（字节）	条 件	描 述	值（十六进制）
发卡机构行为代码（IAC）-联机	b40	9F0F	5	R 将变成必备	指定交易联机上送的条件	值和终端验证结果（TVR）中的每一位对应
发卡机构应用数据	b	9F10	变长：最大 32	R	在一个联机交易中，要传送到发卡机构的专有应用数据。 第 1 字节是自定义数据长度。 格式内容： a）长度（07）（1 字节）； b）分散密钥索引（1 字节）； c）密文版本号（1 字节）； d）卡片验证结果（CVR）（4 字节）； e）算法标识（1 字节）。 如果有发卡机构自定义数据。在上述数据后跟一个发卡机构自定义数据长度字节和 1～15 字节的发卡机构自定义数据	
发卡机构认证数据	b64-128	91	8～16	O	用于发卡机构认证的数据，从发卡机构传来由终端送入卡片。 发卡机构认证数据包括两部分： a）ARPC（8 字节）； b）授权响应码（2 字节）	
发卡机构认证失败指示位	b1			C 如果具备发卡机构认证	专有数据元。表明上次交易出现的发卡机构认证错误的情况。有： a）发卡机构认证执行但失败； b）发卡机构认证没有执行但必备	位 1：1-上次联机交易发卡机构验证失败
发卡机构认证指示位	b8	9F56	-1	C 如果具备发卡机构认证	专有数据。标明当具备发卡机构认证时，是必备还是可选	a）位 8： 1）发卡机构认证必备； 2）发卡机构认证可选。 b）位 7～1：RFU（0000000）

表 A.1（续）

名字	格式	标签	长度（字节）	条件	描述	值(十六进制)
发卡机构代码表索引	n2	9F11	1	C 如果有应用首选名称	按 GB/T 15273,显示应用首选名称的代码表	a)01-GB/T 15273-1; b)02-GB/T 15273-2; c)03-GB/T 15273-3; d)04-GB/T 15273-4; e)05-GB/T 15273-5; f)06-GB/T 15273-6; g)07-GB/T 15273-7; h)08-GB/T 15273-8; i)09-GB/T 15273-9; j)10-GB/T 15273-10
发卡机构国家代码	n3	5F28	2	C 如果有应用用途控制	按 GB/T 2659 指出发卡机构的国家	
发卡机构国家代码	n3	9F57	2	C 如果具备卡片频度检查	专有数据。按 GB/T 2659 指出发卡机构的国家	
发卡机构公钥证书	b	90	NCA	C 如果具备 SDA,DDA	CA 认证过的发卡机构公钥。用于脱机数据认证	
发卡机构 RSA 公钥指数	b	9F32	1/3	C 如果具备 SDA,DDA	发卡机构 RSA 公钥指数,用来验证签名的静态应用数据和卡片公钥证书	
发卡机构 RSA 公钥余数	b	92	NI - NCA + 36	C 如果需要	没有放入发卡机构公钥证书中的发卡机构 RSA 公钥部分	
发卡机构脚本命令	b	86	变长:最大 261	O	从发卡机构到终端,由终端送入卡片。包括在授权响应中的发卡机构脚本中。见附录 C 中的命令描述	见附录 C
发卡机构脚本命令计数器	b4			C 如果具备发卡机构脚本	专有数据。记录上次交易中,卡片处理的带安全报文的发卡机构脚本命令个数	a)位 4 ~ 1:第 2 个生成应用密文命令后收到的有安全报文的脚本命令个数; b)'F'-有 15 个或更多的发卡机构脚本命令
发卡机构脚本失败指示位	b1			C 如果具备发卡机构脚本	专有数据。当上次交易发卡机构脚本处理失败时设置	位 1:上次交易发卡机构脚本处理失败
发卡机构脚本模板 2	b	72	变长	C 如果具备发卡机构脚本	最后的生成应用密文命令后,包括发送到卡片的发卡机构专用数据	

表 A.1（续）

名字	格式	标签	长度（字节）	条件	描述	值(十六进制)
发卡机构URL	ans	5F50	变长	O	存放发卡机构服务器在互联网上的位置	
发卡机构URL2	ans	9F5A	变长	O	本部分定义的。存放发卡机构服务器在互联网上的位置	
首选语言	an2	5F2D	2～8	O	顺序存放的1～4种语言。根据GB/T 4880.1编码	
上次联机应用交易计数器（ATC）寄存器	b16	9F13	2	C 如果卡片或终端执行频度检查或新卡检查	上次联机上送交易时的ATC值	初始值为0
交易日志入口	b16	9F4D	2	O	提供交易日志文件的SFI和交易日志文件记录个数	a）字节1：交易日志循环记录文件的SFI； b）字节2：交易日志文件中的记录个数
交易日志格式	b	T:9F4F	变长	O	列出交易日志记录中数据对象的标签和长度	
连续脱机交易下限	b8	9F14	1	C 如果执行终端频度检查	发卡机构指定的有联机能力的终端允许连续脱机交易的最大次数	
连续脱机交易下限	b8	9F58	1	C 如果执行卡片频度检查	专有数据。发卡机构指定的有联机能力的终端允许连续脱机交易的最大次数	
安全报文鉴别（MAC）密钥	b128		16	C 如果具备发卡机构脚本使用安全报文	专有数据。双长度安全报文鉴别（MAC）密钥，16字节。当发卡机构脚本需要安全报文时用来计算MAC	
卡片请求脱机拒绝指示位	b1			C 如果卡片风险管理检查允许得出拒绝结论	专有数据。在交易处理过程中，当卡片决定交易拒绝时设置	
联机授权指示位	b1			C 如果卡片具备发卡机构授权或发卡机构脚本处理	专有数据。如果卡片请求ARQC但终端不能完成时设置	位1：1-本次或上次交易中，需要联机授权但没有实现
卡片请求联机指示位	b1			R	专有数据。在交易处理过程中，当卡片决定交易联机时设置	

表 A.1（续）

名字	格式	标签	长度（字节）	条　件	描　述	值(十六进制)
PIN 尝试计数器	b8	9F17	1	C 如果具备脱机 PIN	剩余的 PIN 尝试次数	初始值为 PIN 尝试限制数。验证失败一次减 1。验证成功或发卡机构修改/解锁成功则复位到最大值(PIN 尝试限制数)
PIN 尝试限制数	b8		1	C 如果具备脱机 PIN	自定义数据。发卡机构指定的 PIN 允许的连续错误次数	
处理选项数据对象列表(PDOL)	b	9F38	变长	C 在终端进行初始化应用时需要	指定在取处理选项命令中终端送入卡片的数据。包括终端数据对象(标签和长度)	
扩展的专用应用标识符(PIX)	b		0~11	R	按 GB/T 16649.5 规定的,AID 的组成部分之一	
脱机 PIN	b		8	C 如果具备脱机 PIN	专有数据。在卡片个人化时由发卡机构写入卡片	
注册的应用提供商标识(RID)	b		5	R	按 GB/T 16649.5 规定的,AID 的组成部分之一	
响应报文模板格式 1	变长	80	变长	R	卡片命令响应信息,包括数据对象(不包括标签和长度)	
响应报文模板格式 2	变长	77	变长	C 如果具备 CDA	卡片命令响应信息,包括数据对象(包括标签和长度)	
第 2 应用货币代码	n3	9F76	2	C 如果具备双货币频度检查	第 2 种货币,要转换成应用指定货币。按 GB/T 12406 编码	
服务码	n3	5F30	2	O	按 GB/T 17552 的规定	
短文件标识符(SFI)	b8	88	1	R	命令中用于标识文件。字节中高三位为 0	a)1~10:规范定义; b)11~20:卡片系统定义; c)21~30:发卡机构定义
签名的动态应用数据	b	9F4B	NIC	C 如果具备 DDA	卡片生成的动态数据签名。在 DDA 过程中由终端验证	
签名的静态应用数据(SAD)	b	93	NI	C 如果具备 SDA	发卡机构签名的数据签名。用卡片内的指定数据生成	

表 A.1（续）

名字	格式	标签	长度（字节）	条　件	描　　述	值（十六进制）
静态数据认证（SDA）失败指针	b1			C 如果具备 SDA	专有数据。标明当上次交易拒绝时 SDA 是否失败	位 1：1-上次交易 SDA 失败而且交易拒绝
静态数据认证标签列表		9F4A	变长	C	列出基本数据对象标签，标签的值包括在签名的静态应用数据中或卡片公钥证书中	可以只包括应用交互特征（AIP）的标签
发卡机构自定义数据	ans	9F1F	变长	R 将会改为可选	按 GB/T 17552 规定的自定义数据	
发卡机构基本信息数据	b	57	a）变长：最大 19； b）变长：最大 19； c）1； d）n4； e）n3； f）0 或 n5； g）n。 16 进制格式。	M	按 GB/T 17552 的规定，发卡机构基本信息数据不包括起始位、结束位和 LRC（验证码），包括： a）应用主账号（PAN）； b）分隔符（“D”）； c）失效日期（YYMM）； d）服务码； e）PIN 验证域； f）自定义数据； g）补 F（如果不是偶数个）	发卡机构基本信息数据要保存在短文件标识符位 1，记录 1 中
交易证书数据对象列表（TDOL）	b	97	变长：最大 252	C 如果需要预先哈希	终端使用列出的数据对象（标签和长度）生成 TC 哈希值	
应用密文（AC）密钥	b128		16	M	专有数据。双长度应用密文密钥，16 字节。用于卡片联机授权，发卡机构联机授权和生成应用密文	
连续脱机交易上限	b8	9F23	1	C 如果具备终端频度	发卡机构指定的卡片需要联机处理前允许连续脱机交易次数最大值	
连续脱机交易上限	b8	9F59	1	C 如果无法联机，卡片风险管理可以得出交易拒绝结论	专有数据。发卡机构指定的卡片需要联机处理前允许连续脱机交易次数最大值	
自定义数据	b56		变长：7～9	R	发卡机构应用数据的一部分，包括： a）一个长度字节； b）分散密钥索引； c）密文版本号； d）卡片验证结果。 在生成应用密文命令中返回给终端	

表 A.1（续）

名字	格式	标签	长度（字节）	条件	描述	值(十六进制)
产品标识信息	b128	9F63	16	O	用于标识发卡机构和卡片产品种类，在联机交易时上送发卡机构	a)字节 1 ~ 8:发卡机构代码； b)字节 9:产品标识： 1)位 8:1 = 市民卡； 2)位 7:1 = 军人卡； 3)位 6:1 = 积分卡； 4)位 5:1 = 交通卡； 5)位 4:1 = 社保卡； 6)位 3:1 = 学生卡； 7)位 2:1 = 航空卡； 8)位 1:1 = 公共缴费类卡； c)字节 10:产品标识，移动支付规范保留； d)字节 11:产品标识，发卡机构保留； e)字节 12 ~ 14:本部分保留； f)字节 15 ~ 16:发卡机构保留
SM 算法具备指示器	b8	DF69	1	C 如果卡片具备 SM 国密算法	专有数据。卡片在应用选择过程中返回给终端	
发卡机构特殊数据元	b	DF11	32	O	应用选择返回的发卡机构特殊数据元信息	a)字节 01 ~ 08:发卡机构代码； b)字节 09: 应用主账号序列号； c)字节 10 ~ 19:应用主账号； d)字节 20:卡种类型： 1)0x01-普通卡； 2)0x02-学生卡； 3)0x03-老人卡； 4)0x04-测试卡； 5)0x05-军人卡； 6)0x96 ~ 0xC8 本规范保留； 7)其他:发卡机构自定义； e)字节 21:卡状态字；

表 A.1（续）

名字	格式	标签	长度（字节）	条　件	描　　述	值（十六进制）
发卡机构特殊数据元	b	DF11	32	O	应用选择返回的发卡机构特殊数据元信息	f）字节 22～25：国际代码； g）字节 26～27：省级代码； h）字节 28～29：城市代码； i）字节 30～31：互通卡种； j）字节 32：预留
注：R-需求，数据应存在，在读应用数据过程中，终端不检查。						

表 A.2　电子现金专用数据元

名字	格式	标签	长度（字节）	条件	描　　述	备份	获取	值（十六进制）
可用脱机消费金额	n12	9F5D	6	可选卡片数据元	一个计算区域，用来允许终端打印或显示卡内的可用的脱机交易额度，除非此标签被个人化为‘1’，否则卡片将不会允许此标签被包括在可被终端读出的记录中或对 GPO 的响应中，对于此数据的个人化并不影响它包含在发卡机构定义数据中	N	GET DATA GPO READ RECORD	a）如果个人化的值大于零，对此数据元的获取数据（GET DATA）操作被允许； b）如果此数据元被个人化为‘1’并且卡片应用处理（第 1 字节第 1 位）有值为‘1’，则此数据元包含在 GPO 中，并且允许读记录（READ RECORD）； c）如果卡片的私钥的长度大于 1 024 位，则此数据元通过读记录指令（READ RECORD）而不是通过 GPO 读出
卡片附加处理	b32	9F68	4	如果具备脱机并且是小额选项，而不是默认值或没有卡片风险管理选项，在此条件下应具备	指出卡片处理需求和参数选择	N	GET DATA（SD）	a）字节 1： 1）位 8：1-具备小额检查； 2）位 7：1-具备小额和 CTTA 检查； 3）位 6：1-具备小额或 CTTA 检查； 4）位 5：1-具备新卡检查； 5）位 4：1-具备 PIN 重试次数超过检查； 6）位 3：1-允许货币不匹配的脱机交易； 7）位 2：1-卡优先选择接触式联机；

表 A.2(续)

名字	格式	标签	长度(字节)	条件	描述	备份	获取	值(十六进制)
卡片附加处理	b32	9F68	4	如果具备脱机并且是小额选项,而不是默认值或没有卡片风险管理选项,在此条件下应具备	指出卡片处理需求和参数选择	N	GET DATA (SD)	8)位1:1-返回可用脱机消费金额。 b)字节2: 1)位8:1-具备预付; 2)位7:1-不允许不匹配货币交易; 3)位6:1-如果是新卡且终端仅具备脱机则拒绝交易; 4)位5:1-脱机批准的交易,卡片记录交易日志; 5)位4~1:保留。 c)字节3: 1)位8:1-匹配货币的交易具备联机PIN; 2)位7:1-不匹配货币的交易具备联机PIN; 3)位6:1-对于不匹配货币交易,卡要求CVM; 4)位5:1-具备签名; 5)位4~1:保留; d)保留
卡片CVM限额	n12	9F6B	6	可选卡片数据元	如果出现表示当卡片和终端货币类型匹配且一个非接触交易超过这个值,则需要由卡片提供CVM。 本部分定义的持卡人验证是联机PIN和签名	N	GET DATA (SD)	此标签应可以被PUT DATA命令修改
卡片内部指示器	b16		2	必备卡片内部数据元	用于控制卡片内部过程	Y	N	字节1: 1)位8中断; 2)位7脱机只具备终端; 3)位6匹配货币
卡片交易属性	b16	9F6C	2	可选卡片数据元	在本部分中用于向设备指明卡片要求哪一个CVM	N	GPO	a)字节1: 1)位8:1-需要联机PIN; 2)位7:1-需要签名; 3)位6:1-如果脱机数据认证失败而且终端可联机则要求联机; 4)位5:1-如果脱机数据认证失败而且终端具备的卡片应用则终止; 5)位4~1:保留。 b)字节2位8~1保留

表 A.2（续）

名字	格式	标签	长度（字节）	条件	描述	备份	获取	值（十六进制）
应用交互特征	b16	82	2	必备卡片数据元	说明此应用中卡片具备指定功能的能力	N	GPO	a）字节 1： 1）位 8：RFU； 2）位 7：1-具备 SDA； 3）位 6：1-具备 DDA； 4）位 5：1-具备持卡人验证； 5）位 4：1-具备终端风险管理； 6）位 3：1-具备发卡机构认证； 7）位 2：1-RFU； 8）位 1：1-具备 CDA。 b）字节 2： a）位 8：0； b）位 7～1：RFU
上次联机应用交易计数器	b16	9F13	2	可选卡片数据元	上次联机上送交易时的 ATC 值	Y 或缺省为 1	GET DATA	
非接触终端脱机最低限额	n12		6	可选终端数据元	指示终端中的非接触最低限额	N/A	N/A	
非接触终端交易限额	n12		6	可选终端数据元	如果非接触交易的数值大于或等于此数值，则交易终止，允许在其他界面尝试此交易	N/A	N/A	
终端执行 CVM 限额	n12		6	可选终端数据元	如果非接触交易超过此值，终端要求一个持卡人验证方法（CVM），联机 PIN 和签名是本部分定义的持卡人验证方法（CVM）	N/A	N/A	
终端交易属性	b32	9F66	4	必备终端数据元	指示终端能力，对卡片的参数选择	N/A	N/A	见 JT/T 978.3
电子现金余额	n12	9F79	6	可选卡片数据元	如果授权金额超过了电子现金余额，则所有交易应通过联机授权或脱机拒绝	N	GET DATA	不应在 READ RECORD 命令中返回
电子现金余额上限	n12	9F77	6	可选卡片数据元	如果授权金额加上电子现金余额超出此限制，卡片要求联机处理	N	GET DATA（SD）	不应在 READ RECORD 命令中返回

表 A.2（续）

名字	格式	标签	长度（字节）	条件	描述	备份	获取	值(十六进制)
电子现金重置阈值	n12	9F6D	6	可选卡片数据元	如果授权金额大于电子现金余额减去此阈值，则卡片要求联机处理	N	GET DATA	不应在 READ RECORD 命令中返回
电子现金单笔交易限额	n12	9F78	6	可选卡片数据元		N	GET DATA (SD)	不应在 READ RECORD 命令中返回
电子现金发卡机构授权码 EC	a6	9F74	6	可选卡片数据元	电子现金交易或卡片应用脱机批准的交易，卡片应当返回此数据元	N	READ RECORD	
应用版本号	b16	9F08	2	必备数据元	应用的版本号	N	READ RECORD	系统定义

表 A.3　电子现金双币应用新增的卡片数据元

数据元名称	标签	长度(字节)	格式
第二币种电子现金应用货币代码	DF71	2	n4
第二币种电子现金余额	DF79	6	n12
第二币种电子现金余额上限	DF77	6	n12
第二币种电子现金单笔交易限额	DF78	6	n12
第二币种电子现金重置阈值	DF76	6	n12

表 A.4　电子现金扩展应用专用数据元

发卡机构自定义数据选项	长度(字节)	IDD ID	金额域	MAC 字节数
电子现金余额	10	0x01	标签 9F79 的值(低 5 位字节)	4
累计交易总金额(CTTA)	10	0x02	值，此数据无标签(低 5 位字节)	4
电子现金余额和 CTTA	15	0x03	值(10 字节，9F79 值在第 1 位置)	4
CTTA 和 CTTAL	15	0x04	值(10 字节，CTTA 值在第 1 位置)	4
可用脱机消费金额	10	0x05	标签 9F5D 的值(低 5 位字节)	4
静态	1～15	N/A	发卡机构指定固定数据	无

表 A.5　电子钱包数据元

数据域	说　明	来源	格式	长度(字节)	值(十六进制)
算法标识(DLK)	用来标识圈存交易的加密算法	卡片	b	1	
算法标识(DPK)	用来标识消费和取现交易的加密算法	卡片	b	1	

表 A.5（续）

数据域	说　明	来源	格式	长度(字节)	值(十六进制)
算法标识(DTK)	用来标识在交易中计算 TAC 使用的加密算法	卡片	b	1	
算法标识(DUBK)	用来标识在解除应用锁定中使用的加密算法	卡片	b	1	
算法标识(DULK)	用来标识在圈提交易中使用的加密算法	卡片	b	1	
应用有效日期	该日期后卡应用终止	卡片	cn CCYYMMDD	4	
应用标识符	用于标识一个应用，并符合 GB/T 16649.5	卡片 终端	b	5～16	
应用主账号	发卡机构分配的一个数字	卡片	cn	10	
应用生效日期	指示应用生效日期	卡片	cn CCYYMMDD	4	
应用类型标识	卡片具备的表示卡存在的应用	卡片	cn	1	02
应用版本号	表示卡片当前使用的应用版本的一个数字	卡片	b	1	
本机构职工标识	用来表示持卡人是否是机构职员的一个标识	卡片	n	1	
发卡机构应用版本号	表示发卡机构当前使用的应用版本的一个数字	卡片	b	1	
持卡人类型标识		卡片	cn	1	a)00-普通卡； b)01-学生卡； c)02-老人卡； d)03-军人卡； e)04-内部员工卡； f)其他-保留； g)所有其他值预留
持卡人证件号码	用来标识持卡人	卡片	an	32	
持卡人证件类型	用于区分持卡人证件类型而分配的值	卡片	cn	1	a)00-身份证； b)01-军官证； c)02-护照； d)03-入境证(仅限香港/澳门/台湾居民使用)； e)04-临时身份证； f)05-其他
持卡人姓名	根据 GB/T 17552 格式，标识持卡人姓名	卡片	an	20	
电子钱包余额	卡片中电子钱包的当前余额	卡片	b	4	

表 A.5（续）

数据域	说　明	来源	格式	长度(字节)	值(十六进制)
交易计数器	卡片中的一个计数器，每发生一次交易时就增加	卡片	b	2	
发卡机构标代码	用来唯一标识发卡机构的一个数字	卡片	cn	4	
发卡机构自定义 FCI 数据	发卡机构在其自己终端上用于特殊处理的自定义数据	卡片	b	2	
密钥索引号	唯一标识在一个密钥版本中的密钥索引号而分配的一个数字	卡片 终端	cn	1	
密钥版本号(DLK)	用来唯一标识圈存交易的密钥版本	卡片	b	1	
密钥版本号(DPK)	用来唯一标识一个消费或取现交易的密钥版本	卡片	b	1	
密钥版本号(DTK)	用来唯一标识计算 TAC 所用的密钥版本	卡片	b	1	
密钥版本号(DUBK)	用来唯一标识一个解除应用锁定的密钥版本	卡片	b	1	
密钥版本号(DULK)	用来唯一标识一个圈提交易的密钥版本	卡片	b	1	
透支限额	发卡机构给持卡人指定的最大透支额度	卡片	b	3	
伪随机数(卡片)	卡片随机产生的一个数字	卡片	b	4	
交易日期(发卡机构)	交易发生日期	发卡机构	cn CCYYMMDD	4	
交易日期(终端)	交易发生日期	终端	cn CCYYMMDD	4	
交易时间	交易发生时间	终端	cn	3	
交易类型标识(TTI)	用于标识持卡人选择的交易类型(例如：圈存、圈提及消费等)而分配的一个值	终端 卡片	cn	1	a)02-圈存； b)03-圈提； c)06-消费； d)07-修改透支限额； e)09-复合应用消费

附　录　B
（规范性附录）
应用数据与文件

B.1　应用数据

B.1.1　联机应用数据

B.1.1.1　卡片数据对象

卡片数据对象列表见表 B.1。

表 B.1　卡片数据对象列表

数据名称	数据格式	标签	长度（字节）	值（十六进制）	描　述	模板缺省设置	发卡机构通用数据	卡或持卡人特殊数据	数据存储在文件记录中
应用交互特征（AIP）	b	82	2	7C00	说明此应用中卡片具备的功能	M			
应用优先指示器	b	87	1	01	如果卡片中有多个应用，指出同一目录中的应用的优先级	M			
应用交易计数器（ATC）	b	9F36	2	初始设置为 0	记录个人化以后交易处理的次数				
应用版本号	b	9F08	2	初始设置为 00 30	行业主管部门给应用分配的版本号，为以后增加新功能提供一种移值的途径	M			M
卡片内部数据	变长				用于发卡机构提供交易处理信息和影响交易结果的卡片内部计数器和指示器				
上次联机交易未完成指示位	b		1bit	初始设置为 0	表明上次联机交易没有完成				
卡片请求联机指示位	b		1bit	初始设置为 0	在交易处理过程中，当卡片决定交易联机时设置				
卡片请求脱机拒绝指示位	b		1bit	初始设置为 0	在交易处理过程中，当卡片决定交易拒绝时设置				
发卡机构认证失败指示位	b		1bit	初始设置为 0	表明上次交易出现的发卡机构认证错误的情况				
静态数据认证（SDA）失败指示位	b		1bit	初始设置为 0	标明当上次交易拒绝时 SDA 是否失败				
动态数据认证（DDA）失败指示位	b		1bit	初始设置为 0	标明当上次交易拒绝时 DDA 是否失败				

表 B.1（续）

数据名称	数据格式	标签	长度（字节）	值（十六进制）	描述	模板缺省设置	发卡机构通用数据	卡或持卡人特殊数据	数据存储在文件记录中
发卡机构认证指示位	b	9F56	1	00 或 80 推荐 00	交易联机后控制交易如何处理的指示器。发卡机构认证可以是可选（'00'）或强制（'80'）。如果是强制但没有授权响应密文返回，则发卡机构可以选择不管联机返回报文结果如何，拒绝本次交易		M		
上次联机应用交易计数器（ATC）寄存器	b	9F13	2	初始设置为 0	上次联机上送交易时的 ATC 值				
日志入口	b	9F4D	2	0B 0A	提供日志文件的 SFI 和日志文件记录个数，卡片应用规范提供推荐值：0B 0A a）字节 1：循环交易日志文件的 SFI，为 11（十进制）； b）字节 2：交易日志文件中的记录个数，为 10（十进制）	M			
日志格式	b	9F4F	变长	9A03 9F2103 9F0206 9F0306 9F1A02 5F2A02 9F4E14 9C01 9F3602	列出日志记录中数据对象的标签和长度	M			
连续脱机交易限制数（国际—货币）	b	9F53	1	发卡机构模板推荐值 0	不使用指定应用货币的连续脱机交易次数最大数，超过后交易请求联机		M		
连续脱机交易限制数（国际—国家）	b	9F72	1	发卡机构模板，推荐值 0	不在发卡机构所在国家的连续脱机交易次数最大数，超过后交易请求联机		M		
累计交易计数器（国际—货币）	b		1	初始设置为 0	国际脱机交易计数器。当计数器超过累计脱机交易限制数时，卡片请求交易联机				
累计交易金额（国内）	n		6	初始设置为 0	记录自从上次联机交易完成后，使用应用指定货币的脱机交易累计金额				

表 B.1（续）

数据名称	数据格式	标签	长度（字节）	值（十六进制）	描　　述	模板缺省设置	发卡机构通用数据	卡或持卡人特殊数据	数据存储在文件记录中
累计脱机交易金额限制数	n	9F54	6	发卡机构模板推荐值 00 00 00 00 00 00	累计脱机交易金额的最大限制数。超过交易请求联机		M		
累计脱机交易金额上限	n	9F5C	6	发卡机构模板推荐值 00 00 00 00 00 00	累计脱机交易金额和累计脱机交易金额（双货币）的最大限制数。如果超过而且交易无法联机时，拒绝交易		M		
连续脱机交易下限（LCOL）	b	9F58	1	发卡机构模板推荐值 0	在申请联机授权之前，卡片允许的最大连续脱机交易限制数		M		
连续脱机交易上限（UCOL）	b	9F59	1	发卡机构模板推荐值 0	发卡机构指定的卡片需要联机处理前允许连续脱机交易次数最大值，超过此值如果交易要求联机但联机不成功，则拒绝交易		M		
卡片风险管理数据对象列表 1（CDOL1）	b	8C	27	9F02 069F 0306 9F1A 0295 055F 2A02 9A03 9C01 9F37 04 9F21 03 9F4E 14	列出第一个生成应用密文命令中，卡片请求终端传送的数据。用于具备密文版本 01 和授权控制处理过程。内容是终端数据对象（标签和长度），数据包括： a）授权金额； b）其他金额； c）终端国家代码； d）终端验证结果； e）交易货币代码； f）交易日期； g）交易类型； h）终端不可预知数； i）交易时间和商户名称	M			M
卡片风险管理数据对象列表 2（CDOL2）	b	8D	26	8A02 9F02 069F 0306 9F1A 0295 055F 2A02	列出第二个生成应用密文命令中，卡片请求终端传送的数据。内容是终端数据对象（标签和长度），包括： a）发卡机构响应码； b）授权金额； c）其他金额； d）终端国家代码；	M			M

表 B.1（续）

数据名称	数据格式	标签	长度（字节）	值（十六进制）	描述	模板缺省设置	发卡机构通用数据	卡或持卡人特殊数据	数据存储在文件记录中
卡片风险管理数据对象列表2(CDOL2)	b	8D	26	9A03 9C01 9F37 04 9F21 03	e)终端验证结果； f)交易货币代码； g)交易日期； h)交易类型； i)终端不可预知数； j)交易时间	M			M
密文信息数据	b	9F27	1	初始设置为0	表明卡片返回的密文类型	M			
发卡机构行为代码(IAC)-拒绝	b	9F0E	5	00 10 98 00 00	指定交易不进行联机直接拒绝的条件	M			M
发卡机构行为代码(IAC)-联机	b	9F0F	5	D8 68 04 F8 00	指定交易联机上送的条件	M			M
发卡机构行为代码(IAC)-缺省	b	9F0D	5	D8 60 04 A8 00	指定当交易请求联机但终端不能完成联机上送的交易拒绝的条件	M			M
发卡机构应用数据	b	9F10	8	07_ _ 01 03 00 00 00 01 0A 01	在一个联机交易中，要传送到发卡机构的专有应用数据		M		
发卡机构国家代码	b	5F28	2	发卡机构模板	指明卡片发行者的国家		M		M
首选语言	ans	5F2D	2	发卡机构模板	当终端具备多种语言时，终端根据发卡机构首选语言显示终端信息		M		
应用货币码	n	9F51		发卡机构模板	发卡机构的国内货币		M		M
应用标识符(AID)	b	4F	8~16	初始化好的	A000000632010105 A000000632010106				
应用标签	ans	50	1~16	发卡机构模板	终端显示给消费者一个可选应用列表的时候应用的名称		M		
应用用途控制	b	9F07	2	FF 00	标明发卡机构指定的卡片应用上的一些限制，包括地域使用和服务类型等。 用于提供更灵活的卡片服务控制(类似服务代码)	M			M
应用主帐号序列号	n	5F34	1	发卡机构基本信息数据文件中提供	用来表示卡片中使用同一个账号的不同应用			M	M

表 B.1（续）

数据名称	数据格式	标签	长度（字节）	值（十六进制）	描述	模板缺省设置	发卡机构通用数据	卡或持卡人特殊数据	数据存储在文件记录中
持卡人姓名	ans	5F20	2～26	从发卡机构基本信息数据文件提供				M	M
持卡人姓名扩展	ans	9F0B	1～19	从发卡机构基本信息数据文件提供	如果持卡人姓名大于26字节，多出部分放在此数据元中			M	M
持卡人证件号	an	9F61	1～40	从发卡机构基本信息数据文件提供	持卡人证件号			M	M
持卡人证件类型	cn	9F62	1	从发卡机构基本信息数据文件提供	表明持卡人证件类型			M	M
应用失效日期	n	5F24	3	发卡机构基本信息数据文件提供	卡片应用失效日期			M	M
应用生效日期	n	5F25	3	发卡机构模板	卡片中应用启用日期		M		M
应用主账户（PAN）	cn	5A	最大10	发卡机构基本信息数据文件提供				M	M
服务码	n	5F30	2	发卡机构基本信息数据文件提供				M	M
发卡机构自定义数据	ans	9F1F	变长	发卡机构基本信息数据文件提供				M	M
发卡机构基本信息数据	变长	57	最大19	发卡机构基本信息数据文件提供				M	M
持卡人验证方法（CVM）列表	b	8E	12	0000 0000 0000 0000 0203 1F00	按优先顺序列出卡片应用具备的所有持卡人验证方法	M			M
CA公钥索引（PKI）	b	8F	1	发卡机构模板	在SDA或DDA过程中，和RID一起使用，用来标识CA公钥		M		M
发卡机构公钥（IPK）证书	b	90	N_{CA}	发卡机构模板	CA认证过的发卡机构公钥。用于脱机数据认证		M		M

表 B.1（续）

数据名称	数据格式	标签	长度（字节）	值（十六进制）	描　述	模板缺省设置	发卡机构通用数据	卡或持卡人特殊数据	数据存储在文件记录中
发卡机构公钥余数(如果需要)	b	92	$N_1 - N_{CA} + 36$	发卡机构模板	没有放入发卡机构公钥证书中的发卡机构公钥部分		M		M
发卡机构公钥指数	b	9F32	1 to $N_1/4$	发卡机构模板	发卡机构公钥指数,用来验证签名的静态应用数据和卡片公钥证书		M		M
签名的静态应用数据(SAD)	b	93	变长	发卡机构模板	用发卡机构签名的应用数据			M	M
卡片公钥证书	b	9F46	NI	发卡机构模板	发卡机构认证过的卡片公钥			M	M
卡片公钥指数	b	9F47	1/3	发卡机构模板	卡片公钥指数用于验证签名的动态应用数据			M	M
卡片公钥余数	b	9F48	NIC - NI + 42	发卡机构模板	没有放入卡片公钥证书的卡片公钥部分			M	M
卡片私钥	b		NIC	发卡机构模板	卡片公钥对中的私钥部分。用于脱机动态数据认证有两种格式:模/私钥指数形式和中国余数定理(CRT)形式			M	
动态数据认证数据对象列表(DDOL)	b	9F49	最大 252	发卡机构模板	在内部认证命令中需要终端送到卡片中的数据列表,包括数据对象的标签和长度		M		M
应用缺省行为(ADA)	b	9F52	2	C000	如果具备发卡机构认证。卡片应用专有数据。定义在一些特定条件下卡片执行的发卡机构指定的行为。如果卡片中没有此数据,缺省认为全零	M			
子密钥(UDK)A	b		8	发卡机构模板	由每个发卡机构唯一的主密钥分散生成每张卡片唯一的子密钥			M	
子密钥(UDK)B	b		8	发卡机构模板	由每个发卡机构唯一的主密钥分散生成每张卡片唯一的子密钥			M	
子密钥(ENC Key)A	b		8	发卡机构模板	用于发卡机构脚本的加密密钥,由每个发卡机构唯一的主密钥分散生成每张卡片唯一的子密钥				

表 B.1（续）

数据名称	数据格式	标签	长度（字节）	值（十六进制）	描　　述	模板缺省设置	发卡机构通用数据	卡或持卡人特殊数据	数据存储在文件记录中
子密钥（ENC Key）B	b		8	发卡机构模板	用于发卡机构脚本的加密密钥，由每个发卡机构唯一的主密钥分散生成每张卡片唯一的子密钥				
子密钥（MAC Key）A	b		8	发卡机构模板	用于发卡机构脚本的安全报文密钥，由每个发卡机构唯一的主密钥分散生成每张卡片唯一的子密钥				
子密钥（MAC Key）B	b		8	发卡机构模板	用于发卡机构脚本的安全报文密钥，由每个发卡机构唯一的主密钥分散生成每张卡片唯一的子密钥				
注：一个应用中可以有多个 CVM 列表，例如一个用于国内交易，一个用于国际交易。									

B.1.1.2 应用交互特征（AIP）设置

应用交互特征（AIP）宜设置为‘7C00’，见表 B.2。

表 B.2　应用交互特征（AIP）

字　　节	位	值	说　　明
1	8	0	RFU
1	7	1	具备 SDA
1	6	1	具备 DDA
1	5	1	具备持卡人认证
1	4	1	具备终端风险管理
1	3	1	具备发卡机构认证
1	2	0	RFU
1	1	0	不具备 CDA
2	8～1	0000　0000	RFU

B.1.1.3 应用优先指示器

应用优先指示器宜设置为‘01’，见表 B.3。

表 B.3　应用优先指示器

字　　节	位	值	意　　义
1	8	0	没有持卡人确认应用可以选择
1	7～5	000	RFU
1	4～1	0001	最高优先级

B.1.1.4　卡片内部数据

卡片内部数据见表 B.4。

表 B.4　卡片内部数据

卡片内部数据	保　留	初　始　值	标　　签
联机授权指示位	1bit	0	
卡片请求 ARQC 指示位	1bit	0	
卡片请求 AAC 指示位	1bit	0	
发卡机构认证失败指示位	1bit	0	
静态数据(SDA)认证失败指示位	1bit	0	
动态数据认证(DDA)失败指示位	1bit	0	
发卡机构脚本失败指示位	1bit		
发卡机构认证指示位(bit8 0 = 可选　1 = 强制)	1 字节	00 或 80;推荐 00	9F56
发卡机构脚本命令计数器	4bits		
连续脱机交易下限	1 字节	发卡机构模板 = 0	9F58
连续脱机交易上限	1 字节	≥连续脱机交易下限, = 0	9F59
上次联机应用交易计数器(ATC)寄存器	2 字节	0	9F13
连续脱机交易限制数(国际 – 货币)	1 字节	发卡机构模板 = 0	9F53
连续脱机交易限制数(国际-国家)	1 字节	发卡机构模板 = 0	9F72
累计脱机交易计数器(国际)	1 字节	0	—
PIN 尝试限制数	1 字节	发卡机构模板	—
PIN 尝试次数计数器	1 字节	= PIN 尝试限制数	9F17
累计脱机交易金额数(国内)	6 字节	0	
累计脱机交易金额限制数(国内)	6 字节	发卡机构模板 = 0	9F54
累计脱机交易上限	6 字节	≥累计脱机交易金额限制数(国内), = 0	9F5C

B.1.1.5　日志格式

日志格式宜设置为‘9A 03 9F21 03 9F02 06 9F03 06 9F1A 02 5F2A 02 9F4E 14 9C 01 9F36 02’,见表 B.5。

表 B.5　日志格式的标签和长度

数据对象名称	标　　签	长度(字节)
交易日期	9A	3
交易时间	9F21	3
授权金额	9F02	6
其他金额	9F03	6
终端国家代码	9F1A	2
交易货币代码	5F2A	2

表 B.5 （续）

数据对象名称	标　签	长度(字节)
商户名称	9F4E	20
交易类型	9C	1
应用交易计数器(ATC)	9F36	2

B.1.1.6　卡片风险管理数据对象列表(CDOL)1

卡片风险管理数据对象列表(CDOL)1 宜设置为‘9F02 06 9F03 06 9F1A 02 95 05 5F2A 02 9A 03 9C 01 9F37 04 9F21 03 9F4E 20’,见表 B.6。

表 B.6　卡片风险管理数据对象列表(CDOL)1 的标签和长度

数据对象名称	标　签	长度(字节)
授权金额	9F02	6
其他金额	9F03	6
终端国家代码	9F1A	2
终端验证结果	95	5
交易货币代码	5F2A	2
交易日期	9A	3
交易类型	9C	1
不可预知数	9F37	4
交易时间	9F21	3
商户名称	9F4E	20

B.1.1.7　卡片风险管理数据对象列表(CDOL) 2

卡片风险管理数据对象列表(CDOL)2 宜设置为‘8A 02 9F02 06 9F03 06 9F1A 02 95 05 5F2A 02 9A 03 9C 01 9F37 04 9F21 03’,见表 B.7。

表 B.7　卡片风险管理数据对象列表（CDOL)2 的标签和长度

数据对象名称	标　签	长度(字节)
授权响应码	8A	2
授权金额	9F02	6
其他金额	9F03	6
终端国家代码	9F1A	2
终端验证结果	95	5
交易货币代码	5F2A	2
交易日期	9A	3
交易类型	9C	1
不可预知数	9F37	4
交易时间	9F21	3

B.1.1.8 发卡机构行为代码（IAC）（拒绝、联机和缺省）

发卡机构行为代码宜按如下设置：

a）‘00 10 98 00 00’（发卡机构行为代码-拒绝）；

b）‘D8 68 04 F8 00’（发卡机构行为代码-联机）；

c）‘D8 60 04 A8 00’（发卡机构行为代码-缺省）。

发卡机构行为代码见表 B.8。

表 B.8 发卡机构行为代码

条 件	结 果		
	IAC 拒绝-脱机拒绝	IAC 联机-要求联机	IAC 缺省-如果不能联机的话脱机拒绝
未进行脱机数据认证	0	1	1
脱机静态数据认证（SDA）失败	0	1	1
卡片数据缺失	0	0	0
卡片出现在终端异常文件中	0	1	1
脱机动态数据认证（DDA）失败	0	1	1
复合动态数据认证/应用密码生成（CDA）失败	0	0	0
RFU	00	00	00
卡片和终端应用版本不一致	0	0	0
应用已过期	0	1	1
应用尚未生效	0	1	1
卡片不允许所请求的服务	1	0	0
新卡	0	1	0
RFU	000	000	000
持卡人验证失败	1	0	0
未知的 CVM	0	0	0
PIN 重试次数超限	0	0	0
要求输入 PIN 但密码键盘不存在或不工作	1	0	0
要求输入 PIN，密码键盘存在，但未输入 PIN	1	0	0
输入联机 PIN	0	1	1
RFU	00	00	00
交易超过最低限额	0	1	1
超过连续脱机交易下限	0	1	0
超过连续脱机交易上限	0	1	1
交易被随机选择联机处理	0	1	0
商户要求联机处理	0	1	1
RFU	000	000	000
使用缺省的 TDOL	0	0	0

表 B.8(续)

条件	结果		
	IAC 拒绝-脱机拒绝	IAC 联机-要求联机	IAC 缺省-如果不能联机的话脱机拒绝
发卡机构认证失败	0	0	0
最后一次 GENERATE AC 命令之前脚本处理失败	0	0	0
最后一次 GENERATE AC 命令之后脚本处理失败	0	0	0
RFU	0000	0000	0000

B.1.1.9 发卡机构应用数据

发卡机构应用数据见表 B.9。

表 B.9 发卡机构应用数据

字节	位	值(十六进制)	条件
1	8 ~ −1	07	长度
2	8 ~ 1	发卡机构模板	分散密钥索引
3	8 ~ 1	01	密文版本号
4 ~ 7	8 ~ 1	03 00 00 00	卡片验证结果(CVR)
8	8 ~ 1	01	算法标识
9	8 ~ 1	0A	发卡机构自定义数据(IDD)-自定义数据长度（最长 15）
10	8 ~ 1	01	IDD ID
11 ~ 15	8 ~ 1	初始设置为 0	金额域
16 ~ 19	8 ~ 1	初始设置为 0	MAC
20 ~ 24	8 ~ 1		其他的发卡机构自定义数据

B.1.1.10 应用标识符和应用标签

应用标识符和应用标签见表 B.10。

表 B.10 应用标识符和应用标签

应用标识符（AID）	应用标签
A000000632010105	电子现金应用
A000000632010106	电子钱包应用

B.1.1.11 应用用途控制

应用用途控制宜设置为‘FF00’，见表 B.11。

表 B.11 应用用途控制

字节	b8	b7	b6	b5	b4	b3	b2	B1	说明
1	1	0	0	0	0	0	0	0	国内现金交易有效
1	0	1	0	0	0	0	0	0	国际现金交易有效

表 B.11(续)

字节	b8	b7	b6	b5	b4	b3	b2	B1	说明
1	0	0	1	0	0	0	0	0	国内商品有效
1	0	0	0	1	0	0	0	0	国际商品有效
1	0	0	0	0	1	0	0	0	国内服务有效
1	0	0	0	0	0	1	0	0	国际服务有效
1	0	0	0	0	0	0	1	0	RFU
1	0	0	0	0	0	0	0	1	RFU
2	0	0	0	0	0	0	0	0	RFU
2	0	0	0	0	0	0	0	0	RFU
2	0	0	0	0	0	0	0	0	RFU
2	0	0	0	0	0	0	0	0	RFU
2	0	0	0	0	0	0	0	0	RFU
2	0	0	0	0	0	0	0	0	RFU
2	0	0	0	0	0	0	0	0	RFU
2	0	0	0	0	0	0	0	0	RFU
注:表中相应位设置为1,表示该服务是被允许的。									

B.1.1.12 持卡人验证方法(CVM)列表

持卡人验证方法(CVM)列表宜设置为‘0000 0000 0000 0000 0203 1F00’,见表B.12。

表 B.12 持卡人验证方法(CVM)列表

CVM 编码-前八个字节为0	持卡人验证方法	处理顺序	条件	如果此CVM失败
0000 0010 0000 0011	联机PIN	1	如果终端具备	CVM处理过程失败
0001 1111 0000 0000	不需要持卡人验证	2	总是	不会失败

B.1.1.13 动态数据对象列表(DDOL)

动态数据对象列表(DDOL)宜设置为‘9F37 04’,见表B.13。

表 B.13 动态数据对象列表(DDOL)数据对象的标签和长度

值	标签	长度(字节)
不可预知数	9F37	4

B.1.1.14 应用缺省行为

应用缺省行为宜设置为‘C000’,见表B.14。

表 B.14 应用缺省行为

字节	位	值	说明
1	8	1	如果发卡机构认证失败,下次联机交易

表 B.14(续)

字节	位	值	说明
1	7	1	如果发卡机构认证执行但失败,拒绝交易
1	6	0	如果发卡机构认证必需但没有收到 ARPC,不拒绝交易
1	5	0	如果交易拒绝,不生成通知
1	4	0	如果 PIN 在本次交易中已锁而且交易拒绝,不生成通知
1	3	0	如果因发卡机构认证失败或没有执行导致交易拒绝,不生成通知
1	2	0	如果是新卡,不联机交易
1	1	0	如果是新卡,当交易无法联机时不拒绝交易
2	8	0	如果 PIN 在本次交易中锁定,应用不锁定
2	7	0	如果 PIN 在前次交易中锁定,不拒绝交易
2	6	0	如果 PIN 在前次交易中锁定,不联机交易
2	5	0	如果 PIN 在前次交易中锁定,当交易无法联机时不拒绝交易
2	4	0	如果发卡机构脚本命令在前次交易中失败,不联机交易
2	3	0	如果 PIN 在前次交易中锁定,不拒绝交易并不锁应用
2	2~1	00	RFU

B.1.2 脱机应用数据

B.1.2.1 卡片数据对象

卡片数据对象列表见表 B.15。

表 B.15 卡片数据对象

数据名称	数据格式	标签	长度（字节）	值（十六进制）	描述	模板缺省设置	发卡机构通用数据	卡或持卡人特殊数据	数据存储在文件记录中
电子现金余额	n	9F79	6	初始设置为0	保存了可供脱机消费的剩余总额				
电子现金余额上限	n	9F77	6	发卡机构模板	表示在电子现金应用中,持卡人可脱机消费的最大累积额度,即卡片充值所能达到的上限			M	
电子现金发卡机构授权码	an	9F74	6	ECC001	卡片上用于标识批准电子现金交易的代码	M			M
电子现金单笔交易限额	n	9F78	6	发卡机构模板	卡片上单笔电子现金交易额的上限,用于控制单笔电子现金交易风险			M	
电子现金重置阈值	n	9F6D	6	发卡机构模板	触发卡片进行自动充值的可用余额下限			M	

表 B.15(续)

数据名称	数据格式	标签	长度(字节)	值(十六进制)	描述	模板缺省设置	发卡机构通用数据	卡或持卡人特殊数据	数据存储在文件记录中
处理选项数据对象列表(PDOL)	b	9F38	10	9F7A 01 9F02 06 5F2A 02 DF69 01	指定在取处理选项命令中终端送入卡片的数据。包括终端数据对象(标签和长度)	M			M
持卡人验证方法(CVM)列表	b	8E	10	0000 0000 0000 0000 1F03	按优先顺序列出卡片应用具备的所有持卡人验证方法。 注:一个应用中可以有多个 CVM 列表,例如一个用于国内交易,一个用于国际交易	M			M
发卡机构行为代码(IAC)-拒绝	b	9F0E	5	00 10 80 00 00	指定交易不进行联机直接拒绝的条件	M			M
发卡机构行为代码(IAC)-联机	b	9F0F	5	D8 68 3C F8 00	指定交易联机上送的条件	M			M
发卡机构行为代码(IAC)-缺省	b	9F0D	5	D8 60 3C A8 00	指定当交易请求联机但终端不能完成联机上送的交易拒绝的条件	M			M

B.1.2.2 处理选项数据对象列表(PDOL)

处理选项数据对象列表(PDOL)宜设置为‘9F7A 01 9F02 06 5F2A 02 DF69 01’,见表 B.16。

表 B.16 处理选项数据对象列表(PDOL)

数据对象名称	标 签	长度(字节)
电子现金终端具备指示器	9F7A	1
授权金额	9F02	6
交易货币代码	5F2A	2
SM2 算法具备指示器	DF69	1

B.1.2.3 持卡人验证方法(CVM)列表

持卡人验证方法(CVM)列表宜设置为‘0000 0000 0000 0000 1F03’,见表 B.17。

表 B.17 持卡人验证方法(CVM)列表

CVM 编码-前八个字节为 0	持卡人验证方法	处理顺序	条件	如果此 CVM 失败
0001 1111 0000 0011	不需要持卡人验证	1	如果终端具备	CVM 处理过程失败

B.1.2.4 发卡机构行为代码 (IAC)(拒绝、联机和缺省)

发卡机构行为代码宜按如下设置:

a) ‘00 10 80 00 00’(发卡机构行为代码-拒绝);

b) ‘D8 68 3C F8 00’(发卡机构行为代码-联机);

c) ‘D8 60 3C A8 00’(发卡机构行为代码-缺省)见表B.18。

表B.18 发卡机构行为代码

条 件	结 果		
	IAC拒绝-脱机拒绝	IAC联机-要求联机	IAC缺省-如果不能联机的话脱机拒绝
未进行脱机数据认证	0	1	1
脱机静态数据认证(SDA)失败	0	1	1
卡片数据缺失	0	0	0
卡片出现在终端异常文件中	0	1	1
脱机动态数据认证(DDA)失败	0	1	1
复合动态数据认证/应用密码生成(CDA)失败	0	0	0
RFU	00	00	00
卡片和终端应用版本不一致	0	0	0
应用已过期	0	1	1
应用尚未生效	0	1	1
卡片不允许所请求的服务	1	0	0
新卡	0	1	0
RFU	000	000	000
持卡人验证失败	1	0	0
未知的CVM	0	0	0
PIN重试次数超限	0	1	1
要求输入PIN但密码键盘不存在或不工作	0	1	1
要求输入PIN,密码键盘存在,但未输入PIN	0	1	1
输入联机PIN	0	1	1
RFU	00	00	00
交易超过最低限额	0	1	1
超过连续脱机交易下限	0	1	0
超过连续脱机交易上限	0	1	1
交易被随机选择联机处理	0	1	0
商户要求联机处理	0	1	1
RFU	000	000	000
使用缺省的TDOL	0	0	0
发卡机构认证失败	0	0	0
最后一次GENERATE AC命令之前脚本处理失败	0	0	0
最后一次GENERATE AC命令之后脚本处理失败	0	0	0
RFU	0000	0000	0000

B.1.3 非接触式应用数据

B.1.3.1 卡片数据对象

卡片数据对象见表B.19。

表B.19 卡片数据对象

数据名称	数据格式	标签	长度（字节）	值（十六进制）	描述	模板缺省设置	发卡机构通用数据	卡或持卡人特殊数据	数据存储在文件记录中
卡片附加处理	b	9F68	4	81 00 00 00	指出卡片处理需求和参数选择				
卡片内部指示器	b		2	初始设置为0	用于控制应用卡片内部过程				
卡片交易属性	b	9F6C	2	初始设置为00 00	主要用于向终端指明卡片要求的CVM				
脱机消费可用余额	n	9F5D	6	初始设置为1	一个计算域，可用于终端显示卡片的脱机可用额度，或用于发卡机构风险管控				
应用交互特征（AIP）	b	82	2	7C00	说明此应用中卡片具备的功能	具备			
处理选项数据对象列表（PDOL）	b	9F38	18	9F66 04 9F02 06 9F37 04 5F2A 02 DF60 01 DF69 01	指定在取处理选项命令中终端送入卡片的数据。包括终端数据对象（标签和长度）	M			M
发卡机构应用数据	b	9F10	8	07_17 03 00 00 00 01 0A 01	在一个联机交易中，要传送到发卡机构的专有应用数据		M		
CAPP交易指示位	b	DF60	1	初始设置为00	如果卡片具备电子现金CAPP扩展应用交易，则需在PDOL中指明此数据： a）00-终端不具备电子现金扩展应用； b）01-选择或执行分时分段扣费交易； c）02-选择或执行脱机预授权交易； d）03-选择或执行脱机预授权完成交易				
分段扣费应用标识	b	DF61	1	01/02	如果卡片仅具备分段扣费交易时，发卡机构在BF0C中进行个人化 a）1-卡片仅具备分段扣费交易； b）2-卡片同时具备分段扣费交易和预授权交易功能				

表 B.19(续)

数据名称	数据格式	标签	长度(字节)	值(十六进制)	描述	模板缺省设置	发卡机构通用数据	卡或持卡人特殊数据	数据存储在文件记录中
电子现金分时分段扣费抵扣限额	cn	DF62	6	初始设置为0	如果卡片具备分时分段扣费抵扣功能,表示卡片在分时分段扣费交易中可抵扣的最大额度				
电子现金分时分段扣费已抵扣额	cn	DF63	6	初始设置为0	如果卡片具备分时分段扣费抵扣功能,表示卡片当前已抵扣的额度				

B.1.3.2　应用交互特征(AIP)设置

应用交互特征(AIP)宜设置为'7C00',见表 B.20。

表 B.20　应用交互特征(AIP)

字节	位	值(二进制)	说明
1	8	0	RFU
1	7	1	具备 SDA
1	6	1	具备 fDDA
1	5	1	具备持卡人认证
1	4	1	具备终端风险管理
1	3	1	具备发卡机构认证
1	2	0	RFU
1	1	0	不具备 CDA
2	8~1	00000000	RFU

B.1.3.3　处理选项数据对象列表(PDOL)

处理选项数据对象列表(PDOL)宜设置为'9F66 04 9F02 06 9F37 04 5F2A 02 DF60 01(DF69 01)',见表 B.21。

表 B.21　处理选项数据对象列表(PDOL)

数据对象名称	标签	长度(字节)
终端交易属性	9F66	4
授权金额	9F02	6
不可预知数	9F37	4
交易货币代码	5F2A	2
CAPP 交易指示位	DF60	1
SM 算法具备指示器(可选数据)	DF69	1

B.1.3.4 卡片附加处理

卡片附加处理宜设置为‘81 40 00 00’，见表B.22。

表B.22 卡片附加处理

字节	位	值(二进制)	说明
1	8	1	具备小额检查
1	7	0	不具备小额和CTTA检查
1	6	0	不具备小额或CTTA检查
1	5	0	不具备新卡检查
1	4	0	不具备PIN重试次数超过检查
1	3	0	不允许货币不匹配的脱机交易
1	2	0	卡片不优先选择接触式应用联机
1	1	1	返回脱机消费可用额度
2	8	0	不具备预付
2	7	1	不允许不匹配货币的交易
2	6	0	如果是新卡且读卡器仅具备脱机，不拒绝交易
2	5~1	00000	RFU
3	8	0	匹配货币的交易不具备联机PIN
3	7	0	不匹配货币的交易不具备联机PIN
3	6	0	对于不匹配货币交易，卡不要求CVM
3	5	0	不具备签名
3	4~1	0000	RFU
4	8~1	00000000	RFU

B.1.3.5 卡片交易属性

卡片交易属性宜设置为‘00 00’，见表B.23。

表B.23 卡片交易属性

字节	位	值(二进制)	说明
1	8	0	不需要联机PIN
1	7	0	不需要签名
1	6	0	如果脱机数据认证失败且终端可联机，不要求联机
1	5	0	如果脱机数据认证失败且终端具备接触式卡片应用，不终止
1	4~1	0000	RFU
2	8~1	00000000	RFU

B.1.3.6 发卡机构应用数据

发卡机构应用数据见表 B.24。

表 B.24 发卡机构应用数据

字节	位	值(十六进制)	条　　件
1	8~1	07	长度(字节)
2	8~1	发卡机构模板	分散密钥索引
3	8~1	17(十六进制)	密文版本号
4~7	8~1	03 00 00 00	卡片验证结果(CVR)
8	8~1	01	算法标识
9	8~1	0A	发卡机构自定义数据(IDD)-自定义数据长度（最长 15）
10	8~1	01	IDD ID
11~15	8~1	初始设置为 0	金额域
16~19	8~1	初始设置为 0	MAC
20~24	8~1		其他的发卡机构自定义数据

B.2 应用文件

B.2.1 电子现金专用文件

B.2.1.1 专用文件 1（SFI=0x01）

电子现金专用文件 1 见表 B.25~表 B.27。

表 B.25 记录 1:应用基本数据

标　　签	长度(字节)	值
57	Up~19	发卡机构基本信息数据
5F20	2~26	持卡人姓名
9F1F	可变	发卡机构自定义数据
9F61		持卡人证件号
9F62		持卡人证件类型

表 B.26 记录 2:数据认证数据 1

标　　签	长度(字节)	值
90	128	发卡机构公钥证书

表 B.27 记录 3:数据认证数据 2

标　　签	长度(字节)	值
9F32		发卡机构公钥指数
92	可变	发卡机构公钥余项
8F	1	认证中心公钥索引

B.2.1.2 专用文件 2（SFI = 0x02）

电子现金专用文件 2 见表 B.28 ~ 表 B.31。

表 B.28 记录 1:联机交易卡片风险管理数据

标签	长度(字节)	值
5F25	3	应用生效日期
5F24	3	应用失效日期
5A	可变	应用主账号(PAN)
5F34	1	应用 PAN 序列号
9F07	2	应用使用控制
8E	可变	持卡人验证方法(CVM)列表
9F0D	5	发卡机构行为码(IAC)默认
9F0E	5	发卡机构行为码(IAC)拒绝
9F0F	5	发卡机构行为码(IAC)联机
5F28	2	发卡机构国家代码

表 B.29 记录 2:数据认证数据

标签	长度(字节)	值
93	128	签名的静态认证数据

表 B.30 记录 3:签名的静态认证数据

标签	长度(字节)	值
9F46	128	ICC 公钥证书

表 B.31 记录 4:ICC 公钥数据

标签	长度(字节)	值
9F47	1/3	ICC 公钥指数
9F48	可变	ICC 钥余项
9F49	可变	DDOL
9F4A	1	静态签名数据列表(只包含 82 数据元)

B.2.1.3 专用文件 3（SFI = 0x03）

电子现金专用文件 3 见表 B.32 ~ 表 B.35。

表 B.32 记录 1:脱机交易卡片风险管理数据

标签	长度(字节)	值
5F24	3	应用失效日期
5A	可变	应用主账号(PAN)
5F34	1	应用 PAN 序列号

表 B.32(续)

标　　签	长度(字节)	值
9F07	2	应用使用控制
8E	可变	持卡人验证方法(CVM)列表
9F0D	5	发卡机构行为码(IAC)默认
5F28	2	发卡机构国家代码
9F0E	5	发卡机构行为码(IAC)拒绝
9F0F	5	发卡机构行为码(IAC)联机

表 B.33　记录 1:数据认证数据

标　　签	长度(字节)	值
93	128	签名的静态认证数据

表 B.34　记录 2:签名的静态认证数据

标　　签	长度(字节)	值
9F46	128	ICC 公钥证书

表 B.35　记录 3:ICC 公钥数据

标　　签	长度(字节)	值
9F47	1/3	ICC 公钥指数
9F48	可变	ICC 公钥余项
9F49	可变	DDOL
9F4A	1	静态签名数据列表(只包含 82 数据元)

B.2.1.4　专用文件 4（SFI = 0x04）

电子现金专用文件 4 见表 B.36。

表 B.36　记录 1:电子现金相关数据

标　　签	长度(字节)	值
9F74	6	电子现金发卡机构授权码

B.2.2　电子钱包专用文件

B.2.2.1　公共应用信息文件

电子钱包公共应用信息文件见表 B.37。

表 B.37　公共应用信息文件

文件标识(FID)	0x15
文件类型	二进制数据文件
文件大小	30

表 B.37(续)

文件标识(FID)		0x15
文件存取控制		读 = 自由
字节	数据元	长度(字节)
1 ~ 8	发卡机构标识	8
9	应用类型标识	1
10	发卡机构应用版本	1
11 ~ 20	应用序列号	10
21 ~ 24	应用启用日期(YYYYMMDD)	4
25 ~ 28	应用有效日期(YYYYMMDD)	4
29 ~ 30	发卡机构自定义 FCI 数据	2

B.2.2.2　持卡人基本信息文件

持卡人基本信息文件见表 B.38。

表 B.38　持卡人基本信息文件

文件标识(FID)		0x16
文件类型		二进制数据文件
文件大小		55
文件存取控制		读 = 自由
字节	数据元	长度(字节)
1	卡类型标识	1
2	本行职工标识	2
3 ~ 22	持卡人姓名	3 ~ 22
23 ~ 54	持卡人证件号码	23 ~ 54
55	持卡人证件类型	55

B.2.2.3　管理信息文件

管理信息文件见表 B.39。

表 B.39　管理信息文件

文件标识(FID)		0x17
文件类型		二进制数据文件
文件大小		60
文件存取控制		读 = 自由
字节	数据元	长度(字节)
1 ~ 4	国际代码	4
5 ~ 6	省级代码	2

表 B.39(续)

文件标识(FID)		0x17
字节	数据元	长度(字节)
7~8	城市代码	2
9~10	互通卡种	2
11	卡种类型	1
12~60	预留	49
注:卡种类型见表 A.1 发卡机构特殊数据元(标签"DF11")。		

B.2.2.4　交易明细文件

交易明细文件见表 B.40。

表 B.40　交易明细文件

文件标识(FID)		0x18
文件类型		循环文件
文件大小		10×23
文件存取控制		读=自由
字节	数据元	长度(字节)
1~2	EP 联机或脱机交易序号	2
3~5	透支限额	3
6~9	交易金额	4
10	交易类型标识	1
11~16	终端机编号	6
17~20	交易日期(终端)	4
21~23	交易时间(终端)	4

B.2.3　金额数据

卡内以安全方式存储,由卡片操作系统和应用自动进行维护,电子现金应用和电子钱包应用共用的一个余额数值。

B.2.4　公共交通过程信息变长记录文件

B.2.4.1　公共交通过程信息变长记录文件结构

公共交通过程信息变长记录文件是变长记录结构,用于保存相应的换乘记录等信息。每条记录应有一定的预留字节,若发卡机构需要使用预留字节,则应按如下格式组织预留字节的内容:城市代码(2字节)、预留信息长度(1 字节)和预留信息内容(N 字节)。

公共交通过程信息变长记录文件见表 B.41。

表 B.41 公共交通过程信息变长记录文件

<table>
<tr><td>文件名称</td><td colspan="3">公共交通过程信息变长记录文件——交易应用数据文件</td></tr>
<tr><td>文件标识</td><td>SFI = 0x1A</td><td>文件类型</td><td>变长记录文件</td></tr>
<tr><td>文件大小(bytes)</td><td colspan="3">2190</td></tr>
<tr><td rowspan="2">文件权限</td><td>读取</td><td colspan="2">自由</td></tr>
<tr><td>更新</td><td colspan="2">保护</td></tr>
<tr><td>记录号</td><td colspan="2">记录描述</td><td>长度(字节)</td></tr>
<tr><td>1</td><td colspan="2">城市轨道应用信息记录</td><td>128</td></tr>
<tr><td>2</td><td colspan="2">公共汽电车应用信息记录</td><td>128</td></tr>
<tr><td>3</td><td colspan="2">城市水上客运应用信息记录</td><td>128</td></tr>
<tr><td>4</td><td colspan="2">出租汽车应用信息记录</td><td>128</td></tr>
<tr><td>5</td><td colspan="2">租赁汽车应用信息记录</td><td>128</td></tr>
<tr><td>6</td><td colspan="2">公共自行车应用信息记录</td><td>128</td></tr>
<tr><td>7</td><td colspan="2">停车收费应用信息记录</td><td>112</td></tr>
<tr><td>8</td><td colspan="2">长途客运应用信息记录</td><td>128</td></tr>
<tr><td>9</td><td colspan="2">轮渡应用信息记录</td><td>128</td></tr>
<tr><td>10</td><td colspan="2">城际铁路应用信息记录</td><td>128</td></tr>
<tr><td>11</td><td colspan="2">民航应用信息记录</td><td>128</td></tr>
<tr><td>12</td><td colspan="2">高速公路收费应用信息记录</td><td>128</td></tr>
<tr><td>13</td><td colspan="2">优惠信息记录</td><td>30</td></tr>
<tr><td>14</td><td colspan="2">本规范预留记录 1</td><td>128</td></tr>
<tr><td>15</td><td colspan="2">本规范预留记录 2</td><td>128</td></tr>
<tr><td>16</td><td colspan="2">本规范预留记录 3</td><td>128</td></tr>
<tr><td>17</td><td colspan="2">本规范预留记录 4</td><td>128</td></tr>
<tr><td>18</td><td colspan="2">本规范预留记录 5</td><td>128</td></tr>
</table>

B.2.4.2 城市轨道应用信息记录

城市轨道应用信息记录的记录格式见表 B.42。

表 B.42 城市轨道应用信息记录

字节	数 据 元	长度(字节)	数 据 格 式
1~2	记录 ID 标识	2	2701
3	记录长度	1	固定为 0x7D
4	应用有效标识	1	固定为 0x01
5	互联互通交易标识	1	1-采用分时分段扣费/复合消费 2-采用预授权消费
6	应用锁定标志(0-应用没有锁定;1-应用锁定)	1	BCD

表 B.42(续)

字节	数 据 元	长度(字节)	数 据 格 式
7 ~ 14	交易流水号	8	BCD
15	交易状态	1	BCD
16 ~ 17	进闸城市代码	2	BCD
18 ~ 19	出闸城市代码	2	BCD
20 ~ 27	进闸机构标识	8	BCD
28 ~ 35	出闸机构标识	8	BCD
36 ~ 43	进闸站点	8	BCD
44 ~ 51	出闸站点	8	BCD
52 ~ 59	进闸终端编号	8	BCD
60 ~ 67	出闸终端编号	8	BCD
68 ~ 74	进闸时间	7	YYYYMMDDhhmmss
75 ~ 81	出闸时间	7	YYYYMMDDhhmmss
82 ~ 85	最大消费金额	4	HEX(高字节在前)
86 ~ 128	本规范预留	43	初始为 00

B.2.4.3 公共汽电车应用信息记录

公共汽电车应用信息记录的记录格式见表 B.43。

表 B.43 公共汽电车应用信息记录

字节	数 据 元	长度(字节)	数 据 格 式
1 ~ 2	记录 ID 标识	2	2702
3	记录长度	1	固定为 0x7D
5	互联互通交易标识	1	1-采用分时分段扣费/复合消费 2-采用预授权消费
6	应用锁定标志(0-应用没有锁定;1-应用锁定)	1	BCD
7 ~ 14	交易流水号	8	BCD
15	交易状态	1	BCD
16 ~ 17	上车城市代码	2	BCD
18 ~ 19	下车城市代码	2	BCD
20 ~ 27	上车机构标识	8	BCD
28 ~ 35	下车机构标识	8	BCD
36 ~ 43	上车站点	8	BCD
44 ~ 51	下车站点	8	BCD
52 ~ 59	上车终端编号	8	BCD
60 ~ 67	下车终端编号	8	BCD

表 B.43(续)

字节	数 据 元	长度(字节)	数 据 格 式
68 ~ 74	上车时间	7	YYYYMMDDhhmmss
75 ~ 81	下车时间	7	YYYYMMDDhhmmss
82 ~ 85	最大消费金额	4	HEX(高字节在前)
86	方向标识	1	HEX
87 ~ 88	线路号	2	HEX(高字节在前)
89 ~ 94	车辆号	6	ASCII
95 ~ 128	本规范预留	34	初始为 00

B.2.4.4 城市水上客运应用信息记录

城市水上客运应用信息记录的记录格式见表 B.44。

表 B.44 城市水上客运应用信息记录

字节	数 据 元	长度(字节)	数 据 格 式
1 ~ 2	记录 ID 标识	2	2703
3	记录长度	1	固定为 0x7D
4	应用有效标识	1	固定为 0x01
5	互联互通交易标识	1	1-采用分时分段扣费/复合消费 2-采用预授权消费
6	应用锁定标志(0-应用没有锁定;1-应用锁定)	1	BCD
7 ~ 128	本规范预留	122	初始为 00

B.2.4.5 出租汽车应用信息记录

出租汽车应用信息记录的记录格式见表 B.45。

表 B.45 出租汽车应用信息记录

字节	数 据 元	长度(字节)	数 据 格 式
1 ~ 2	记录 ID 标识	2	2704
3	记录长度	1	固定为 0x7D
4	应用有效标识	1	固定为 0x01
5	互联互通交易标识	1	1-采用分时分段扣费/复合消费 2-采用预授权消费
6	应用锁定标志(0-应用没有锁定;1-应用锁定)	1	BCD
7 ~ 128	本规范预留	122	初始为 00

B.2.4.6 租赁汽车应用信息记录

租赁汽车应用信息记录的记录格式见表 B.46。

表 B.46 租赁汽车应用信息记录

字节	数 据 元	长度(字节)	数 据 格 式
1~2	记录 ID 标识	2	2705
3	记录长度	1	固定为 0x7D
4	应用有效标识	1	固定为 0x01
5	互联互通交易标识	1	1-采用分时分段扣费/复合消费 2-采用预授权消费
6	应用锁定标志(0-应用没有锁定;1-应用锁定)	1	BCD
7~14	交易流水号	8	BCD
15	交易状态	1	BCD
16~17	借车城市代码	2	BCD
18~19	还车城市代码	2	BCD
20~27	借车受理机构标识	8	BCD
28~35	还车受理机构标识	8	BCD
36~43	借车终端编号	8	BCD
44~51	还车终端编号	8	BCD
52~59	车辆信息	8	BCD
60~66	租车时间	7	YYYYMMDDhhmmss
67~73	还车时间	7	YYYYMMDDhhmmss
74~77	预授权金额	4	HEX(高字节在前)
78~128	本规范预留	51	初始为 00

B.2.4.7 公共自行车应用信息记录

公共自行车应用信息记录的记录格式见表 B.47。

表 B.47 公共自行车应用信息记录

字节	数 据 元	长度(字节)	数 据 格 式
1~2	记录 ID 标识	2	2706
3	记录长度	1	固定为 0x7D
4	应用有效标识	1	固定为 0x01
5	互联互通交易标识	1	1-采用分时分段扣费/复合消费 2-采用预授权消费
6	应用锁定标志(0-应用没有锁定;1-应用锁定)	1	BCD
7~128	本规范预留	122	初始为 00

B.2.4.8 停车收费应用信息记录

停车收费应用信息记录的记录格式见表 B.48。

表 B.48　停车收费应用信息记录

字节	数 据 元	长度(字节)	数 据 格 式
1～2	记录 ID 标识	2	2707
3	记录长度	1	固定为 0x6D
4	应用有效标识	1	固定为 0x01
5	互联互通交易标识	1	1-采用分时分段扣费/复合消费 2-采用预授权消费
6	应用锁定标志(0-应用没有锁定;1-应用锁定)	1	BCD
7～14	交易流水号	8	BCD
15	交易状态	1	BCD
16～17	城市代码	2	BCD
18～25	末次受理机构标识	8	BCD
26～33	入场终端编号	8	BCD
34～41	出场终端编号	8	BCD
42～49	车辆信息	8	BCD
50～56	入场时间	7	YYYYMMDDhhmmss
57～63	出场时间	7	YYYYMMDDhhmmss
64～67	最大消费金额	4	HEX(高字节在前)
68～112	本规范预留	45	初始为 00

B.2.4.9　长途客运信息记录

长途客运信息记录的记录格式见表 B.49。

表 B.49　长途客运信息记录

字节	数 据 元	长度(字节)	数 据 格 式
1～2	记录 ID 标识	2	2708
3	记录长度	1	固定为 0x7D
4	应用有效标识	1	固定为 0x01
5	互联互通交易标识	1	1-采用分时分段扣费/复合消费 2-采用预授权消费
6	应用锁定标志(0-应用没有锁定;1-应用锁定)	1	BCD
7～14	交易流水号	8	BCD
15	交易状态	1	BCD
16～17	上车城市代码	2	BCD
18～19	下车城市代码	2	BCD
20～27	上车机构标识	8	BCD
28～35	下车机构标识	8	BCD
36～43	上车站点	8	BCD

表 B.49(续)

字节	数 据 元	长度(字节)	数 据 格 式
44~51	下车站点	8	BCD
52~59	上车终端编号	8	BCD
60~67	下车终端编号	8	BCD
68~74	上车时间	7	YYYYMMDDhhmmss
75~81	下车时间	7	YYYYMMDDhhmmss
82~85	最大消费金额	4	HEX(高字节在前)
86~128	本规范预留	43	初始为00

B.2.4.10 轮渡应用信息记录

轮渡应用信息记录的记录格式见表 B.50。

表 B.50 轮渡应用信息记录

字节	数 据 元	长度(字节)	数 据 格 式
1~2	记录 ID 标识	2	2709
3	记录长度	1	固定为 0x7D
4	应用有效标识	1	固定为 0x01
5	互联互通交易标识	1	1-采用分时分段扣费/复合消费 2-采用预授权消费
6	应用锁定标志(0-应用没有锁定;1-应用锁定)	1	BCD
7~128	本规范预留	122	初始为00

B.2.4.11 城际铁路应用信息记录

城际铁路应用信息记录的记录格式见表 B.51。

表 B.51 城际铁路应用信息记录

字节	数 据 元	长度(字节)	数 据 格 式
1~2	记录 ID 标识	2	270A
3	记录长度	1	固定为 0x7D
4	应用有效标识	1	固定为 0x01
5	互联互通交易标识	1	1-采用分时分段扣费/复合消费 2-采用预授权消费
6	应用锁定标志(0-应用未锁定;1-应用锁定)	1	BCD
7~14	交易流水号	8	BCD
15	交易状态	1	BCD
16~17	进闸城市代码	2	BCD
18~19	出闸城市代码	2	BCD

表 B.51(续)

字节	数 据 元	长度(字节)	数 据 格 式
20~27	进闸机构标识	8	BCD
28~35	出闸机构标识	8	BCD
36~43	进闸站点	8	BCD
44~51	出闸站点	8	BCD
52~59	进闸终端编号	8	BCD
60~67	出闸终端编号	8	BCD
68~74	进闸时间	7	YYYYMMDDhhmmss
75~81	出闸时间	7	YYYYMMDDhhmmss
82~85	最大消费金额	4	HEX(高字节在前)
86~128	本规范预留	43	初始为00

B.2.4.12 民航应用信息记录

民航应用信息记录的记录格式见表B.52。

表 B.52 民航应用信息记录

字节	数 据 元	长度(字节)	数 据 格 式
1~2	记录ID标识	2	270B
3	记录长度	1	固定为0x7D
4	应用有效标识	1	固定为0x01
5	互联互通交易标识	1	1-采用分时分段扣费/复合消费 2-采用预授权消费
6	应用锁定标志(0-应用没有锁定;1-应用锁定)	1	BCD
7~128	本规范预留	122	初始为00

B.2.4.13 高速公路收费应用信息记录

高速公路收费应用信息记录的记录格式见表B.53。

表 B.53 高速公路收费应用信息记录

字节	数 据 元	长度(字节)	数 据 格 式
1~2	记录ID标识	2	270C
3	记录长度	1	固定为0x7D
4	应用有效标识	1	固定为0x01
5	互联互通交易标识	1	1-采用分时分段扣费/复合消费 2-采用预授权消费
6	应用锁定标志(0-应用没有锁定;1-应用锁定)	1	BCD
7~128	本规范预留	122	初始为00

B.2.4.14　优惠信息记录

优惠信息记录的记录格式见表 B.54。

表 B.54　优惠信息记录

字节	数　据　元	长度(字节)	数 据 格 式
1～2	记录 ID 标识	2	270D
3	记录长度	1	固定为 0x1B
4	应用有效标识	1	固定为 0x01
5	互联互通交易标识	1	1-采用分时分段扣费/复合消费 2-采用预授权消费
6	应用锁定标志(0-应用没有锁定;1-应用锁定)	1	BCD
7	优惠类型	1	BCD
8～11	优惠开始时间	4	YYYYMMDD
12～15	优惠截止时间	4	YYYYMMDD
16	优惠计次	1	BCD
17～30	本规范预留	14	初始为 00

B.2.4.15　预留信息记录

本规范预留信息记录的记录格式见表 B.55～表 B.59。

表 B.55　本规范预留记录 1

字节	数　据　元	长度(字节)	数 据 格 式
1～2	记录 ID 标识	2	270E
3	记录长度	1	固定为 0x7D
4	应用有效标识	1	固定为 0x01
5	互联互通交易标识	1	1-采用分时分段扣费/复合消费 2-采用预授权消费
6	应用锁定标志(0-应用没有锁定;1-应用锁定)	1	BCD
7～128	本规范预留	122	初始为 00

表 B.56　本规范预留记录 2

字节	数　据　元	长度(字节)	数 据 格 式
1～2	记录 ID 标识	2	270F
3	记录长度	1	固定为 0x7D
4	应用有效标识	1	固定为 0x01
5	互联互通交易标识	1	1-采用分时分段扣费/复合消费 2-采用预授权消费
6	应用锁定标志(0-应用没有锁定;1-应用锁定)	1	BCD
7～128	本规范预留	122	初始为 00

表 B.57 本规范预留记录 3

字节	数 据 元	长度(字节)	数 据 格 式
1~2	记录 ID 标识	2	2710
3	记录长度	1	固定为 0x7D
4	应用有效标识	1	固定为 0x01
5	互联互通交易标识	1	1-采用分时分段扣费/复合消费 2-采用预授权消费
6	应用锁定标志(0-应用没有锁定;1-应用锁定)	1	BCD
7~128	本规范预留	122	初始为 00

表 B.58 本规范预留记录 4

字节	数 据 元	长度(字节)	数 据 格 式
1~2	记录 ID 标识	2	2711
3	记录长度	1	固定为 0x7D
4	应用有效标识	1	固定为 0x01
5	互联互通交易标识	1	1-采用分时分段扣费/复合消费 2-采用预授权消费
6	应用锁定标志(0-应用没有锁定;1-应用锁定)	1	BCD
7~128	本规范预留	122	初始为 00

表 B.59 本规范预留记录 5

字节	数 据 元	长度(字节)	数 据 格 式
1~2	记录 ID 标识	2	2712
3	记录长度	1	固定为 0x7D
4	应用有效标识	1	固定为 0x01
5	互联互通交易标识	1	1-采用分时分段扣费/复合消费 2-采用预授权消费
6	应用锁定标志(0-应用没有锁定;1-应用锁定)	1	BCD
7~128	本规范预留	122	初始为 00

B.2.5 公共交通过程信息循环记录文件

公共交通过程信息循环记录文件为循环记录结构,见表 B.60。

具备换乘优惠的应用应将本次交易明细记录在公共交通过程信息循环记录文件中。在换乘优惠时,可读取循环记录文件中的内容作为换乘优惠的依据。

本部分也可用于行业的其他自定义应用。

表 B.60 公共交通过程信息循环记录文件

文件名称	公共交通过程信息循环记录文件——交易信息记录文件			
文件类型	循环记录文件		文件标识	SFI = 0x1E
文件大小(bytes)	48 × 30			
文件权限	读取	自由		
	更新	保护		
字节	数据元		长度(字节)	数据格式
1	交易类型		1	BCD
2 ~ 9	终端编号		8	BCD
10 ~ 17	交易流水号		8	BCD
18 ~ 21	交易金额		4	HEX(高字节在前)
22 ~ 25	交易后余额		4	HEX(高字节在前)
26 ~ 32	交易日期时间		7	YYYYMMDDhhmmss
33 ~ 34	受理方城市代码		2	BCD
35 ~ 42	受理方机构标识		8	BCD
43 ~ 48	本规范预留		6	初始为 00

附 录 C
(规范性附录)
应用指令

C.1 通用指令

C.1.1 选择命令

C.1.1.1 范围

选择(SELECT)命令通过文件名或 AID 来选择卡片中的 PPSE 或 ADF。

成功执行该命令设定 PPSE 或 ADF 的路径。后续命令作用于用 SFI 选定的 PPSE 或 ADF 相联系的 AEF。

从卡片返回的响应报文包含回送 FCI。

C.1.1.2 命令报文

SELECT 命令的报文编码见表 C.1。

表 C.1 SELECT 命令的报文编码

编　码	值(十六进制)
CLA	‘00’
INS	‘A4’
P1	‘04’
P2	‘00’
Lc	‘05’～‘10’
Data	文件名
Le	‘00’

C.1.1.3 命令报文数据域

命令报文数据域应包括所选择的 PPSE 名、DF 名或 AID。

C.1.1.4 响应报文数据域

C.1.1.4.1 PPSE 的响应报文数据域

成功选择 PPSE 的响应报文(FCI)见表 C.2。

表 C.2 成功选择 PPSE 的响应报文 (FCI)

标　签	值(十六进制)			长度(字节)	条　件
6F	FCI 模板			变长	M
	84	“2PAY. SYS. DDF01”		变长	M
	A5	FCI 专用模板		变长	M
		BF0C	FCI 发卡机构自定义数据	变长	M

表 C.2(续)

<table>
<tr><th>标　签</th><th colspan="4">值(十六进制)</th><th>长度(字节)</th><th>条　件</th></tr>
<tr><td rowspan="13"></td><td rowspan="13"></td><td rowspan="5">61</td><td colspan="2">目录入口</td><td>变长</td><td>M</td></tr>
<tr><td>4F</td><td>DF 名(AID)</td><td>08 ~ 16</td><td>M</td></tr>
<tr><td>50</td><td>应用标签</td><td>04 ~ 10</td><td>O</td></tr>
<tr><td>87</td><td>应用优先指示器[a]</td><td>01</td><td>C</td></tr>
<tr><td>9F2A</td><td>内核识别号[b]</td><td>8</td><td>O</td></tr>
<tr><td>61</td><td colspan="2">目录入口</td><td>变长</td><td>C</td></tr>
<tr><td rowspan="3"></td><td>4F</td><td>DF 名(AID)</td><td>08 ~ 16</td><td>C</td></tr>
<tr><td>50</td><td>应用标签</td><td>04 ~ 10</td><td>C</td></tr>
<tr><td>87</td><td>应用优先指示器</td><td>01</td><td>C</td></tr>
<tr><td>61</td><td colspan="2">目录入口</td><td>变长</td><td>C</td></tr>
<tr><td rowspan="3"></td><td>4F</td><td>DF 名(AID)</td><td>08 ~ 16</td><td>C</td></tr>
<tr><td>50</td><td>应用标签</td><td>04 ~ 10</td><td>C</td></tr>
<tr><td>87</td><td>应用优先指示器</td><td>01</td><td>C</td></tr>
<tr><td colspan="7">[a] 若一个以上的应用个人化到卡片中,则每个应用的个人化应具有应用优先指示器。应用优先指示器的 Bit 8 ~ 5 位应置为‘0000’。
[b] 9F2A 的第一个字节[b8:b7]为‘00’,[b6:b1]从 1 到 7 对应 7 个内核识别号。</td></tr>
<tr><td colspan="7">注:本表及之后表格中的数据元对象定义说明见附录 A。</td></tr>
</table>

C.1.1.4.2 电子现金的响应报文数据域

对于多应用卡片,应在响应报文中包含“应用标签”数据元,使得在终端用 AID 列表方法进行应用选择时,能方便持卡人选择/确认应用。选择电子现金应用的响应报文见表 C.3。

表 C.3 选择电子现金应用的响应报文(FCI)

<table>
<tr><th>标　签</th><th colspan="4">值(十六进制)</th><th>条　件</th></tr>
<tr><td>6F</td><td colspan="4">FCI 模板</td><td>M</td></tr>
<tr><td rowspan="2"></td><td>84</td><td colspan="3">DF 名</td><td>M</td></tr>
<tr><td>A5</td><td colspan="3">FCI 数据专用模板</td><td>M</td></tr>
<tr><td colspan="2" rowspan="3"></td><td>50</td><td colspan="2">应用标签</td><td>M</td></tr>
<tr><td>87</td><td colspan="2">应用优先指示器</td><td>O</td></tr>
<tr><td>9F38</td><td colspan="2">PDOL</td><td>O</td></tr>
<tr><td colspan="2" rowspan="4"></td><td>5F2D</td><td colspan="2">首选语言</td><td>O</td></tr>
<tr><td>9F11</td><td colspan="2">发卡机构代码表索引</td><td>O</td></tr>
<tr><td>9F12</td><td colspan="2">应用优先名称</td><td>O</td></tr>
<tr><td>BF0C</td><td colspan="2">发卡机构自定义数据(FCI)</td><td>O</td></tr>
<tr><td colspan="3" rowspan="2"></td><td>DF11
(本部分规定的标签)</td><td>来自从应用提供商、发卡机构或交通卡片供应商的 1 个或多个附加(专用)数据元</td><td>O</td></tr>
<tr><td>9F4D</td><td>交易日志入口</td><td>O</td></tr>
</table>

C.1.1.4.3 电子钱包的响应报文数据域

选择电子钱包应用的响应报文见表C.4。其中,发卡机构自定义数据(FCI)见表C.5。

表C.4 选择电子钱包应用的响应报文(FCI)

<table>
<tr><th>标 签</th><th colspan="3">值(十六进制)</th><th>条 件</th></tr>
<tr><td>6F</td><td colspan="3">FCI 模板</td><td>M</td></tr>
<tr><td rowspan="2"></td><td>84</td><td colspan="2">DF 名</td><td>M</td></tr>
<tr><td>A5</td><td colspan="2">FCI 数据专用模板</td><td>M</td></tr>
<tr><td colspan="2" rowspan="5"></td><td>50</td><td>应用标签</td><td>O</td></tr>
<tr><td>87</td><td>应用优先指示符</td><td>O</td></tr>
<tr><td>9F08</td><td>应用版本号</td><td>M</td></tr>
<tr><td>9F12</td><td>应用优先名称</td><td>O</td></tr>
<tr><td>BF0C</td><td>发卡机构自定义数据(FCI)见表C.5</td><td>O</td></tr>
</table>

表C.5 发卡机构自定义数据(FCI)

数据字段的描述	长度(字节)
发卡机构代码	8
应用类型标识	1
发卡机构应用版本号	1
应用主账号	10
应用启用日期	4
应用有效日期	4
发卡机构自定义 FCI 数据	2

C.1.1.5 响应报文的状态字

SELECT 命令的响应报文状态字见表C.6。

表C.6 SELECT 命令的响应报文状态字

SW1	SW2	说 明
'64'	'00'	标志状态未改变
'67'	'00'	P1、P2 与 Lc 不一致
'6A'	'81'	不具备此功能
'6A'	'82'	未找到文件
'6A'	'86'	P1 和 P2 错误
'6D'	'00'	INS 不具备或错误
'6E'	'00'	CLA 不具备或错误
'62'	'83'	选择文件无效,应用已锁定,通过 APPLICATION BLOCK 指令锁定
'62'	'84'	选择文件无效,应用已锁定,由于安全报文 MAC 验证错误次数超限锁定
'93'	'03'	应用永久锁定

C.1.2 取数据命令

C.1.2.1 范围

当 APDU 不能用现有协议传输时,取数据(GET RESPONSE)命令提供了一种从卡片向接口设备传送 APDU(或 APDU 的一部分)的传输方法。

C.1.2.2 命令报文

GET RESPONSE 命令的报文编码见表 C.7。

表 C.7 GET RESPONSE 命令的报文编码

编　　码	值(十六进制)
CLA	'00'
INS	'C0'
P1	'00'
P2	'00'
Lc	不存在
Data	不存在
Le	响应的期望数据最大长度

C.1.2.3 命令报文数据域

命令报文数据域不存在。

C.1.2.4 响应报文数据域

响应报文数据域的长度由 Le 的值决定。

若 Le 的值为零,在附加数据有效时,卡片应回送状态字'6CXX',否则回送状态字'6F00'。

C.1.2.5 响应报文状态字

此命令执行成功的状态字是'9000'。GET RESPONSE 正常状态情况见表 C.8;卡片可能回送的警告状态见表 C.9;卡片可能回送的错误状态字见表 C.10。

表 C.8 GET RESPONSE 正常状态

SW1	SW2	说　　明
'61'	'XX'	表示正常处理,'XX'表示可以通过后续 GET RESPONSE 命令得到的额外数据长度

表 C.9 GET RESPONSE 警告状态

SW1	SW2	说　　明
'62'	'81'	回送的数据可能有错

表 C.10 GET RESPONSE 错误状态字

SW1	SW2	说　　明
'67'	'00'	长度错误(Le 不正确)
'6A'	'86'	P1 和 P2 错误
'6C'	'XX'	长度错误(Le 不正确,'XX'表示实际长度)

表 C.10(续)

SW1	SW2	说　明
‘6D’	‘00’	INS 不具备或错误
‘6E’	‘00’	CLA 不具备或错误
‘6F’	‘00’	数据无效

C.1.3 读记录命令

C.1.3.1 范围

读记录(READ RECORD)命令从一个线性文件中读一条文件记录。从卡片返回的响应中将包含这条被读出的记录。

C.1.3.2 命令报文

READ RECORD 命令的报文编码见表 C.11;命令报文的引用控制参数见表 C.12。

表 C.11 READ RECORD 命令的报文编码

编　码	值(十六进制)
CLA	‘00’
INS	‘B2’
P1	记录号
P2	引用控制参数,见表 C.12
Lc	不存在
Data	不存在

表 C.12 命令报文的引用控制参数

编　码		值(十六进制)						
Le		‘00’						
b8	B7	b6	b5	b4	b3	b2	b1	意义
x	x	x	x	x				SFI
					1	0	0	读 P1 指定记录

C.1.3.3 命令报文的数据域

命令报文的数据域不存在。

C.1.3.4 响应报文的数据域

针对电子现金应用:成功的 READ RECORD 命令的响应报文的数据域都包含读出的记录值。对于在 0x01 ~ 0x0A 范围内的 SFI,这个记录是一个标签为‘70’的 BER-TLV 结构数据对象。

C.1.3.5 响应报文的状态字

‘9000’编码表示命令成功执行。

C.1.4 修改记录命令

C.1.4.1 范围

修改记录(UPDATE RECORD)命令用来修改文件中一条记录的内容,修改的内容在命令数据域中。

C.1.4.2 命令报文

UPDATE RECORD 命令的报文编码见表 C.13;UPDATE RECORD 命令报文的引用控制参数见表 C.14。

表 C.13 UPDATE RECORD 命令的报文编码

编 码	值(十六进制)
CLA	'00'或'04'
INS	'DC'
P1	记录号
P2	引用控制参数,见表 C.14
Lc	后续数据域的长度
Data	更新原有记录的新记录加报文鉴别码(MAC)数据元(4 字节)
Le	不存在
说明: a) CLA = '00'不需要安全报文; b) CLA = '04'需要安全报文;电子现金应用使用安全报文更新方式更新。	

表 C.14 UPDATE RECORD 命令报文的引用控制参数

b8	b7	b6	b5	b4	b3	b2	b1	说 明
x	x	x	x	x				SFI
					1	0	0	P1 为记录号

C.1.4.3 命令报文的数据域

数据域中是要修改的新记录内容。若需要安全报文,则 MAC 长度为 4 字节。算法见 JT/T 978.6。

C.1.4.4 响应报文的数据域

响应报文的数据域不存在。

C.1.4.5 响应报文的状态字

'9000'编码表示命令成功执行。命令可能返回的警告信息见表 C.15;表 C.16 列出了命令可能返回的错误信息。

表 C.15 UPDATE RECORD 命令的警告响应码

SW1	SW2	说 明
'62'	'00'	没有信息返回
'62'	'81'	数据可能被破坏

表 C.16 UPDATE RECORD 命令的错误响应码

SW1	SW2	说 明
'64'	'00'	没有准确诊断
'65'	'81'	内存失败

表 C.16(续)

SW1	SW2	说　明
‘67’	‘00’	长度错误
‘68’	‘82’	不具备安全报文
‘69’	‘81’	命令与文件结构不匹配
‘69’	‘82’	安全状态不满足
‘69’	‘86’	命令不允许
‘69’	‘87’	安全报文数据对象丢失
‘69’	‘88’	安全报文数据对象不正确
‘6A’	‘80’	数据域不正确
‘6A’	‘81’	功能不具备
‘6A’	‘82’	文件没找到
‘6A’	‘83’	记录没找到
‘6A’	‘84’	文件中没有足够空间
‘6A’	‘85’	Lc 和 TLV 结构不一致

C.2　电子现金应用指令

C.2.1　应用锁定命令

C.2.1.1　范围

应用锁定(APPLICATION BLOCK)命令是使当前被选择的应用无效的一个发卡机构脚本命令。在成功的 APPLICATION BLOCK 命令之后:

a)　对选择(SELECT)命令,无效的应用应返回状态字节“选择文件无效”(SW1 SW2 =‘6283’);

b)　对生成应用密文(GENERATE AC)命令,一个无效的应用应返回 AAC 代替 AC 作为响应;

c)　电子钱包应用切换成应用临时锁定的状态。

C.2.1.2　命令报文

APPLICATION BLOCK 命令的报文编码见表 C.17。

表 C.17　APPLICATION BLOCK 命令的报文编码

编　码	值(十六进制)
CLA	‘84’
INS	‘1E’
P1	‘00’;其他值保留
P2	‘00’;其他值保留
Lc	数据域字节长度
Data	4 字节 MAC 值
Le	不存在

C.2.1.3　命令报文的数据域

命令报文的数据域中包含了 JT/T 978.6 中安全报文格式编码的 MAC 数据。

C.2.1.4　响应报文的数据域

响应报文的数据域不存在。

C.2.1.5　响应报文的状态字

‘9000’表示命令成功执行。

C.2.2　应用解锁命令

C.2.2.1　范围

应用解锁(APPLICATION UNBLOCK)命令是一个发卡机构脚本命令,用来恢复当前被选择的应用。当 APPLICATION UNBLOCK 命令成功执行后,此前通过应用锁定附加在卡片上的限制被解除。

C.2.2.2　命令报文

APPLICATION UNBLOCK 命令的报文编码见表 C.18。

表 C.18　APPLICATION UNBLOCK 命令的报文编码

编　　码	值(十六进制)
CLA	‘84’
INS	‘18’
P1	‘00’;其他值保留
P2	‘00’;其他值保留
Lc	数据域字节长度
Data	4 字节 MAC 值
Le	不存在

C.2.2.3　命令报文的数据域

命令报文的数据域中包含了 JT/T 978.6 安全报文格式编码的 MAC 数据。

C.2.2.4　响应报文的数据域

响应报文中的数据域不存在。

C.2.2.5　响应报文的状态字

不论应用是否有效,‘9000’编码表示命令成功执行。

C.2.3　卡片锁定命令

C.2.3.1　范围

卡片锁定(CARD BLOCK)命令是一个发行后命令,用来永久地停止卡片中所有的应用。CARD BLOCK 命令停止卡片中所有的应用,包括那些被隐式选中的应用。当一个 CARD BLOCK 命令成功后,所有随后的选择命令都将收到状态字节为“功能不具备”(SW1 SW2 =‘6A81’)的反馈,并且不执行任何其他动作。

C.2.3.2　命令报文

CARD BLOCK 命令的报文编码见表 C.19。

C.2.3.3　命令报文的数据域

命令报文的数据域中包含 JT/T 978.6 安全报文格式编码的 MAC 数据。

表 C.19　CARD BLOCK 命令的报文编码

编　码	值(十六进制)
CLA	'84'
INS	'16'
P1	'00';其他值保留
Lc	'00';其他值保留
P2	数据域字节长度
Data	4 字节 MAC 值
Le	不存在

C.2.3.4　响应报文的数据域

响应报文的数据域不存在。

C.2.3.5　响应报文的状态字

不论卡片是否已经被锁,'9000'编码都表示命令成功执行。

C.2.4　外部认证命令

C.2.4.1　范围

外部认证(EXTERNAL AUTHENTICATE)命令要求卡片中的应用认证一个密文。卡片的响应应包括该命令的处理状态。一次交易中只执行最多一次外部认证命令。

C.2.4.2　命令报文

EXTERNAL AUTHENTICATE 命令的报文编码见表 C.20。

表 C.20　EXTERNAL AUTHENTICATE 命令的报文编码

编　码	值(十六进制)
CLA	'00'
INS	'82'
P1	'00'
P2	'00'
Lc	8 ~ 16
Data	发卡机构认证数据
Le	不存在

在 EXTERNAL AUTHENTICATE 命令中的引用算法(P1)值为'00',表示该域无信息。对算法的引用或者在使用本命令前就已经完成,或者在本命令的数据域中定义。

C.2.4.3　命令报文的数据域

C.2.4.3.1　本命令报文的数据域包含标签为'91'的值域,编码如下:

a)　前 8 个字节为必选的授权响应密文 ARPC;

b)　附加的 1 ~ 8 个可选字节是专有数据。

C.2.4.3.2 发卡机构认证数据包括下列两个数据元：

a) ARPC(8 字节)；

b) 授权响应码(2 字节)。

C.2.4.4 响应报文的数据域

响应报文的数据域不存在。

C.2.4.5 响应报文的状态字

'9000'编码表示命令成功执行。如果验证失败,返回'6300';如果在本次交易中卡片已经接收过外部认证命令,卡片返回'6985'。

C.2.5 生成应用密文命令

C.2.5.1 范围

生成应用密文(GENERATE AC)命令传送交易相关数据到卡片,卡片计算并且返回一个密文。由卡片返回的密文可能由于卡片的内部处理过程而与命令报文中要求的密文不一样。生成应用的密文类型见表表 C.21。

表 C.21 生成应用的密文类型

类 型	说 明
应用认证密文(AAC)	拒绝交易
授权请求密文(ARQC)	请求联机授权
交易证书(TC)	批准交易

C.2.5.2 命令报文

GENERATE AC 命令的报文编码见表 C.22;GENERATE AC 命令中的引用控制参数见表 C.23。

表 C.22 GENERATE AC 命令的报文编码

编 码	值(十六进制)
CLA	'80'
INS	'AE'
P1	引用控制参数(见表 C.23)
P2	'00'
Lc	变长
Data	交易相关数据
Le	'00'

表 C.23 GENERATE AC 命令引用控制参数

b8	b7	B6	b5	b4	b3	b2	b1	说 明
0	0							AAC
0	1							TC
1	0							ARQC
1	1							保留

表 C.23(续)

b8	b7	B6	b5	b4	b3	b2	b1	说　明
			0					未明确请求复合动态数据认证/应用密文生成
			1					请求复合动态数据认证/应用密文生成
		x		x	x	x	x	保留

C.2.5.3 命令报文的数据域

命令报文的数据域是用来生成应用密文的终端数据,具体的数据内容在附录 B 中描述。

C.2.5.4 响应报文的数据域

C.2.5.4.1 密文的生成算法见 JT/T 978.6,具备的密文版本见附录 H。响应报文的数据域包含一个 BER-TLV 编码的数据对象。这个数据对象需要按以下两种格式之一编码:

a) 格式 1:响应报文中的数据对象是一个标签为'80'的基本数据对象。数据域由表 C.24 的数据对象连接而成,各数据对象之间没有分隔符(标签和长度);
b) 格式 2:响应报文的数据对象是一个标签为'77'的结构数据对象。数据域中可以包含多个 BER-TLV 编码对象,应包括密文信息数据、应用交易序号和由卡片计算出的密文(可以是应用密文或专有密文)。

表 C.24 GENERATE AC 响应的报文数据域格式 1

值	条　件
密文信息数据	M
应用交易计数器(ATC)	M
应用密文(AC)	M
发卡机构应用数据	O

C.2.5.4.2 响应报文是 JT/T 978.6 的签名数据,对 CDA 的响应,则采用格式 2。该响应数据单元格式见附录 A。如果卡片不执行 CDA,命令在响应报文数据域中的数据对象按格式 1 编码;如果卡片执行 CDA,命令的响应报文数据域中的数据对象按格式 2 编码。

C.2.5.4.3 以上两种格式中,在生成应用密文命令的响应报文中包括的密文信息数据编码见表 C.25。

表 C.25 密文信息数据编码

b8	b7	b6	b5	b4	b3	b2	b1	说　明
0	0							AAC
0	1							TC
1	0							ARQC

表 C.25(续)

b8	b7	b6	b5	b4	b3	b2	b1	说　明
1	1							RFU
		x	x					卡片系统密文
				0				未请求通知
				1				请求通知
					x	x	x	原因/通知/授权参考码
					0	0	0	无信息
					0	0	1	不允许服务
					0	1	0	PIN 重试超限
					0	1	1	发卡机构鉴定失败
					x	x	x	其他值保留

C.2.5.5　响应报文的状态字

‘9000’编码表示命令成功执行。一次交易卡片最多处理两个生成应用密文命令,如果收到三个及以上个数,卡片返回‘6985’。

C.2.6　取数据命令

C.2.6.1　范围

C.2.6.1.1　概述

在非支付交易过程中在特殊设备上使用取数据(GET DATA)命令访问到的数据和一个支付交易过程中,使用取数据(GET DATA)命令访问数据。

C.2.6.1.2　特殊设备

在表 C.26 列出的静态数据可以在发卡机构控制的特殊设备上通过 GET DATA 命令访问。普通终端不能用取数据命令获得。

表 C.26　使用 GET DATA 命令访问的静态数据

数　据　元
应用货币代码(9F51)
应用缺省行为(9F52)
连续脱机交易限制数(国际—国家)(9F72)
连续脱机交易限制数(国际—货币)(9F53)
累计脱机交易金额限制数(9F54)
累计脱机交易金额限制数(双货币)(9F75)
累计脱机交易金额上限(9F5C)
货币转换因子(9F73)

表 C.26(续)

数　据　元
发卡机构认证指示位(9F56)
发卡机构国家代码(9F57)
连续脱机交易下限(9F58)
连续脱机交易上限(9F59)
第 2 应用货币代码(9F76)
电子现金分时分段扣费抵扣限额(DF62)
电子现金分时分段扣费已抵扣额(DF63)

C.2.6.1.3　支付交易

GET DATA 命令用来从当前应用中取得一个没有封装在记录中的基本数据对象。GET DATA 命令可以用来获取基本数据对象 ATC(标签为“9F36”)、上次联机 ATC 寄存器(标签为“9F13”)或 PIN 重试计数器(标签为“9F17”)、交易日志格式(标签为“9F4F”)。

C.2.6.2　命令报文

GET DATA 命令的报文编码见表 C.27。

表 C.27　GET DATA 命令的报文编码

编　码	值(十六进制)
CLA	‘80’
INS	‘CA’
P1 P2	要访问数据的标签
Lc	不存在
Data	不存在
Le	‘00’

C.2.6.3　命令报文的数据域

命令报文的数据域不存在。

C.2.6.4　响应报文的数据域

响应报文的数据域中包含有如命令报文的 P1、P2 所述的基本数据对象(即包括它的标签和它的长度)。

C.2.6.5　响应报文的状态字

‘9000’编码表示命令成功执行。如果命令中请求的数据是专有数据不能返回,卡片返回‘6A88’。

C.2.7　获取处理选项命令

C.2.7.1　范围

获取处理选项(GET PROCESSING OPTIONS)命令用来启动卡片内的交易,卡片的响应报文中包含应用交互特征(AIP)和应用文件定位器(AFL)。

C.2.7.2　命令报文

GPO 命令的报文编码见表 C.28。

表 C.28　GPO 命令的报文编码

编　码	值(十六进制)
CLA	‘80’
INS	‘A8’
P1 P2	‘00’
Lc	‘00’
Data	PDOL 相关数据(如果存在)或 8300
Le	‘00’

C.2.7.3　命令报文的数据域

命令报文的数据域根据卡片提供的处理选项数据对象列表(PDOL)编码。PDOL 通过标签“83”标记。当卡片没有提供数据对象列表时,这个模板的长度域设置为‘0’。否则,这个模板的数据长度域的值等于传输给卡片的数据对象的值域的总长度。

C.2.7.4　响应报文的数据域

响应报文的数据域包含一个 BER-TLV 编码数据对象,卡片可以任选下列两种格式之一编码:

a) 格式 1:响应报文中的数据对象是一个标签为‘80’的基本数据对象。数据域为应用交互特征(AIP)和应用文件定位器(AFL);
b) 格式 2:响应报文中的数据对象是一个标签为‘77’的基本数据对象。数据域可包含多个 BER-TLV 编码的对象,但至少要包含应用交互特征(AIP)和应用文件定位器(AFL)。

应用交互特征定义了可以被卡片中的应用具备的功能;AFL 包括一个不含有分隔符的由文件与记录组成的列表。

C.2.7.5　响应报文的状态字

‘9000’编码表示命令成功执行。

C.2.8　内部认证命令

C.2.8.1　范围

内部认证(INTERNAL AUTHENTICATE)命令引发卡片使用从 IFD 收到的随机数、数据和卡片中储存的私钥来计算出“签名动态应用数据”的过程。

C.2.8.2　命令报文

INTERNAL AUTHENTICATE 命令的报文编码见表 C.29。

表 C.29　INTERNAL AUTHENTICATE 命令的报文编码

编　码	值(十六进制)
CLA	‘00’
INS	‘88’
P1	‘00’
P2	‘00’
Lc	认证相关数据长度
Data	认证相关数据
Le	‘00’

INTERNAL AUTHENTICATE 命令中的算法引用(P1)域值为‘00’,这表示该值无意义。对算法的引用或者在使用本命令前就已经完成,或者在本命令的数据域中定义。

C.2.8.3 命令报文的数据域

命令报文的数据域包括该应用专有的与认证有关的数据。它是根据附录 B 的动态数据认证数据对象列表(DDOL)规则来编码的。

INTERNAL AUTHENTICATE 命令返回数据在 256 字节限制内,签名的动态应用数据加上可选的 TLV 格式编码的长度应限制在 JT/T 978.6 定义的范围内。

C.2.8.4 响应报文的数据域

响应报文的数据域包括一个 BER-TLV 编码数据对象。

响应报文中的数据对象是一个标签为‘80’的基本数据对象,数据域中包括签名动态应用数据,签名动态应用数据按附录 B 中的规则。

C.2.8.5 响应报文的状态字

‘9000’编码表示命令成功执行。

C.2.9 PIN 修改/解锁命令

C.2.9.1 范围

PIN 修改/解锁(PIN CHANGE/UNBLOCK)命令是一个发卡机构脚本命令。它的目的是让发卡机构解锁 PIN 或同时既改变 PIN 也解锁 PIN。当 PIN CHANGE/UNBLOCK 命令成功后,卡片将执行下列功能:

a) PIN 尝试记数器的值将复位到 PIN 尝试限制数(最大值);

b) 如果有请求,脱机 PIN 值将被设置为新的 PIN 值。

为保密,如果本命令包含有 PIN 数据,则该数据应加密。

注:脱机 PIN 是存储在卡中与应用相关的 PIN,它用来验证在验证命令中传来的 PIN 数据。

C.2.9.2 命令报文

PIN CHANGE/UNBLOCK 命令的报文编码见表 C.30。

表 C.30 PIN CHANGE/UNBLOCK 命令的报文编码

编　码	值(十六进制)
CLA	‘84’
INS	‘24’
P1	‘00’
P2	‘00’、‘01’或‘02’
Lc	数据字节数
Data	加密 PIN 数据成员(如果存在)和 MAC 数据
Le	不存在

注 1:当 P2 为‘00’,PIN 尝试计数器复位。

注 2:当 P2 为‘01’,PIN 尝试计数器复位同时 PIN 修改,PIN 修改时使用当前的 PIN。

注 3:当 P2 为‘02’,PIN 尝试计数器复位同时 PIN 修改,PIN 修改时不使用当前的 PIN。

C.2.9.3 命令报文的数据域

C.2.9.3.1 一般要求

报文的数据域包括 PIN 加密数据,后面可以加上 4 ~ 8 字节的安全报文 MAC 数据,包括两种情况:

a) P2 等于‘00’,参考 PIN 解锁,PIN 尝试计数器被复位到 PIN 尝试限制数。命令数据域只包含 MAC。因 PIN 修改/解锁命令中不包含新的 PIN 值,故 PIN 不会更新。

b) P2 等于‘01’或‘02’的值的处理步骤分别在附录 C.3.9.3.2 和附录 C.3.9.3.3 中描述。

C.2.9.3.2 使用当前 PIN 修改 PIN 值

C.3.9.3.2.1 命令中的 P2 参数等于‘01’,命令数据域包括 PIN 加密数据和 MAC,PIN 加密数据的产生过程按下列步骤进行,见表 C.31 ~ 表 C.33:

a) 发卡机构确定用来给数据进行加密的安全报文加密主密钥,并分散生成卡片的安全报文加密子密钥:ENC UDK-A 和 ENC UDK-B;

b) 生成过程密钥 Ks;

c) 生成 8 字节 PIN 数据块 D3;

表 C.31 8 字节数据块 D1

字节 1		字节 2		字节 3		字节 4		字节 5		字节 6		字节 7		字节 8	
0	0	0	0	0	0	0	0	ENC UDK-A 的最右边 4 个字节							

表 C.32 8 字节数据块 D2

字节 1		字节 2		字节 3		字节 4		字节 5		字节 6		字节 7		字节 8	
0	N	P	P	P	P	P/F	P/F	P/F	P/F	P/F	P/F	P/F	P/F	F	F
注 1:N-新 PIN 的数字个数(16 进制)。 **注 2**:P-新 PIN 值,长度 4 ~ 12 个数字(2 ~ 6 字节),当无实际数据时用 F 填充。 **注 3**:D1 和 D2 执行异或得到 D3。															

d) 使用当前 PIN 生成 8 字节数据块 D4;

表 C.33 使用当前 PIN 生成 8 字节数据块 D4

字节 1		字节 2		字节 3		字节 4		字节 5		字节 6		字节 7		字节 8	
P	P	P	P	P/0	P/0	P/0	P/0	P/0	P/0	P/0	P/0	0	0	0	0

e) 将数据块 D3 和 D4 执行异或得到 D;

f) 用 Ks 对 D 进行加密,得到 PIN 加密数据。

C.3.9.3.2.2 命令中的 P2 参数等于‘02’,命令数据域包括 PIN 加密数据和 MAC,PIN 加密数据的产生过程按下列步骤进行,见表 C.34、表 C.35:

a) 发卡机构确定用来给数据进行加密的安全报文加密主密钥,并分散生成卡片的安全报文加密子密钥:ENC UDK-A 和 ENC UDK-B;

b) 生成过程密钥 Ks;

c) 生成 8 字节 PIN 数据块 D3;

d) 用 Ks 对 D 进行加密,得到 PIN 加密数据。

表 C.34 8 字节数据块 D1

字节 1		字节 2		字节 3		字节 4		字节 5		字节 6		字节 7		字节 8	
0	0	0	0	0	0	0	0	ENC UDK-A 的最右边 4 个字节							

表 C.35　生成第 2 个 8 字节数据块 D2

字节 1		字节 2		字节 3		字节 4		字节 5		字节 6		字节 7		字节 8	
0	N	P	P	P	P	P/F	P/F	P/F	P/F	P/F	P/F	P/F	P/F	F	F
注 1:N-新 PIN 的数字个数(16 进制)。 **注 2:**P-新 PIN 值,长度 4～12 个数字(2～6 字节),当无实际数据时用 F 填充。 **注 3:**D1 和 D2 执行异或得到 D。															

C.2.9.4　响应报文的数据域

响应报文的数据域不存在。

C.2.9.5　响应报文的状态字

'9000'编码表示命令成功执行。

C.2.10　设置数据命令

C.2.10.1　范围

C.2.10.1.1　概述

设置数据(PUT DATA)命令用来修改卡片中的一些基本数据对象的值。只有有标签的数据才能使用这条命令修改。此命令不能用来修改结构数据对象。

C.2.10.1.2　可以用设置数据命令修改的数据

表 C.36 列出的数据可以使用此命令修改。

表 C.36　使用 PUT DATA 命令修改的数据

数 据 元
连续脱机交易限制数(国际—国家)(9F72)
连续脱机交易限制数(国际—货币)(9F53)
累计脱机交易金额限制数(9F54)
累计脱机交易金额限制数(双货币)(9F75)
累计脱机交易金额上限(9F5C)
货币转换因子(9F73)
连续脱机交易下限(9F58)
连续脱机交易上限(9F59)
电子现金分时分段扣费抵扣限额(DF62)
发卡机构特殊数据元(DF11)

C.2.10.2　命令报文

PUT DATA 命令的报文编码见表 C.37。

表 C.37　PUT DATA 命令的报文编码

编　　码	值(十六进制)
CLA	‘04’
INS	‘DA’
P1 P2	要修改的数据对象的标签
Lc	数据域字节数
Data	数据对象的新值(不包括标签和长度)和 MAC 数据
Le	不存在

C.2.10.3　命令报文的数据域

命令数据域中包括要修改的数据对象的值,后面加上 4 ~ 8 字节的 MAC。MAC 的计算见 JT/T 978.6。

C.2.10.4　响应报文的数据域

响应报文的数据域不存在。

C.2.10.5　响应报文的状态字

‘9000’编码表示命令成功执行。表 C.38 列出了命令可能返回的警告信息;表 C.39 列出了命令可能返回的错误信息。

表 C.38　PUT DATA 命令警告信息响应码

SW1	SW2	说　　明
‘62’	‘00’	没有信息返回
‘62’	‘81’	数据可能被破坏

表 C.39　PUT DATA 命令错误信息响应码

SW1	SW2	说　　明
‘64’	‘00’	没有准确诊断
‘65’	‘81’	内存失败
‘67’	‘00’	长度错误
‘68’	‘82’	不具备安全报文
‘69’	‘82’	安全状态不满足
‘69’	‘86’	命令不允许
‘69’	‘87’	安全报文数据对象丢失
‘69’	‘88’	安全报文数据对象不正确
‘6A’	‘80’	错误的参数
‘6A’	‘81’	功能不具备
‘6A’	‘84’	文件中没有足够空间
‘6A’	‘85’	Lc 和 TLV 结构不一致

C.2.11 验证命令

C.2.11.1 范围

验证(VERIFY)命令将命令报文数据域内的交易 PIN 数据和与该应用相关的参考 PIN 数据进行比较验证。验证方式由卡片中的应用自行决定。当从 CVM 列表中选择的持卡人验证方法(CVM)是脱机 PIN 时,使用 VERIFY 命令。

C.2.11.2 命令报文

VERIFY 命令的报文编码见表 C.40;参考数据(P2)的意义见表 C.41;卡片明文脱机 PIN 数据块见表 C.42;脱机 PIN 数据块含义见表 C.43。

表 C.40 VERIFY 命令的报文编码

编　码	值(十六进制)
CLA	‘00’
INS	‘20
P1	‘00’
P2	参考数据定义
Lc	变长
Data	交易 PIN 数据
Le	不存在

表 C.41 VERIFY 命令参考数据定义(P2)

b8	b7	b6	b5	b4	b3	b2	b1	说　明
0	0	0	0	0	0	0	0	ISO/IEC 7816-4 定义[a]
1	0	0	0	0	0	0	0	明文 PIN,格式如下
1	0	0	0	0	x	x	x	保留
1	0	0	0	1	0	0	0	保留
1	0	0	0	1	0	x	x	保留
1	0	0	0	1	1	x	x	保留
1	0	0	1	x	x	x	x	发卡机构保留

注:P2-‘00’表示没有使用特别的限定符。

[a] 未采用 P2 = ‘0’。

表 C.42 脱机 PIN 数据块

字　节　1								字　节　2							
b8	b7	b6	b5	b4	b3	b2	b1	b8	b7	b6	b5	b4	b3	b2	b1
C	N	P	P	P	P	P/F	P/F	P/F	P/F	P/F	P/F	P/F	P/F	F	F

表 C.43 脱机 PIN 数据块含义

对 应 项	名 称	值
C	控制域	值为 0010 的四位二进制数(十六进制 2)
N	PIN 长度	值在 0100 到 1100 之间的 4 位二进制数(十六进制‘4’到‘C’)
P	PIN 数字	值在 0000 到 1001 之间的 4 位二进制数(十六进制‘0’到‘9’)
P/F	PIN/填充位	由 PIN 长度决定
F	填充位	值为 1111 的四位二进制数(十六进制‘F’)
注:卡片中处理验证命令的应用应明确地找到 PIN 数据。		

C.2.11.3 命令报文的数据域

命令报文的数据域中包含标签“99”的值域。

C.2.11.4 响应报文的数据域

响应报文的数据域不存在。

C.2.11.5 响应报文的状态字

‘9000’编码表示命令成功执行。对当前选择的应用,通过验证命令对交易 PIN 数据和参考 PIN 数据进行的比较失败,卡片会返回 SW2 =‘Cx’,‘x’代表还可以重新验证的次数;如果卡片返回了‘C0’,不再验证,CVM 会被锁定。随后,在这个应用中进行的所有验证命令都会失败,并返回 SW1 SW2 =‘6983’。

C.2.12 读取扩展应用数据命令

C.2.12.1 范围

C.2.12.1.1 读取扩展应用数据(READ CAPP DATA)命令用于扩展应用交易中,终端判断卡片是否具备相应行业应用,同时可获得上笔扩展应用交易信息。

C.2.12.1.2 终端通过扩展应用所属的 ID 号和扩展应用行业类型,决定读取某一扩展应用文件的指定记录,在同一个 SFI 下,ID 应保持唯一。

C.2.12.1.3 卡片在接收 READ CAPP DATA 命令后将进行以下操作:

a) 根据 P2 指定的 SFI 选取相应的 EF 文件。若文件不存在,卡片回送状态字‘6A82’(未找到文件);

b) 若 EF 文件不是变长记录文件,卡片回送状态字‘6981’(文件类型不符)。

C.2.12.2 命令报文

此命令的报文编码见表 C.44;此命令报文中的引用控制参数 P2 见表 C.45。

表 C.44 READ CAPP DATA 命令的报文编码

编 码	值(十六进制)
CLA	‘80’
INS	‘B4’
P1	‘00/01’
P2	见表 C.45
Lc	‘02’或‘0A’

表 C.44（续）

编　码	值(十六进制)
Data	详见说明
Le	‘00’

注:此命令报文中的 P1 定义 R－MAC 算法(若卡片具备 R－MAC 保护),0x00 表示采用 JT/T 978.6 描述的 DES 算法,0x01 表示采用 JT/T 978.6 描述的 SM4 算法。

表 C.45　READ CAPP DATA 命令报文中引用控制参数 P2 定义

B8	B7	B6	B5	B4	B3	B2	B1	说明
0	0	0	0	0				RFU
x	x	x	x	x				SFI
1	1	1	1	1				RFU
					0	0	0	第一个区号出现的记录
					0	0	1	同一区号的下一条记录
其他值								RFU

C.2.12.3　命令报文数据域

当卡片不具备扩展应用记录的 R-MAC 保护时,命令报文数据域包括 2 个字节的 ID 号;当卡片具备扩展应用记录的 R-MAC 保护时,命令报文数据域包括 2 个字节的 ID 号和 8 个字节的终端随机数。

C.2.12.4　响应报文数据域

当卡片不具备扩展应用记录的 R-MAC 保护时,响应报文数据包括指定 ID 号的记录内容;当卡片具备扩展应用记录的 R-MAC 保护时,响应报文数据域包括指定 ID 号的记录内容和 4 个字节的R-MAC值。

响应报文数据中的 R-MAC,由卡片根据 JT/T 978.6 中的报文鉴别码,使用行业应用管理密钥对响应数据进行加密生成,其初始向量为命令报文数据域中的终端随机数。

C.2.12.5　响应报文的状态字

命令执行成功的状态字是‘9000’。卡片可能回送的错误状态字见表 C.46。

表 C.46　READ CAPP DATA 错误状态字

SW1	SW2	说　明
‘65’	‘81’	内存失败(修改失败)
‘67’	‘00’	长度错误(Lc 域为空)
‘69’	‘81’	命令与文件结构不相容
‘69’	‘86’	不满足命令执行的条件(不是当前的 EF 文件)
‘6A’	‘81’	不具备此功能
‘6A’	‘82’	未找到文件
‘6A’	‘83’	未找到记录
‘6A’	‘84’	文件中存储空间不够
‘94’	‘07’	应用禁止

C.2.13 更新应用数据缓存命令

C.2.13.1 范围

更新应用数据缓存(UPDATE CAPP DATA CACHE)命令用于扩展应用交易中更新应用数据缓存,每次更新0x1E 交易的 UPDATE CAPP DATA CACHE 命令只更新第一条记录。

C.2.13.2 卡片在收到 UPDATE CAPP DATA CACHE 命令后的操作

卡片在收到 UPDATE CAPP DATA CACHE 命令后,将进行以下操作:

a) 根据 P2 指定的 SFI 选取相应的 EF 文件。如果文件不存在,卡片回送状态字'6A82'(未找到文件),终端应终止此次扩展应用交易;

b) 检查扩展应用专用文件的使用条件,若该命令的前续命令不是 GPO 命令或另一条 UPDATE CAPP DATA CACHE 命令,则回送状态字'6985'(使用条件不满足),终端应终止此次扩展应用交易;

c) 若待更新的扩展应用专用文件是变长记录文件,则根据命令数据域中的 ID 号,查询扩展应用专用文件中是否存在相同 ID 号的记录。如果不存在,则回送状态字'6A83'(未找到记录),终端应终止此次扩展应用交易;

d) 检查命令中的数据域长度是否大于扩展应用专用文件中相应记录的长度。如果大于,则回送状态字'6A84'(文件中存储空间不够);如果小于,则回送状态字'6A80'(数据域不正确),终端应终止此次扩展应用交易。

C.2.13.3 命令报文

此命令的报文编码见表 C.47;此命令报文中的引用控制参数 P2 见表 C.48。

表 C.47 UPDATE CAPP DATA CACHE 命令的报文编码

编　码	值(十六进制)
CLA	'84'
INS	'DE'
P1	'00'
P2	见表 C.48
Lc	后续数据域的长度
Data	详见说明
Le	'00'

表 C.48 UPDATE CAPP DATA CACHE 命令报文中引用控制参数 P2

B8	B7	B6	B5	B4	B3	B2	B1	说　明
0	0	0	0	0				RFU
x	x	x	x	x				SFI
1	1	1	1	1				RFU
					0	0	0	第一个 ID 号出现的记录(变长记录文件)或最新的一条记录(循环记录文件)
					0	0	1	下一个 ID 号出现的记录(变长记录文件)
其他值								RFU

C.2.13.4 命令报文数据域

命令报文数据域包含记录内容和安全报文。若当前文件为变长记录文件,记录内容包含 ID 号、记录长度等扩展应用信息和扩展应用数据;若当前文件是循环记录文件,命令报文数据域包含扩展应用数据。

C.2.13.5 响应报文数据域

当卡片不具备扩展应用记录的 R-MAC 保护时,响应报文数据域不存在;当卡片具备扩展应用记录的 R – MAC 保护时,响应报文数据为 4 字节的 MAC 值。

响应报文数据中的 R-MAC,由卡片根据 JT/T 978.6 中关于报文鉴别码的描述,使用行业应用管理密钥对响应报文的状态字进行加密生成,其初始向量为‘00’‖‘00’‖‘00’‖‘00’‖命令报文数据域中的 MAC。

国密算法的卡片,在执行该命令时,命令报文 MAC、响应报文 R-MAC 的算法应和终端在 GPO 指令中指定的算法保持一致。

C.2.13.6 响应报文的状态字

此命令执行成功的状态字是‘9000’。卡片可能回送的错误状态字见表 C.49。

表 C.49 UPDATE CAPP DATA CACHE 错误状态字

SW1	SW2	说 明
‘65’	‘81’	内存失败(修改失败)
‘67’	‘00’	长度错误(Lc 域为空)
‘69’	‘81’	命令与文件结构不相容
‘69’	‘86’	不满足命令执行的条件(不是当前的 EF 文件)
‘6A’	‘80’	数据域不正确
‘6A’	‘81’	不具备此功能
‘6A’	‘82’	未找到文件
‘6A’	‘83’	未找到记录
‘6A’	‘84’	文件中存储空间不够
‘94’	‘07’	应用禁止

C.2.14 新增记录命令

C.2.14.1 范围

新增记录(APPEND RECORD)命令用于扩展应用开通时,向扩展应用文件中增加行业应用记录。可以用于向循环记录文件中添加记录,也可以用于向扩展应用循环记录文件中初始化第一条记录,记录空间在 APPEND RECORD 命令时动态分配。

卡片接收到 APPEND RECORD 命令后,将进行如下处理:

a) 判断新增记录长度是否超过文件记录最大长度限制,如果超过,卡片回送状态字‘6A80’;
b) 判断文件剩余空间是否足够,如果空间不足,卡片回送状态字‘6A84’。

通过以上判断,卡片将根据命令数据域的记录数据长度,分配记录空间,将新的记录数据写入文件。

C.2.14.2 命令报文

APPEND RECORD 的命令的报文编码见表 C.50;此命令报文中的引用控制参数 P2 见表 C.51。

表 C.50　APPEND RECORD 命令的报文编码

编　　码	值(十六进制)
CLA	‘04’
INS	‘E2’
P1	‘00/01’
P2	见表 C.51
Lc	后续数据域的长度
Data	16 字节记录修改密钥(由应用开通密钥加密)加上新增的记录内容和 MAC
Le	不存在
注:此命令报文中的参数 P1 定义加密算法类型,0x00 表示采用 JT/T 978.6 的 DES 算法,0x01 表示采用 JT/T 978.6 的 SM4 算法。	

表 C.51　APPEND RECORD 命令报文中引用控制参数 P2 定义

B8	B7	B6	B5	B4	B3	B2	B1	说　　明
0	0	0	0	0				RFU
x	x	x	x	x				SFI
1	1	1	1	1				RFU
					x	x	x	RFU
其他值								RFU

C.2.14.3　命令报文数据域

此命令报文数据域由加密后 16 字节的记录修改密钥、新增的记录内容(扩展应用数据)和 MAC 组成。

C.2.14.4　响应报文数据域

响应报文的数据域不存在。

C.2.14.5　响应报文的状态字

此命令执行成功的状态字是‘9000’。卡片可能回送的错误状态字见表 C.52。

表 C.52　APPEND RECORD 错误状态字

SW1	SW2	说　　明
‘65’	‘81’	内存失败(修改失败)
‘67’	‘00’	长度错误(Lc 域为空)
‘69’	‘81’	命令与文件结构不相容
‘69’	‘86’	不满足命令执行的条件(不是当前的 EF 文件)
‘6A’	‘81’	不具备此功能
‘6A’	‘82’	未找到文件
‘6A’	‘83’	未找到记录

表 C.52（续）

SW1	SW2	说　明
‘6A’	‘84’	文件中存储空间不够
‘94’	‘07’	应用禁止

C.2.15　取脱机交易应用密文命令

C.2.15.1　范围

取脱机交易应用密文（GET TRANS PROVE）命令用于获取指定的ATC（应用交易计数器）对应扩展应用交易的TC（脱机交易应用密文）。使用场景为，终端在无法接收最后一条交易指令响应数据的情况下，重新上电并发送此命令，获取上笔失败交易的TC，如果命令响应成功，则终端判断上笔交易成功，否则，按交易失败处理。

该命令只能获取最近一笔卡片成功完成的扩展应用交易的TC。如果最近一笔交易是脱机预授权交易，则返回的TC为0。

C.2.15.2　命令报文

GET TRANS PROVE的命令的报文编码见表C.53。

表 C.53　GET TRANS PROVE 命令的报文编码

编　码	值（十六进制）
CLA	‘80’
INS	‘5A’
P1	‘00’
P2	‘00’
Lc	‘02’
Data	终端指定的交易ATC
Le	‘08’

C.2.15.3　命令报文数据域

命令报文的数据域由终端指定的交易ATC组成。

C.2.15.4　响应报文数据域

响应报文数据域返回终端指定交易ATC对应的TC（8字节）。

C.2.15.5　响应报文的状态字

此命令执行成功的状态字是‘9000’。卡片可能回送的错误状态字见表C.54。

表 C.54　GET TRANS PROVE 错误状态字

SW1	SW2	说　明
‘65’	‘81’	内存失败
‘67’	‘00’	长度错误
‘69’	‘85’	使用条件不满足
‘6D’	‘00’	命令不存在

表 C.54（续）

SW1	SW2	说　明
‘6E’	‘00’	命令类型不具备
‘94’	‘06’	所需 TC 不可用

C.2.16 安全方式更新命令

C.2.16.1 范围

安全方式更新(SECURITY UPDATE)命令是使电子钱包应用无效的一个发卡机构脚本命令。指令执行之后,电子钱包应用永久锁定。

C.2.16.2 命令报文

此命令的报文编码见表 C.55。

表 C.55 SECURITY UPDATE 命令的报文编码

编　码	值(十六进制)
CLA	‘84’
INS	‘12’
P1	‘00’;其他值保留
P2	‘00’;其他值保留
Lc	数据域字节长度
Data	4 字节 MAC 值
Le	不存在

C.2.16.3 命令报文的数据域

命令报文的数据域由 JT/T 978.6 中的安全报文格式编码的 MAC 数据填充。

C.2.16.4 响应报文的数据域

响应报文的数据域不存在。

C.2.16.5 响应报文的状态字

不论电子钱包应用是否有效,‘9000’编码始终表示命令成功执行。

C.3 电子钱包应用指令

C.3.1 应用锁定命令

C.3.1.1 范围

C.3.1.1.1 应用锁定(APPLICATION BLOCK)命令使当前选择的应用失效,该指令只能在特殊终端上使用。

C.3.1.1.2 当 APPLICATION BLOCK 命令成功完成应用临时锁定后,用选择(SELECT)命令选择已临时锁定的应用(电子钱包、电子现金应用),将回送状态字“选择文件无效”(SW1 SW2 =‘6283’)。同时回送 FCI。

C.3.1.1.3 当 APPLICATION BLOCK 命令成功完成应用永久锁定后,电子钱包、电子现金应用执行所有命令,卡片将回送状态字“应用永久锁定”(SW1 SW2 =‘9303’)。

C.3.1.1.4 对其他命令的影响根据不同应用而定。

C.3.1.2 命令报文

APPLICATION BLOCK 命令的报文编码见表 C.56。

表 C.56 APPLICATION BLOCK 命令的报文编码

编　码	值(十六进制)
CLA	‘84’
INS	‘1E’
P1	‘00’;其他值预留
P2	‘00’或’01’
Lc	数据字节数
Data	报文鉴别码(MAC)数据元
Le	不存在

注 1:P2-‘00’,此命令执行成功后可锁定应用,但该应用可以用 APPLICATION UNBLOCK 命令解锁。
注 2:P2-‘01’,此命令执行成功后将永久锁定应用。

C.3.1.3 命令报文数据域

报文鉴别码(MAC)数据元。根据 JT/T 978.6,由应用锁定密钥计算。

C.3.1.4 响应报文数据域

响应报文的数据域不存在。

C.3.1.5 响应报文状态字

此命令执行成功的状态字是‘9000’;卡片可能回送的状态字见表 C.57。

表 C.57 APPLICATION BLOCK 状态字

SW1	SW2	说　明
‘62’	‘00’	无信息提供
‘62’	‘81’	回送数据可能出错
‘62’	‘83’	选择文件无效
‘6A’	‘81’	不具备此功能
‘93’	‘03’	应用永久锁定
‘64’	‘00’	状态标志位未变
‘65’	‘81’	内存失败
‘67’	‘00’	Lc 长度错误
‘69’	‘82’	不满足安全状态
‘69’	‘84’	引用数据无效
‘69’	‘87’	安全报文数据项丢失
‘69’	‘88’	安全报文数据项不正确
‘6A’	‘86’	P1 和 P2 错误
‘6A’	‘88’	未找到引用数据

表 C.57（续）

SW1	SW2	说　明
‘6D’	‘00’	INS 不具备或错误
‘6E’	‘00’	CLA 不具备或错误

C.3.2　应用解锁命令

C.3.2.1　范围

应用解锁(APPLICATION UNBLOCK)命令用于恢复卡片应用,该指令只能在特殊终端上使用。

当 APPLICATION UNBLOCK 命令成功完成后,由 APPLICATION BLOCK 命令产生的对卡片应用命令响应的限制将被取消。

C.3.2.2　命令报文

APPLICATION UNBLOCK 命令的报文编码见表 C.58。

表 C.58　APPLICATION UNBLOCK 命令的报文编码

编　码	值(十六进制)
CLA	‘84’
INS	‘18’
P1	‘00’;其他值预留
P2	‘00’;其他值预留
Lc	数据字节数
Data	报文鉴别码(MAC)数据元
Le	不存在

C.3.2.3　命令报文数据域

根据 JT/T 978.6,报文鉴别码(MAC)数据元由应用解锁密钥计算。

C.3.2.4　响应报文数据域

响应报文的数据域不存在。

C.3.2.5　响应报文状态字

当应用被临时锁定时,此命令执行成功的状态字是‘9000’。

当应用未被临时锁定,此命令执行返回的状态字是使用条件不满足(SW1 SW2 =‘6985’)。

卡片可能回送的错误状态字见表 C.59。

表 C.59　APPLICATION UNBLOCK 错误状态

SW1	SW2	说　明
‘64’	‘00’	标志状态位未变
‘65’	‘81’	内存失败
‘67’	‘00’	Lc 错误
‘69’	‘82’	不满足安全状态
‘69’	‘84’	未取随机数

表 C.59（续）

SW1	SW2	说　明
‘69’	‘85’	使用条件不满足
‘69’	‘87’	安全报文数据项丢失
‘69’	‘88’	安全报文数据项不正确
‘6A’	‘82’	文件未找到
‘6A’	‘86’	P1 和 P2 错误
‘6D’	‘00’	INS 不具备或错误
‘6E’	‘00’	CLA 不具备或错误
‘93’	‘03’	应用已被永久锁定

C.3.3　外部认证命令

C.3.3.1　范围

外部认证(EXTERNAL AUTHENTICATION)命令要求卡片中的应用认证一个密文，卡片的响应包括命令处理状态的回送。

C.3.3.2　命令报文

EXTERNAL AUTHENTICATION 命令的报文编码见表 C.60。

表 C.60　EXTERNAL AUTHENTICATION 命令的报文编码

编　　码	值(十六进制)
CLA	‘00’
INS	‘82’
P1	‘00’
P2	‘00’
Lc	8 ~ 16
Data	发卡机构认证数据
Le	不存在
注 1:EXTERNAL AUTHENTICATION 命令使用的算法参考值(P1)编码为‘00’表示无信息。算法参考值在命令发出之前是已知的，或者在数据域中提供。 注 2:EXTERNAL AUTHENTICATION 命令的参数 P2 为‘00’时的含义是无信息。P2 的值可事先得到，也可以在数据域中提供。	

C.3.3.3　命令报文数据域

命令报文数据域中包含 8 ~ 16 字节的数据：

a)　前 8 个必备型字节包含密码；

b)　可选的 1 ~ 8 个附加字节是专用的信息。

C.3.3.4　响应报文数据域

响应报文的数据域不存在。

C.3.3.5　响应报文状态字

此命令执行成功的状态字是‘9000’。卡片可能回送的警告状态字见表 C.61;卡片可能回送的错误状态字见表 C.62。

表 C.61　EXTERNAL AUTHENTICATION 警告状态

SW1	SW2	说　明
‘63’	‘Cx’	认证失败(x 代表剩余尝试次数)

表 C.62　EXTERNAL AUTHENTICATION 错误状态

SW1	SW2	说　明
‘67’	‘00’	Lc 不正确
‘69’	‘83’	认证方法锁定
‘6A’	‘86’	P1 和 P2 错误
‘6D’	‘00’	INS 不具备或错误
‘6E’	‘00’	CLA 不具备或错误

C.3.4　取随机数命令

C.3.4.1　范围

取随机数(GET CHALLENGE)命令请求一个用于安全相关过程(如安全报文)的随机数。

该随机数只能用于下一条指令,无论下一条指令是否使用了该随机数,该随机数都将立即失效。

C.3.4.2　命令报文

GET CHALLENGE 命令的报文编码见表 C.63。

表 C.63　GET CHALLENGE 命令的报文编码

编　码	值(十六进制)
CLA	‘00’
INS	‘84’
P1	‘00’
P2	‘00’
Lc	不存在
Data	不存在
Le	‘04’或‘08’

C.3.4.3　命令报文数据域

命令报文的数据域不存在。

C.3.4.4　响应报文数据域

响应报文数据域包括随机数,长度为 4 字节或 8 字节。

C.3.4.5　响应报文状态字

此命令执行成功的状态字是‘9000’。卡片可能回送的错误状态字见表 C.64。

表 C.64　GET CHALLENGE 错误状态

SW1	SW2	说　明
‘6A’	‘81’	不具备此功能
‘6A’	‘86’	P1 和 P2 错误
‘6D’	‘00’	INS 不具备或错误
‘6E’	‘00’	CLA 不具备或错误

C.3.5　内部认证命令

C.3.5.1　范围

内部认证(INTERNAL AUTHENTICATION)命令提供了利用接口设备发来的随机数和自身存储的相关密钥进行数据认证的功能。

C.3.5.2　命令报文

INTERNAL AUTHENTICATION 命令的报文编码见表 C.65。

表 C.65　INTERNAL AUTHENTICATION 命令的报文编码

编　码	值(十六进制)
CLA	‘00’
INS	‘88’
P1	‘00’
P2	‘00’
Lc	认证数据的长度
Data	认证数据
Le	‘00’
注 1:INTERNAL AUTHENTICATION 命令的参数 P1 为‘00’时的含义是无信息。P1 的值可事先得到,也可以在数据域中提供。 注 2:INTERNAL AUTHENTICATION 命令的参数 P2 为‘00’时的含义是无信息。P2 的值可事先得到,也可以在数据域中提供。	

C.3.5.3　命令报文数据域

命令报文数据域的内容是应用专用的认证数据。

C.3.5.4　响应报文数据域

响应报文数据域内容是相关认证数据,其格式和定义不在本标准的范围之内。

C.3.5.5　响应报文状态字

此命令执行成功的状态字是‘9000’。卡片可能回送的警告状态字见表 C.66;卡片可能回送的错误状态字见表 C.67。

表 C.66　INTERNAL AUTHENTICATION 警告状态

SW1	SW2	说　明
‘62’	‘81’	回送的数据可能有错

表 C.67 INTERNAL AUTHENTICATION 错误状态

SW1	SW2	说明
‘64’	‘00’	标志状态位未变
‘67’	‘00’	Lc 域不存在
‘68’	‘82’	不具备安全报文
‘69’	‘85’	不满足使用条件
‘6A’	‘80’	数据域参数不正确
‘6A’	‘86’	P1 和 P2 错误
‘6D’	‘00’	INS 不具备或错误

C.3.6 读二进制文件命令

C.3.6.1 范围

读二进制文件(READ BINARY)命令用于读取二进制文件的内容(或部分内容)。

C.3.6.2 命令报文

READ BINARY 命令的报文编码见表 C.68;命令报文中的引用控制参数见表 C.69。

表 C.68 READ BINARY 命令的报文编码

编码	值(十六进制)
CLA	‘00’或‘04’
INS	‘B0’
P1	见表 C.69
P2	从文件中读取的第一个字节的偏移地址
Lc	不存在(CLA =‘04’时除外)
Data	不存在(CLA =‘04’时,应包括 MAC)
Le	‘00’

表 C.69 READ BINARY 命令引用控制参数

b8	b7	b6	b5	b4	b3	b2	b1	说明
x 1								读取模式: 用 SFI 方式
	0	0						RFU(如果 b8 =1)
			x	x	x	x	x	SFI

C.3.6.3 命令报文数据域

一般情况下,命令报文数据域不存在。当使用安全报文时,命令报文数据域中应包含 MAC。MAC 的计算方法和长度由应用决定。

C.3.6.4 响应报文数据域

当 Le 的值为零时,只要文件的最大长度在 256 字节(短长度)或 65 536 字节(扩展长度)之内,则其全部字节将被读出。

C.3.6.5 响应报文状态字

此命令执行成功的状态字是‘9000’。卡片可能回送的警告状态字见表 C.70；卡片可能回送的错误状态字见表 C.71。

表 C.70 READ BINARY 警告状态

SW1	SW2	说 明
‘62’	‘81’	部分回送的数据可能有错
‘62’	‘82’	文件长度 < Le

表 C.71 READ BINARY 错误状态

SW1	SW2	说 明
‘67’	‘00’	长度错误(Lc 域为空)
‘69’	‘81’	命令与文件结构不相容
‘69’	‘82’	不满足安全状态
‘69’	‘86’	不满足命令执行的条件(非当前 EF)
‘6A’	‘81’	不具备此功能
‘6A’	‘82’	未找到文件
‘6A’	‘86’	P1 和 P2 错误
‘6B’	‘00’	参数错误(偏移地址超出了 EF)
‘6C’	‘xx’	长度错误(Le 错误;‘xx’为实际长度)
‘6D’	‘00’	INS 不具备或错误
‘6E’	‘00’	CLA 不具备或错误

C.3.7 更新二进制文件命令

C.3.7.1 范围

更新二进制文件(UPDATE BINARY)命令报文使用 C-APDU 中给定的数据修改 EF 文件中已有的数据。

C.3.7.2 命令报文

UPDATE BINARY 命令的报文编码见表 C.72；UPDATE BINARY 命令报文中的引用控制参数见表 C.73。

表 C.72 UPDATE BINARY 命令的报文编码

编 码	值(十六进制)
CLA	‘00’或‘04’
INS	‘D6’
P1	见表 C.73

表 C.72（续）

编　码	值(十六进制)
P2	要修改的第一个字节的偏移地址
Lc	后续数据域的长度
Data	修改用的数据加报文鉴别码(MAC)数据元(4 字节)
Le	不存在
注:CLA-‘00’不需要安全报文;CLA-‘04’需要安全报文。	

表 C.73　UPDATE BINARY 命令引用控制参数

b8	b7	b6	b5	b4	b3	b2	b1	说　明
x 1								读取模式: 用 SFI 方式
	0	0						RFU(如果 b8 = 1)
			x	x	x	x	x	SFI(取值范围 21 ~ 30)

C.3.7.3　命令报文数据域

命令报文数据域包括更新原有数据的新数据。

报文鉴别码(MAC)数据元:4 字节。

C.3.7.4　响应报文数据域

响应报文的数据域不存在。

C.3.7.5　响应报文状态字

此命令执行成功的状态字是‘9000’;卡片可能回送的警告状态字见表 C.74;卡片可能回送的错误状态字见表 C.75。

表 C.74　UPDATE BINARY 警告状态

SW1	SW2	说　明
‘63’	‘Cx’	使用内部重试程序更新成功,其中 x 表示剩余重试次数。

表 C.75　UPDATE BINARY 错误状态

SW1	SW2	说　明
‘65’	‘81’	内存失败(修改失败)
‘67’	‘00’	长度错误(Lc 域为空)
‘69’	‘81’	命令与文件结构不相容
‘69’	‘82’	不满足安全状态
‘69’	‘84’	引用数据无效
‘69’	‘86’	不满足命令执行的条件(不是当前的 EF)

表 C.75（续）

SW1	SW2	说 明
‘6A’	‘81’	不具备此功能
‘6A’	‘82’	未找到文件
‘6A’	‘86’	P1 和 P2 参数错误
‘6B’	‘00’	参数错误(偏移地址超出了 EF)
‘6D’	‘00’	INS 不具备或错误
‘6E’	‘00’	CLA 不具备或错误
‘93’	‘03’	应用永久锁定

C.3.8 圈存命令

C.3.8.1 范围

圈存(CREDIT FOR LOAD)命令用于圈存交易。

C.3.8.2 命令报文

CREDIT FOR LOAD 命令的报文编码见表 C.76。

表 C.76 CREDIT FOR LOAD 命令的报文编码

编 码	值(十六进制)
CLA	‘80’
INS	‘52’
P1	‘00’
P2	‘00’
Lc	‘0B’
Data	见表 C.77
Le	‘04’

C.3.8.3 命令报文数据域

CREDIT FOR LOAD 命令报文数据域见表 C.77。

表 C.77 CREDIT FOR LOAD 命令报文数据域

说 明	长度(字节)
交易日期(主机)	4
交易时间(主机)	3
MAC2	4

C.3.8.4 响应报文数据域

CREDIT FOR LOAD 响应报文数据域见表 C.78;如果命令执行不成功,则只在响应报文中回送 SW1 和 SW2。

表 C.78　CREDIT FOR LOAD 响应报文数据域

说　明	长度(字节)
TAC	4

C.3.8.5　响应报文的状态字

此命令执行成功的状态字是‘9000’。卡片可能回送的错误状态见表 C.79。

表 C.79　CREDIT FOR LOAD 错误状态

SW1	SW2	说　明
‘65’	‘81’	内存错误
‘67’	‘00’	长度错误
‘69’	‘01’	命令不接受(无效状态)
‘69’	‘85’	使用条件不满足
‘6D’	‘00’	INS 不具备或错误
‘6E’	‘00’	CLA 不具备或错误
‘93’	‘02’	MAC 无效

C.3.9　消费命令

C.3.9.1　范围

消费(DEBIT FOR PURCHASE)命令用于消费交易。

C.3.9.2　命令报文

DEBIT FOR PURCHASE 命令的报文编码见表 C.80;执行 INITIALIZE FOR PURCHASE 后即选择消费交易。

表 C.80　DEBIT FOR PURCHASE 命令的报文编码

编　码	值(十六进制)
CLA	‘80’
INS	‘54’
P1	‘01’
P2	‘00’
Lc	‘0F’
Data	见表 C.81
Le	‘08’

C.3.9.3　命令报文数据域

命令报文数据域见表 C.81。

表 C.81　DEBIT FOR PURCHASE 命令报文数据域

说　明	长度(字节)
终端交易序号	4
交易日期(终端)	4
交易时间(终端)	3
MAC1	4

C.3.9.4　响应报文数据域

此命令执行成功的响应报文数据域见表 C.82;如果命令执行不成功,则只在响应报文中回送 SW1 和 SW2。

表 C.82　DEBIT FOR PURCHASE 响应报文数据域

说　明	长度(字节)
TAC	4
MAC2	4

C.3.9.5　响应报文的状态字

此命令执行成功的状态字是‘9000’。卡片可能回送的错误状态见表 C.83。

表 C.83　DEBIT FOR PURCHASE 错误状态

SW1	SW2	说　明
‘65’	‘81’	内存错误
‘67’	‘00’	长度错误
‘69’	‘01’	命令不接受(无效状态)
‘69’	‘85’	使用条件不满足
‘6D’	‘00’	INS 不具备或错误
‘6E’	‘00’	CLA 不具备或错误
‘93’	‘02’	MAC 无效

C.3.10　圈提命令

C.3.10.1　范围

圈提(DEBIT FOR UNLOAD)命令用于圈提交易。该指令只能在特殊终端上使用。

C.3.10.2　命令报文

DEBIT FOR UNLOAD 命令的报文编码见表 C.84。

表 C.84　DEBIT FOR UNLOAD 命令的报文编码

编　码	值(十六进制)
CLA	‘80’
INS	‘54’

表 C.84（续）

编　码	值(十六进制)
P1	‘03’
P2	‘00’
Lc	‘0B’
Data	见表 C.85
Le	‘04’

C.3.10.3　命令报文数据域

命令报文数据域见表 C.85。

表 C.85　DEBIT FOR UNLOAD 命令报文数据域

说　明	长度(字节)
交易日期(主机)	4
交易时间(主机)	3
MAC2	4

C.3.10.4　响应报文数据域

此命令执行成功的响应报文数据域见表 C.86；如果命令执行不成功，则只在响应报文中回送 SW1 和 SW2。

表 C.86　DEBIT FOR UNLOAD 响应报文数据域

说　明	长度(字节)
MAC3	4

C.3.10.5　响应报文的状态字

此命令执行成功的状态字是‘9000’。卡片可能回送的错误状态见表 C.87。

表 C.87　DEBIT FOR UNLOAD 错误状态

SW1	SW2	说　明
‘65’	‘81’	内存错误
‘67’	‘00’	长度错误
‘69’	‘01’	命令不接受(无效状态)
‘6D’	‘00’	INS 不具备或错误
‘6E’	‘00’	CLA 不具备或错误
‘93’	‘02’	MAC 无效

C.3.11　查询余额命令

C.3.11.1　范围

查询余额(GET BALANCE)命令用于读取电子钱包余额，实现查询余额交易。

C.3.11.2 命令报文

GET BALANCE 命令的报文编码见表 C.88。

表 C.88 GET BALANCE 命令的报文编码

编　码	值(十六进制)
CLA	‘80’
INS	‘5C’
P1	‘00’/‘01’/‘02’/‘03’/‘04’/‘05’
P2	‘02’
Lc	不存在
Data	不存在
Le	‘04’/‘10’

C.3.11.3 响应报文数据域

响应报文的数据域如下:

a) 如果 P1 =00,则响应报文数据域为 4 字节电子钱包可用余额;
b) 如果 P1 =01,则响应报文数据域为 4 字节透支限额;
c) 如果 P1 =02,则响应报文数据域为 4 字节已透支金额;
d) 如果 P1 =03,则响应报文数据域为 4 字节电子钱包实际余额;
e) 如果 P1 =04,则响应报文数据域为 4 字节实际余额上限;
f) 如果 P1 =05,则响应报文数据域为 4 字节电子钱包实际余额加 4 字节实际余额上限加 4 字节已透支金额加 4 字节透支限额,总共 16 字节。

命令执行成功的响应报文数据域见表 C.89。如果命令执行不成功,则只在响应报文中回送 SW1 和 SW2。

表 C.89 GET BALANCE 响应报文数据域

说　明	长度(字节)
电子钱包余额、透支限额、已透支金额或实际余额上限	4/16

C.3.11.4 响应报文的状态字

此命令执行成功的状态字是‘9000’。卡片可能回送的错误状态见表 C.90。

表 C.90 GET BALANCE 错误状态

SW1	SW2	说　明
‘65’	‘81’	内存错误
‘69’	‘85’	使用条件不满足
‘69’	‘82’	安全条件不满足
‘6A’	‘86’	P1 和 P2 参数不正确
‘6D’	‘00’	INS 不具备或错误
‘6E’	‘00’	CLA 不具备或错误

C.3.12 取交易认证命令

C.3.12.1 范围

取交易认证(GET TRANSACTION PROVE)命令提供了一种在交易处理过程中卡片离场并重新进场的恢复机制。

C.3.12.2 命令报文

GET TRANSACTION PROVE 命令的报文编码见表 C.91。

表 C.91 GET TRANSACTION PROVE 命令的报文编码

编　码	值(十六进制)
CLA	‘80’
INS	‘5A’
P1	‘00’
P2	要取的 MAC 或/和 TAC 所对应的交易类型标识。
Lc	‘02’
Data	见表 C.92
Le	‘08’

C.3.12.3 命令报文数据域

GET TRANSACTION PROVE 命令报文数据域见表 C.92。

表 C.92 GET TRANSACTION PROVE 命令报文数据域

说　明	长度(字节)
要取的 MAC 或/和 TAC 所对应的联机或者脱机交易序号	2

如果命令中指定的交易类型标识和联机或者脱机交易序号对应的 MAC 或 TAC 可用,则响应报文数据域见表 C.93。

表 C.93 GET TRANSACTION PROVE 响应报文数据域

说　明	长度(字节)
MAC	4
TAC	4

C.3.12.4 响应报文的状态字

此命令执行成功的状态字是‘9000’。卡片可能回送的错误状态见表 C.94。

表 C.94 GET TRANSACTION PROVE 错误状态

SW1	SW2	说　明
‘65’	‘81’	内存错误
‘69’	‘85’	使用条件不满足
‘6D’	‘00’	INS 不具备或错误

表 C.94（续）

SW1	SW2	说　明
‘6E’	‘00’	CLA 不具备或错误
‘94’	‘06’	所需 MAC 不可用

C.3.13 初始化圈存命令

C.3.13.1 范围

初始化圈存(INITIALIZE FOR LOAD)命令用于初始化圈存交易。

C.3.13.2 命令报文

INITIALIZE FOR LOAD 命令的报文编码见表 C.95。

表 C.95 INITIALIZE FOR LOAD 命令的报文编码

编　码	值(十六进制)
CLA	‘80’
INS	‘50’
P1	‘00’
P2	‘02’
Lc	‘0B’
Data	见表 C.96
Le	‘10’

C.3.13.3 命令报文数据域

INITIALIZE FOR LOAD 命令报文数据域见表 C.96。

表表 C.96 INITIALIZE FOR LOAD 命令报文数据域

说　明	长度(字节)
密钥索引号	1
交易金额	4
终端机编号	6

C.3.13.4 响应报文数据域

此命令执行成功的响应报文数据域见表 C.97；如果命令执行不成功，则只在响应报文中回送 SW1 和 SW2。

表 C.97 INITIALIZE FOR LOAD 响应报文

说　明	长度(字节)
电子钱包余额	4
联机交易序号	2
密钥版本号(DLK)	1

表 C.97（续）

说　　明	长度(字节)
算法标识(DLK)	1
伪随机数(卡片)	4
MAC1	4

C.3.13.5　响应报文的状态字

此命令执行成功的状态字是'9000'。卡片可能回送的错误状态见表 C.98。

表 C.98　INITIALIZE FOR LOAD 错误状态

SW1	SW2	说　　明
'65'	'81'	内存错误
'67'	'00'	长度错误
'69'	'85'	使用条件不满足
'6A'	'81'	功能不具备
'6A'	'86'	P1 和 P2 参数不正确
'6D'	'00'	INS 不具备或错误
'6E'	'00'	CLA 不具备或错误
'94'	'03'	密钥索引不具备

C.3.14　初始化消费命令

C.3.14.1　范围

初始化消费(INITIALIZE FOR PURCHASE)命令用于初始化消费交易。

C.3.14.2　命令报文

INITIALIZE FOR PURCHASE 命令的报文编码见表 C.99。

表 C.99　INITIALIZE FOR PURCHASE 命令的报文编码

编　　码	值(十六进制)
CLA	'80'
INS	'50'
P1	'01'
P2	'02'
Lc	'0B'
Data	见表 C.100
Le	'0F'

C.3.14.3　命令报文数据域

INITIALIZE FOR PURCHASE 命令报文的数据域见表 C.100。

表 C.100 INITIALIZE FOR PURCHASE 命令报文数据域

说　明	长度(字节)
密钥索引号	1
交易金额	4
终端机编号	6

C.3.14.4 响应报文数据域

此命令执行成功的响应报文数据域见表 C.101;如果命令执行不成功,则只在响应报文中回送 SW1 和 SW2。

表 C.101 INITIALIZE FOR PURCHASE 响应报文数据域

说　明	长度(字节)
电子钱包余额	4
脱机交易序号	2
透支限额	3
密钥版本号(DPK)	1
算法标识(DPK)	1
伪随机数(卡片)	4

C.3.14.5 响应报文的状态字

此命令执行成功的状态字是‘9000’。卡片可能回送的错误状态见表 C.102。

表 C.102 INITIALIZE FOR PURCHASE 错误状态

SW1	SW2	说　明
‘65’	‘81’	内存错误
‘69’	‘85’	使用条件不满足
‘6D’	‘00’	INS 不具备或错误
‘6E’	‘00’	CLA 不具备或错误
‘94’	‘01’	金额不足
‘94’	‘03’	密钥索引不具备

C.3.15 初始化圈提命令

C.3.15.1 范围

初始化圈提(INITIALIZE FOR UNLOAD)命令用于初始化圈提交易。

C.3.15.2 命令报文

INITIALIZE FOR UNLOAD 命令的报文编码见表 C.103。

表 C.103 INITIALIZE FOR UNLOAD 命令的报文编码

编　码	值(十六进制)
CLA	‘80’
INS	‘50’
P1	‘05’
P2	‘02’
Lc	‘0B’
Data	见表 C.104
Le	‘10’

C.3.15.3 命令报文数据域

INITIALIZE FOR UNLOAD 命令报文的数据域见表 C.104。

表 C.104 INITIALIZE FOR UNLOAD 命令报文数据域

说　明	长度(字节)
密钥索引号	1
交易金额	4
终端机编号	6

C.3.15.4 响应报文数据域

此命令执行成功的响应报文数据域见表 C.105;如果命令执行不成功,则只在响应报文中回送 SW1 和 SW2。

表 C.105 INITIALIZE FOR UNLOAD 响应报文数据域

说　明	长度(字节)
电子钱包余额	4
联机交易序号	2
密钥版本号(DULK)	1
算法标识(DULK)	1
伪随机数(卡片)	4
MAC1	4

C.3.15.5 响应报文的状态字

此命令执行成功的状态字是‘9000’。卡片可能回送的错误状态见表 C.106。

表 C.106 INITIALIZE FOR UNLOAD 错误状态

SW1	SW2	说　明
‘65’	‘81’	内存错误
‘67’	‘00’	长度错误

表 C.106（续）

SW1	SW2	说　明
‘69’	‘85’	使用条件不满足
‘6A’	‘86’	P1 和 P2 参数不正确
‘6D’	‘00’	INS 不具备或错误
‘6E’	‘00’	CLA 不具备或错误
‘94’	‘01’	金额不足
‘94’	‘03’	密钥索引不具备

C.3.16　修改初始化命令

C.3.16.1　范围

修改初始化(INITIALIZE FOR UPDATE)命令用于初始化修改透支限额交易。

C.3.16.2　命令报文

INITIALIZE FOR UPDATE 命令的报文编码见表 C.107。

表 C.107　INITIALIZE FOR UPDATE 命令的报文编码

编　码	值(十六进制)
CLA	‘80’
INS	‘50’
P1	‘04’
P2	‘01’
Lc	‘07’
Data	见表 C.108
Le	‘13’

C.3.16.3　命令报文数据域

INITIALIZE FOR UPDATE 命令报文的数据域见表 C.108。

表 C.108　INITIALIZE FOR UPDATE 命令报文数据域

说　明	长度(字节)
密钥索引号	1
终端机编号	6

C.3.16.4　响应报文数据域

命令执行成功的响应报文数据域见表 C.109；如果命令执行不成功，则只在响应报文中回送 SW1 和 SW2。

表 C.109　INITIALIZE FOR UPDATE 响应报文数据域

说　　明	长度(字节)
电子钱包余额	4
联机交易序号	2
原透支限额	3
密钥版本号(DUK)	1
算法标识(DUK)	1
伪随机数(卡片)	4
MAC1	4

C.3.16.5　响应报文的状态字

此命令执行成功的状态字是'9000'。卡片可能回送的错误状态见表 C.110。

表 C.110　INITIALIZE FOR UPDATE 错误状态

SW1	SW2	说　　明
'65'	'81'	内存错误
'67'	'00'	长度错误
'69'	'85'	使用条件不满足
'6A'	'86'	P1 和 P2 参数不正确
'6D'	'00'	INS 不具备或错误
'6E'	'00'	CLA 不具备或错误
'94'	'03'	密钥索引不具备

C.3.17　初始化复合应用消费命令

C.3.17.1　范围

初始化复合应用消费(INITIALIZE FOR CAPP PURCHASE)命令用于初始化复合应用消费交易。

C.3.17.2　命令报文

INITIALIZE FOR CAPP PURCHASE 命令的报文编码见表 C.111。

表 C.111　INITIALIZE FOR CAPP PURCHASE 命令的报文编码

编　　码	值(十六进制)
CLA	'80'
INS	'50'
P1	'03'
P2	'02'
Lc	'0B'
Data	见表 C.112
Le	'0F'

C.3.17.3 命令报文数据域

此命令报文的数据域定义见表 C.112。

表 C.112 INITIALIZE FOR CAPP PURCHASE 命令报文的数据域定义

说　明	长度(字节)
密钥索引号	1
交易金额	4
终端机编号	6

C.3.17.4 响应报文数据域

此命令执行成功的响应报文数据域见表 C.113;如果命令执行不成功,则只在响应报文中回送 SW1 和 SW2。

表 C.113 INITIALIZE FOR CAPP PURCHASE 命令执行成功的响应报文数据域

说　明	长度(字节)
电子钱包余额	4
电子钱包脱机交易序号	2
透支限额	3
密钥算法版本号(DPK)	1
密钥标识(DPK)	1
伪随机数(卡片)	4

C.3.17.5 响应报文的状态字

此命令执行成功的状态字是‘9000’。卡片可能回送的错误状态见表 C.114。

表 C.114 INITIALIZE FOR CAPP PURCHASE 命令可能回送的错误状态

SW1	SW2	说　明
‘65’	‘81’	内存错误
‘69’	‘85’	使用条件不满足
‘94’	‘01’	金额不足
‘94’	‘03’	密钥索引不具备
‘94’	‘02’	交易计数器达到最大值
‘94’	‘08’	应用灰锁锁定

C.3.18 更新复合应用数据缓存命令

C.3.18.1 范围

更新复合应用数据缓存(UPDATE CAPP DATA CACHE)命令用于复合应用消费交易中更新复合应用数据缓存,缓存数据将被 DEBIT FOR CAPP PURCHASE 命令用于改写复合应用专用文件中相关记录。

C.3.18.2 命令报文

命令的报文编码见表 C.115,命令报文中的引用控制参数 P2 见表 C.116。

表 C.115 UPDATE CAPP DATA CACHE 命令的报文编码

编　码	值(十六进制)
CLA	‘80’
INS	‘DC’
P1	复合应用类型标识符
P2	见表 C.116
Lc	后续数据域的长度
Data	记录内容
Le	不存在

表 C.116 UPDATE CAPP DATA CACHE 命令报文中的引用控制参数 P2

b8	b7	b6	b5	b4	b3	b2	b1	说　明
0	0	0	0	0				RFU
x	x	x	x	x				SFI
1	1	1	1	1				RFU
					0	0	0	第一个标识符出现的记录
其他值								RFU

C.3.18.3　命令报文数据域

此命令报文数据域由更新原有记录的新记录组成。

C.3.18.4　响应报文数据域

响应报文的数据域不存在。

C.3.18.5　响应报文的状态字

此命令执行成功的状态字是‘9000’。卡片可能回送的错误状态字见表 C.117。

表 C.117 UPDATE CAPP DATA CACHE 可能回送的错误状态字

SW1	SW2	说　明
‘65’	‘81’	内存失败(修改失败)
‘67’	‘00’	长度错误(Lc 域为空)
‘69’	‘81’	命令与文件结构不相容
‘69’	‘82’	不满足安全状态
‘69’	‘86’	不满足命令执行的条件(不是当前的 EF)
‘6A’	‘80’	数据域不正确
‘6A’	‘81’	不具备此功能
‘6A’	‘82’	未找到文件
‘6A’	‘83’	未找到记录
‘6A’	‘84’	文件中存储空间不够
‘94’	‘07’	复合应用禁止

C.3.19 复合应用消费命令

C.3.19.1 范围

复合应用消费(DEBIT FOR CAPP PURCHASE)命令用于复合应用消费交易。

C.3.19.2 命令报文

此命令的报文编码见表C.118。

表C.118 DEBIT FOR CAPP PURCHASE 命令的报文编码

编码	值(十六进制)
CLA	'80'
INS	'54'
P1	'01'
P2	'00'
Lc	'0F'
Data	见表C.119
Le	'08'

C.3.19.3 命令报文数据域

此命令报文的数据域定义见表C.119。

表C.119 DEBIT FOR CAPP PURCHASE 命令报文的数据域

说明	长度(字节)
终端交易序号	4
交易日期	4
交易时间	3
MAC1	4

C.3.19.4 响应报文数据域

此命令执行成功的响应报文数据域见表C.120。

表C.120 DEBIT FOR CAPP PURCHASE 命令执行成功的响应报文数据域

说明	长度(字节)
TAC	4
MAC2	4

如果命令执行不成功,则只在响应报文中回送SW1和SW2。

C.3.19.5 响应报文的状态字

此命令执行成功的状态字是'9000'。卡片可能回送的错误状态见表C.121。

表 C.121 DEBIT FOR CAPP PURCHASE 可能回送的错误状态

SW1	SW2	说　明
‘65’	‘81’	内存错误
‘67’	‘00’	长度错误
‘69’	‘01’	命令不接受(无效状态)
‘69’	‘85’	使用条件不满足
‘93’	‘01’	金额不足
‘93’	‘02’	MAC 无效

C.3.20 增加记录命令

C.3.20.1 范围

增加记录(APPEND RECORD)命令用于对变长记录文件追加新记录。

C.3.20.2 命令报文

增加记录命名报文编码见表 C.122,命令报文中的引用控制参数见表 C.123。

表 C.122 APPEND RECORD 命令的报文编码

编　码	值(十六进制)
CLA	‘04’或‘00’
INS	‘E2’
P1	‘00’
P2	见表 C.123
Lc	后续数据域的长度
Data	追加的新记录加报文鉴别码(MAC)数据元(4 字节)
Le	不存在

表 C.123 APPEND RECORD 命令引用控制参数

b8	b7	b6	b5	b4	b3	b2	b1	说　明
x	x	x	x	x				SFI
					0	0	0	追加新记录

C.3.20.3 命令报文数据域

命令报文数据域由追加的新记录和报文鉴别码(MAC)组成。

C.3.20.4 响应报文数据域

响应报文的数据域不存在。

C.3.20.5 响应报文状态字

此命令执行成功的状态字是‘9000’。卡片可能回送的错误状态字见表 C.124。

表 C.124 APPEND RECORD 错误状态

SW1	SW2	说 明
'65'	'81'	内存失败
'67'	'00'	长度错误
'69'	'81'	命令与文件结构不相容
'69'	'82'	不满足安全状态
'6A'	'81'	不具备此功能
'6A'	'82'	未找到文件
'6A'	'84'	文件中存储空间不够

C.3.21 修改透支限额命令

C.3.21.1 范围

修改透支限额(UPDATE OVERDRAW LIMIT)命令用于修改透支限额交易。

C.3.21.2 命令报文

UPDATE OVERDRAW LIMIT 命令的报文编码见表 C.125。

表 C.125 UPDATE OVERDRAW LIMIT 命令的报文编码

编 码	值(十六进制)
CLA	'80'
INS	'58'
P1	'00'
P2	'00'
Lc	'0E'
Data	见表 C.126
Le	'04'

C.3.21.3 命令报文数据域

命令报文的数据域见表 C.126。

表 C.126 UPDATE OVERDRAW LIMIT 命令报文数据域

说 明	长度(字节)
新透支限额	3
交易日期(发卡方)	4
交易时间(发卡方)	3
MAC2	4

C.3.21.4 响应报文数据域

此命令执行成功的响应报文数据域见表 C.127;如果命令执行不成功,则只在响应报文中回送 SW1 和 SW2。

表 C.127　UPDATE OVERDRAW LIMIT 响应报文数据域

说　明	长度(字节)
TAC	4

C.3.21.5　响应报文的状态字

此命令执行成功的状态字是‘9000’。卡片可能回送的错误状态见表 C.128。

表 C.128　UPDATE OVERDRAW LIMIT 错误状态

SW1	SW2	说　明
‘65’	‘81’	内存错误
‘67’	‘00’	长度错误
‘69’	‘00’	不能处理
‘69’	‘01’	命令不接受(无效状态)
‘69’	‘85’	使用条件不满足
‘6D’	‘00’	INS 不具备或错误
‘6E’	‘00’	CLA 不具备或错误
‘93’	‘02’	MAC 无效

C.3.22　国密/国际算法操作命令

C.3.22.1　范围

国密/国际算法操作(CRYPTOGRAPHIC　OPERATION)命令用于当前卡片具备的国密算法和国际算法的读取、选择、设置默认密钥算法和锁定密钥算法。

C.3.22.2　命令报文

CRYPTOGRAPHIC OPERATION 命令的报文编码见表 C.129。

表 C.129　CRYPTOGRAPHIC OPERATION 命令的报文编码

编　码	值(十六进制)
CLA	‘80’/‘84’
INS	‘CD’
P1	‘00’:读取当前密钥组(当未选择密钥组时返回默认密钥组,否则为当前选择的密钥组,此时 P2 为 00); ‘01’:选择 P2 指定的密钥组别; ‘02’:设置 P2 指定的密钥组别为默认组别; ‘03’:锁定 P2 指定的密钥组别,此时 DATA 域为 4 字节 MAC 值
P2	密钥组别索引(01 DES/3DES、02 预留、03 SM4、04 预留),当 P1 = 00 时 P2 = 00
Lc	P1 = 00/01/02 时 Lc ＝ 00 P1 = 03 时 Lc ＝ 04

表 C.129（续）

编　码	值(十六进制)
Data	P1 =00/01/02 时 Data 不存在 P1 =03 时 Data = MAC(4 字节)
Le	P1 =00 时 Le = 01 P1 =01/02/03 时 Le 不存在

C.3.22.3　响应报文数据域

当 P1 =00 读取当前密钥组时,响应报文数据域为当前密钥组别;当 P1 非 00 时,响应报文数据域不存在。

C.3.22.4　响应报文的状态字

此命令执行成功的状态字是‘9000’。卡片可能回送的错误状态见表 C.130。

表 C.130　CRYPTOGRAPHIC OPERATION 错误状态

SW1	SW2	说　明
‘65’	‘81’	内存错误
‘67’	‘00’	长度错误
‘6A’	‘86’	P1 和 P2 参数错误
‘6D’	‘00’	INS 不具备或错误
‘6E’	‘00’	CLA 不具备或错误
‘69’	‘81’	密钥与运算方法(密钥组算法)不匹配
‘69’	‘82’	不满足安全状态
‘69’	‘83’	密钥(组别)已被锁定
‘69’	‘85’	不满足使用条件
‘6A’	‘82’	KEY 文件不存在
‘94’	‘03’	密钥(组别)不存在

附　录　D
（资料性附录）
电子现金快速动态数据认证

D.1　概述

在非接触支付环境中，为满足快速交易速度（1s 或者更低）的需要。DDA 作为一种可选方法，用于脱机预防伪卡。

D.2　卡片与终端交互过程

卡片通过 PDOL 向终端请求不可预知的随机数。卡片通过 GPO 命令收到终端的随机数。对于脱机交易，卡片用随机数和 ATC 生成动态签名，动态签名通过 GPO 的响应返回（当卡片私钥的长度大于 1 024bits，用记录的方式）。

在 GPO 中返回的 AFL 指向的记录包含证书和相关 DDA 数据。一旦最后的记录被终端读取，卡片就不再需要保持在通信区域。终端认证 DDA 的动态签名数据。若认证失败，脱机交易被拒绝。

D.3　快速 DDA（fDDA）处理流程

D.3.1　fDDA 的处理流程如下：

a）终端选择 PPSE；

b）卡片返回唯一的电子现金应用 AID；

c）终端选择电子现金应用 AID；

d）卡片返回请求：
   1）终端交易属性（标签“9F66”）；
   2）随机数（标签“9F37”）；
   3）其他和 fDDA 无关的标签；

e）终端发出 GPO，提供：
   1）标签“9F66”指明仅具备标准快速支付；
   2）标签“9F37”随机数；
   3）其他和 fDDA 无关的请求的数据；

f）卡片响应如下数据：
   1）交易证书（TC）；
   2）动态签名；
   3）同脱机数据认证（fDDA）相关的 AFL 列表记录；
   4）其他和 fDDA 无关的数据；

g）终端读取 AFL 指定的记录；

h）卡片提供证书和数据，用来认证静态数据的哈希；

i）终端认证动态签名；

j）若 DDA 认证通过，终端提供如下清算消息：
   1）交易证书（TC）；
   2）相关数据。

D.3.2　若 fDDA 认证失败，交易被拒绝。

附　录　E
（规范性附录）
算法标识

E.1　公钥算法标识

公钥签名算法标识见表 E.1。

表 E.1　公钥签名算法标识

公钥签名算法标识	签 名 算 法	对应哈希算法
‘00’	无	无
‘01’	RSA	SHA-1
‘04’	SM2（数字签名算法）	SM3

公钥加密算法标识见表 E.2。

表 E.2　公钥加密算法标识

公钥加密算法标识	加 密 算 法	对应哈希算法
‘00’	无	无
‘01’	RSA	SHA-1
‘04’	SM2（公钥加密算法）	SM3

E.2　哈希算法标识

哈希算法标识见表 E.3。

表 E.3　哈希算法标识

哈希算法标识	哈 希 算 法
‘01’	SHA-1
‘07’	SM3

E.3　对称密钥算法标识

发卡机构自定义数据元中有一个自定义数据“算法标识”。此数据定义了卡片计算应用密文和安全报文采用的算法。长度为 1 个字节。取值情况见表 E.4。

表 E.4　对称密钥算法标识

算　法	值(16 进制)
3DES	01
SM4	04

附 录 F
(资料性附录)
交易应用

F.1 电子现金扩展应用消费举例

F.1.1 出租汽车收费应用

出租汽车收费为标准快速支付交易,其基本流程为:选择PPSE支付环境,然后选择电子现金支付应用,发送GPO指令,根据消费金额进行扣费。出租汽车收费交易流程见图F.1。

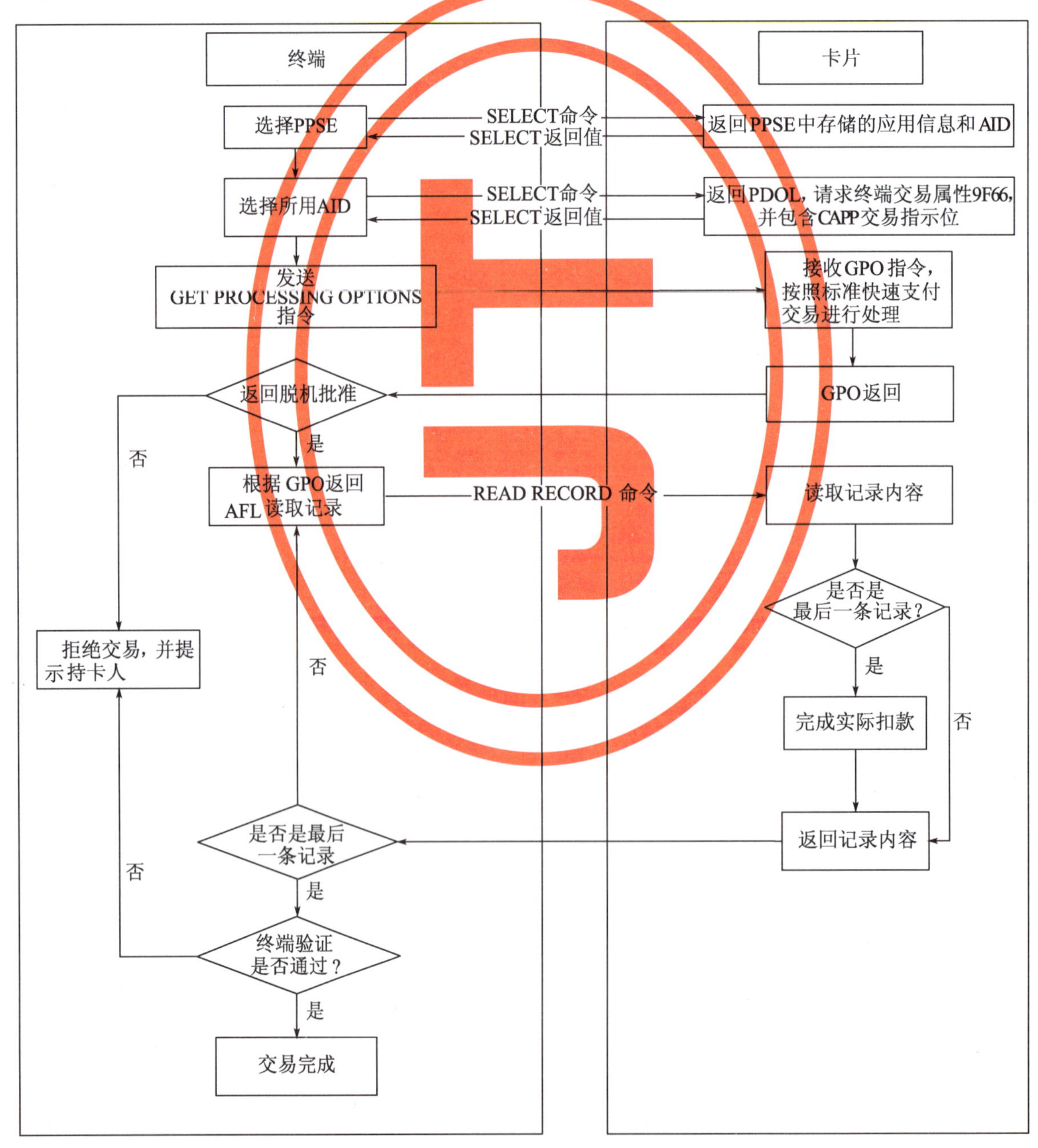

图F.1 出租汽车收费应用交易流程

F.1.2 公共汽电车/城市轨道收费应用

F.1.2.1 进站交易流程

F.1.2.1.1 进站交易的基本流程为:选择 PPSE 支付环境,然后选择电子支付应用,读取扩展应用专用文件,判断上次交易是否正常完成。若上次交易正常完成,则进行零金额消费并更新文件;否则返回错误提示,提示持卡人不能进入收费区。

F.1.2.1.2 终端也可以根据实际需求进行预处理,例如可以事先获取卡片中的余额,来判断是否允许持卡人进站。公共汽电车/城市轨道进站交易流程见图 F.2。

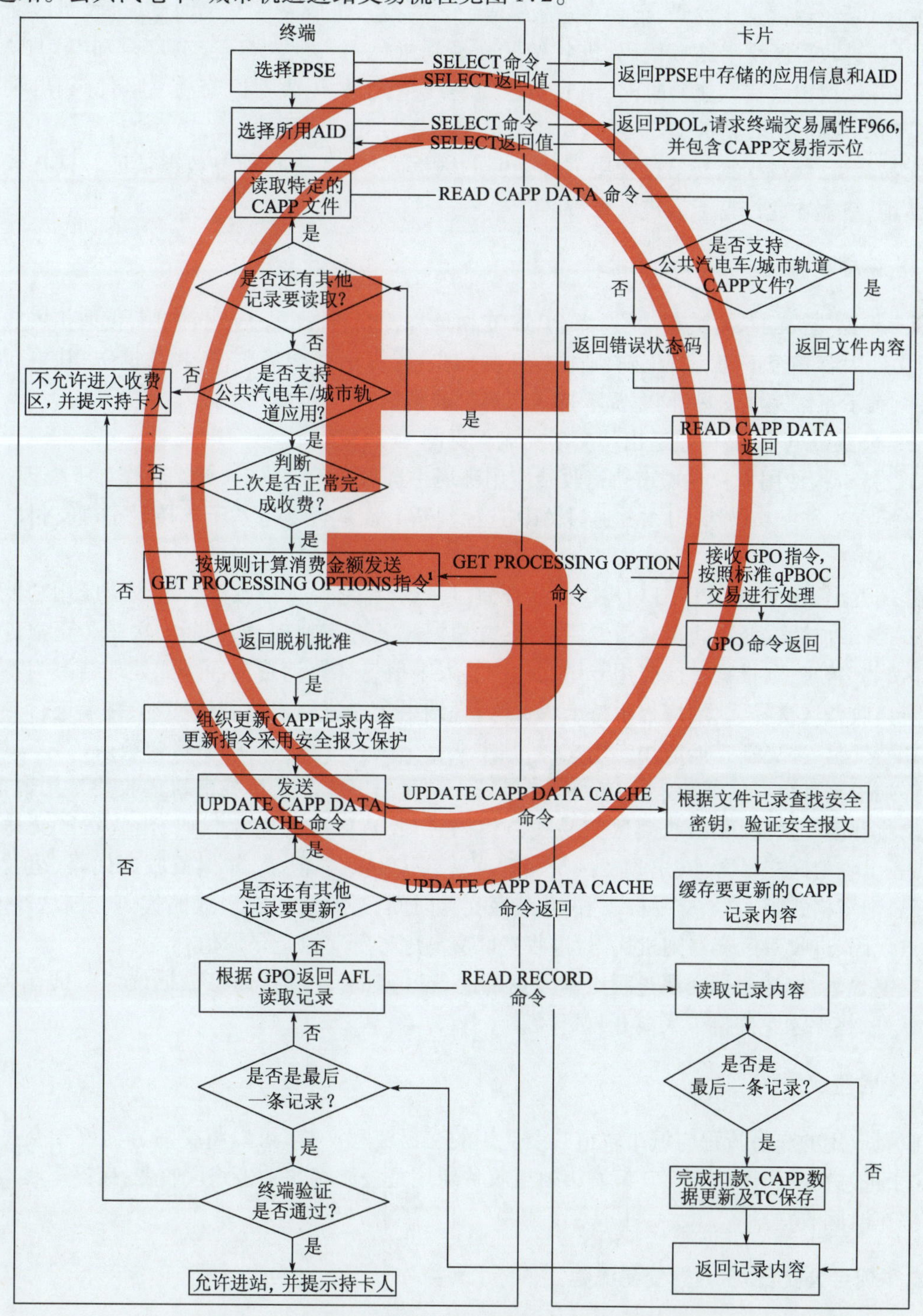

图 F.2 公共汽电车/城市轨道收费应用的进站交易流程

F.1.2.1.3 持卡人使用卡片在城市轨道收费应用环境中进行进站交易时，终端将作如下处理：

a) 终端首先选择和激活卡片，并通过 AID 选择判断卡片是否具备基于非接触小额支付的扩展应用交易；
b) 终端发出 READ CAPP RECORD 命令查询，判断卡片是否具备城市轨道收费应用。如具备，终端应读取此特定专用数据，并根据数据进行处理，如判断上次是否离开收费区等。如处理结果为不允许进行进站交易，终端应提示持卡人。如处理结果允许进行进站交易，终端进行分时分段扣费交易，其中交易金额为 0；
c) 终端根据其自身情况，在 UPDATE CAPP DATA CACHE 中更新城市轨道收费专用数据，填写城市代码、运营企业代码、记录格式版本号、交易标志、进收费区交易时间、进收费区交易线路代码、进收费区交易站点代码、进收费区交易闸机代码、进收费区交易序号和专用 TAC 等字段，并保留出收费区交易时间、出收费区交易线路代码、出收费区交易站点代码、出收费区交易闸机代码、出收费区交易金额、出收费区交易序号等记录原值；
d) 交易最后，终端根据交易过程中卡片返回的数据，对卡片进行动态数据认证。只有卡片通过认证，终端才允许持卡人进入收费区。

F.1.2.2 出站交易流程

F.1.2.2.1 出站交易的基本流程为：选择 PPSE 支付环境，然后选择电子支付应用，读取扩展应用专用文件，判断文件内容是否正确。若正确，则根据入闸信息，计算消费金额，进行扣款消费，并更新扩展应用专用文件，表示正常完成交易，同时提示持卡人离开收费区。

F.1.2.2.2 公共汽电车/城市轨道出站交易见流程见图 F.3。

F.1.2.2.3 持卡人使用卡片在城市轨道收费应用环境中进行出站交易时，终端将作如下处理：

a) 终端首先选择和激活卡片，并通过 AID 选择判断卡片是否支持基于非接触小额支付的扩展应用交易；
b) 终端发出 READ CAPP RECORD 命令查询，判断卡片是否具备城市轨道收费应用功能。如具备，终端应读取城市轨道收费专用数据，并根据数据进行处理，如判断上次是否正常进入收费区等。若是，则根据扩展应用专用文件中的入闸信息计算消费金额。如处理结果为不允许进行出收费区交易，终端应提示持卡人；如处理结果允许进行出收费区交易，终端进行分时分段扣费交易，并更新扩展应用专用文件，其中交易金额为计算所得的消费金额；
c) 终端根据其自身情况，在 UPDATE CAPP DATA CACHE 中更新城市轨道收费专用数据，填写出收费区交易时间、出收费区交易线路代码、出收费区交易站点代码、出收费区交易闸机代码、出收费区交易金额、出收费区交易序号、专用 TAC 等记录，并保留城市代码、运营企业代码、记录格式版本号、交易标志、进收费区交易时间、进收费区交易线路代码、进收费区交易站点代码、进收费区交易闸机代码、进收费区交易序号等字段记录原值；
d) 交易最后，终端根据交易过程中卡片返回的数据，对卡片进行动态数据认证。只有卡片通过认证，终端才允许持卡人离开收费区。

F.1.3 停车收费应用

停车收费应用的交易流程与城市轨道收费应用的交易流程一样，可以将交易分为停车交易和收费交易，等同于进站交易和出站交易。但城市轨道收费应用是按旅客的乘坐路段收费，而停车收费应用是按顾客的停车时间收费。

F.1.4 电子现金公交日票/月票交易流程

F.1.4.1 扩展应用在公交日/月票领域的应用包括以下两种类型：限定次数型和不限次数型。其中，限定次数型表示限定日/月票在当日/月内的使用次数,每次进行等额消费,消费金额为日/月票总额与限定次数的比值;不限次数型表示不限定日/月票在当日/月内的使用次数,且在第一次使用时一次性扣减当天/整月的金额,以后每次进行0额消费。

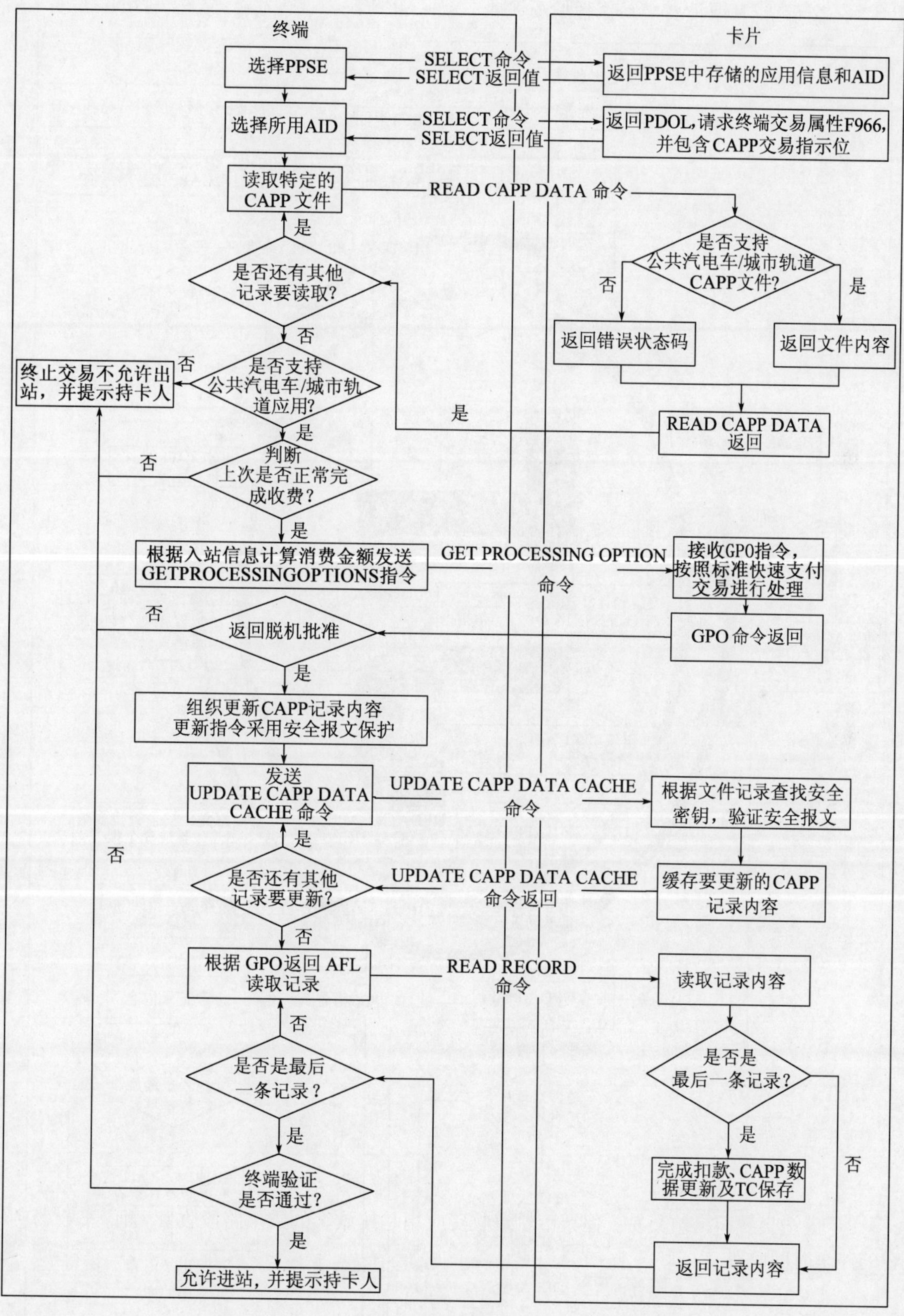

图F.3 公共汽电车/城市轨道收费应用的出站交易流程

F.1.4.2　日/月票交易的基本流程为：读取扩展应用专用文件，判断卡片是否具备公交日/月票应用，若具备，判断公交日/月票是否已使用；若未使用，则进行日/月票消费交易；若已使用，根据初次使用时间和(或)使用次数，判断日/月票是否已过期，如果是则提示持卡人日/月票已过期，否则继续进行日/月票消费交易。

F.1.4.3　公交日票/月票消费交易流程见图F.4。

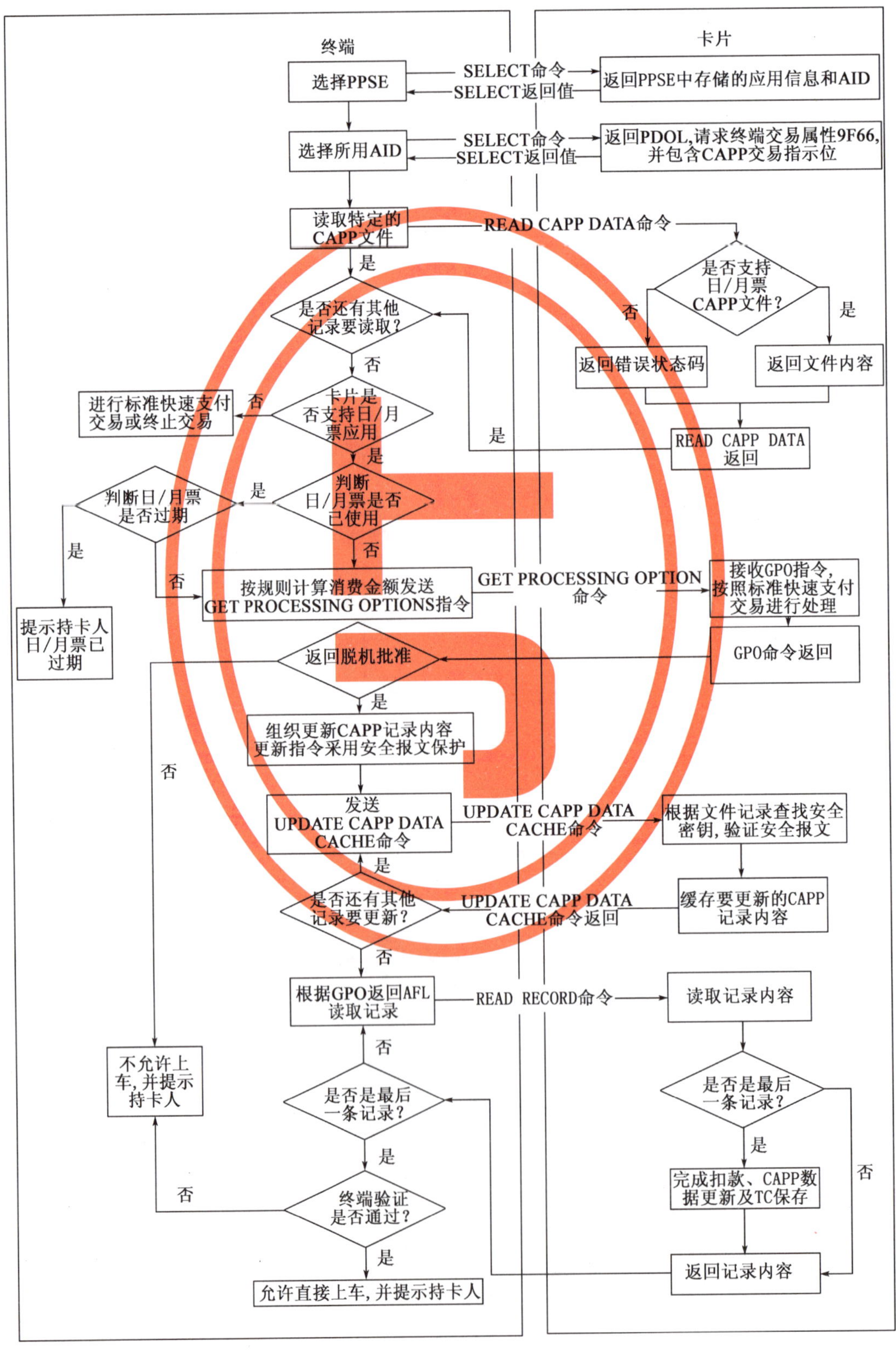

图F.4　公交日/月票消费交易流程

F.1.4.4 持卡人使用卡片在日/月票应用环境中进行公交日/月票交易时,终端将作如下处理:

a) 终端首先选择和激活卡片,并通过返回信息选择判断卡片是否支持基于非接触小额支付的扩展应用交易;
b) 终端发出 READ CAPP RECORD 命令查询行业文件,判断卡片是否具备公交日/月票应用功能。如具备,终端应读取公交日/月票专用数据,并根据数据进行处理:首先判断公交日/月票是否已使用,若未使用,则根据规则,计算消费金额并进行日/月票消费交易;若已经使用,则根据初次使用的时间和(/或)使用的次数判断日/月票是否过期。过期则交易停止,并提示持卡人日/月票过期,未过期则根据规则,计算消费金额并进行日/月票消费交易;
c) 对于日/月票应用,扩展应用专用文件中应记录日/月票的类型,日/月票的应用有效期,初次使用的时间以及使用的次数等相关信息,作为下次交易的依据;
d) 如果日/月票限定应在某日/月使用,则可以在充值/发卡时对 CAPP 文件进行更新。

F.2 电子钱包复合应用消费举例

F.2.1 概述

本附录以非接触式卡片电子钱包在一特定环境中的应用为示例,描述复合应用的一种实际应用模式。在这一特定环境中,空间被分割为收费区和非收费区。持卡人在进入收费区时,终端将在卡片中写入特定信息;当持卡人离开收费区时,终端根据特定信息计算所需支付费用,并从电子钱包中扣除等额金额。

F.2.2 基础定义

此复合应用的类型标识符为‘13’。复合应用记录格式见表 F.1。

表 F.1 复合应用专用文件

字　段　名	长度(字节)	字　　节
城市代码	4	1~4
运营企业代码	6	5~10
记录格式版本号	1	11
交易标志	1	12
进收费区交易时间	4	13~16
进收费区交易线路代码	1	17
进收费区交易站点代码	1	18
进收费区交易闸机代码	1	19
进收费区交易序号	4	20~23
出收费区交易时间	4	24~27
出收费区交易线路代码	1	28
出收费区交易站点代码	1	29
出收费区交易闸机代码	1	30
出收费区交易金额	3	31~34
出收费区交易序号	4	35~38
专用 TAC	4	39~42

F.2.3 交易流程

F.2.3.1 增加复合应用类型

持卡人如需使用非接触式卡片在特定应用环境中进行交易,需先在卡片中增加相应复合应用类型,即启用此类型的复合应用。增加复合应用操作应在具备复合应用的终端上联机完成,具体处理流程为:

a) 终端在激活卡片后,由持卡人选择进入增加复合应用操作界面,终端向持卡人提示其具备的所有复合应用类型,其中包括此特定复合应用;

b) 当持卡人选择增加此特定复合应用后,终端使用 READ RECORD 命令查询卡片是否具备复合应用功能,是否具备此特定复合应用功能。如不具备复合应用功能,可联机创建复合应用专用文件。如卡片已具备此特定复合应用功能,终端应提示持卡人。如卡片具备复合应用,但不具备此特定复合应用或此特定复合应用已锁定,则终端在卡片中增加此特定复合应用,即创建以'13'为记录号的长度为 43 字节的记录,并将记录内所有字节初始化为 0。

F.2.3.2 进收费区交易流程

F.2.3.2.1 实现方式

进收费区交易有两种实现方式:交易方式和文件改写方式。其中交易方式将完成一次完整的消费交易。文件改写方式则直接改写复合应用专用文件中的相关记录。

F.2.3.2.2 交易方式

持卡人使用非接触式卡片在此特定应用环境中进行进收费区交易时,终端将作如下处理:

a) 终端首先选择和激活卡片,判断卡片为非接触式卡片,并通过 AID 选择进入电子钱包应用目录;

b) 终端发出 READ RECORD 命令查询复合应用,判断卡片是否具备复合应用,是否具备此特定复合应用。如具备,终端应读取此特定复合应用专用数据,并根据数据进行处理,如判断上次是否未出收费区等。如处理结果为不允许进行进收费区交易,终端应提示持卡人;如处理结果允许进行进收费区交易,终端进行复合应用消费交易,其中交易金额为 0。终端根据其自身情况,在 UPDATE CAPP DATA CACHE 中更新此特定复合应用专用数据,填写城市代码、运营企业代码、记录格式版本号、交易标志、进收费区交易时间、进收费区交易线路代码、进收费区交易站点代码、进收费区交易闸机代码、进收费区交易序号和专用 TAC 等字段,并保留出收费区交易时间、出收费区交易线路代码、出收费区交易站点代码、出收费区交易闸机代码、出收费区交易金额、出收费区交易序号等记录原值。交易成功后,终端应允许持卡人进收费区。

F.2.3.2.3 文件改写方式

持卡人使用非接触式卡片在此特定应用环境中进行进收费区交易时,终端将作如下处理:

a) 终端首先选择和激活卡片,判断卡片为非接触式卡片,并通过 AID 选择进入电子钱包应用目录;

b) 终端发出 READ RECORD 命令查询复合应用,判断卡片是否具备复合应用,是否具备此特定复合应用。如具备,终端应读取此特定复合应用专用数据,并根据数据进行处理,如判断上次是否未出收费区等等。如处理结果为不允许进行进收费区交易,终端应提示持卡人。如处理结果允许进行进收费区交易,则终端向卡片发出 GET CHALLENGE 命令获取卡片随机数,并利用随机数和消费密钥 DPK 生成更改后的此特定复合应用专用数据 MAC。终端向卡片发出包含更改后的此特定复合应用专用数据及 MAC 的 UPDATE RECORD 命令,更新复合应用专用文件记录。更新成功即表示进收费区交易成功,终端应允许持卡人进收费区。

F.2.3.3 出收费区交易

F.2.3.3.1 持卡人使用非接触式卡片在此特定应用环境中进行出收费区交易时,终端将作如下处理:

a) 终端首先选择和激活卡片,判断卡片为非接触式卡片,并通过 AID 选择进入电子钱包应用目录;
b) 终端发出 READ RECORD 命令查询复合应用,判断卡片是否具备复合应用,是否具备此特定复合应用。如具备,终端应读取此特定复合应用专用数据,并根据数据进行处理,如判断上次是否未进收费区等等,并计算需消费金额。如处理结果为不允许进行出收费区交易,终端应提示持卡人。如处理结果允许进行出收费区交易,终端根据 7.4 条进行复合应用消费交易,其中交易金额为计算所得的消费金额。

F.2.3.3.2 终端根据其自身情况,在 UPDATE CAPP DATA CACHE 中更新此特定复合应用专用数据,填写出收费区交易时间、出收费区交易线路代码、出收费区交易站点代码、出收费区交易闸机代码、出收费区交易金额、出收费区交易序号、专用 TAC 等记录,并保留城市代码、运营企业代码、记录格式版本号、交易标志、进收费区交易时间、进收费区交易线路代码、进收费区交易站点代码、进收费区交易闸机代码、进收费区交易序号等字段记录原值。交易成功后,终端应允许持卡人出收费区。

附 录 G
（资料性附录）
行业应用开通指南

G.1 概述

行业应用开通主密钥一般由发卡机构管理，且各个行业应用由独立的行业应用开通主密钥控制，以确保各个行业的独立性。卡片应用开通密钥的分散方法按 JT/T 978.6 中关于子密钥分散的描述部分，由行业应用开通主密钥，通过支付应用 PAN 号、PAN 序列号进行分散得到。

G.2 行业应用管理和开通的流程

行业应用管理和开通按以下步骤进行：

a） 发卡机构在其卡片密钥管理系统中产生行业应用开通主密钥；

b） 发卡机构在进行卡片数据准备时，由行业应用开通主密钥，通过支付应用 PAN 号、PAN 序列号进行分散，得到卡片行业应用开通密钥；

c） 发卡机构在个人化时，预先创建扩展应用文件，预置相应的卡片行业应用开通密钥；

d） 持卡人在指定终端上，在行业应用开通密钥的保护下，通过 APPEND RECORD 命令新增行业应用记录，开通行业应用。

G.3 行业应用开通的途径

行业应用开通的途径有以下方式：

a） 终端机具认证方式开通行业应用：终端上存放有行业应用开通主密钥，通过 PAN 号、PAN 序列号进行分散，获得卡片行业应用开通密钥。终端在卡片行业应用开通密钥的控制下，创建行业应用记录（行业应用管理密钥由发卡机构、行业协商产生，通过卡片行业应用开通密钥加密后写入卡片）；

b） 发卡机构后台认证方式开通行业应用：终端上不存放行业应用开通主密钥，行业应用开通主密钥存放在发卡机构后台，由卡片与发卡机构后台进行联机交互认证，其开通行业应用流程同终端机具认证方式。该方式适合通过远程进行行业应用开通。

附 录 H
（规范性附录）
电子现金具备的密文版本

H.1 概述

本部分定义的密文版本为01(0x01)和17(0x17)。密文版本01和密文版本17均使用JT/T 978.6中定义的对称密钥算法计算应用密文。

H.2 密文版本01的数据元

表H.1为密文版本01中生成TC/AAC和ARQC的数据元。

表H.1 密文版本01生成TC/AAC和ARQC的数据元

数 据 元	数 据 来 源
授权金额	终端
其他金额	终端
终端国家代码	终端
终端验证结果	终端
交易货币代码	终端
交易日期	终端
交易类型	终端
不可预知数	终端
应用交互特征(AIP)	卡片
应用交易计数器(ATC)	卡片
卡片验证结果(CVR)	卡片

H.3 密文版本17的数据元

表H.2为密文版本17中生成TC/AAC和ARQC的数据元和顺序。

表H.2 密文版本17生成TC/AAC和ARQC的数据元和顺序

数 据 元	数 据 来 源
授权金额	终端
不可预知数	终端
应用交易计数器(ATC)	卡片
发卡机构自定义数据	卡片

参考文献

[1] JR/T 0025.6—2013 中国金融集成电路(IC)卡规范 第6部分:借贷记应用终端规范

ICS 03.220.20;35.240.15
R 07
备案号:

中华人民共和国交通运输行业标准

JT/T 978.3—2015

城市公共交通IC卡技术规范 第3部分:读写终端

Technical specification on IC card for urban public transport — Part 3 : Read and write terminal

2015-05-21 发布

2015-07-15 实施

中华人民共和国交通运输部 发布

目 次

前　言

JT/T 978《城市公共交通 IC 卡技术规范》由 7 个部分组成：

——第 1 部分：总则；

——第 2 部分：卡片；

——第 3 部分：读写终端；

——第 4 部分：信息接口；

——第 5 部分：非接触接口通信；

——第 6 部分：安全；

——第 7 部分：检测项目。

本部分为 JT/T 978 的第 3 部分。

本部分按照 GB/T 1.1—2009 给出的规则起草。

本部分由中华人民共和国交通运输部运输服务司提出。

本部分由全国城市客运标准化技术委员会(SAC/TC 529)归口。

本部分起草单位：交通运输部公路科学研究院、中国交通通信信息中心、交通运输部科学研究院、南京市市民卡有限公司、北京市政交通一卡通有限公司、武汉城市一卡通有限公司、中国银联股份有限公司、天津环球磁卡股份有限公司、天津市通卡公用网络系统有限公司、新开普电子股份有限公司、深圳市德卡科技有限公司、深圳市雄帝科技股份有限公司、中钞信用卡产业发展有限公司、北京中电华大电子设计有限责任公司。

本部分主要起草人：杨蕴、王立岩、梅新明、王刚、李岚、唐猛、王一路、邢国敬、刘好德、张永军、肖震宇、曾正喜、熊剑、李春欢、蔡文成、周亮、谢向宇、高峰、王晓燕。

城市公共交通 IC 卡技术规范

第 3 部分:读写终端

1 范围

JT/T 978 的本部分规定了城市公共交通 IC 卡技术规范读写终端的数据对象、终端要求、终端应用要求、电子现金交易流程和电子钱包交易流程。

本部分适用于城市公共交通 IC 卡读写终端的设计、研发与生产。

2 规范性引用文件

下列文件对于本文件的应用是必不可少的。凡是注日期的引用文件,仅注日期的版本适用于本文件。凡是不注日期的引用文件,其最新版本(包括所有的修改单)适用于本文件。

GB/T 2659 世界各国和地区名称代码

GB/T 12406 表示货币和资金的代码

GB/T 15150 产生报文的银行卡　交换报文规范　金融交易内容

GB/T 15273(所有部分) 信息处理　八位单字节编码图形字符集

GB/T 16649.4 识别卡　集成电路卡　第 4 部分:用于交换的结构、安全和命令

GB/T 16649.5 识别卡　带触点的集成电路卡　第 5 部分:应用标识符的编号系统和注册程序

JR/T 0025.6—2013 中国金融集成电路(IC)卡规范　第 6 部分:借记/贷记应用终端规范

JT/T 978.1 城市公共交通 IC 卡技术规范　第 1 部分:总则

JT/T 978.2 城市公共交通 IC 卡技术规范　第 2 部分:卡片

JT/T 978.4 城市公共交通 IC 卡技术规范　第 4 部分:信息接口

JT/T 978.5 城市公共交通 IC 卡技术规范　第 5 部分:非接触接口通信

JT/T 978.6 城市公共交通 IC 卡技术规范　第 6 部分:安全

3 术语和定义

JT/T 978.1 界定的以及下列术语和定义适用于本文件。

3.1

终端随机数　terminal random

终端产生的随机数。

3.2

数据完整性　data integrity

数据不受未经许可的方法变更或破坏的属性。

3.3

ID 号　identify number

用于区分同一行业在不同地区的应用。

3.4

接口设备　interface device

终端与卡片进行通信处理的部分,包括其中的机械和电气部分。

3.5

脱机预授权交易　offline pre-authorization

受理方将预估的消费额度置入交易命令中发送给卡片,卡片通过风险控制和额度检查,批准交易,并冻结卡内共用余额额度。

3.6

脱机预授权完成交易　offline pre-authorization completion

受理方在预授权有效期内,发送交易命令给卡片,卡片通过风险控制和额度检查,批准交易,并返还卡内对应的共用余额额度。

4　符号和缩略语

下列缩略语表示适用于本文件。

AAC——用认证密文(Application Authentication Cryptogram)

AC——应用密文(Application Cryptogram)

ADA——应用缺省行为(Application Default Action)

AFL——应用文件定位器(Application File Locator)

AID——应用标识符(Application Identifier)

AIP——应用交互特征(Application Interchange Profile)

APDU——应用协议数据单元(Application Protocol Data Unit)

ARPC——授权响应密文(Authorization Response Cryptogram)

ARQC——授权请求密文(Authorization Request Cryptogram)

ATC——应用交易计数器(Application Transaction Counter)

ATI——应用类型标识(Application Type Identifier)

ATS——Type A 的选择应答(Answer To Select, Type A)

AUC——应用用途控制(Application Usage Control)

BER——基本编码规则(Basic Encoding Rules)

CAM——卡片认证方法(Card Authentication Method)

CAPP——扩展应用(Comprehensive Application)/复合应用(Complex Application)

CDA——复合动态数据认证 (Comprehensive Dynamic Authentication)

CDOL——卡片风险管理数据对象列表(Card Risk Management Data Object List)

CID——密文信息数据(Cryptogram Information Data)

CLA——命令报文的类别字节(Class Byte of the Command Message)

cn——压缩数字型(Compressed Numeric)

CVM——持卡人验证方法(Cardholder Verification Method)

CVR——卡片验证结果(Card Verification Results)

DDA——动态数据认证(Dynamic Data Authentication)

DDF——目录定义文件(Directory Definition File)

DEA——数据加密算法(Data Encryption Algorithm)

DES——数据加密标准(Data Encryption Standard)

DF——专用文件(Dedicated File)

DOL——数据对象列表(Data Object List)

DDOL——动态数据认证数据对象列表(Dynamic Data Authentication Data Object List)

EC——电子现金(Electronic Cash)

EF——基本文件(Elementary File)

FCI——文件控制信息(File Control Information)

FWI——帧等待时间整数(Frame Waiting Time Integer)

fDDA——快速动态数据认证(Fast Dynamic Data Authentication)

GPO——获取处理选项(Get Processing Options)

IAC——发卡机构行为代码(Issuer Action Code)

IC——集成电路(Integrated Circuit)

ICC——集成电路卡(Integrated Circuit Card)

IFD——接口设备(Interface Device)

INS——命令报文的指令字节(Instruction Byte of Command Message)

Lc——终端应用层在情况 3 或情况 4 命令中发出数据的实际长度

注:情况 3 或情况 4 参见 JR/T 0025.6。

Le——响应数据中的最大期望长度

MAC——报文鉴别码(Message Authentication Code)

MBLI——最大缓冲区长度索引(Maximum Buffer Length Index)

MDK——主密钥(Master DEA Key)

n——数字格式(numeric)

P1——参数 1(Parameter 1)

P2——参数 2(Parameter 2)

PAN——主账号(Primary Account Number)

PDOL——处理选项数据对象列表(Processing Options Data Object List)

PIN——个人识别码(Personal Identification Number)

PPSE——近距离支付系统环境(Proximity Payment Systems Environment)

RFU——预留(Reserved for Future Use)

RID——注册的应用提供商标识(Registered Application Provider Identifier)

R-MAC——响应数据的报文鉴别码(Response Message Authentication Code)

SAM——安全认证模块(Secure Authentication Module)

SFI——短文件标示符(Short File Identifier)

SW1——状态字 1(Status Word One)

SW2——状态字 2(Status Word Two)

TAC——交易验证码(Transaction Authentication Cryptogram)

TC——交易证书(Transaction Certificate)

TB——接口字节 (Interface Byte)

TDOL——交易证书数据对象列表(Transaction Certificate Data Object List)

TLV——表示标签、长度以及值的组合(Tag Length Value)

TRAN——终端随机数(Terminal Random)

TSI——交易状态信息(Transaction Status Information)

TTI——交易类型标识(Transaction Type Identifier)

TVR——终端验证结果(Terminal Verification Results)

UDK——子密钥(Unique DEA Key)

5 数据对象

5.1 数据元

读写终端(以下简称“终端”)在电子现金和电子钱包应用数据交换过程中涉及的数据元,见附录A。

5.2 数据对象列表

5.2.1 DOL 类型

终端处理电子现金应用,应建立可变的数据元列表,并发送至城市公共交通 IC 卡卡片。若干数据单元连接成一个复合域,列表不进行 TLV 编码。卡片内应包含一个 DOL 来定义复合域中的数据格式。

终端处理电子现金应用使用的 DOL 应包括:

a) 卡片风险管理数据对象列表 1(CDOL1):在第一次 GENERATE AC 命令中需要传送给卡片的数据对象列表。CDOL1 是终端在读应用记录处理过程中从卡片中读出的;

b) 卡片风险管理数据对象列表 2(CDOL2):在第二次 GENERATE AC 命令中需要传送给卡片的数据对象列表。CDOL2 是终端在读应用记录处理过程中从卡片中读出的;

c) 交易证书数据对象列表(TDOL):列出生成 TC 哈希计算的数据对象;

d) 动态脱机数据认证对象列表(DDOL):指定在 INTERNAL AUTHENTICATE 指令中,卡片要求终端送入卡片的终端数据对象。

5.2.2 DOL 组成

一个 DOL 是用若干条目连接而成的列表。每个条目代表一个加入复合域的数据单元,包括 1 ~2 个字节的标签来表明需要的数据对象和 1 个字节来表明本数据对象在命令数据中占据的字节长度。

5.2.3 结构域

终端应采用下列步骤以建立结构域:

a) 从卡片中读取 DOL;

b) 连接 DOL 中列出的所有数据单元。按照下列规则进行连接:

1) 若 DOL 中指出的数据对象的标签无法识别,终端应提供一个长度为 DOL 指定长度的数据元,并把该数据元所有的数值部分设置为 16 进制的 0;

2) 若该列表上的一个数据对象在终端上可识别,但属于卡片上不出现的可选静态数据,那么在命令区域上代表数据对象的部分应用 16 进制的 0 来填满;

3) 若 DOL 条目中指出的长度小于实际数据对象的长度,则需要将实际的数据对象削减至 DOL 指出的长度:若数据对象是数字格式(n)的,则从数据单元的最左端开始削减字节;若数据对象是其他格式的,则从数据单元的最右端开始削减字节;

4) 若指出的长度比实际的数据长度大,则需要把实际的数据填充至指定长度:若数据对象是数字格式(n)的,则从数据单元头部开始填充 16 进制的 0;若数据对象是压缩数字型(cn)的,则在数据单元的末尾填充 16 进制的 FF;若数据对象是其他格式的,则在数据单元的末尾填充 16 进制的 0;

5) 若 DOL 中某个数据对象在终端可识别,但不适用于当前交易,该数据对象的命令域部分应填充 16 进制的 0。

数据单元在表上的连接顺序应与相应的数据对象在 DOL 中出现的顺序一一对应。

6 终端要求

6.1 功能要求

6.1.1 基本要求

终端应支持电子钱包和/或电子现金应用,并符合 JT/T 978.2 和 JT/T 978.4 和本部分的所有文件和命令的规定。

6.1.2 基本交易类型

支持电子现金应用的终端的基本交易类型见表 1 和表 2。

表 1 字节 1—交易类型

b8	b7	b6	b5	b4	b3	b2	b1	交易类型
1	x	x	x	x	x	x	x	现金
x	1	x	x	x	x	x	x	商品
x	x	1	x	x	x	x	x	服务
x	x	x	0	x	0	x	x	RFU
x	x	x	x	1	x	x	x	查询
x	x	x	0	x	0	x	x	RFU
x	x	x	x	x	x	1	x	付款
x	x	x	x	x	x	x	1	管理

表 2 字节 2—交易类型

b8	b7	b6	b5	b4	b3	b2	b1	交易类型
0	x	x	x	x	x	x	x	RFU
x	0	x	x	x	x	x	x	RFU
x	x	0	x	x	x	x	x	RFU
x	x	x	0	x	x	x	x	RFU
x	x	x	x	0	x	x	x	RFU
x	x	x	x	x	0	x	x	RFU
x	x	x	x	x	x	0	x	RFU
x	x	x	x	x	x	x	0	RFU

支持电子钱包应用的终端的基本交易类型由一个字节的交易类型标识表示,如下:

a) 02-电子钱包圈存;

b) 03-电子钱包圈提;

c) 06-电子钱包消费;

d) 07-电子钱包修改透支限额;

e) 09-复合应用消费。

6.1.3 互联互通交易类型标识

互联互通交易类型标识详见表3。

表3 互联互通交易类型标识

应 用 类 型	标准快速支付交易类型标识
城市轨道应用交易	0x01
公共汽电车应用交易	0x02
城市水上客运应用交易	0x03
出租汽车应用交易	0x04
租赁汽车应用交易	0x05
公共自行车应用交易	0x06
停车收费应用交易	0x07
长途客运应用交易	0x08
轮渡应用交易	0x09
城际铁路应用交易	0x0a
民航应用交易	0x0b
高速公路收费应用交易	0x0c
优惠交易	0x0d
本规范预留交易1	0x0e
本规范预留交易2	0x0f
本规范预留交易3	0x10
本规范预留交易4	0x11
本规范预留交易5	0x12

6.1.4 交易输入方式

终端采用非接触式输入方式进行交易。

6.1.5 下载管理

终端下载管理应满足以下要求：

a) 终端支持对应用程序、密钥和参数等数据的下载、更新和删除；

b) 终端保证下载控制的安全。只有经过授权或认可的一方才能从终端下载数据，未经授权，不得更改终端中的内容；

c) 终端能够确认下载数据的安全，能验证终端下载程序的完整性和正确性，确保敏感数据在下载过程中不会泄漏；

d) 下载的通信端口可扩展，下载的方式可自选。

6.2 硬件要求

6.2.1 存储空间

终端应具有存储应用程序、密钥、交易数据和其他参数等的空间，并在掉电后保持所存储数据的完整性。

6.2.2 读卡器

终端应提供卡片读卡器的接口。读卡器模块包括机械、电气和逻辑协议等部分。终端的读卡器位置应有明显刷卡标识。

6.2.3 SAM 卡读写器及卡槽

支持电子钱包或分时分段等扩展应用的可脱机终端应提供符合标准 SAM 卡接口的 SAM 卡读写器及卡槽。该模块包括机械、电气和逻辑协议等部分。SAM 卡应符合 GB/T 16649.4 的规定。SAM 卡交易指令见附录 B。互联互通 SAM 卡应用的 AID 为:0xA0000006324D4F542E435053414D3031。

6.2.4 显示

终端应配置持卡人显示屏,可配置服务员显示屏。终端应支持 GB/T 15273 的基本字符集。显示屏应具备显示中文结果的能力。

6.2.5 打印机

支持小额消费的终端应配置打印交易单据的打印机。支持对每笔批准的交易打印出交易单据。

打印单据应包含的数据项:卡号、应用标识符 AID、交易日期时间、金额、收单机构代码等。

6.2.6 时钟

处理脱机交易的终端应配有时钟模块。时钟的偏差应小于 15 秒/月。

6.2.7 与后台通信模块

联机终端应配置与收单机构主机后台通信的模块,其通信速度应满足实时传送卡片交易数据的要求。

6.2.8 键盘

联机终端可根据需要配置数字按键密码键盘。当采用带颜色的命令按键时,命令键及其颜色应至少包括:

a) “确认”键——绿色;

b) “取消”键——红色;

c) “清除”键——黄色。

6.2.9 硬件协处理器

支持电子现金应用的终端,宜使用支持非对称密码算法签名验证的硬件协处理器。

6.2.10 蜂鸣器

终端应配置蜂鸣器,能对持卡人刷卡交易成功或者失败给出明确的提示。

6.2.11 操作指示灯

终端应能通过操作指示灯提示持卡人本终端的工作状态。

6.2.12 语音提示功能

若提供语音提示功能,终端应支持通过语音提示持卡人进行相关的操作,并通过语音反馈操作结果。

6.3 终端类型的硬件要求

终端类型的硬件要求见表4。

表4 终端类型的硬件要求

项目号	硬件设备	条件(有人服务)			条件(自助服务/无人服务)		
		仅联机	联机/脱机	仅脱机	仅联机	联机/脱机	仅脱机
1	存储空间	M	M	M	M	M	M
2	读卡器	M	M	M	M	M	M
3	SAM卡读写器及卡槽	O	M	M	O	M	M
4	显示屏	O	O	M	M	M	M
5	打印机	O	O	O	O	O	O
6	时钟	M	M	M	M	M	M
7	主机通信模块	M	M	O	M	M	O
8	键盘	O	O	O	O	M	O
10	硬件协处理器	O	O	O	O	O	O
11	蜂鸣器	M	M	M	M	M	M
12	操作指示灯	M	M	M	M	M	M
13	语音提示功能	O	O	O	O	O	O
注:M-必备,O-可选。							

7 终端应用要求

7.1 电子现金应用

7.1.1 终端通信要求

终端通信要求应符合JT/T 978.5的规定,并应同时支持Type A卡片和Type B卡片。

7.1.2 终端通用要求

终端通用要求包括:

a) 脱机时,应支持fDDA;
b) 应符合5.2的数据对象列表;
c) 若卡片返回拒绝应用认证密文(AAC),从而拒绝交易时,交易不应再通过其他界面方式进行;
d) 应将以下信息明确通知持卡人:
   1) 出示卡片或者刷卡;
   2) 交易中;
   3) 交易结果:批准、拒绝或终止。
e) 当提示“刷卡”时,应显示授权交易金额(标签“9F02”);
f) 当卡片提供可用的脱机交易金额时,应显示该金额,以表示读卡操作成功。

7.2 电子钱包应用

7.2.1 终端通信要求

终端通信要求应符合 JT/T 978.5 的规定,并应至少支持 Type A 卡片,可选支持 Type B 卡片。

7.2.2 终端通用要求

终端通用要求如下:

a) 脱机时,应支持 SAM 卡;
b) 应将以下信息明确通知持卡人:
   1) 出示卡片或者刷卡;
   2) 交易中;
   3) 交易结果:批准、拒绝或终止。
c) 当提示刷卡时,应显示当前交易金额;
d) 应显示交易后的可用余额,以表示读卡操作成功。

7.3 激活非接触界面前的处理要求

7.3.1 预处理前的操作要求

具有标准快速支付交易应用能力的终端应在交易预处理完成后再将非接触界面上电。

7.3.2 终端交易预处理操作要求和处理流程

7.3.2.1 操作要求

支持标准快速支付交易应用终端的非接触界面应在交易预处理完成后上电。终端交易预处理操作要求包括:

a) 仅支持脱机交易的终端可获得授权金额/交易金额(标签“9F02”),并应检查授权金额/交易金额是否超过最低限额;
b) 支持电子现金的终端,若终端进行交易预处理操作,则应按照 7.3.2.2 规定处理。

7.3.2.2 处理流程

终端交易属性(标签“9F66”)由卡片在 SELECT 命令响应中提出申请,终端通过 GPO 命令提供。

终端交易预处理流程如图 1 所示,具体步骤如下:

a) 终端获取授权金额;
b) 若终端配置为支持状态检查,且授权金额为一个货币单位,则终端使用终端交易属性字节 2 中的第 8 位表示需要联机应用密文;

   注:支持状态检查是可配置的选项,在实施时需要打开才能操作。默认为关闭。

c) 若授权金额为零,只有终端支持卡片的使用扩展应用的前提下,具有联机能力的终端应使用终端交易属性字节 2 的第 8 位表示要求联机应用密文;
d) 若授权金额为零,只有终端支持卡片的使用扩展应用的前提下,仅支持脱机的终端应终止交易;
e) 若授权金额大于或等于终端非接触交易限额(如果存在),则终端应提示交易终止;
f) 若授权金额大于或等于终端执行 CVM 限额(如果存在),则终端应在终端交易属性中表示要求 CVM(第 2 字节第 7 位)以及支持的 CVM 种类;
g) 若授权金额大于非接触终端脱机最低限额或(如果非接触终端脱机最低限额不存在)可用的终端最低限额(标签“9F1B”),则终端应使用终端交易属性第 2 字节第 8 位表示需要联机应用密文；

h) 在预交易处理成功完成后，终端应要求刷卡，并对非接触界面卡片上电，开始终端检测卡片处理。

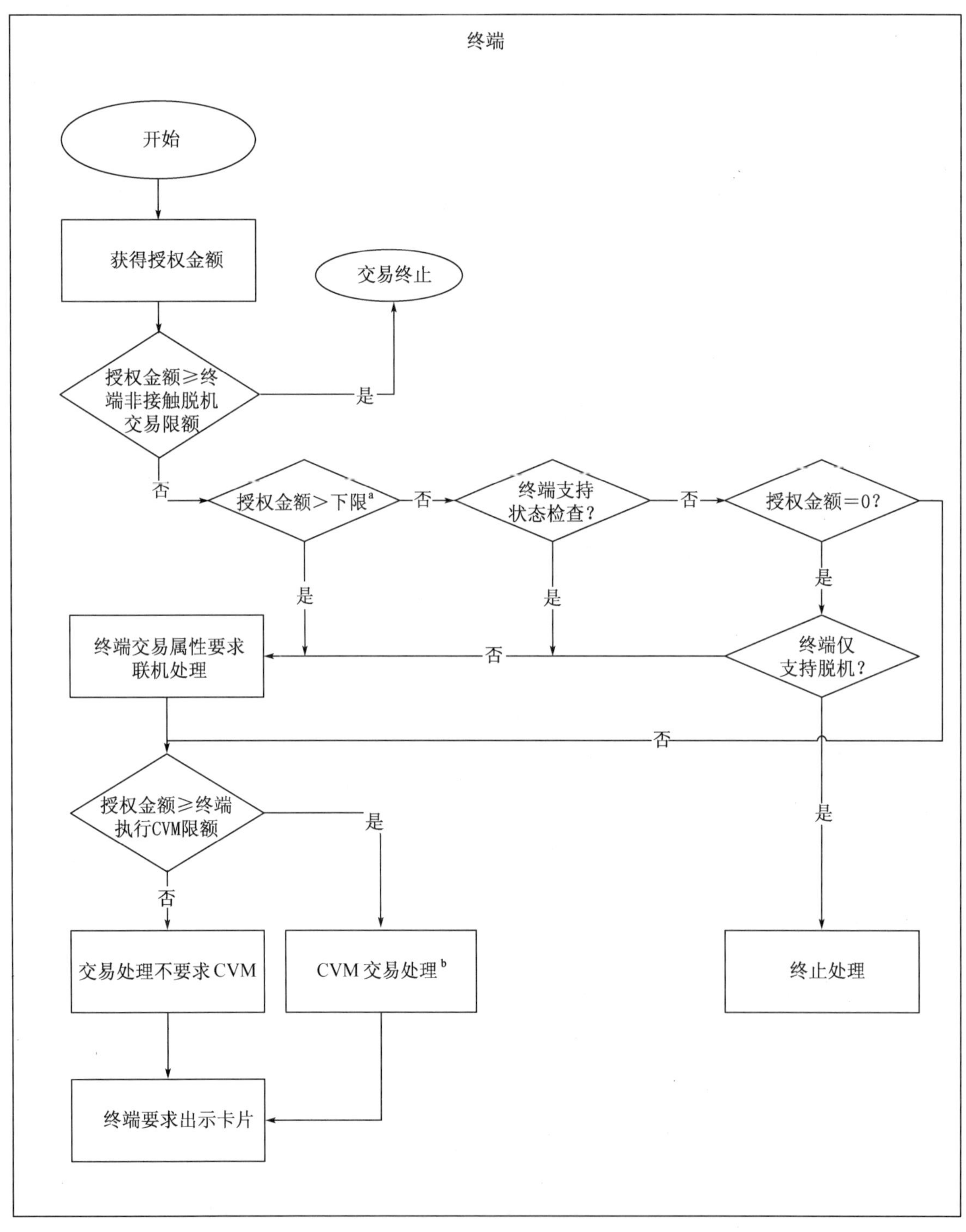

[a] 若存在终端非接触脱机最低限额，则下限为终端非接触脱机最低限额；若不存在终端非接触脱机最低限额，则下限为终端最低限额。

[b] 终端交易属性表明CVM要求。

图1　终端交易预处理流程

7.4 终端检测卡片

当卡片进入终端的感应范围,终端与卡片应进行通信初始化。在初始化交易前,终端应按照7.3.2的规定执行卡片应用预处理。

终端按照操作人员的命令或在预定义的情况超时之后,通过停止检测处理和关闭非接触界面来终止交易。

若在应用选择前,同时检测到多个非接触卡片,则终端应向持卡人显示,并要求只放置一张卡片。

终端检测卡片和应用选择流程如图2所示。

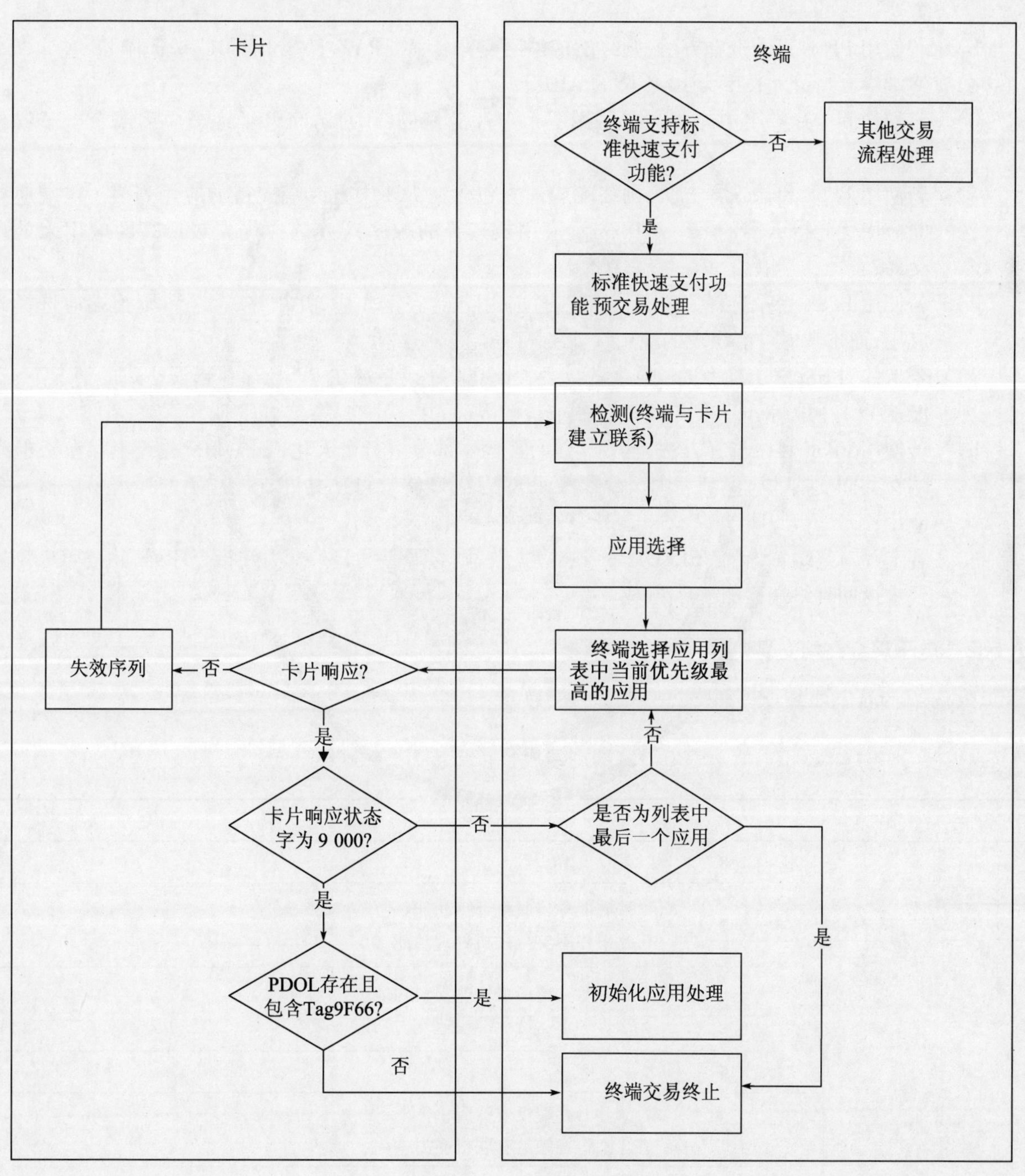

图2 终端检测卡片和应用选择流程

7.5 应用选择

7.5.1 概述

终端应用选择是指从具有多个非接触应用的列表中进行选择的行为。在终端支持的应用列表中，宜将卡片电子现金应用或电子钱包应用作为最高优先级。若要求有一个以上的应用，则应用的数量应尽可能少。

终端应用选择要求包括：

a) 所有终端可直接通过应用标识符(AID)进行应用快速选择，也可选支持使用 PPSE 目录选择方法；
b) 若使用 PPSE 目录选择方法，则终端应采用文件名称“2PAY. SYS. DDF01”来选择 PPSE；
c) 终端应支持最大长度为 16 字节的 AID；
d) 终端访问卡片应用中的路径应采用一个卡片应用的 AID，访问电子现金应用或者电子钱包应用；
e) 若使用 PPSE 目录选择方法，则终端应建立包含在 FCI 中且终端支持的应用列表。终端应判断应用优先指示器的 bits 4-1(表示应用被选择的顺序)，并选择优先级最高的应用来处理交易；
f) 若使用 PPSE 目录选择方法，且只有一个应用包含在 FCI 中，并被终端支持，则终端应选择该应用，而不考虑可能出现的应用优先级指示器的设置；
g) 若卡片对 SELECT 命令的响应状态字不是‘9000’，或终端在 PPSE 存在错误格式的情况下，不能从 FCI 中取得 AID，则终端应关闭非接触界面，并终止交易；
h) 若使用 PPSE 目录选择方法，且 FCI 没有按照本部分进行个人化(如应用优先级不存在)，但终端在共同支持的应用列表中至少存在一个应用，则终端可从共同支持应用的列表中选择一个应用；
i) 若卡片对终端发出的 SELECT 命令响应失败，则终端应发起一个失效指令序列，并按照 7.3 的要求返回到终端检测卡片处理。

7.5.2 电子现金终端交易属性

终端在 GPO 命令中提供的“终端交易属性”见表 5。

表 5 终端交易属性(标签为“9F66”)

字节	位	属性
1	8	预留
	7	1-支持联机处理功能 0-不支持联机处理功能
	6	1-支持标准快速支付功能 0-不支持标准快速支付功能
	5	预留
	4	1-终端仅支持脱机 0-终端具有联机能力
	3	1-支持联机 PIN 0-不支持联机 PIN

表 5（续）

字　节	位	属　性
1	2	1-支持签名 0-不支持签名
	1	预留
2	8	1－要求联机密文 0-不要求联机密文
	7	1-要求 CVM 0-不要求 CVM
	6～1	预留
3	8～1	预留
4	8	1-终端支持‘01’版本的 fDDA
		0-终端仅支持‘00’版本的 fDDA
	7～1	预留

7.5.3 电子钱包终端有效性检查

终端应对 SELECT 命令回送的数据进行检查，以符合下列要求：

a） 该卡片不在终端存储的黑名单卡片之列（使用发卡机构编码和应用主账号）；

b） 终端支持该发卡机构编码；

c） 终端支持卡片上的应用［使用应用类型标识（ATI）来检查］；

d） 应用在有效期内。

终端根据应用选择时获得的应用类型标识判别支持电子钱包的情况，自动选择电子钱包，进行后续交易。若卡片不支持电子钱包应用，则该过程终止。

7.6 电子现金终端初始应用处理要求

7.6.1 一般要求

在初始应用处理阶段，终端向卡片发出 GPO 命令，命令中包括卡片在应用选择时返回 PDOL 中所要求的所有数据。初始应用处理流程如图 3 所示。

7.6.2 电子现金终端初始化应用处理的通用要求

支持电子现金应用的终端初始化应用处理应满足下列要求：

a） 所有终端应按照卡片在 PDOL 中的要求，在 GPO 命令中提供标签为“9F66”的数据项（终端交易属性）；

b） 所有终端应支持 GPO 响应报文中，数据对象是一个标签为“77”的基本数据对象。数据域可包含多个 BER－TLV 编码的对象；

c） 如果 PDOL 在卡片的响应中不存在标签为“9F66”的数据项（终端交易属性），则终端应关闭非接触界面，并终止交易。

7.6.3 GPO 命令无响应

若卡片响应终端发出的 GPO 命令失败，则终端应初始化失效序列，并返回到 7.4 的终端检测卡片处理流程。

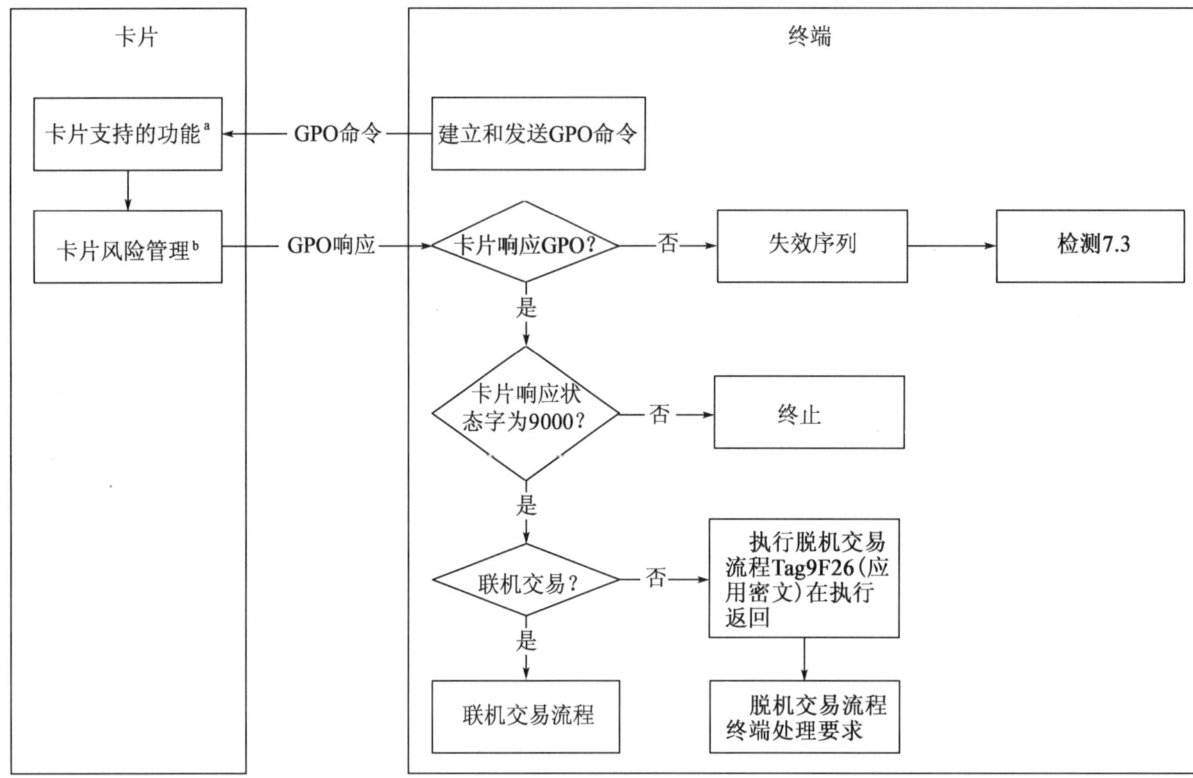

[a] 卡片决定采用交易的类型包括脱机交易流程或联机交易流程。

[b] 包括联机交易流程和脱机交易流程，根据结果，卡片请求交易脱机批准、联机或脱机拒绝。
初始应用处理流程

图3 初始应用处理流程

7.6.4 GPO命令响应的错误码

若卡片响应GPO命令的状态字不为'9000',则终端应终止非接触交易,并终止交易。

7.6.5 GPO命令的成功响应

终端通过应用交互特征和卡片响应GPO命令提供的数据元,以决定按照标准快速支付功能或联机处理功能进行交易如图3所示:

a) 卡片响应GPO命令的状态字为'9000',且终端仅支持一种非接触选项(联机处理功能和标准快速支付功能),则终端应按此选项继续处理,不必判断AIP;

b) 卡片响应GPO命令的状态字为'9000',并且AIP第2字节第8位置为'0',假设终端支持标准快速支付功能,并且应用密文(标签"9F26")在GPO命令响应中出现,则终端应按照标准快速支付功能处理交易。若标签为"9F26"的数据项不出现,则终端应按照联机处理功能处理交易。

7.6.6 电子现金非接触交易次序

终端应支持交易次序选择,并根据交易次序的要求选择处理的顺序。

a) 标准快速支付功能:如果支持卡片应用且"终端交易属性"第1字节第6位='1'(支持标准快速支付功能),则卡片应使用标准快速支付功能路径,终端应按照标准快速支付功能处理交易;

b) 联机处理功能:如果卡片支持联机处理功能且"终端交易属性"第1字节第7位='1'(支持联机处理功能),则卡片应使用联机处理功能路径,终端应按照联机处理功能处理交易。

注:如果没有匹配的非接触交易路径,则卡片应在响应中返回一个指示器(状态字='6985')来终止交易。

8 电子现金交易流程

8.1 电子现金联机交易处理流程

8.1.1 电子现金联机交易流程

8.1.1.1 概述

电子现金联机交易流程实例如图 4 所示。

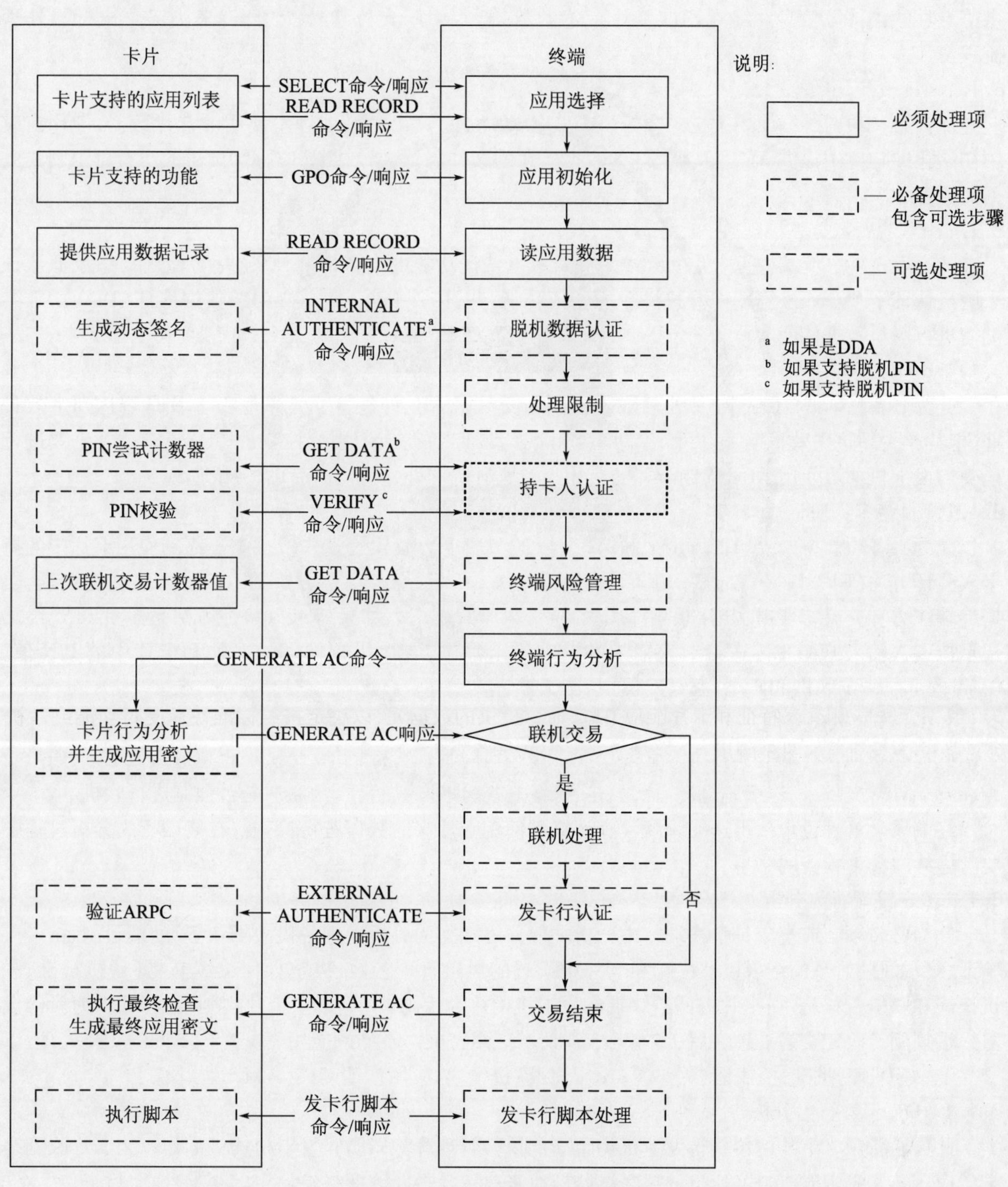

图 4 电子现金联机交易流程实例

8.1.1.2 应用选择

此为必备项。当卡片连接终端时,终端决定哪些应用由卡片和终端共同支持,终端选择应用的方式包括:

a) 终端检测终端和卡片都支持的应用并进行显示,供用户选择;

b) 终端根据发卡机构预定义的优先级别自动选择卡片上优先级最高的应用。

终端发送 SELECT 命令选择应用,卡片返回文件控制信息(FCI),其中应包括 PDOL。

8.1.1.3 应用初始化

此为必备项。在终端选择应用之后,应读取卡片中的应用数据,以获取卡片具备的功能以及需要提供给卡片的支持等信息。终端读取卡片指示的数据,并使用支持的功能列表,来决定要执行的处理流程。

8.1.1.4 读应用数据

此为必备项。终端使用读记录命令(READ RECORD)读出交易处理中使用的卡片数据,卡片在应用初始化的响应中提供 AFL,标记了这些数据所在的文件与记录号,终端应存储读出的所有可识别的数据对象。

8.1.1.5 脱机数据认证

此为可选项。终端根据卡片和终端对脱机数据认证功能的支持情况,决定是否使用动态数据认证来脱机认证卡片。如果终端支持脱机数据认证功能,并且检测到卡片支持动态数据认证(DDA),则终端需进行脱机数据认证。

8.1.1.6 处理限制

此为必备项。终端执行交易处理限制来判断交易是否允许进行。终端应对卡片是否达到生效日期、卡片是否超过失效日期、卡片和终端的应用版本是否匹配、应用用途控制(AUC)限制是否生效进行检查。发卡机构可使用 AUC 限制卡片的应用,包括国内、国外、现金、商品、服务或返现。

8.1.1.7 持卡人验证

此为必备项。持卡人验证可用来确保持卡人合法并且卡片没有遗失或被盗。终端使用卡片中的持卡人验证方法(CVM)列表数据决定验证的执行方法。CVM 列表建立了持卡人验证方法优先级别,根据终端能力和交易特性提示用户采用特定的持卡人验证方法。如果持卡人验证方法是脱机 PIN,终端提示持卡人输入 PIN 并传送持卡人输入的 PIN 到卡片中,卡片比较输入的 PIN 和卡片中的 PIN 值。CVM 也可能指定联机 PIN、签名或不需要持卡人验证。

8.1.1.8 终端风险管理

此为必备项。终端应具备风险管理功能。终端风险管理检查包括:交易是否超过最低限额、账号是否在终端异常文件中、连续脱机交易次数是否超过限制次数、是否新卡、商户是否强制进行联机。

终端风险管理也包括可选的频度检查。终端使用卡片中的数据进行检查。在终端行为分析过程中要考虑终端频度检查的结果。

8.1.1.9 终端行为分析

此为必备项。终端应具备终端行为分析功能。终端行为分析根据脱机数据认证、处理限制、持卡人验证、终端风险管理的结果以及终端和卡片中设置的风险管理参数,决定如何继续交易(脱机批准、脱机拒绝和联机授权)。由卡片返回给终端的发卡机构行为代码(IAC)设立卡片规则,在终端行为代码设立终端规则。决定交易处理之后,终端向卡片请求应用密文。不同的应用密文对应不同的交易处理:以交易证书(TC)为批准,授权请求密文(ARQC)为联机请求,应用认证密文(AAC)为拒绝。

8.1.1.10 卡片行为分析

此为必备项。卡片应可执行发卡机构定义的风险管理算法以防止发卡机构被欺诈。当卡片收到终端的应用密文请求时,卡片就执行风险管理检查,来决定是否要改变终端设定的交易处理,检查包括:先前未完成的联机交易、上一笔交易发卡机构认证失败或脱机数据认证失败、达到了交易笔数或金额的限制等。卡片可将终端请求的脱机接受改成联机授权或脱机拒绝。卡片不能推翻终端做出的拒绝交易的决定。卡片可决定以下方式继续交易：

a) 同意脱机完成(TC)；

b) 联机授权(ARQC)；

c) 拒绝交易(AAC)。

完成检查后，卡片使用应用数据及一个存储在卡片上的应用密文过程密钥生成应用密文，再将这个密文返回到终端。对于脱机批准的交易，TC 以及生成 TC 的数据通过清算消息传送给发卡机构，以备未来发生持卡人争议或退单时使用。当持卡人对交易有争议时，TC 可作为交易的证据还可验证商户或收单机构(是否)未改动交易数据。

8.1.1.11 联机处理

此为可选项。如果卡片或终端决定交易需要进行联机授权，同时终端具备联机能力，终端将卡片产生的 ARQC 报文送至发卡机构进行联机授权。此报文包括 ARQC 密文，用来生成 ARQC 的数据以及表示脱机处理结果的指示器。在联机处理中，发卡机构在联机卡片认证方法(CAM)过程中验证 ARQC 来认证卡片。发卡机构可在它的授权决定中查看 CAM 结果和脱机处理结果。

传送回终端的授权响应信息可包括发卡机构生成的授权响应密文(ARPC)(由 ARQC、授权响应码和卡片应用密文过程密钥产生)。此响应也可包括发卡机构脚本，对卡片进行发卡后更新。

如果授权响应包含 ARPC 而且卡片支持发卡机构认证，卡片通过确认 ARPC 而执行发卡机构认证，来校验响应数据是否来自真实的发卡机构(或其代理)。在成功得到发卡机构认证数据后，才能在卡片里重新设置某些相关的安全参数。这阻止了通过模拟联机处理来剽窃卡片的安全特性，以及通过欺诈性地批准交易来重设卡片的计数器和指示器。如果发卡机构认证失败，随后的卡片交易将发送联机授权，直到发卡机构认证成功，发卡机构有权设置卡片拒绝交易。

8.1.1.12 交易结束

此为必备项。若交易未在前几个步骤因处理异常被终止，则终端应执行此功能用来结束交易。

卡片和终端执行最后处理来完成交易。经发卡机构认可的交易可能根据卡片中的发卡机构认证结果和发卡机构写入的参数而被拒绝。卡片使用交易处理、发卡机构校验结果，以及发卡机构写入的规则来决定是否重设基于芯片卡片计数器和指示器。卡片生成 TC 来认可交易，生成 AAC 来拒绝交易。

如果终端在授权消息之后传送清算信息，则 TC 应包括在该清算信息里。对于发卡机构批准而卡片拒绝的交易，终端应发起冲正。

当卡片做出接受交易的结论(卡片返回 TC)后，卡片会记录交易日志。

8.1.1.13 发卡机构脚本处理

此为可选项。如果发卡机构在授权响应报文中包含了脚本，终端将这些脚本命令发送给卡片。在使用这些更新之前，卡片执行安全检查以确保脚本来自有效的发卡机构，且在传输中未有变动。这些命令对当前交易并不产生影响，主要会影响卡片的后续功能，如卡片应用解锁、卡片锁定、修改 PIN 等。

8.1.2 交易步骤

8.1.2.1 应用选择

8.1.2.1.1 概述

应用选择是一个过程，它决定卡片和终端共同支持的应用将被执行。这个过程包括两个步骤：

a) 终端建立一个共同支持的应用的候选列表；

b) 候选列表中的某个应用被选择并确认用来处理交易。

8.1.2.1.2 卡片数据

按 7.5 的要求。

8.1.2.1.3 终端数据

按 7.5 的要求。

8.1.2.1.4　建立候选应用列表

终端通过以下两个途径建立共同支持的应用列表：

a)　目录选择方式对于终端和卡片都是可选要求。终端从卡片中读取支付系统环境文件。此文件列出卡片支持的所有支付应用。终端将卡片列表和终端列表中都有的应用加入候选列表中；

b)　AID 列表选择方法对于卡片和终端都是必备的。在 AID 列表选择方法中，终端对终端应用列表中包含的每个应用都向卡片发送一个 SELECT 命令。如果卡片响应表示卡片也支持该应用，终端就将应用添加到候选目录中。

8.1.2.1.5　标识并选出应用

8.1.2.1.5.1　概述

如果没有共同支持的应用，交易将被终止。如果至少有一个共同支持的应用，则处理过程将包括终端决定应用和持卡人决定应用两种类型。

8.1.2.1.5.2　终端决定应用

终端决定应用包括：

a)　如果终端不支持持卡人选择应用或确认应用，终端会向不要求确认的具有最高优先级的应用发送一个 SELECT 命令。如果卡片中有超过一个应用有最高优先级，终端可向其中任意一个发布 SELECT 命令；

b)　如果用目录选择法来建立应用列表，SELECT 命令的响应可能说明该应用已被锁定。如果发生此种情况，而且在可用应用列表上有更多可用的应用，终端应向下一个优先级最高的应用发送 SELECT 命令。

8.1.2.1.5.3　持卡人决定应用

持卡人决定应用包括：

a)　终端支持持卡人确认：

　1)　若终端不支持显示供持卡人选择的应用列表，而支持持卡人应用确认，则首先将优先级最高的应用提供给持卡人确认。如果超过一个应用有同样的优先级，终端可根据遇到的先后次序或自行选择其中一个应用。如果持卡人确认这个选择，终端就用 SELECT 命令执行选择应用；

　2)　如果持卡人不确认，终端会提供下一个优先级最高的应用，直到持卡人确认或不再有更多的可用应用为止；

　3)　如果用目录选择法来建立应用列表，卡片对 SELECT 命令的响应可能说明该应用已被锁定。如果发生此种情况，而且在应用列表上有更多可用的应用，终端应将该应用从可用应用列表中移出并选择下一个可用的应用进行持卡人确认。

b)　终端支持持卡人选择：

　1)　支持持卡人选择的终端将向持卡人按优先级顺序给出应用列表以供选择。如果超过一个应用有同样的优先级，终端可按读出的顺序或自行选择一个处理。持卡人从列表中选择应用，终端用 SELECT 命令选择应用；

　2)　如果用目录选择法建立应用列表，卡片对 SELECT 命令的响应可能说明应用已被锁定。如果发生此种情况，而且在应用列表上有更多可用的应用，终端应显示“重试”并显示已排除了被拒绝应用的可用应用列表；

　3)　如果持卡人不选择应用，终端就终止交易。

8.1.2.1.6　流程图

应用选择处理流程如图 5 所示。

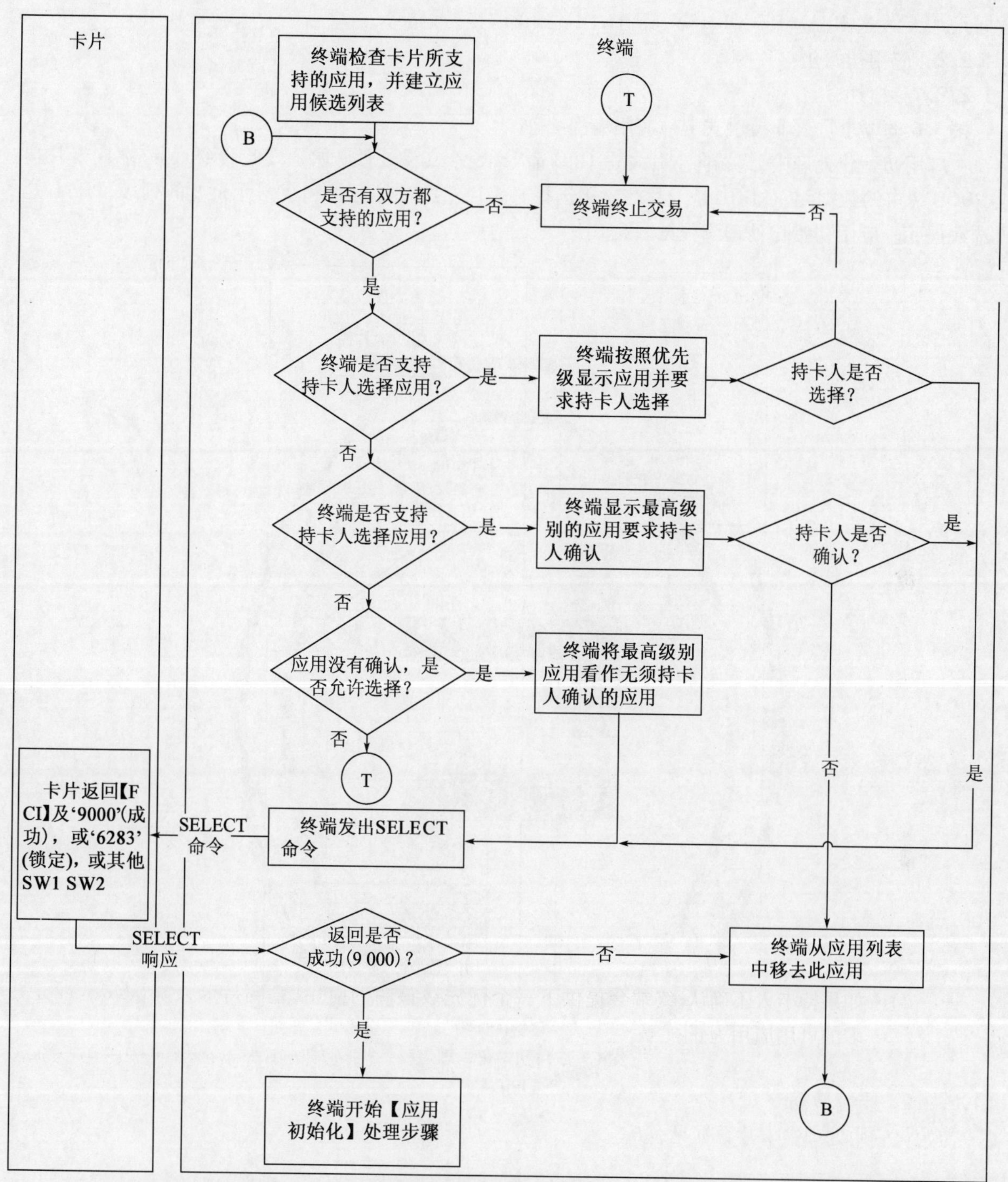

图5　应用选择处理流程

8.1.2.1.7　后续相关处理

8.1.2.1.7.1　初始化应用处理

终端发送获取处理选项(GPO)命令给卡片,如果在应用选择时选择(SELECT)命令的响应信息中包括 PDOL,GPO 命令中包括 PDOL 中指定的终端数据,例如交易日志记录里需要的终端数据。

如果不允许选择的应用做初始化,终端终止应用并返回应用选择步骤,选择另一个应用。

8.1.2.1.7.2　读交易明细记录

对于需要访问交易明细记录的终端,可通过发送 GET DATA 命令从卡片获取日志格式(Log Format)

数据元,然后发送 READ RECORD 命令到卡片,逐条读取交易记录。

8.1.2.2 应用初始化

8.1.2.2.1 概述

按 7.6 的要求进入非接触式卡片应用流程。

在应用初始化处理中,终端向卡片发送 GPO 命令,表示交易处理开始。发此命令时,终端向卡片提供 PDOL 请求的数据元。PDOL 是卡片在应用选择时提供给终端的标签和数据元长度的列表,PDOL 是可选数据元。应用初始化处理流程见图 6。

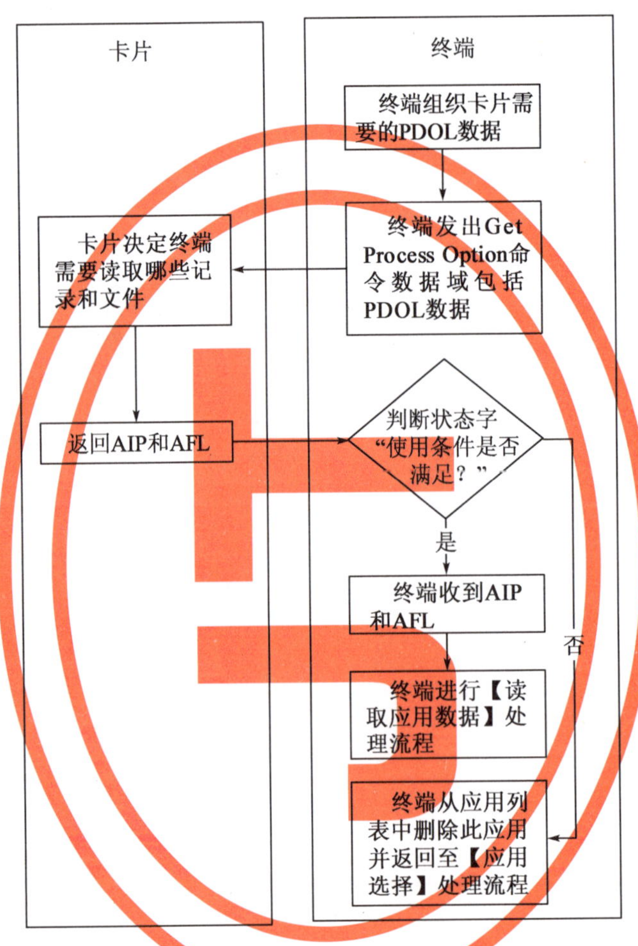

图 6 应用初始化处理流程

8.1.2.2.2 卡片数据

初始化应用处理中卡片数据见表 6。

表 6 初始化应用处理—卡片数据

数 据 元	说 明
应用文件定位器(AFL)	终端作交易处理要读出的卡片数据存放的文件位置和记录范围。对每个要读出的文件,AFL 应包括下列信息: a) 字节 1-短文件标识符(一个文件的数字标签); b) 字节 2-第 1 个要读出的记录号; c) 字节 3-最后一个要读出的记录号; d) 字节 4-存放用于脱机数据认证的数据的连续记录个数,字节 2 指出的是第 1 条要读的记录号

表6（续）

数 据 元	说 明
应用交互特征(AIP)	指示在此应用中卡片支持特定功能的能力列表,包括静态数据认证(SDA)、动态数据认证(标准 DDA)、持卡人验证、发卡机构认证以及复合动态数据认证(CDA)。 AIP 在个人化时应被写入卡片中用来指明支持终端风险管理和持卡人验证
应用交易计数器(ATC)	应用个人化后,卡片应用交易计数器启动
卡片验证结果(CVR)	专用数据,表明从卡片角度来看本次和前次交易的脱机处理结果。数据存放在卡片中,作为发卡机构应用数据的一部分联机上送
文件控制信息(FCI)	FCI 是卡片相关应用的信息,在终端发送的 SELECT 命令的响应中
密文信息数据(CID)	指明卡片返回的密文类型和终端需要进行的后续处理行为。在应用初始化处理时被初始为全0
处理选项数据对象列表(PDOL)	PDOL 是卡片请求的终端数据元的标签和长度的可选列表。它是终端在 SELECT 命令响应中得到的卡片 FCI 的一部分。终端在 GPO 命令中向卡片提供该列表所请求的数据元

8.1.2.2.3 终端数据

终端将卡片需要的数据元通过 PDOL 传送给卡片。

8.1.2.2.4 GPO 命令

终端使用获取处理选项(GPO)命令通知卡片交易开始。

命令中包含卡片在 PDOL 中列出的终端数据元的值,PDOL 是卡片在应用选择阶段返回的可选数据。

卡片响应数据内容为 AIP 和 AFL。AIP 列出了交易在处理过程中执行的功能;AFL 列出交易需要的数据存放的短文件标识符、记录号、记录个数以及脱机数据认证需要数据的存放位置。

对应用初始化,终端采取以下步骤:

a) 从 SELECT 命令响应中的文件控制信息(FCI)中提取处理选项数据对象列表(若存在);
b) 向卡片发送 GPO 命令。在这个命令中,终端组织所有卡片在 PDOL 中请求的数据元并传递给卡片;
c) 终端对卡片 GPO 命令响应进行如下处理:
   1) 接收卡片对 GPO 命令的响应;
   2) 如果卡片响应为“使用条件不满足”,终端应将该应用从可用应用列表里删除,并返回应用选择;
   3) 如果卡片用 AIP 和 AFL 做出响应,终端开始读取应用数据。

8.1.2.2.5 流程图

应用初始化处理流程如图 6 所示。

8.1.2.2.6 前期相关处理

前期相关处理应包括应用选择,即卡片在 SELECT 命令响应中将 PDOL(若存在)作为 FCI 的一部分提供给终端。

8.1.2.2.7 后续相关处理

8.1.2.2.7.1 读取应用数据

终端使用 GPO 命令响应中由卡片提供的 AFL,来确定从卡片读取哪些应用数据以及哪些应用数据将要用到脱机数据认证中。

8.1.2.2.7.2　脱机数据认证

终端使用 GPO 命令响应中由卡片提供的 AIP,来确定卡片是否支持脱机数据认证的类型。

8.1.2.2.7.3　持卡人验证

终端使用 GPO 命令响应中由卡片提供的 AIP,来确定卡片是否支持持卡人验证。

8.1.2.2.7.4　联机处理

终端使用 GPO 命令响应中由卡片提供的 AIP,来确定卡片是否支持发卡机构认证。

8.1.2.3　读应用数据

8.1.2.3.1　概述

读取应用数据时,终端读取交易处理中必要的卡片数据,并决定动态数据认证(DDA)中使用的数据。

8.1.2.3.2　卡片数据

终端读取卡片数据及卡片文件见表 7 和表 8。

表 7　读应用数据—卡片数据

数　据　元	说　　明
应用文件定位器(AFL)	指示包含终端将要读取的用来交易处理的卡片数据的文件和记录范围。 每个条目指定了要从文件读取的最初记录和最终记录号以及哪些记录要用在脱机数据认证中

表 8　读应用数据—卡片文件

数　据　元	说　　明
应用基本文件(AEF)	卡片数据文件,包括应用处理使用的数据。一个 AEF 包括一系列用记录号标识的记录。每个 AEF 用 SFI 唯一标识。终端使用读记录(READ RECORD)命令读取记录内容,命令中包括 SFI 和记录号
短文件标识符(SFI)	SFI 是用来唯一标识应用定义文件的符号。在 AFL 里列出,终端用它来标识要读取的文件

读取记录时,卡片中应具备的数据对象见表 9。本条款中定义的其他卡片数据对象都是可选的。

表 9　读应用数据—卡片必备数据对象

标　　签	值	条　　件
5F24	应用失效日期	M
5A	应用主账号	M
8C	卡片风险管理数据对象列表 1	M
8D	卡片风险管理数据对象列表 2	M

8.1.2.3.3　终端数据

读取应用数据功能中不使用终端数据。

8.1.2.3.4　命令

终端为每个要读取的记录向卡片发送一条 READ RECORD 命令给卡片。此命令包括标识文件的一个短文件标识符(SFI)以及一个记录号来标识文件里的记录。

卡片在 READ RECORD 命令的响应提供被请求的记录。

8.1.2.3.5　处理流程

终端根据卡片的 AFL 决定从卡片读取哪些记录。

每个 AFL 条目,终端用 READ RECORD 命令请求读取首条指定的记录。当此记录从卡片返回,终端就为随后的处理保留该数据对象。如果 AFL 条目指明脱机数据认证时对静态数据的认证需要此记录,终端将记录数据放入静态数据认证输入列表。终端继续读取文件记录直到最后一条指定要读取的记录为止。

8.1.2.3.6　流程图

读应用数据流程如图 7 所示。

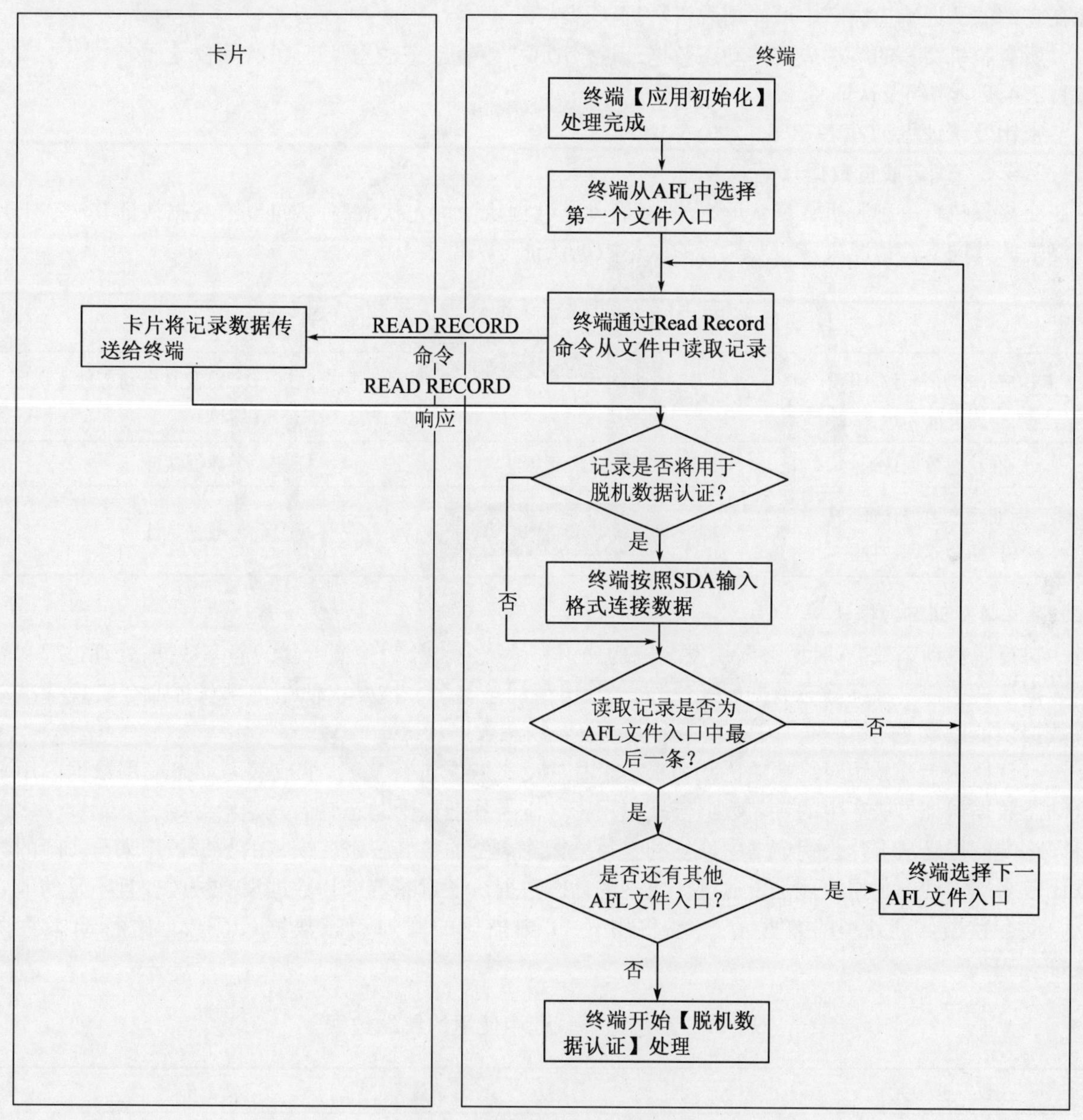

图 7　读应用数据处理流程

8.1.2.3.7　前期相关处理

终端使用应用初始化时卡片提供的 AFL,以读取应用数据。

8.1.2.3.8　后续相关处理

后续相关处理包括:

a) 脱机数据认证:终端使用在读应用数据处理中建立的一个 DDA 中使用的卡片公钥验证;

b) 其他功能:其他功能用读取应用数据时得到的数据进行处理。

8.1.2.4 脱机数据认证

8.1.2.4.1 概述

脱机数据认证是终端使用非对称公钥技术认证来自卡片数据的处理过程。

在 DDA 处理中,终端不仅认证静态的卡片数据,也认证卡片使用能够唯一标识一笔交易的交易数据生成的签名。动态数据认证除了确保发卡机构选择的卡片数据元自卡片个人化以来没有受到改变,还确认卡片是否属于伪卡(非法复制)。脱机数据认证处理流程见图 8。

脱机数据认证结果决定了卡片和终端是脱机批准交易、进行联机认证还是脱机拒绝交易。联机认证在它们的认证响应决定中可使用脱机数据认证结果。

所有脱机交易的终端应支持动态数据认证(DDA),复合动态数据认证 CDA 可选支持。

8.1.2.4.2 密钥及认证

密钥及认证见 JT/T 978.6。

8.1.2.4.3 确定脱机数据认证的方法

交易只执行一种脱机数据认证方法,复合动态数据认证优先权最高,标准动态数据认证其次。卡片和终端的共同支持情况决定所要执行的脱机数据认证方法见表 10。

表 10 脱机数据认证处理优先权

卡片应用交互特征(AIP)表明卡片支持	标准动态数据认证(DDA)	标准动态数据认证(DDA)及复合动态数据认证(CDA)
标准动态数据认证	标准动态数据认证	标准动态数据认证
标准动态数据认证 复合动态数据认证	标准动态数据认证	复合动态数据认证

8.1.2.4.4 动态数据认证

执行脱机动态数据认证,终端用发卡机构公钥和认证中心公钥验证卡片的静态数据,处理过程和静态数据认证相似。验证静态数据后,终端向卡片申请动态签名。这要求使用内部认证命令实现标准动态数据认证以及使用第一个 AC 生成命令实现复合动态数据认证。

卡片使用卡片私钥对终端随机数和来自卡片的动态数据进行签名,生成签名动态应用数据。用复合动态数据认证方法产生的签名数据包括应用密文。卡片把这个动态签名发送给终端。

终端使用已从卡片公钥证书中恢复的卡片公钥将卡片的签名解密。恢复的数据被用来与实际的数据比较来确定动态数据认证是否通过。成功的动态数据认证意味着卡片数据没有被改变且不是伪卡。

动态数据认证处理的数据元:终端将用表 11 中描述的附加动态数据认证数据进行动态数据认证。

表 11 动态数据认证中使用的终端数据

数 据 元	说 明
缺省动态数据认证数据对象列表(缺省 DDOL)	如果卡片不提供动态数据认证数据对象列表,则终端使用缺省的动态数据认证数据对象列表,该列表包含终端不可预知数字的标签
不可预知数字	由终端生成的不可预知的、唯一标识一笔交易的数字,该数字通过内部认证命令发送到卡片

表 12 中描述的数据也用于动态数据认证。

表 12　动态数据认证中使用的卡片数据

数　据　元	说　　明
动态数据认证失败指示器	内部指示器,如果标准动态数据认证失败且交易被脱机拒绝,则它由卡片设置并保存
动态数据认证数据对象列表(DDOL)	动态数据认证处理中,要传递给卡片的终端数据对象的标签列表
卡片动态数字	卡片生成的唯一数字,并作为复合动态数据认证中动态签名的部分由终端验证
卡片私钥	卡片用它生成动态签名
卡片公钥证书	卡片公钥证书包含用发卡机构私钥签名的卡片公钥
卡片公钥指数	在非对称算法中使用该指数来恢复签名动态应用数据
卡片公钥余项	如果有必要,卡片公钥余项包含卡片公钥未列入卡片公钥证书的部分

所有在标准动态数据认证中使用的数据元,除动态数据认证数据对象列表以外,都用于复合动态数据认证。此外,表 13 中描述的数据也被使用。

表 13　复合动态数据认证中使用的卡片数据

数　据　元	说　　明
应用密文	卡片在 GENERATE AC 命令响应里返回的加密密文。如果复合动态数据认证在 ARQC 或 TC 中返回,ARQC 或 TC 是动态签名验证的一部分
密文信息数据	卡片提供密文类型信息,终端在复合动态数据认证中验证

标准动态数据认证处理流程除动态签名由卡片生成外,其他都是由终端执行的。处理流程如下:

a) 认证中心公钥的获取:终端用认证中心公钥索引(PKI)以及卡片中注册的应用提供商标识来获取储存在终端中的认证中心公钥以及相关信息;
b) 发卡机构公钥的获取:终端用认证中心公钥从发卡机构公钥证书中将发卡机构公钥恢复。发卡机构公钥证书的格式是经过验证的;
c) 卡片公钥的获取:终端用发卡机构公钥解密包含卡片公钥和静态应用数据哈希值的卡片公钥证书。终端把此哈希值与被恢复数据的哈希值相比较来验证。如果这些哈希值不相等,则动态数据认证失败;
d) 动态签名生成(仅标准动态数据认证):终端传送包括动态随机数的 INTERNAL AUTHENTICATE 命令到卡片。一收到 INTERNAL AUTHENTICATE 命令,卡片使用卡片私钥加密终端、卡片动态数据的哈希值来生成一个动态签名。卡片再把此动态签名传递给终端;
e) 动态签名校验(仅标准动态数据认证):终端用从卡片公钥证书恢复的卡片公钥并解密动态签名。如果终端生成的实际动态数据哈希值与恢复的哈希值不一致,则动态数据认证失败。

8.1.2.4.5　处理流程

对于复合动态数据认证,终端执行 8.1.2.4.4 的步骤 a) ~ b)。终端要求使用第一个 GENERATE AC 命令生成的动态密文,不使用 INTERNAL AUTHENTICATE 命令。对此密文的要求和认证包括以下步骤:

a) 动态签名生成(仅复合动态数据认证):终端行为分析中,如果终端要求一个联机密文(授权请求密文)或脱机批准密文(交易证书),第一个 GENERATE AC 命令表明复合动态数据认证即将被执行。如果卡片决定的应用密文是一个交易证书或授权请求密文,卡片就用卡片私钥签名应用密文及相关数据,并在 GENERATE AC 命令响应中把动态签名返回给终端;

b) 动态签名校验(仅复合动态数据认证):卡片行为分析中,如果最初的 GENERATE AC 响应包含一个交易证书或授权请求密文,终端使用恢复卡片公钥将动态签名解密。如果签名成功地恢复了,处理就根据所收到的密文的类型继续下去。如果签名恢复失败,则交易就脱机拒绝。

8.1.2.4.6 流程图

脱机数据认证处理流程如图 8 所示。

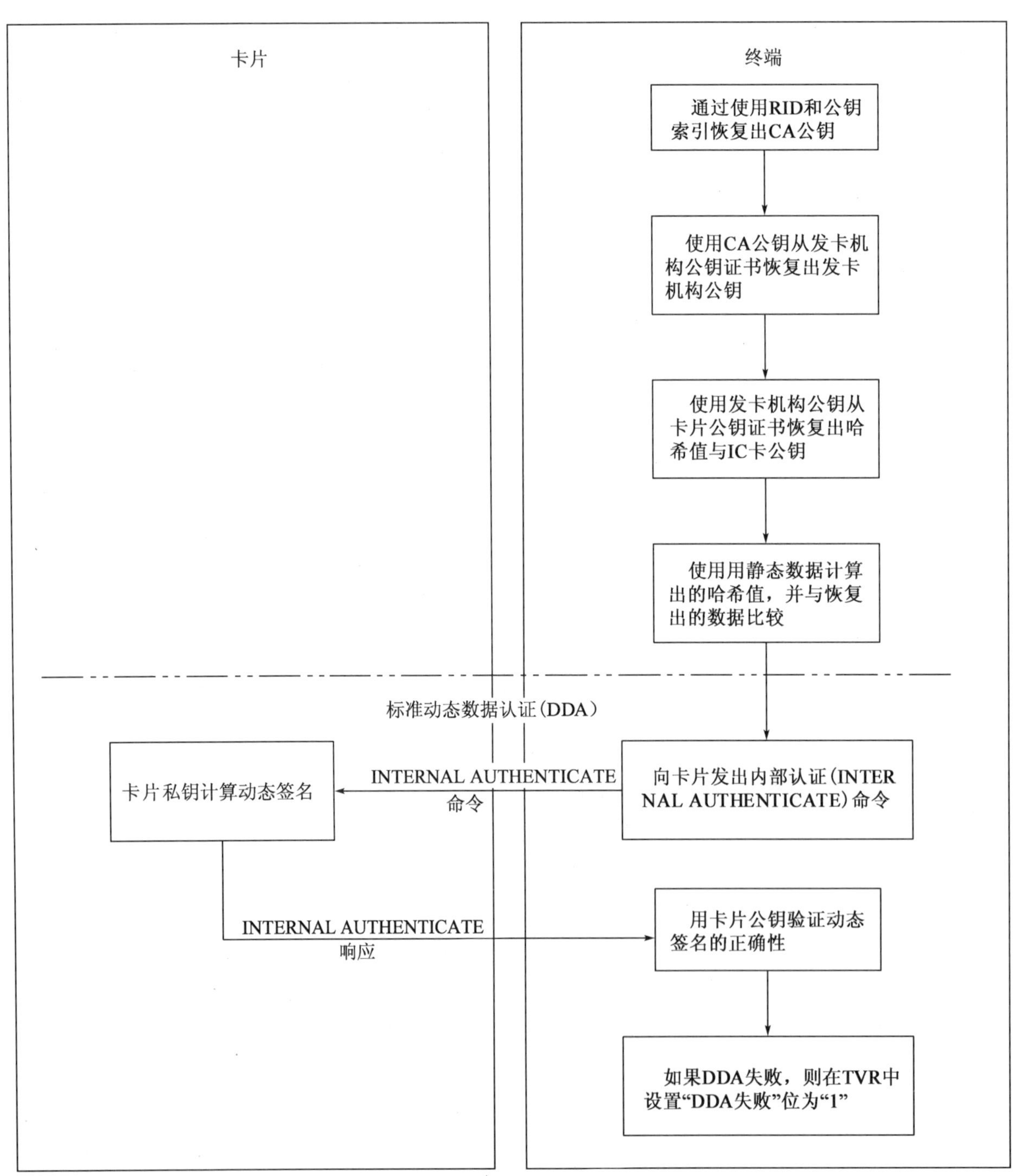

图 8 脱机数据认证处理流程

8.1.2.4.7 前期相关处理

前期相关处理包括读取应用数据,即终端从卡片读取应用数据,此数据包括为支持脱机数据认证方法所要求的数据。应用文件定位器和动态数据认证中认证卡片公钥证书的数据。

8.1.2.4.8 后续相关处理

8.1.2.4.8.1 终端行为分析

终端用脱机数据认证结果,卡片和终端参数来决定交易是被脱机拒绝,还是进行联机认证,或脱机批准。当要执行复合动态数据认证且交易要被发送联机或脱机批准时,终端在 GENERATE AC 命令里设置了复合动态数据认证指示器。

8.1.2.4.8.2 卡片行为分析

卡片行为分析包括以下内容:

a) 如果上笔交易动态数据认证失败且交易被脱机拒绝,卡片在 CVR 设置一个类似的指示器;
b) 如果动态数据认证失败了,且要脱机拒绝交易,就设置动态数据认证失败指示器;
c) 复合动态数据认证;
d) 若从终端收到 GENERATE AC 命令表明将要执行复合动态数据认证,卡片应返回授权请求密文和交易证书应用密文,该密文用卡片私钥签名。

8.1.2.4.8.3 联机处理

主要包括复合动态数据认证。当返回的应用密文是动态签名,终端用卡片公钥解密此签名。如果解密成功,终端就根据应用密文把处理继续下去。如果解密失败,则交易就脱机拒绝。

8.1.2.4.8.4 交易结束

联机认证后,卡片允许根据发卡机构认证选项和结果来重设动态数据认证失败指示器。如果动态数据认证失败了,且因联机认证不能完成,交易要被脱机拒绝,就设置动态数据认证失败指示器。

8.1.2.4.8.5 复合动态数据认证

如果复合动态数据认证失败且返回的应用密文是 ARQC,则终端发送第二个 GENERATE AC 命令请求 AAC。如果复合动态数据认证失败且返回的应用密文是 TC,则交易被脱机拒绝,并不要求第二个 GENERATE AC 命令。

8.1.2.5 处理限制

8.1.2.5.1 概述

终端使用终端和卡片的数据元执行处理限制功能,终端应支持对应用版本、生效日期和失效日期以及交易点条件的有关检查。

8.1.2.5.2 卡片数据

处理限制中用到的卡片数据元见表 14。

表 14 处理限制—卡片数据

数 据 元	说 明
应用版本号	显示了卡片的应用版本。终端将其用于应用版本号的检查
应用用途控制(AUC)	AUC 是可选数据元,表明了发卡机构有关卡片应用在地域以及所允许的服务方面的所有限制,由终端用于应用用途控制检查
发卡机构国家代码	发卡机构国家代码是本部分的数据元,表明发卡的国家,由终端用于应用用途控制检查
应用生效日期	应用开始使用的日期
应用失效日期	应用失效日期过后,应用即被禁止

8.1.2.5.3 终端数据

处理限制中用到的终端数据元见表15。

表15 处理限制—终端数据

数据元	说明
应用版本号	表明了终端的应用版本,它被终端用于应用版本号的检查,遵循此规范的卡片应用版本号待定
终端性能	表明终端关于卡片数据输入,持卡人验证和安全的性能。由终端用于应用用途控制的检查
终端国家代码	表明终端所在的国家,由终端用于应用用途控制检查
交易日期	终端提供的交易发生的当地日期,由终端用于应用生效日期和失效日期检查
交易类型	表明交易的类型,由终端用于应用用途控制检查

8.1.2.5.4 应用版本号检查

终端把卡片的应用版本号和终端的应用版本号相比较,如果不相同,终端在终端验证结果(TVR)里显示出应用版本不一致。

8.1.2.5.5 应用用途控制检查

在应用用途控制处理中,终端检查交易发生地的不同情况,决定交易是否继续进行。如果在读应用数据步骤中终端读取到应用用途控制(AUC)和发卡机构国家代码数据,终端检查下列应用限制:

a) 国内检查:终端比较发卡机构国家代码和终端国家代码。如果相同,认为是国内交易。如果是国内交易,AUC中对应的国内交易类型指示位应为'1',表明请求的服务允许进行;
b) 国际检查:如果国家代码不同,认为是国际交易。如果是国际交易,AUC中对应的国际交易类型指示位应为'1',表明请求的服务允许进行。

如果上述任何终端执行的检查失败,终端在TVR中标明"卡片产品不允许请求的服务"。

8.1.2.5.6 有效期检查

有效期检查包括以下内容:

a) 应用生效日期检查:应用生效日期检查通过验证卡片的应用生效日期(如果存在)早于等于终端的当前交易日期,确认应用已经生效。如果生效日期晚于交易日期,终端就在TVR中指示应用还未生效;
b) 应用失效日期检查:应用失效日期检查是必备的。检查确保应用没有过期。如果应用失效日期小于交易日期,终端要在TVR中标明应用已经过期。

8.1.2.5.7 流程图

处理限制的流程如图9所示。

8.1.2.5.8 前期相关处理

前期相关处理主要包括读取应用数据,由终端使用READ RECORD命令获得应用版本号以及卡片的应用失效日期。如果存在,应用用途控制、发卡机构国家代码和应用生效日期,则它们也被从卡片中读取出来。

8.1.2.5.9 后续相关处理

后续相关处理主要包括终端行为分析,由终端检查发卡机构行为代码和终端行为代码,以决定发生下列情况时应采取的处理方式:

a) 应用版本不一致;
b) 卡片未生效或卡片已失效;

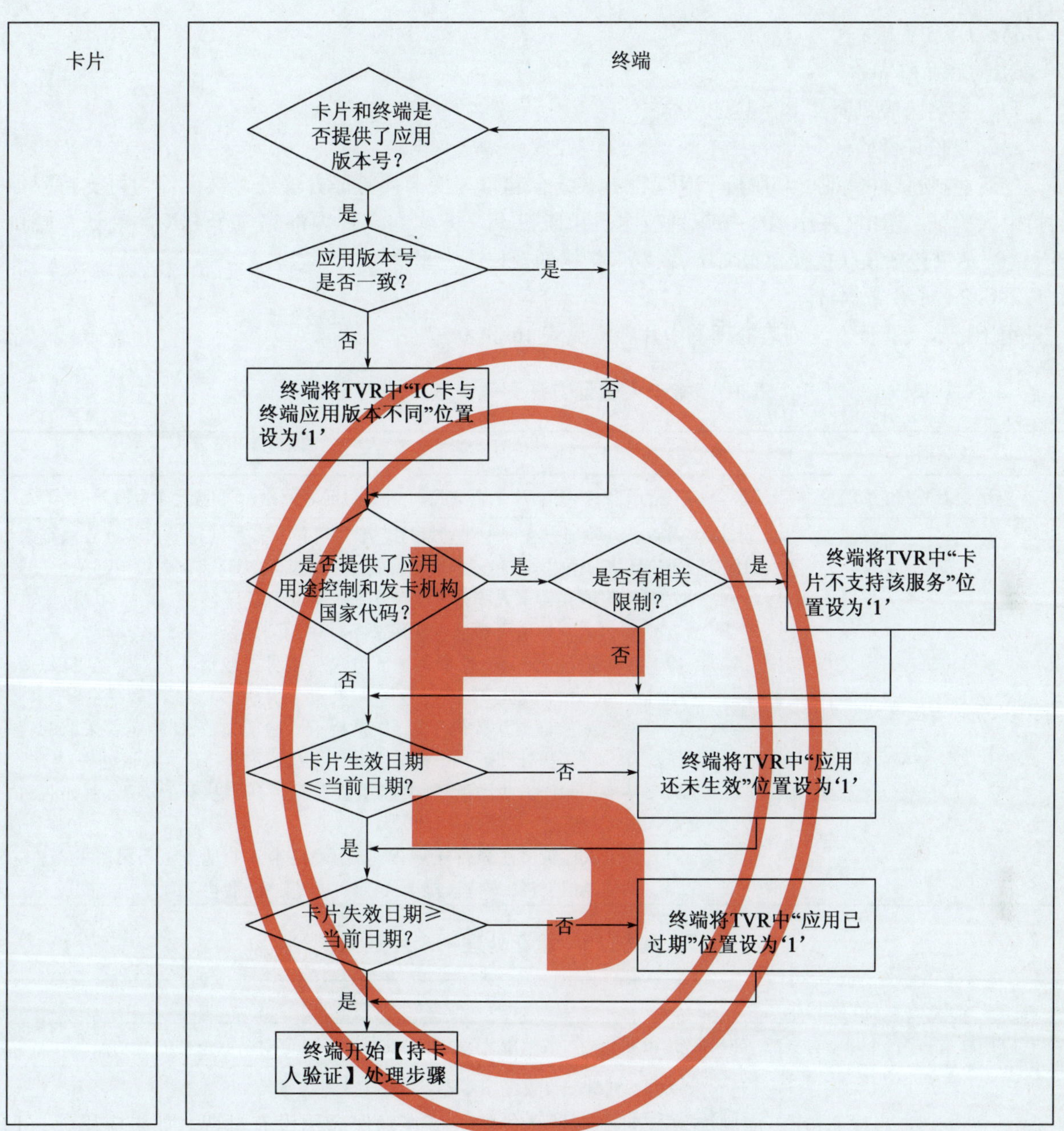

图9 处理限制流程

c) 卡片不支持所请求的服务。

8.1.2.6 持卡人验证

8.1.2.6.1 概述

持卡人验证用来确保持卡人是合法的。

在持卡人验证处理中,终端决定要使用的持卡人验证方法(CVM)并执行选定的持卡人验证。CVM处理允许增加其他持卡人验证方法,例如生物识别等。如果使用脱机PIN方式,卡片要验证卡片内部的脱机PIN。脱机PIN验证结果包括在联机授权信息中,发卡机构作授权决定的时候要考虑其验证结果。

支持的持卡人验证方法包括:

a) 脱机明文PIN验证;

b) 联机PIN验证;

c) 签名；

d) CVM 失败；

e) 无须 CVM；

f) 签名与脱机明文 PIN 验证组合；

g) 身份证件验证。

签名、身份证件验证可和脱机 PIN 验证方式结合起来。持卡人验证方法处理被设计为可支持附加的持卡人验证，比如被采用的生物识别技术。用脱机 PIN 方式在卡片内部完成了 PIN 的确认。脱机 PIN 验证结果包括在联机授权报文中，在发卡机构的授权决定里应予以考虑。

8.1.2.6.2 卡片数据

用于持卡人验证方法列表处理的卡片数据见表 16 和表 17。

表 16 持卡人验证方法列表处理—卡片数据

数 据 元	说 明
应用交互特征（AIP）	包含一个指示器，标明卡片是否支持持卡人验证。此指示器应设置为‘1’
持卡人验证方法（CVM）列表	卡片应用持卡人验证方法列表先后顺序。卡片可包含多种的持卡人验证方法列表以用于不同的环境，比如国际和国内交易。持卡人验证方法列表包含以下部分： a) 金额 X-可能在持卡人验证方法使用条件中用到的金额； b) 金额 Y-可能在持卡人验证方法用法条件中用到的第二个金额； c) 持卡人验证方法条目—持卡人验证方法列表可能包括不止一个条目，每个条目包含以下子域： 1) 持卡人验证方法代码子域：如果持卡人验证失败，即指定要采取的行动。可选择处理下一个持卡人验证方法或中止持卡人验证处理； 2) 持卡人验证方法类型子域：持卡人验证方法要执行的类型，例如脱机 PIN 验证； 3) 持卡人验证方法条件子域：当要用到持卡人验证方法条目时的条件。例如，如果终端支持该持卡人验证方法类型（脱机 PIN）

表 17 脱机 PIN 验证处理—卡片数据

数 据 元	说 明
应用缺省行为（ADA）	如果脱机 PIN 重试次数超限，卡片用该数据元来决定要采取怎样的行动
卡片验证结果（CVR）	包含卡片为下列情况设置的指示器： a) 执行了脱机 PIN 验证； b) 脱机 PIN 验证失败； c) PIN 重试次数超限； d) 因 PIN 重试次数超限，应用锁定
PIN 重试次数计数器	剩余的脱机 PIN 重试次数。每次持卡人脱机 PIN 验证失败时，PIN 重试次数计数器都减 1。如果持卡人输入与存储在卡片中参考 PIN 一致的 PIN 或重置 PIN 重试次数计数器的脚本命令执行成功，PIN 重试次数计数器被重置为 PIN 重试次数上限。卡片使用取数据（GET DATA）命令返回 PIN 尝试计数器（可选）。在验证命令中返回给终端
PIN 重试次数上限	针对某一应用，发卡机构指定的所能允许的连续输入错误 PIN 的最大次数
参考 PIN	持卡人 PIN，储存在卡片的安全位置
持卡人证件号	用于证件验证
持卡人证件类型	用于标识证件类型

8.1.2.6.3 终端数据

用于持卡人验证处理的终端数据见表18。

表18 持卡人验证处理—终端数据

数据元	说明
加密个人识别码(PIN)数据	在密码键盘加密交易PIN用于联机验证
密码键盘保密密钥	密码键盘使用加密输入的脱机PIN的保密密钥,且读卡器用此密钥来给加密PIN解密。当密码键盘和读卡器没有集成为一个不受外界干预的一体设备,这个密钥是必需的。此密钥和用于脱机加密PIN的密钥不同
终端性能	标明了终端支持的持卡人验证方法
终端验证结果(TVR)	在终端验证结果里为下列情况设置指示器: a) 持卡人验证不成功; b) 不可识别的持卡人验证方法; c) PIN输入次数超限; d) 需要PIN输入而没有密码键盘或密码键盘不能工作; e) 需要PIN输入,有密码键盘但PIN没有输入; f) 输入联机PIN
交易个人识别码(PIN)	包含持卡人为PIN验证输入的数据

8.1.2.6.4 命令

8.1.2.6.4.1 脱机PIN处理

以下命令用于脱机PIN处理:

a) GET DATA:用以从卡片获取PIN重试计数器以便决定在先前的交易中PIN输入次数是否超限,或接近超限,为可选项。如果卡片不支持用取数据(GET DATA)命令返回PIN尝试计数器,卡片返回‘6A88’;

b) VERIFY:用于脱机明文PIN验证。包括持卡人输入的PIN并开始卡片对这个PIN与储存在卡片上的参考PIN的比较。如果卡片和终端支持脱机PIN处理,则它们支持VERIFY命令。

8.1.2.6.4.2 卡片响应状态

卡片的响应指出下列情况中的一种,命令的响应状态字SW1 SW2可能有如下返回值:

a) ‘9000’验证成功;

b) ‘63Cx’PIN不匹配,“x”表明剩余的次数;

c) ‘6984’当在上次交易中已经超过尝试次数限制数,本次交易第1次处理验证(VERIFY)命令时返回;

d) ‘6983’当在本次交易中超过尝试次数限制数,卡片再次收到验证(VERIFY)命令时返回。

8.1.2.6.5 处理流程

8.1.2.6.5.1 持卡人验证方法列表处理

卡片在持卡人验证方法列表处理中,提供给终端持卡人验证方法列表以及其他必需数据。

终端执行下列步骤:

a) 决定是否执行持卡人验证——如果卡片支持持卡人验证(如应用交互特征所说明),且读取应用数据时,卡片提供一个持卡人验证方法列表,那么终端就继续持卡人验证。反之,终端就进行终端风险管理;

b) 处理持卡人验证列表条目——由持卡人验证方法列表中的第一个条目开始,终端执行以下行为:
   1) 检查持卡人验证条件是否符合。如果不符合,终端进行下一个持卡人验证方法列表条目;
   2) 如果持卡人验证条件符合,终端将进一步检查此 CVM 代码是否可识别;
   3) 如果可识别,终端判断是否支持此 CVM,如果支持,则进入步骤 4);

   注 1:如果终端不支持此 CVM 代码,则进行判断,此 CVM 是否和 PIN 验证相关,如果为 PIN 验证则终端设置 TVR“要求输入 PIN,但密码键盘不存在或不工作”位为‘1’,进入步骤 3)。

   注 2:如果此 CVM 代码无法被终端识别,终端将在 TVR 中设置“未识别 CVM”位为‘1’,进入步骤 3)。

   4) 终端检查 CVM 代码 bit7 位。如果为 1,则继续处理下一个 CVM 条目;如果 CVM 列表中无未处理的 CVM 条目,则持卡人验证失败,终端结束持卡人验证。如果为 0,则持卡人验证失败,终端设置持卡人验证不成功标志为‘1’,结束持卡人验证;
   5) 执行指定的持卡人验证方法。如果持卡人验证不成功(例如脱机 PIN 验证失败),终端进入步骤 3)。如果持卡人验证成功,终端进行终端风险管理。

c) 如果终端到达了持卡人验证方法列表的末端还没有一个成功的持卡人验证,则持卡人验证处理失效,终端在终端验证结果里设置持卡人验证不成功标志‘1’并进行终端风险管理。

8.1.2.6.5.2 持卡人验证处理

持卡人验证处理执行以下步骤:

a) 联机 PIN 验证:在联机 PIN 验证处理过程中,输入后的 PIN 被加密,并包含在联机授权报文里,由发卡机构的联机加以验证。联机 PIN 处理流程不在本条款中描述;
b) 签名:当选择签名作为持卡人验证方法时,终端打印一张附有给持卡人签名档的收据;
c) 无须 CVM:当持卡人验证方法是“无须 CVM”时,持卡人验证成功;
d) 持卡人验证失败:当持卡人验证方法是“持卡人验证失败”时,认为持卡人验证处理失败;
e) 持卡人证件验证:终端提示持卡人出示身份证件,并将卡片中得到的证件类型和证件号码显示给服务员,进行持卡人身份比对验证。

8.1.2.6.6 流程图

图 10 概述了持卡人验证方法列表处理流程,图 11 概述了 PIN 验证处理流程。

8.1.2.6.7 前期相关处理

8.1.2.6.7.1 初始化应用处理

从卡片中获取应用交互特征(AIP),指示卡片是否支持持卡人验证。

8.1.2.6.7.2 读取应用数据

终端从卡片中读取持卡人验证方法列表以及其他持卡人验证处理中使用的数据。

8.1.2.6.8 后续相关处理

8.1.2.6.8.1 终端行为分析

终端使用持卡人验证结果,以及发卡机构行为代码和终端行为代码来决定交易是被脱机拒绝,还是联机发送授权请求,或者脱机批准。

8.1.2.6.8.2 卡片行为分析

当 PIN 尝试次数超限时,卡片使用持卡人验证结果与应用缺省行为中的参数来决定是拒绝交易,还是进行联机授权请求。

8.1.2.6.8.3 联机处理

授权请求报文中不包括脱机 PIN,但包括脱机 PIN 验证结果在内的持卡人验证结果,发卡机构的授权决定中应考虑这些结果。

8.1.2.6.8.4 交易结束

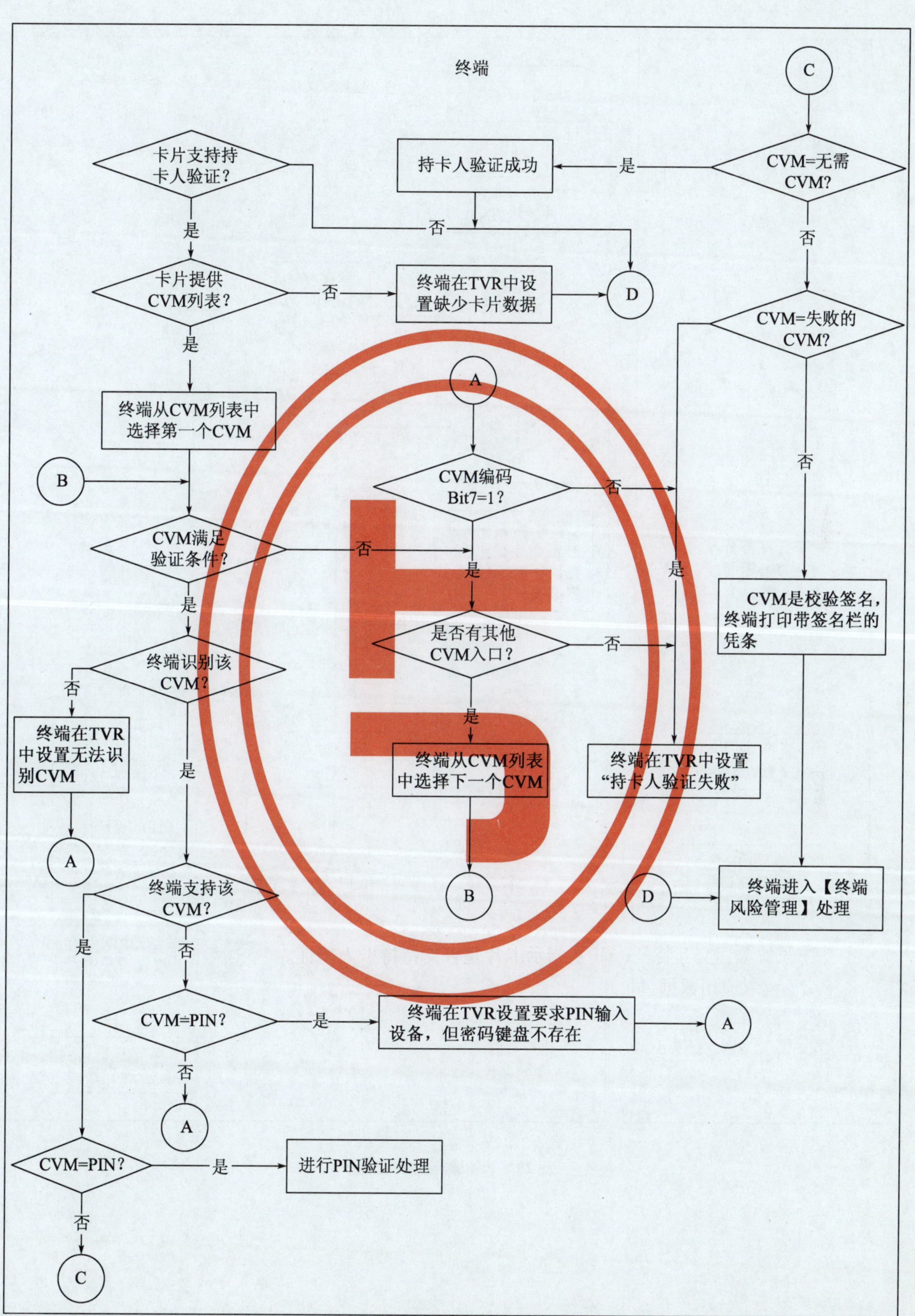

图10 持卡人验证方法列表处理流程

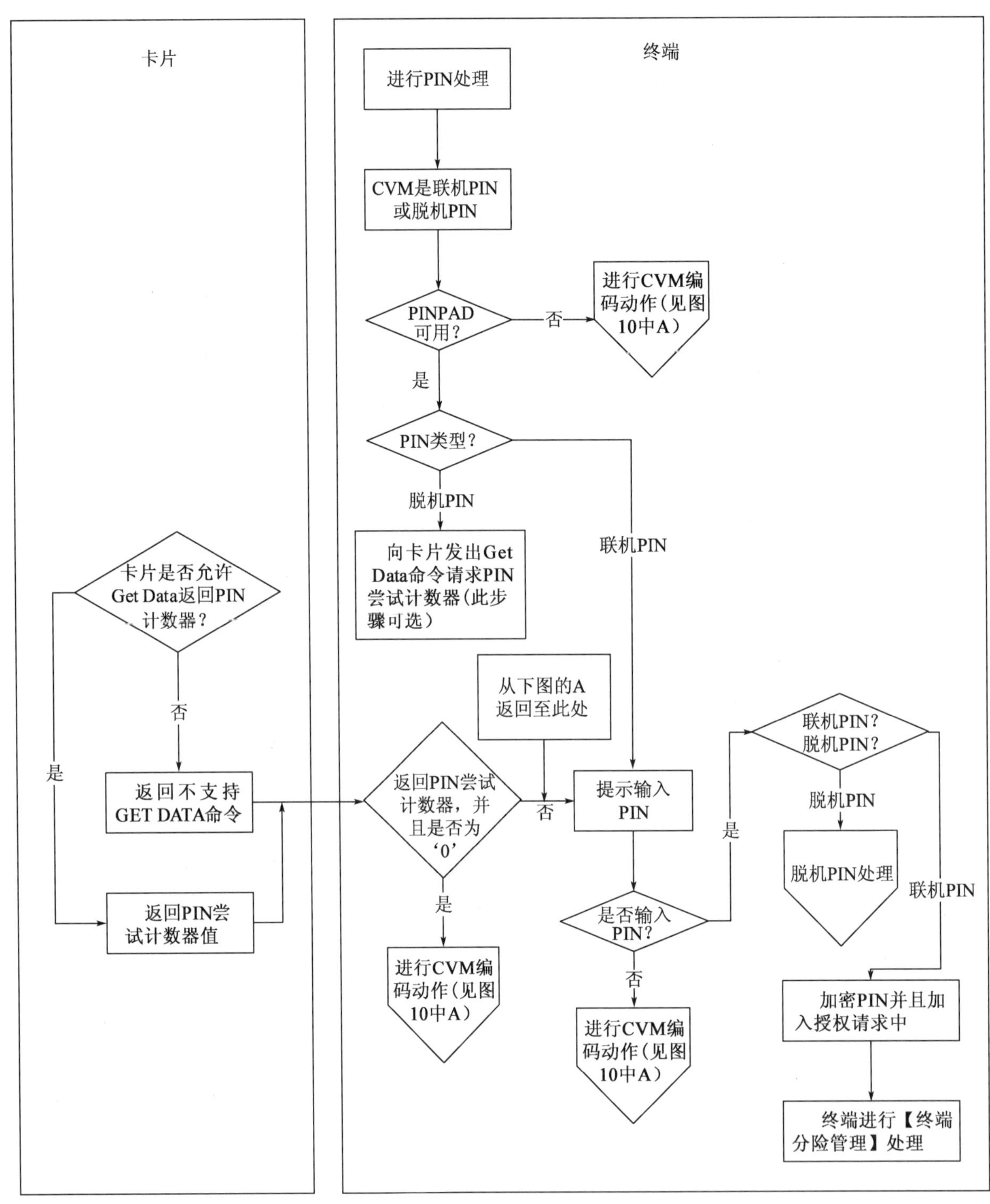

图11　PIN验证处理流程

卡片
终端
脱机PIN处理
明文PIN
向卡片发起VERIFY命令
PIN尝试次数是否超限?
否
输入PIN是否正确?
否
是
B
是
PIN可尝试次数减1
重置PIN尝试计数器
将VERIFY返回码置为"失败"，并返回已无尝试机会
将VERIFY返回码置为"成功完成"
VERIFY返回是否正确?
否
PIN尝试次数超限?
否
是
PIN尝试次数超限?
否
将VERIFY返回码置为"失败"
将VERIFY响应数据返回给终端
返回图11的A处
是
是
ADA中"若PIN尝试超限锁定应用"=1?
是
否
卡片锁定应用
进行CVM编码动作
终端进行【终端风险管理】处理
B

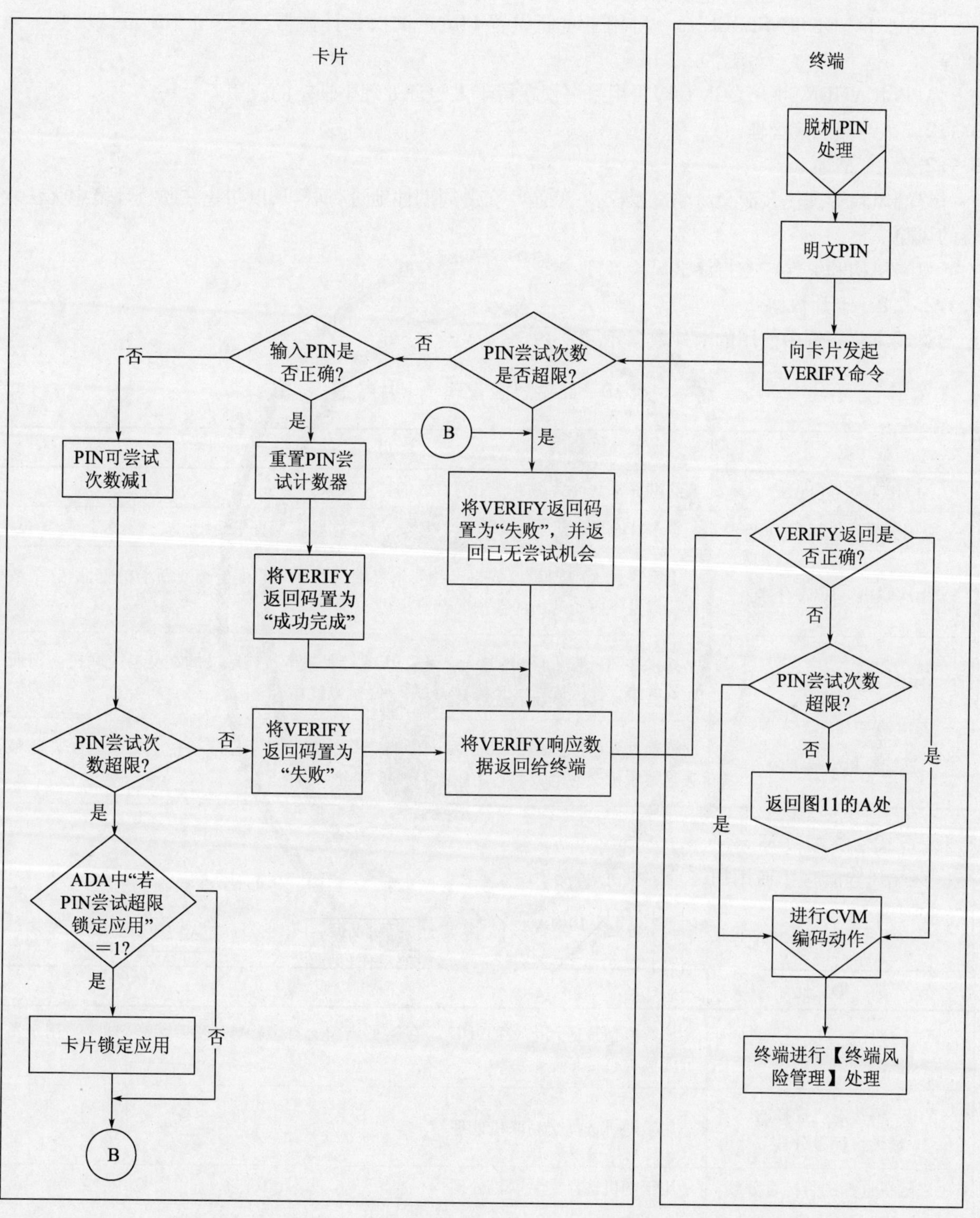

图11 （续）

联机获取授权的尝试失败后，卡片使用持卡人验证结果和应用缺省行为中的参数来决定是否拒绝交易。

8.1.2.6.8.5 发卡机构脚本命令处理

PIN CHANGE/UNBLOCK 命令可用于重新设置 PIN 重试次数计数器，使其与 PIN 重试次数上限相等。

APPLICATION UNBLOCK 命令可用来解锁在持卡人验证处理中锁定的应用。

8.1.2.7 终端风险管理

8.1.2.7.1 概述

终端风险管理使大额交易联机授权，并使芯片交易周期性地进行联机，以防止在脱机环境中无法觉察的风险。

发卡机构和终端应支持终端风险管理。

8.1.2.7.2 卡片数据

终端风险管理中使用的卡片数据元见表 19。

表 19 终端风险管理—卡片数据

数据元	说明
应用主账号(PAN)	终端异常文件检查时使用的有效的持卡人账号
应用交易计数器(ATC)	自卡片个人化以后处理的交易数量，在终端频度检查中使用
上次联机 ATC 寄存器	上次联机 ATC 的值。如果卡片要求终端进行终端频度检查或新卡检查，则这个数据元以及下面所列出的数据元都应提供
连续脱机交易下限	如果终端可联机，该数据元(标签"9F14")是发卡机构定义的在交易应联机之前所允许的最大连续脱机交易笔数，它用于终端频度检查
连续脱机交易上限	该数据元(标签"9F23")是发卡机构定义的在脱机交易应被拒绝之前所允许的最大连续脱机交易笔数。它用于终端频度检查

8.1.2.7.3 终端数据

终端风险管理中使用的终端数据元见表 20。

表 20 终端风险管理—终端数据

数据元	说明
授权金额	该数值型数据元(标签"9F02")存储了当前交易金额(不包括调账交易)。用于最低限额检查
用于偏置随机选择的最大目标百分数	用于随机选择交易联机处理
用来随机选择的目标百分数	用于随机选择交易联机处理
终端最低限额	该数据元(标签"9F1B")表示与应用标识符相关联的终端最低限额。用于最低限额检查和随机选择交易联机处理
终端验证结果(TVR)	记录终端脱机处理结果的一系列指示器。它们用来记录终端风险管理检查的结果
偏置随机选择与阈值	用于随机选择交易联机处理的数值

表 20（续）

数 据 元	说 明
交易日志	终端上存储的被接受的交易的交易日志，用来防止使用分次消费的方法企图躲过最低限额检查。这个日志至少包含了应用的主账号和交易金额，并可选包含应用主账号序列号和交易日期。而交易数量的储存和日志的维护由具体应用定义。如果该日志存在，则终端最低限额检查将可能使用到这个日志
交易状态信息(TSI)	标明终端执行的功能，联机授权和清算报文中不提供此数据元，终端用它来表示已经执行了终端风险管理

8.1.2.7.4 命令

如果终端尚未获取上次联机 ATC 寄存器和应用交易计数器，则发送取数据(GET DATA)命令从卡片中读取。这些数据在终端频度检查和新卡检查时使用。

如果卡片支持终端频度检查或新卡检查，卡片要返回这些数据给终端。

如果卡片不支持终端频度检查或新卡检查，这些数据要存储为专用数据元，并不能返回给终端。此时卡片响应 SW1 SW2 = '6A88'。

8.1.2.7.5 终端异常文件检查

如果终端异常文件存在，终端应检查应用主账号(PAN)是否在终端异常文件中。

如果卡片号列在终端异常文件中，终端在终端验证结果(TVR)中设置"卡片号出现在终端异常文件中"的位为'1'。

8.1.2.7.6 商户强制交易联机

在可联机的终端，用户可将终端交易设置为联机交易。

如果商户强制交易联机，终端将终端验证结果(TVR)中"商户强制交易联机"的位设置成'1'。

8.1.2.7.7 最低限额检查

执行最低限额检查，可使超过终端最低限额的交易执行联机授权。

终端将授权金额和终端最低限额进行比较，如果交易额大于等于最低限额，终端将终端验证结果(TVR)中"交易金额超过最低限额"的位设置成'1'。即使终端最低限额为0，终端也应执行最低限额检查，并将终端验证结果中"交易金额超过最低限额"的位设置成'1'。

如果终端包含一个交易日志，终端就检查同一张卡片之前的交易金额加上现在的交易金额是否超过了最低限额。

8.1.2.7.8 随机交易选择

可支持脱机和联机交易的终端会随机选择交易进行联机处理。

如果随机选择了一个交易，终端会标注在终端验证结果中。

8.1.2.7.9 终端频度检查

频度检查允许发卡机构在一个预先设定的连续脱机交易的数量之后要求进行联机处理。允许脱机的终端应支持终端频度检查。发卡机构可选择终端不支持频度检查。

如果卡片在读取应用数据处理时提供连续脱机交易下限(标签"9F14")和连续脱机交易上限(标签"9F23")，终端将执行终端频度检查。如果这些数据中的任意一个都没有出现在卡片里，终端将避开这个处理。

终端发送 GET DATA 命令向卡片读取上次联机 ATC 寄存器与交易计数器(ATC)。卡片在命令响应中返回这些数据元。

终端将 ATC 与上次联机 ATC 寄存器对比，对比内容包括：

a) 如果 ATC 减去上次联机 ATC 寄存器大于连续脱机交易下限值，终端将终端验证结果中"超过

连续脱机交易下限”的位设置成‘1’;

b) 如果 ATC 减去上次联机 ATC 寄存器大于连续脱机交易上限值,终端将终端验证结果中“超过连续脱机交易上限”的位设置成‘1’。

注:卡片行为分析中,卡片可执行相似的频度检查。卡片的频度检查不会影响终端验证结果。

8.1.2.7.10 新卡检查

在终端所做的新卡检查中,如果存在连续脱机交易上限值和连续脱机交易下限值,终端就检查上次联机 ATC 寄存器(如果卡片提供的话)。根据发卡机构认证结果和卡片参数,交易被联机批准后,该寄存器被重新复位。

终端发送 GET DATA 命令向卡片读取上次联机 ATC 寄存器(如果该数据元并未出现在终端里)。卡片用上次联机 ATC 寄存器作为对 GET DATA 命令的响应。

终端检查上次联机 ATC 寄存器,如果序号为 0,终端将 TVR 中的“新卡”位置设为‘1’。

注:卡片行为分析中,卡片可执行相似的新卡检查。

8.1.2.7.11 流程图

终端风险管理处理流程如图 12 所示。

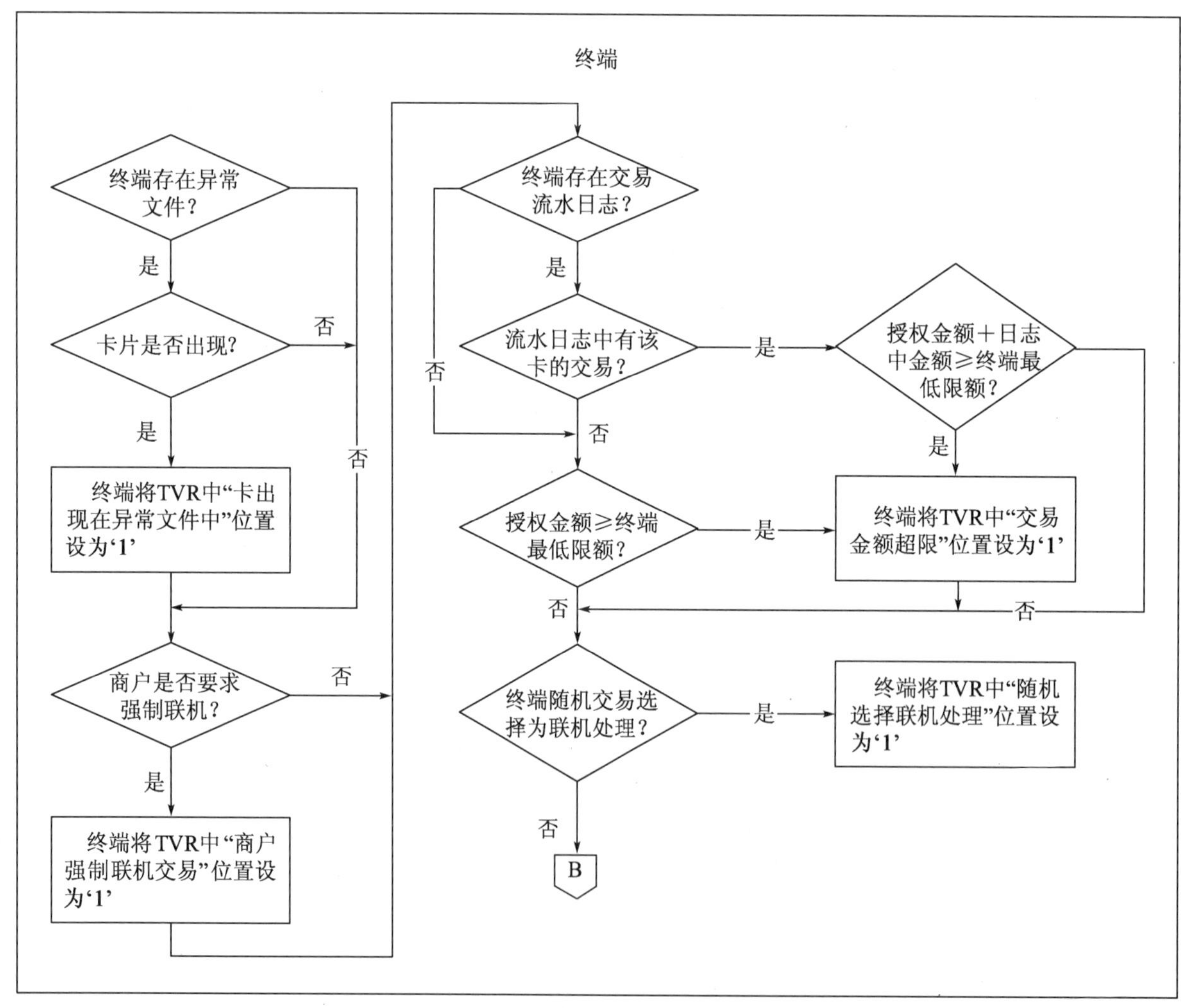

图 12 终端风险管理处理流程

卡片
终端
B
终端是否读取了连续脱机交易上限和下限?
是
否
卡片响应GET DATA命令，返回ATC和上次联机ATC寄存器值
终端发出GET DATA命令得到ATC和上次联机ATC寄存器值
是
ATC和上次联机ATC寄存器值是否都返回?
否
是
ATC 上次联机ATC寄存器值>脱机连续交易下限?
终端将TVR中“缺少卡片数据”位置设为‘1’
是
终端将TVR中“超过脱机连续交易下限”位置设为‘1’
终端将TVR中“超过脱机连续交易下限”和“超过脱机连续交易上限”位都置设为‘1’
ATC 上次联机ATC寄存器值>脱机连续交易上限?
否
否
是
终端将TVR中“超过脱机连续交易上限”位置设为‘1’
上次联机ATC寄存器=0?
否
是
终端将TVR中“新卡”位置设为‘1’
终端进行【终端行为分析】处理

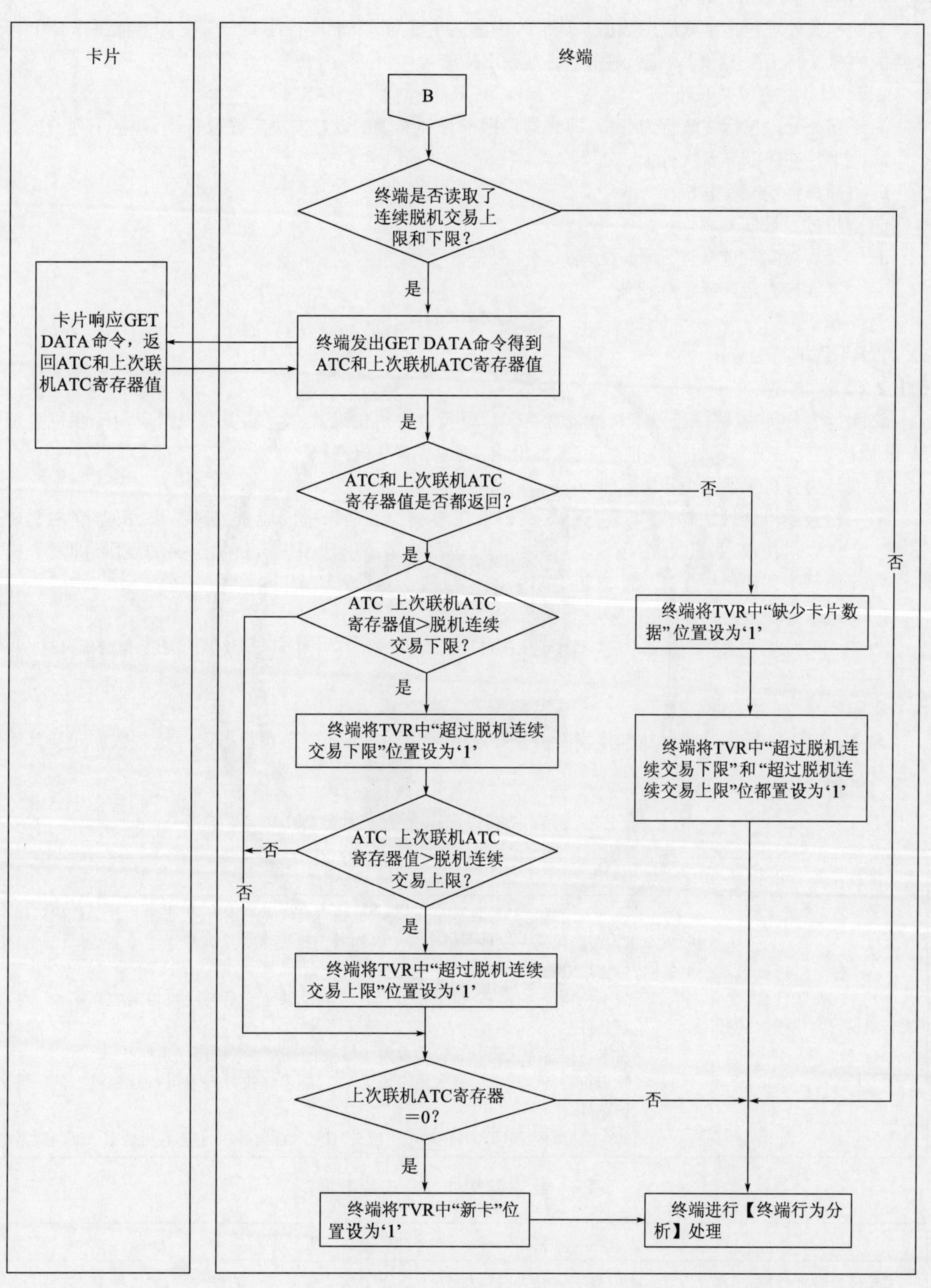

图12 （续）

8.1.2.7.12　前期相关处理

前期相关处理包括读取应用数据。从卡片中读取主账号，用于检查终端异常文件。如果卡片上存在连续脱机交易上限值和下限值，则用于终端频度检查。

8.1.2.7.13　后续相关处理

后续相关处理包括终端行为分析，即终端根据卡片和终端的设置来决定采取行动，包括下列情况：

a）卡片在终端异常文件上；
b）商户强制交易联机；
c）超过了最低限额；
d）交易被随机选择进行联机处理；
e）频度检查金额或笔数超限；
f）新卡。

8.1.2.8　终端行为分析

8.1.2.8.1　概述

终端行为分析中，终端把发卡机构设置在卡片里及收单机构设置在终端里的规则应用于脱机处理结果，以决定交易是采取脱机批准、应被脱机拒绝，还是请求联机授权。

终端行为分析包括两个步骤：

a）检查脱机处理结果：终端检查由终端记录在终端验证结果里的脱机处理结果，决定交易要请求联机授权、脱机批准，还是脱机拒绝。此过程考虑了卡片中发卡机构定义的规则，即发卡机构行为代码(IAC)以及终端定义的规则，即终端行为代码(TAC)；
b）请求密文处理：终端要求一个来自卡片的密文。

注：终端行为分析中，脱机批准或申请联机处理的决定并不是最终的。卡片可不考虑终端的决定，但脱机拒绝的决定是不可忽略的。

8.1.2.8.2　卡片数据

表21和表22所描述的是从卡片收到并在终端行为分析中使用的卡片数据元。这些数据元及其用法的详细说明见JT/T 978.2。

表21　检查脱机处理结果—卡片数据

数据元	说明
发卡机构行为代码(IAC)	发卡机构行为代码是三种数据元，即发卡机构行为代码—拒绝，发卡机构行为代码—联机，发卡机构行为代码—缺省。每个发卡机构行为代码由一系列与终端验证结果(TVR)中的比特位相对应的比特位组成： a）发卡机构行为代码—拒绝位设置为‘1’，反映了交易被脱机拒绝的终端验证结果条件； b）发卡机构行为代码—联机位设置为‘1’，代表需要联机授权条件； c）发卡机构行为代码—缺省位设置为‘1’，是当联机处理不可行时脱机拒绝所需的条件。 类似的终端行为代码(TAC)在终端里定义。IAC数据宜作为静态脱机数据认证用数据

表22　要求密文处理—卡片数据

数据元	说明
卡片风险管理数据对象列表1(CDOL1)	卡片风险管理数据对象列表1包含了终端数据对象的标签和长度，卡片需要用它们来生成第一个应用密文，以及进行其他处理
交易证书数据对象列表TDOL	列出生成交易证书TC哈希计算的数据对象(标签和长度)

8.1.2.8.3 终端数据

终端数据元及其用法的详细说明见附录 B。

检查脱机处理结果及要求密文处理结果的终端数据见表 23 和表 24。

表 23 检查脱机处理结果—终端数据

数据元	说明
终端行为代码(TAC)	终端行为代码是三种数据元,即终端行为代码—拒绝,终端行为代码—联机,终端行为代码—缺省。和发卡机构行为代码相似,每个终端行为代码由一系列与终端验证结果(TVR)中的比特位相对应的比特位组成: a) 终端行为代码—拒绝比特位设置为'1',反映了交易被脱机拒绝的终端验证结果条件; b) 终端行为代码—联机比特位设置为'1',代表了联机授权条件; c) 终端行为代码—缺省比特位设置为'1',是当联机处理不可行时脱机拒绝所需的条件
终端验证结果(TVR)	终端验证结果是在交易处理期间被用来代表脱机处理结果而设置的一系列比特位

表 24 要求密文处理—终端数据

数据元	说明
终端数据元	在卡片风险管理数据对象列表 1 中得以详细说明的终端数据元,包括在 GENERATE AC 命令中
交易证书(TC)哈希算法计算结果	可选。作为输入数据使用生成应用密文(GENERATE AC)命令送入卡片

8.1.2.8.4 命令

终端发送 GENERATE AC 命令向卡片申请一个应用密文。命令中的 P1 参数标明了密文类型以及是否执行 CDA。命令的数据部分包括卡片在 CDOL1 中要求的终端数据元。CDOL1 是终端在读应用记录处理过程中从卡片中读出的。如果执行复合动态数据验证/应用密文生成,终端也会出现此命令。

该命令指明了下列应用密文中的一种:

a) 交易证书(TC):用于批准;

b) 应用认证密文(AAC):用于拒绝;

c) 授权请求密文(ARQC):进行联机。

此命令也包括卡片在卡片风险管理数据对象列表 1 里要求的终端数据对象。

当卡片接到 GENERATE AC 命令后进行卡片行为分析。终端行为分析期间不返回对此命令的响应。

8.1.2.8.5 处理流程

8.1.2.8.5.1 脱机处理结果的检查

终端检查脱机处理的结果以决定是否交易需要联机、被脱机批准,或被脱机拒绝。这个过程中使用了卡片中发卡机构定义的规则(发卡机构行为代码)以及本条款定义的规则(终端行为代码)。

8.1.2.8.5.2 请求密文处理

终端行为分析的第二阶段包括向卡片申请一个应用密文。检查脱机处理结果以及相应的将申请的密文类型如下:

a） 脱机批准：TC；

b） 进行联机授权：ARQC；

c） 脱机拒绝：AAC。

如果执行复合动态数据验证/应用密文生成，终端也会出现此命令。

8.1.2.8.6 流程图

终端行为分析处理流程如图 13 所示。

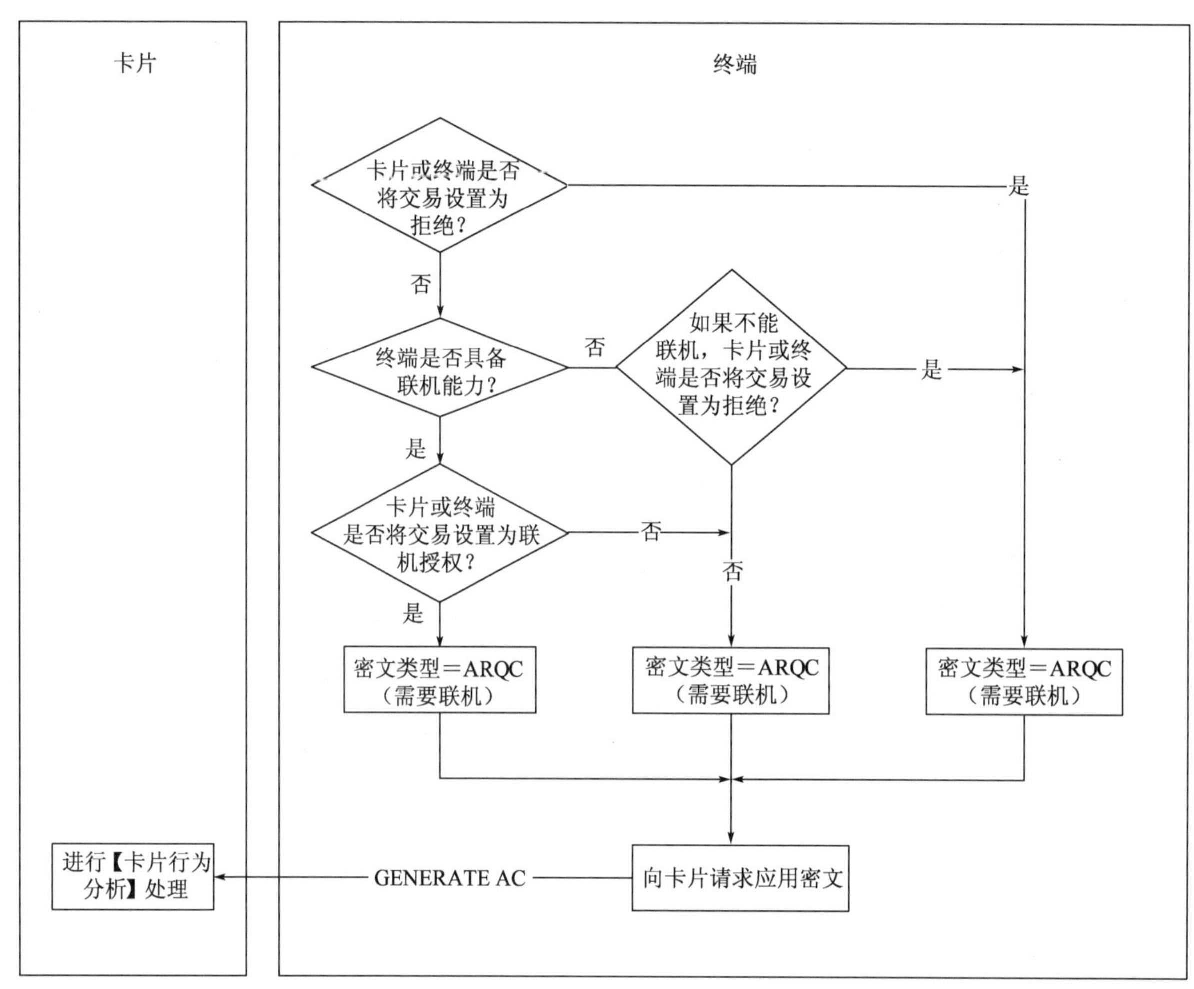

图 13 终端行为分析处理流程

8.1.2.8.7 前期相关处理

8.1.2.8.7.1 读取应用数据

终端从卡片读取应用数据。此数据包括卡片风险管理数据对象列表 1 和发卡机构行为代码。

8.1.2.8.7.2 脱机数据认证，处理限制，持卡人验证及终端风险管理

根据处理结果，脱机数据认证、处理限制、持卡人验证及终端风险管理的脱机功能在终端验证结果设置比特位。终端行为分析中，这些比特位设置与发卡机构行为代码和终端行为代码共同使用来决定交易处理。

8.1.2.8.8 后续相关处理

后续相关处理包括卡片行为分析。在进行卡片行为分析时，卡片执行附加的风险管理，来决定是否否定终端行为分析中脱机批准或请求联机的决定。

8.1.2.9 卡片行为分析

8.1.2.9.1 概述

卡片行为分析允许发卡机构执行频度检查以及其他的卡片内部的风险管理。本条描述的所专有的卡片风险管理特性包括如下检查:

a) 上次交易的行为;

b) 新卡;

c) 脱机交易计数和累计脱机金额。

卡片行为分析结束后,卡片返回一个应用密文给终端。AAC 表示交易拒绝,ARQC 表示请求联机授权,TC 表示脱机交易接受。如果卡片和终端都支持 CDA,卡片返回的 ARQC 或 TC 应作为签名的动态应用数据的一部分。

8.1.2.9.2 卡片数据

卡片行为分析中用到的卡片数据元见表 25。

表 25 卡片行为分析—卡片数据

数 据 元	说 明
应用密文	卡片响应 GENERATE AC 命令而返回的密文: a) 返回请求拒绝的应用认证密文称为 AAC; b) 返回请求批准的交易证书称为 TC; c) 联机处理申请的授权请求密文称为 ARQC
应用货币代码	指明和应用有关的国内货币,是卡片指定货币
应用缺省行为(ADA)	发卡机构定义的指示器,指定在一些特殊条件下的卡片行为。如果卡片中没有则缺省认为为零
应用交互特征(AIP)	包括表明卡片支持 CDA 和发卡机构认证能力的指示器
卡片风险管理数据对象列表中要求的数据(CDOL1)	卡片风险管理数据对象列表 1 中要求的数据见 JT/T 978.2
卡片片验证结果(CVR)	表明当前和上次交易的脱机处理结果。此数据作为发卡机构应用数据的一部分联机上送
密文信息数据(CID)	在生成应用密文(GENERATE AC)命令中返回给终端,CID 指出了卡片返回的密文的类型。CID 还包括了是否要生成通知的标识位,以及生成通知的原因的代码
连续脱机交易计数器(国际—货币)	每次使用非卡片指定货币的脱机交易,计数器加 1
连续脱机交易限制次数(国际—货币)	使用卡片非指定货币的脱机交易的限制次数,超过则请求联机处理
连续脱机交易计数器(国际—国家)	每次发卡机构国家代码和终端国家代码不同的脱机交易,计数器加 1
连续脱机交易限制次数(国际—国家)	发卡机构国家代码和终端国家代码不同的脱机交易的限制次数,超过请求联机处理
累计脱机交易金额	记录自从上次联机处理以来,使用卡片指定货币的脱机交易总金额
累计脱机交易金额限制	累计脱机交易金额的限制数。如果超过请求联机处理
累计脱机交易金额(双货币)	记录自从上次联机处理以来,使用卡片指定货币和第二货币的脱机交易总金额

表 25（续）

数　据　元	说　　明
累计脱机交易金额限额（双货币）	累计脱机交易金额（双货币）的限制数。如果超过请求联机处理
货币转换因子	用来将第二应用货币转换成应用指定货币的汇率值。此数据元有四个字节，第一个高半字节表示小数点的位置，后面 7 个半字节表示汇率值
DDA 失败指示位	当上次交易 DDA 失败而且交易拒绝时设置的卡片内部应用指示位
发卡机构认证失败指示位	当上次联机交易出现下面两种情况之一时设置的卡片内部应用指示位： a）发卡机构认证执行并失败； b）发卡机构认证强制但没执行
发卡机构认证指示位	指明卡片支持的发卡机构认证是强制还是可选的指示位
发卡机构国家代码（“9F57”）	表明发卡机构的国家
发卡机构脚本命令计数器	记录上次联机交易中，有安全报文的发卡机构脚本命令的个数
发卡机构脚本失败指示位	在上次联机交易中，发卡机构脚本处理失败时设置
连续脱机交易下限（“9F58”）	在申请联机授权之前，卡片允许的最大连续脱机交易限制数
卡片请求脱机拒绝指示位	当卡片风险管理检查决定交易拒绝时设置的卡片内部应用指示位
联机授权指示位	当申请联机的交易无法联机或联机授权被中止时设置的内部应用指示位
卡片请求联机指示位	当卡片风险管理检查决定交易要联机上送时设置的卡片内部应用指示位
PIN 尝试次数计数器	记录 PIN 剩余的尝试次数
第二应用货币代码	用于双货币频度检查。可使用货币转换因子转换为本地货币（卡片指定货币）
SDA 失败指示位	当上次交易 SDA 失败而且交易拒绝时设置的卡片内部应用指示位
交易日志文件短文件标识符	当卡片做出接受交易的决定后，卡片内部自动记录交易日志，交易日志文件的短文件标识符标识此文件

8.1.2.9.3　终端数据

卡片行为分析中使用的终端数据见表 26。

表 26　卡片行为分析—终端数据

数　据　元	说　　明
授权金额	交易的金额
交易货币代码	表明交易的货币类型，在 CDOL1 中
终端国家代码	表明终端的国家，在 CDOL1 中
终端认证结果（TVR）	终端记录脱机处理结果的一系列指示器

8.1.2.9.4　命令

终端使用生成应用密文（GENERATE AC）命令请求卡片提供一个应用密文。

命令中的 P1 参数表明了密文类型以及是否执行 CDA，见 JT/T 978.2。命令的数据部分包括 CDOL1 中指定的终端数据。

命令的响应信息包括应用密文和密文信息数据。如果卡片执行 CDA，而且密文类型为 ARQC 或 TC，密文要作为签名的动态应用数据使用卡片私钥签名。

8.1.2.9.5 处理流程

8.1.2.9.5.1 概述

终端行为分析之后,终端向卡片发送 GENERATE AC 命令,向卡片提供在卡片风险管理数据对象列表(CDOL1)中要求的数据并请求一个应用密文。在 8.1.2.8 阐述了终端行为分析处理过程。

卡片收到终端发来的生成应用密文(GENERATE AC)命令。命令的数据部分包括 CDOL1 中卡片指定的终端数据。如果 CDOL1 和 PDOL 中均含有某个标签(这些标签包括但不仅限于交易货币代码"5F2A"、授权金额"9F02",但不包括终端验证结果"95",交易状态信息"9B"和不可预知数"9F37"),但终端在生成应用密文(GENERATE AC)命令中给出的标签的值与取处理选项(GPO)命令中给出的标签的值不一致,卡片应当以生成应用密文(GENERATE AC)命令中收到的该值为准,在该笔交易的后续所有流程中均应使用该值。卡片不应因生成应用密文(GENERATE AC)命令中某个标签的值与获取处理选项(GPO)命令中某个标签的值不一致而以非'9000'响应生成应用密文(GENERATE AC)命令。

8.1.2.9.5.2 卡片风险管理

若卡片支持并且要求的数据可用,则卡片执行下列卡片风险管理行为:

a) 上次交易行为,包括:
   1) 联机授权未完成;
   2) 上次联机交易时,发卡机构认证失败;
   3) 上次交易静态数据认证失败;
   4) 上次交易动态数据认证失败;
   5) 上次交易发卡机构脚本命令执行情况;
   6) 上次交易 PIN 重试次数超限。
b) 新卡检查;
c) 频度检查查看以下项目的脱机处理次数是否超限:
   1) 全部连续脱机交易笔数;
   2) 根据货币种类统计的全部连续脱机国际交易笔数;
   3) 根据国家统计的全部连续脱机国际交易笔数;
   4) 指定货币的全部脱机交易累计金额;
   5) 指定货币和第二货币的全部脱机交易金额。

8.1.2.9.5.3 卡片响应决定

根据卡片风险管理的结果,卡片决定交易响应。卡片返回的密文可与终端请求密文类型不同,具体包括:

a) 卡片可不考虑终端已批准脱机的决定,而申请联机授权或拒绝脱机;
b) 卡片可不考虑终端申请联机授权的决定,而拒绝交易。

卡片对 GENERATE AC 命令的响应见表 27。

表 27 卡片行为分析—卡片对 GENERATE AC 命令的响应

终端请求类型	卡片响应类型		
	AAC	ARQC	TC
AAC	拒绝	—	—
ARQC	拒绝	申请联机	—
TC	拒绝	申请联机	批准

8.1.2.9.5.4 标准 GENERATE AC 的响应

卡片利用终端和卡片提供的数据生成一个基于对称算法的密文。JT/T 978.2 中详述了所要求的数据,JT/T 978.6 中详述了密文生成过程中所需的对称密钥和算法。

卡片在 GENERATE AC 响应中将此密文返回给终端。这个响应中的密文类型表明了卡片对于此交易的处理决定(脱机批准、脱机拒绝、申请联机授权)。

8.1.2.9.5.5 复合动态数据认证的 GENERATE AC 响应

如果终端在 GENERATE AC 命令中表明将执行 CDA,并且卡片在 GENERATE AC 响应中返回的密文类型是批准(TC)或请求联机(ARQC),则卡片用卡片私钥将应用密文、密文信息数据以及其他的数据加密。在 GENERATE AC 响应中,卡片将这签名数据返回给终端。

8.1.2.9.6 流程图

卡片行为分析处理流程如图 14 所示。

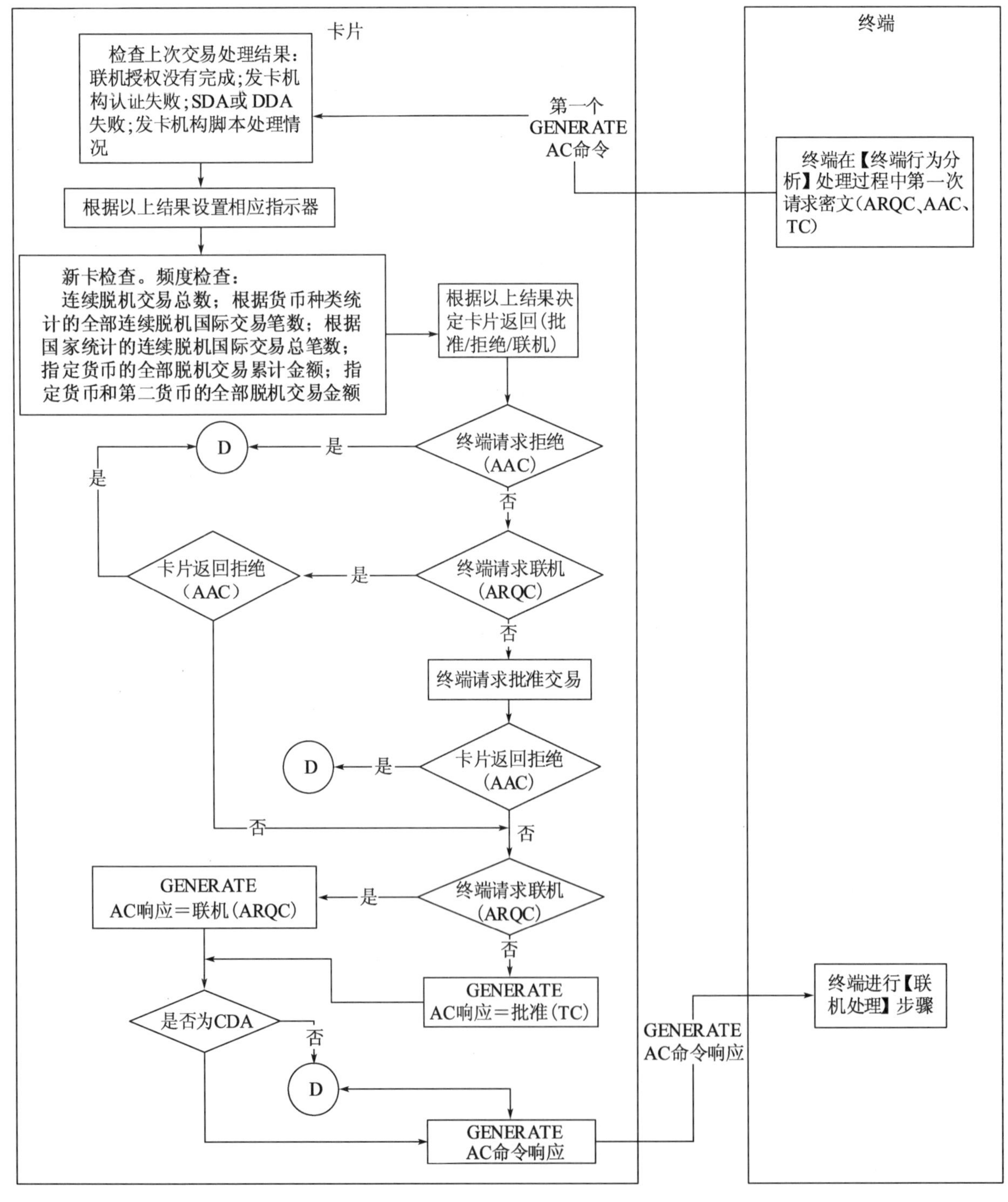

图 14 卡片行为分析处理流程

8.1.2.9.7　前期相关处理

前期相关处理包括读取应用数据,即终端从卡片读取卡片风险管理数据对象列表1(CDOL1)。

8.1.2.9.8　后继相关处理

后继相关处理包括交易结束,即如果要求联机处理,但终端无法将交易联机发送,则卡片和终端执行其他的处理来决定是脱机批准或拒绝交易。

终端在执行另外的分析(类似于终端行为分析)中使用发卡机构行为代码(IAC)—拒绝和终端行为码(TAC)—拒绝来以决定在最终GENERATE AC命令中要请求的密文类型(AAC或TC)。

卡片执行下列的卡片风险管理检查,以决定最终的交易处理结果:

a)　对于全部连续脱机交易(上限)的频度检查;

b)　新卡;

c)　没有执行脱机PIN验证。

8.1.2.10　联机处理

8.1.2.10.1　概述

联机处理允许发卡机构主机根据发卡机构设置的主机风险管理参数判断交易是允许或拒绝。与传统的联机欺诈检查和信用检查相比,主机授权还需额外通过利用卡片产生的动态密文执行联机卡片授权,同时还需在决定授权时考虑脱机处理的结果。

发卡机构返回的数据可包括发卡机构生成的密文和给卡片的更新数据。其中发卡机构产生的密文用于卡片认证返回数据真实性。

8.1.2.10.2　卡片数据

终端使用到的卡片数据见表28。

表28　联机处理—终端使用的卡片数据

数据元	说明
GENERATE AC命令返回数据	返回数据中包括: a)　密文类型(如果交易需要联机授权,则是授权请求密文ARQC); b)　应用密文(AC); c)　应用交易计数器(ATC); d)　发卡机构应用数据
应用交互特征(AIP)	终端在应用初始化处理时从卡片得到AIP,其中一位指明卡片是否支持发卡机构认证

在发卡机构授权过程中卡片内部使用的数据见表29。

表29　联机处理—卡片内部使用数据

数据元	说明
授权请求密文(ARQC)	由卡片在此交易的较早步骤产生。ARQC和授权响应码将在授权响应密文(ARPC)确认处理中作为输入数据
应用密文过程密钥(UDK)	是ARPC确认处理中使用的DES密钥,与产生ARQC使用的是同一密钥
卡片验证结果(CVR)	如果发卡机构认证失败,相应位将置为1
发卡机构认证失败指示器	如果发卡机构认证失败,该位将置为1

8.1.2.10.3　终端数据

根据发卡机构认证状态,终端需改变的数据元见表30。

表30 联机处理—终端需改变数据

数据元	说明
终端验证结果(TVR)	当发卡机构认证失败时,其中相应位将置为1
交易状态信息(TSI)	当发卡机构认证执行过后,其中相应位置为1

8.1.2.10.4 联机响应数据

表31是发卡机构可能返回给收单机构的响应数据,如果存在该数据,收单机构应将数据传送给终端。

表31 联机处理—发卡机构可能返回的响应数据

数据元	说明
发卡机构认证数据	包括以下子项: a) 授权响应密文(ARPC):由发卡机构主机产生的密文; b) 授权响应码:在产生ARPC时用到的响应码
发卡机构脚本	由发卡机构发送给卡片的一些命令数据,用于更新卡片数据

8.1.2.10.5 命令

联机处理过程使用外部认证(EXTERNAL AUTHENTICATE)命令。

如果执行了发卡机构认证,终端应使用从发卡机构请求到的发卡机构认证数据通过外部认证(EXTERNAL AUTHENTICATE)命令验证授权响应密文(ARPC)的正确性。通过命令的返回值可知道认证是否通过。

外部认证命令的响应码说明发卡机构认证数据验证是否通过。如果验证通过,返回‘9000’;如果失败,返回‘6300’。

一次交易中,卡片允许处理一次外部认证命令,后续的外部认证命令卡片一律返回‘6985’。

8.1.2.10.6 处理流程

8.1.2.10.6.1 联机请求

联机请求处理包括以下内容:

a) 如果卡片在GENERATE AC向终端返回ARQC,同时终端具备联机能力,则终端发出联机授权报文;
b) 如果卡片没有返回ARQC或终端不具备联机能力,则转至完成处理步骤。

8.1.2.10.6.2 联机响应

联机响应处理包括以下内容:

a) 联机请求报文成功发送给发卡机构后,终端接受发卡机构返回的响应报文,其中可包括用于更改卡片信息的发卡机构命令脚本或密文,也可两者皆有,用于确认响应报文确实是从合法的发卡机构返回的;
b) 如果联机响应中包括发卡机构认证数据,同时卡片支持发卡机构认证,则执行发卡机构认证。否则,转至完成处理步骤。

8.1.2.10.6.3 发卡机构认证

终端向卡片发出外部认证(EXTERNAL AUTHENTICATE)命令用于执行发卡机构认证,卡片用先前生成的ARQC,发卡机构授权响应码以及存储在卡片特定安全区域的子密钥(UDK)验证ARPC的合法性。

卡片和终端都要记录发卡机构认证结果。

卡片在卡片验证结果(CVR)中设置发卡机构认证结果以及发卡机构认证失败标识,并且在外部认证命令(EXTERNAL AUTHENTICATE)响应报文中将结果返回给终端。

终端在进行完成处理之前,将在终端验证结果(TVR)中设置发卡机构认证结果和交易状态信息(TSI)。

8.1.2.10.7 流程图

联机处理流程如图15所示。

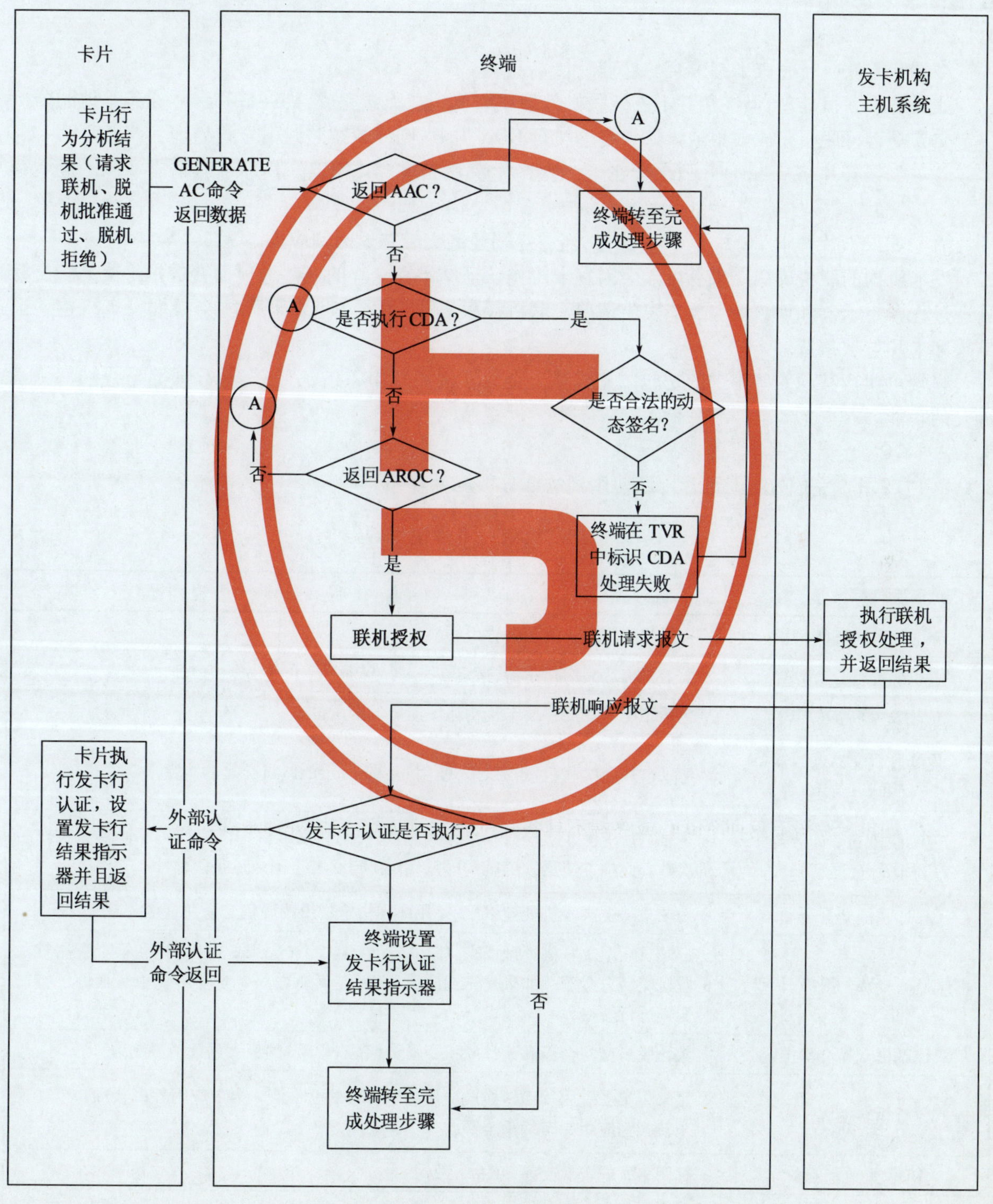

图15 联机处理流程

8.1.2.10.8 前期相关操作

前期相关操作包括卡片行为分析,即如果经过卡片分析后需要联机授权,则卡片返回的密文类型为ARQC。

8.1.2.10.9 后续相关操作

后续相关操作包括交易结束和发卡机构脚本处理。交易结束是在完成处理过程中,卡片参考发卡机构认证结果和卡片参数交易处理方法以及是否重置相关指示器和计数器。发卡机构脚本处理是如果联机处理范围报文中包括发卡机构命令脚本,终端需要将这些命令脚本发给卡片执行。

8.1.2.11 交易结束

8.1.2.11.1 概述

终端和卡片执行完成来结束交易处理。

如果要求联机处理,但终端并不支持联机处理或联机授权无法完成,则终端和卡片通过其他的分析决定交易是否可脱机完成或拒绝。如果终端执行 CDA 失败,则终端按照以下方式处理:

a) 如果卡片请求 ARQC,则终端在第二次产生应用密文(GENERATE AC)时请求 AAC(拒绝密文);

b) 如果卡片请求 TC 并且 CDA 执行失败,终端拒绝交易并返回响应码。

发卡机构的联机确认结果有可能会因发卡机构认证结果和卡片的一些选项而变成拒绝交易。交易处理过程中指示器和计数器会反应发生情况。联机授权后,指示器和计数器可能会根据发卡机构认证结果和卡片选项重置。

终端可执行其他一些附加的功能以完成整个交易。例如打印凭条、记录交易数据等与终端部分不冲突的功能。

8.1.2.11.2 卡片数据

8.1.2.11.2.1 完成处理时卡片内部使用到的部分数据见表 32。

表 32 交易结束—卡片使用数据

数据元	说明
应用货币代码(9F51)	指明和应用有关的国内货币
应用缺省行为(ADA)	发卡机构定义的指示器,指定在一些特殊条件下的卡片行为
应用交互特征(AIP)	包括表明卡片支持发卡机构认证能力的指示位。
连续脱机交易计数器(国际—货币)	记录自从上次联机授权以来,使用非指定货币的脱机交易的次数
连续脱机交易计数器(国际—国家)	记录自从上次联机授权以来,终端国家代码和发卡机构国家代码不同的脱机交易的次数。此检查使用发卡机构国家代码决定交易是国内还是国际
累计脱机交易金额	记录自从上次联机处理以来,使用应用指定货币的脱机交易总金额
累计脱机交易金额(双货币)	记录自从上次联机处理以来,使用应用指定货币(应用货币代码)和第二应用货币的脱机交易总金额。如果是第二应用货币,在累加之前要先使用货币转换因子将授权金额进行转换
累计脱机交易金额上限	累计脱机交易金额和累计脱机交易金额(双货币)的最大累计值限制数
货币转换因子	用来将第二应用货币转换成应用指定货币的汇率值。第二应用货币金额乘以转换因子转换为应用指定货币金额
DDA 失败指示位	标明本次或上次交易 DDA 失败
发卡机构认证失败指示位	标明本次或上次交易发卡机构认证失败,在后续交易的卡片行为分析步骤中使用

表 32（续）

数据元	说明
发卡机构认证指示位	标明发卡机构认证是强制还是可选 如果发卡机构认证是强制的，卡片应收到并成功处理一个 ARPC（即通过发卡机构认证）来对上次联机 ATC 寄存器和脱机计数器进行复位
发卡机构国家代码(9F57)	表明发卡机构的国家
发卡机构脚本命令计数器	记录上次联机交易中，有安全报文的发卡机构脚本命令的个数
发卡机构脚本失败指示位	在上次联机交易中，发卡机构脚本处理失败时设置
上次联机 ATC 寄存器	上次联机授权并满足发卡机构验证需要的交易的 ATC 值
联机授权指示位	当申请联机的交易无法联机或联机授权被中止时设置的内部应用指示位
第二应用货币代码	用于双货币频度检查。可使用货币转换因子转换为应用货币
SDA 失败指示位	标明本次或上次交易 SDA 失败
连续脱机交易上限	如果交易无法联机，接受交易脱机的最大连续脱机交易次数

8.1.2.11.2.2 卡片对产生应用密文（GENERATE AC）命令响应数据见表 33。

表 33 交易结束—GENERATE AC 命令卡片响应数据

数据元	说明
应用密文（AC）	由卡片产生的密文
应用交易计数器（ATC）	卡片记录交易次数的计数器
密文信息数据	密文类型： a） 拒绝 AAC； b） 接受 TC； c） 联机上送 ARQC。 其他状态信息
发卡机构应用数据	发卡机构定义的应用数据，包括 CVR
卡片验证结果（CVR）	表明当前和上次交易的脱机处理结果

8.1.2.11.2.3 交易结束终端使用的卡片数据见表 34。

表 34 交易结束—终端使用的卡片数据

数据元	说明
卡片风险管理数据对象列表 2（CDOL2）	列出在第二个 GENERATE AC 命令中，卡片要求终端传送的数据对象（标签和长度）。除密文算法中要求的数据标签外，下面列出的数据应在 CDOL2 中用于交易结束处理： a） 授权金额（如果支持使用金额的频度检查）； b） 授权响应码； c） 终端验证结果（TVR）； d） 交易货币代码（如果支持使用货币代码的检查）； e） 终端国家代码（如果支持使用国家代码的检查） CDOL 中的数据元不能重复

8.1.2.11.3 终端数据

在完成处理过程中终端使用到的数据元见表35。

表35 交易结束—终端使用数据

数据元	说明
授权响应码	表明交易处理结果,提交给卡片
终端验证结果(TVR)	用来记录脱机处理结果,例如SDA执行情况等
授权金额	当前交易金额
终端国家代码	标明终端所在国家
交易货币代码	标明本次交易使用的货币

8.1.2.11.4 命令

终端发出第二次GENERATE AC命令向卡片请求最终的应用密文,此处的GENERATE AC命令也可标识成需要执行复合动态数据认证/生成应用密文(CDA)执行。

GENERATE AC指令包含在卡片的CDOL2中详细描述的终端数据元,终端通过读取应用数据取得这些数据元。CDOL2数据包括发卡机构联机返回的授权响应码或在联机授权无法完成的情况下由终端返回的授权响应码。

GENERATE AC指令的响应信息包括卡片交易计数器、指明卡片授权决定的密文类型、应用密文和CVR指定的处理结果,发卡机构自定义的数据也可被返回。

8.1.2.11.5 处理流程

根据之前交易处理中所发生的情况,完成处理期间终端可能处理不同的情况:

a) 卡片行为分析结束后:
   1) 请求脱机批准(TC)或拒绝交易(AAC);
   2) 请求联机授权(ARQC)。
b) 在联机处理时,联机授权结果:
   1) 成功完成;
   2) 由于终端或通信原因未完成。

当卡片行为分析执行第一个GENERATE AC命令返回TC或AAC时,则交易脱机接受或拒绝。

终端应根据第一个GENERATE AC命令响应返回的CID以及TVR中显示的复合动态数据认证(CDA)结果决定交易最终结果,见表36。

表36 交易结束—终端处理结果(脱机)

第一次GENERATE AC返回结果	CDA处理结果	最终交易结果
TC	CDA不执行或成功	脱机批准通过
TC	CDA失败	拒绝
ARQC	CDA失败	在第二次GENERATE AC命令中请求AAC
AAC	—	拒绝

当卡片行为分析执时第一个GENERATE AC命令返回ARQC(要求联机)时,如果由于终端不支持或其他原因造成联机授权没有完成,终端向卡片发出第二个GENERATE AC命令请求产生AAC或TC。

当联机授权完成,根据联机授权结果,终端向卡片发出第二个GENERATE AC命令请求TC(批准)或AAC(拒绝)。终端根据表37和表38情况处理交易。

表 37　交易结束—终端处理结果（联机授权未完成）

终端向卡片请求数据	卡片返回	最终交易结果
AAC	AAC	拒绝
TC	TC/AAC	批准/拒绝

表 38　交易结束—终端处理结果（联机授权完成）

联机授权结果	终端向卡片请求数据	卡片返回	最终交易结果
通过	TC	TC 或 AAC	除以下两种情况卡片返回 AAC(拒绝),其他情况卡片返回 TC(批准): a)　发卡机构认证失败,同时 ADA 中标识此种情况拒绝交易; b)　发卡机构认证强制,但未执行,同时 ADA 中标识此种情况拒绝交易。 如果拒绝交易,应向发卡机构发冲正交易。
拒绝	AAC	AAC	拒绝
注:当联机授权成功,但终端向卡片发出第二个 GENERATE AC 命令执行失败,终端应向发卡机构发出冲正交易。			

8.1.2.11.6　流程图

交易结束处理流程如图 16 所示。

8.1.2.11.7　前期相关操作

前期相关操作包括联机处理。如果卡片收到终端发出的外部认证(EXTERNAL AUTHENTICATE)命令,则卡片开始进行发卡机构认证处理,同时设置指示器为发卡机构认证已执行并标识成功或失败。这些指示器将在完成处理期间被卡片用于卡片响应,并且决定哪些卡片计数器和指示器将被重置。

8.1.2.12　发卡机构脚本处理

8.1.2.12.1　概述

发卡机构脚本处理使得发卡机构不用二次发卡就可改变卡片个人化数据。发卡机构在认证响应时在返回报文中包括了有卡片指令的脚本,终端在安全条件满足的情况下将这些指令发送给卡片。

支持的脚本命令如下:

a)　更改卡片参数;

b)　应用锁定/解锁;

c)　卡片锁定;

d)　重置 PIN 计数器;

e)　修改脱机 PIN。

发卡机构脚本处理通过可锁定被盗或恶意透支卡片来防止信用和欺诈风险。另外也可根据持卡人的具体情况改变卡片参数。

8.1.2.12.2　脚本相关密钥

8.1.2.12.2.1　报文鉴别码密钥

MAC Key 是用来产生和验证命令脚本 MAC 的。MAC 是包含在命令脚本中的密文,用于确认数据没有被篡改过(完整性),同时可确认命令发出的发卡机构是否合法(发卡机构认证)。MAC 处理过程中使用的密钥包括:

a)　MAC 主密钥(MAC MDK):由发卡机构确定的唯一的双倍长对称密钥,用来产生卡片唯一的 MAC 认证密钥(MAC UDK)和交易 MAC 的过程密钥;

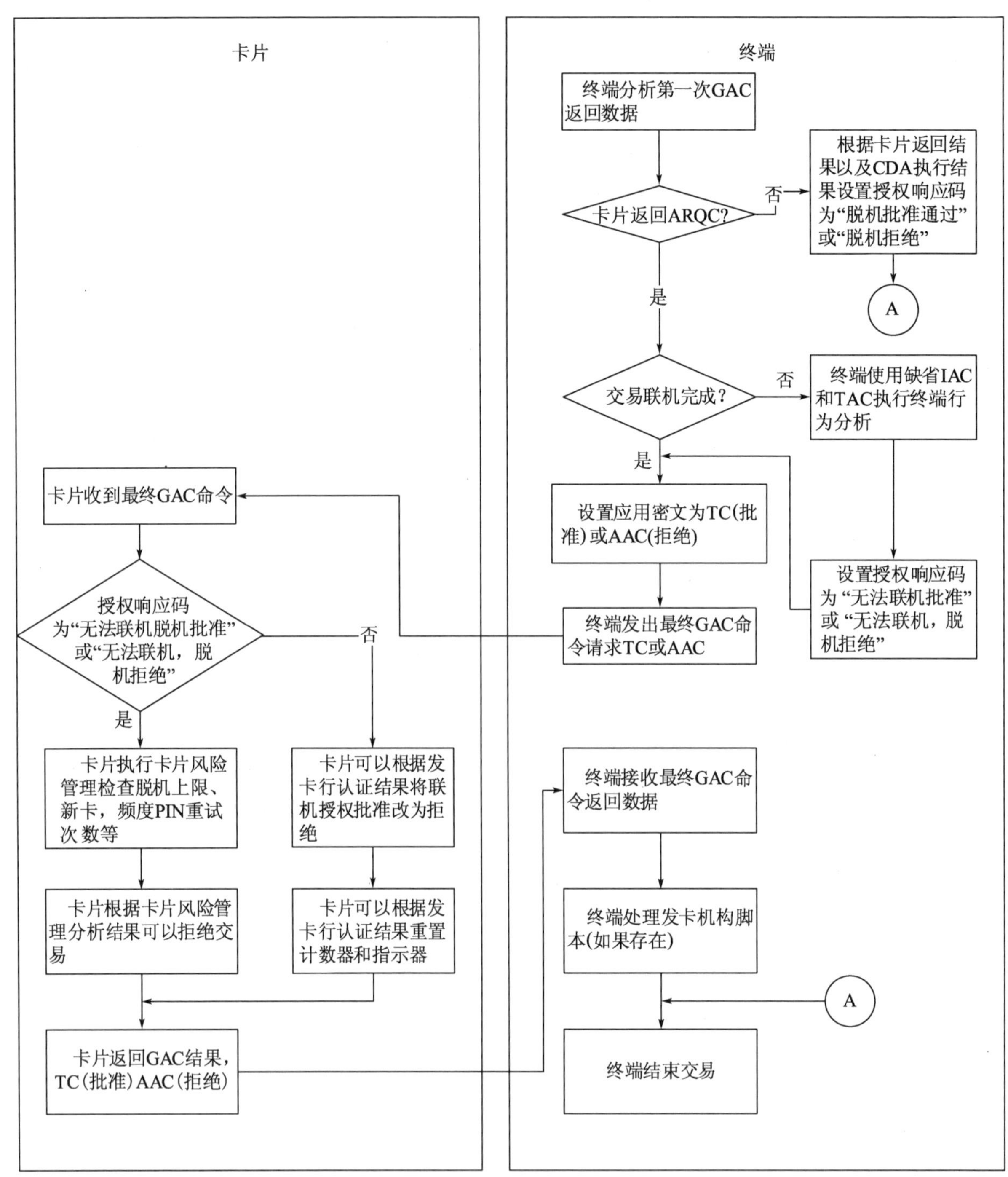

图 16　交易结束处理流程

b）　卡片 MAC 子密钥（MAC UDK）：在卡片个人化时由 MAC 主密钥分散后写入卡片的双倍长对称密钥。MAC UDK 用来在交易过程中产生 MAC 过程密钥；

c）　MAC 过程密钥：MAC 过程密钥是交易中唯一的双倍长对称密钥，用来在交易时产生脚本命令的 MAC 码。

8.1.2.12.2.2　数据加密密钥

数据加密密钥用来加密脚本中的敏感数据，如脱机 PIN 等。数据加密处理过中使用的密钥包括：

a）　数据加密主密钥（ENC MDK）：ENC MDK 是发卡机构唯一的双倍长对称密钥，用于产生卡片唯一数据加密密钥以及交易的数据加密过程密钥；

b） 卡片数据加密子密钥(ENC UDK):ENC UDK 是卡片个人化时由 ENC MDK 分散得到后写入卡片的双倍长对称密钥。用来产生数据加密过程密钥；

c） 数据加密过程密钥:数据加密过程密钥是交易中唯一的双倍长对称密钥,由 ENC MDK 分散而得到,用于发卡机构主机加密脚本中的敏感数据。

8.1.2.12.3 卡片数据

脚本处理过程中卡片使用到的计数器和指示器见表39。

表39 发卡机构脚本处理—卡片使用的计数器和指示器

数 据 元	说 明
应用交易计数器(ATC)	自卡片个人化以后处理的交易计数器,在终端频度检查中用到
卡片验证结果(CVR)	根据本次和上次交易脱机处理结果进行设置的验证结果指示符
发卡机构脚本命令计数器	记录第二次生成应用密文后卡片收到的有安全报文的指令的个数。 在下次交易中的结束处理步骤中可能被复位
发卡机构脚本失败指示器	如果脚本指令执行失败,指示位置'1',失败的情况有: a） 安全报文错误； b） 安全报文通过但指令执行失败； c） 需要安全报文但不存在。 在下次交易中的结束处理步骤中可能被复位

8.1.2.12.4 终端数据

发卡机构脚本处理过程中终端使用到的数据元见表40。

表40 发卡机构脚本处理—终端使用的数据元

数 据 元	说 明
发卡机构脚本结果	记录卡片对发卡机构脚本指令处理的结果,此结果要包括在清算报文和下次联机授权中。
终端验证结果(TVR)	TVR 中包括和脚本有关的两个指示位: a） 最后一个生成应用密文之前,发卡机构脚本失败； b） 最后一个生成应用密文之后,发卡机构脚本失败； 本条款只支持在最后一个生成应用密文命令之后,处理发卡机构脚本
交易状态信息(TSI)	TSI 中包括一个表明执行发卡机构脚本处理标记

8.1.2.12.5 联机响应数据

发卡机构联机响应数据内容见表41。

表41 发卡机构脚本处理—联机响应数据

数 据 元	说 明
发卡机构脚本命令	脚本中的每一个发卡机构脚本指令都按照 BER-TLV 格式,用标签“86”开始。

表41（续）

数据元	说明
发卡机构脚本标识	发卡机构用来唯一标识发卡机构脚本
发卡机构脚本模板2	仅支持发卡机构脚本模板2。标签“72”标识模板2,模板中包括在第二次生成应用密文指令后,传送给卡片的发卡机构专有脚本数据

8.1.2.12.6 命令

8.1.2.12.6.1 应用锁定(APPLICATION BLOCK)

该命令将锁定当前选择的应用。如果应用在交易过程中被锁定,卡片和终端将继续处理交易直到交易完成。在应用锁定之后,卡片将拒绝被锁定的应用完成任何交易。终端可选择被锁定的应用,用于对该应用解锁。

8.1.2.12.6.2 应用解锁(APPLICATION UNBLOCK)

该命令将已被锁定的应用解锁。对于发卡机构,应用解锁应在专用设备上进行。

8.1.2.12.6.3 卡片锁定(CARD BLOCK)

卡片锁定将使卡片上所有的应用永久锁定。

8.1.2.12.6.4 PIN 修改/解锁(PIN CHANGE/UNBOLCK)

PIN 修改/解锁命令可让发卡机构在 PIN 解锁(重置 PIN 重试计数器)的同时更改卡片 PIN。PIN 修改/解锁应在满足发卡机构安全要求的环境下进行。

8.1.2.12.6.5 设置数据(PUT DATA)

PUT DATA 命令数要用于更新卡片中由发卡机构设置的管理参数,如连续脱机交易次数上限、连续脱机交易次数下限、连续脱机国际交易限制和累计脱机交易总额上限等。

8.1.2.12.6.6 修改记录(UPDATE RECORD)

修改记录命令用来修改文件中一条记录的内容。

8.1.2.12.7 处理流程

8.1.2.12.7.1 发卡机构脚本

发卡机构脚本处理包括:

a) 发卡机构通过返回报文将发卡机构脚本发送给收单机构;
b) 发卡机构返回报文中若包括标签“72”,标明在最终的 GENERATE AC 后需要执行发卡机构脚本。

8.1.2.12.7.2 命令执行

被推荐的发卡机构脚本命令用来处理本章先前说明的那些功能。只有命令支持安全报文,而且安全报文得以成功执行的情况下,卡片才执行被请求的命令来更新包含在卡片里的数据。

在处理发卡机构脚本命令之前,发卡机构需要先成功地执行一些发卡机构认证方式。因安全报文是一种发卡机构认证方式,故通过为命令成功地执行安全报文,也可满足此要求。卡片发卡机构承担着发卡机构脚本命令组织。如果一个不同于发卡机构的实体发起命令,也会发起同样的请求。

8.1.2.12.7.3 安全报文

安全报文的原则目的是确保数据机密性,消息完整性以及发卡机构认证。数据机密性确保保密数据在从发卡机构到卡片的传送中保持其秘密。消息完整性确保命令和命令数据在传送时没有被改变。发卡机构认证确保命令来自有效发卡机构。使用 MAC 来达到消息完整性以及发卡机构认证。使用对明文命令数据(如果有出现)的加密,来达到数据机密性。

8.1.2.12.8 流程图

发卡机构脚本处理流程如图17所示。

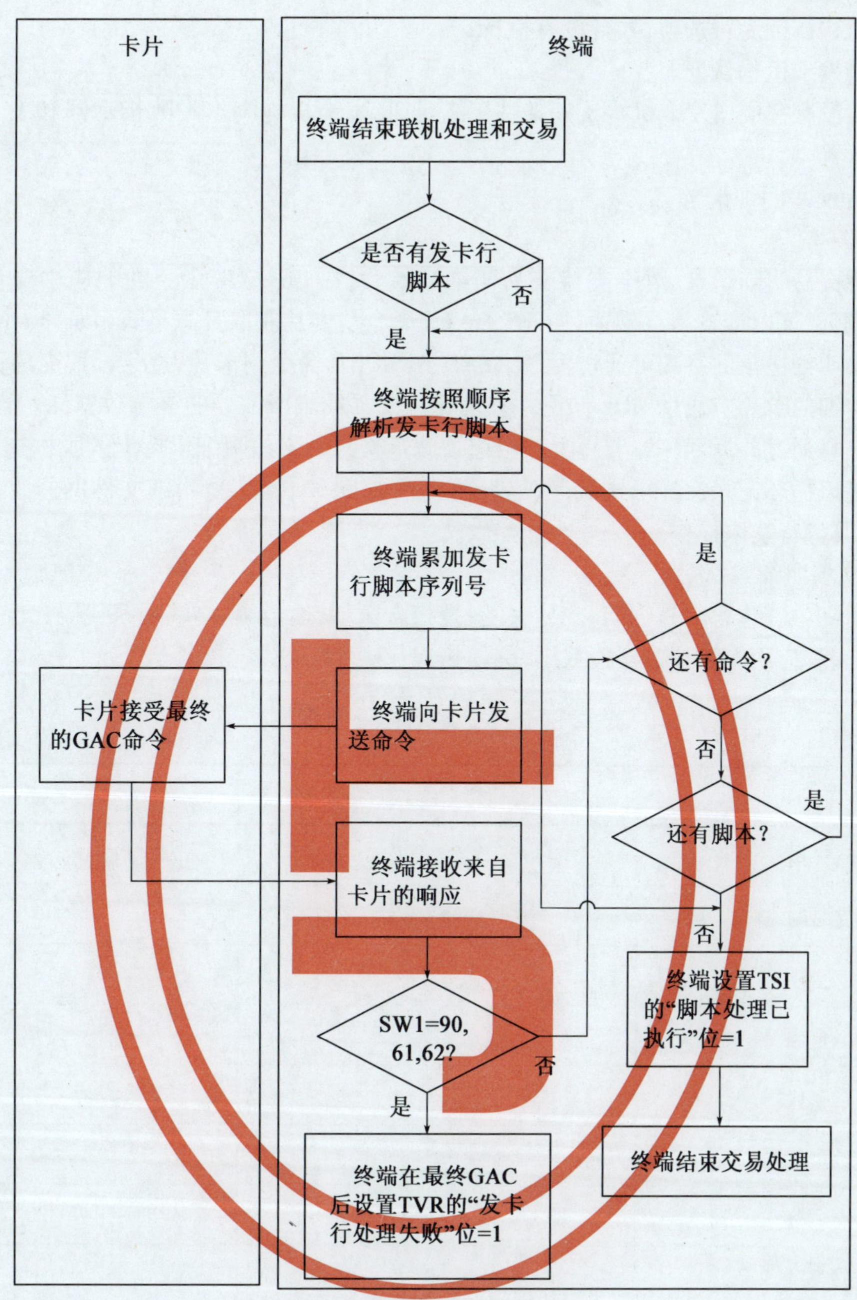

图 17　发卡机构脚本处理流程

8.1.2.12.9　前期相关操作

前期相关操作包括联机处理，即联机处理响应报文中可能包括需要在发卡机构脚本处理过程中处理的发卡机构脚本。

8.1.2.12.10　后续相关操作

8.1.2.12.10.1　卡片行为分析

在下一交易的卡片行为分析时，卡片中的 CVR 子域将根据卡片中保存的上次交易发卡机构命令脚本失败指示器和发卡机构脚本命令计数器设置脚本运行结果。发卡机构将在下次清算记录和联机授权时收到 CVR。

8.1.2.12.10.2　交易结束

当下列任何一种情况发生时，卡片将重置发卡机构脚本失败指示器和发卡机构脚本计数器为‘0’：

a）发卡机构认证成功；

b） 发卡机构认证为可选项，并且没有执行；

c） 不支持发卡机构认证。

当联机授权没有完成或发卡机构认证条件不满足时，发卡机构脚本失败指示器和发卡机构命令计数器将不会被重置。

8.1.2.13 卡片交易明细记录

8.1.2.13.1 概述

卡片可支持交易明细记录，对于支持交易明细的卡片，在 SELECT 命令的响应中应包含日志入口（Log Entry）数据元，同时应支持终端通过 GET DATA 命令从卡片获取日志格式（Log Format）数据元，对于需要访问交易明细记录的终端可通过发送 READ RECORD 命令到卡片，逐条读取交易记录。

支持记录明细的卡片应通过 DOL 向终端获取记录交易明细所需要的终端数据元。当交易结束时，如果卡片批准交易通过并返回 TC，卡片内部会记录此笔交易的交易明细供持卡人脱机查询。

交易明细是以循环记录文件形式保存在卡片的某一文件中，该交易明细文件的修改由卡片内部完成，终端只能对其进行读取操作。

8.1.2.13.2 交易明细数据元

卡片交易明细中宜包含交易日期、交易时间、授权金额、其他金额、终端国家代码、交易货币代码、商户名称、交易类型和应用交易计数器等数据，具体格式见表 42。

表 42 卡片交易明细—数据格式

数 据	格 式	长度（字节）
交易日期	YYMMDD	3
交易时间	hhmmss	3
授权金额	n12	6
其他金额	n12	6
终端国家代码	n3	2
交易货币代码	n3	2
商户名称	ans	20
交易类型	n2	1
应用交易计数器（ATC）	b	2

8.2 电子现金标准快速支付流程

8.2.1 概述

标准快速支付交易一般由卡片进行脱机授权，与这些交易相关的清算操作使用电子现金账户。圈存操作使电子现金账户金额增加，脱机交易清算使电子现金账户金额减少，电子现金闪卡处理流程参见附录 C。

8.2.2 交易流程图

交易流程如图 18 和图 19 所示。

卡片
终端
预交易处理
卡中存在
标准快速
支付应用
否
不存在非接触式应用
‘69 85’
是
选择卡片标准快速
支付应用
GPO处理
终端支持
快速支付应用
否
交易拒绝
是
交易处理

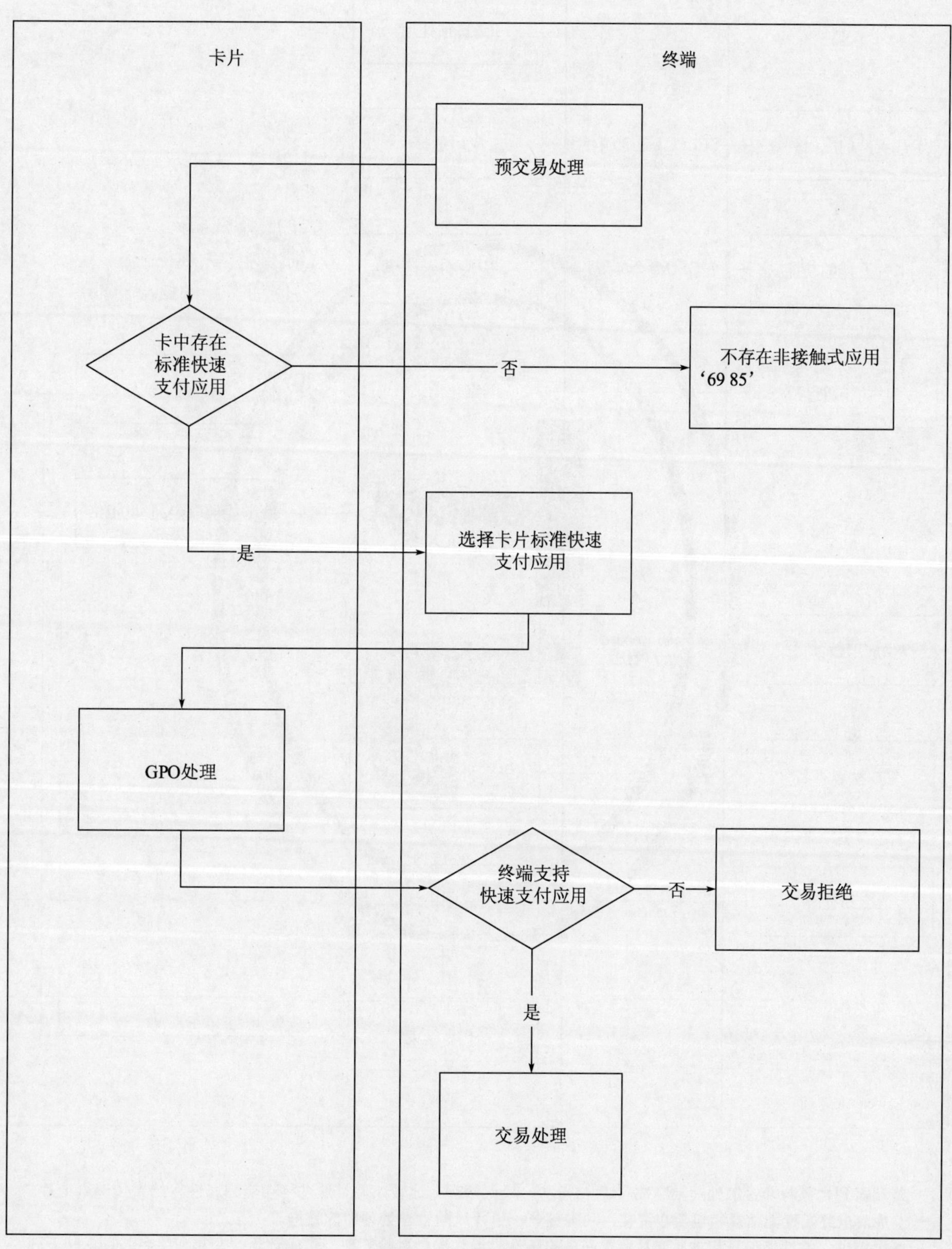

图 18 总体交易流程

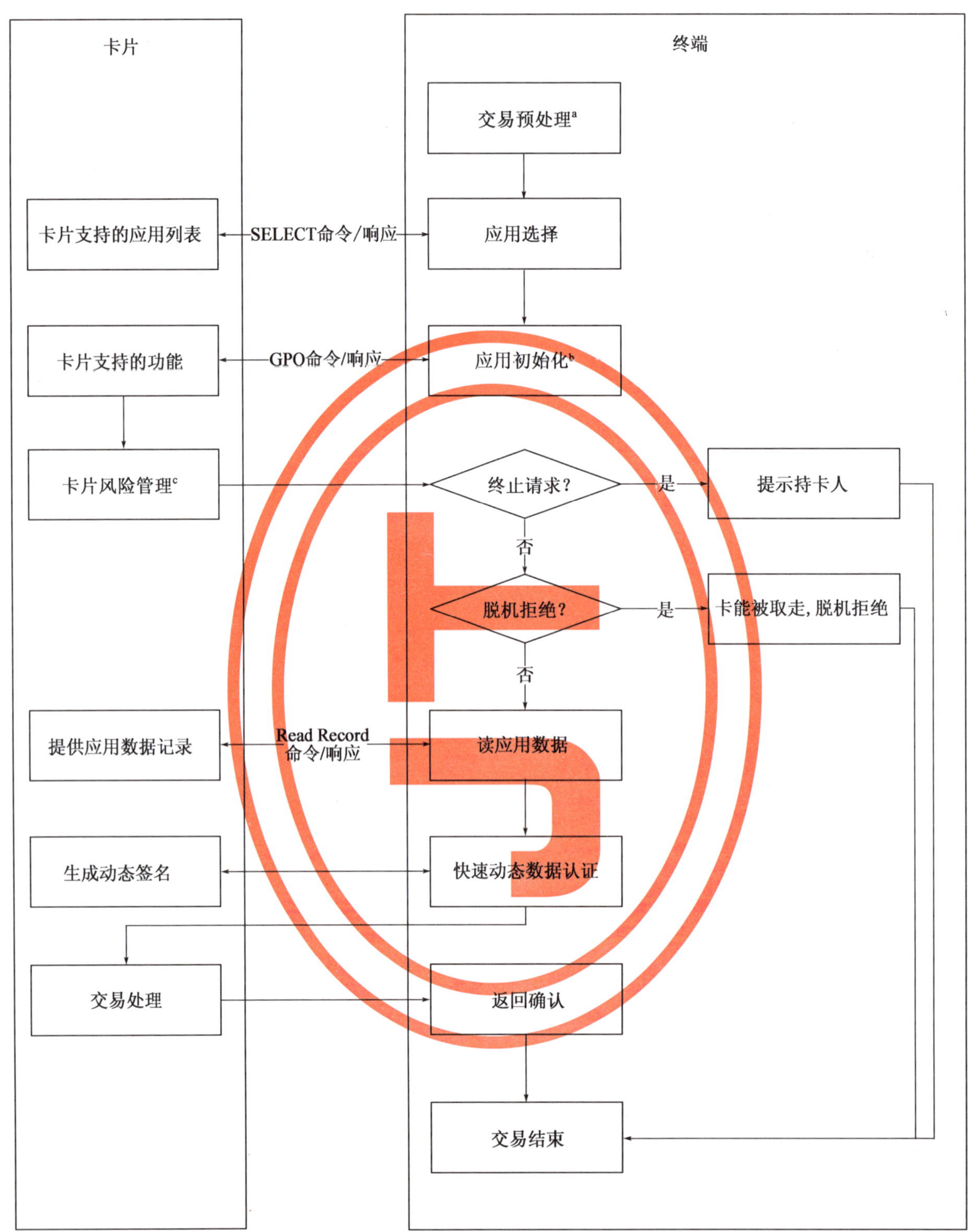

[a] 终端得到金额与非接触处理限制数（CVM需求，最低限额）比较，并且通过终端交易属性将结果传递给卡片。

[b] 卡片请求终端性能信息和包含在密文、动态签名、卡片风险管理处理中的数据。

[c] 终端提供它的性能信息和本次交易要求必备的条件。卡片提供风险管理，生成必要的密文和签名并且返回下列交易数据和结果，批准交易或拒绝交易，终止并且使用其他功能。

图19　处理流程概况

8.2.3 交易流程说明

8.2.3.1 关于 PDOL 内容的标准快速支付流程要求

卡片处理所需的数据在 PDOL 中请求。

卡片请求终端交易属性以便非接触应用能决定使用的卡片路径。不可预知数、授权金额与卡片的 ATC 一起,用于计算密文,详见表 43 和表 44。不可预知数和 ATC 也用于在脱机交易中计算动态签名。

一个卡片应用包含单一的 PDOL,PDOL 包含了与所有路径(标准快速支付交易和联机交易)相关的标签,也可包含本部分未描述的标签来作为最低要求。发卡机构应当在 PDOL 请求附加数据带来的好处与附加数据传输和处理对交易性能带来的影响之间权衡利弊。

表 43 密文版本 17 的标准快速支付的最基本要求

PDOL 中的标签	数据元名称
9F66	终端交易属性
9F02	授权金额
9F37	不可预知数
5F2A	交易货币代码
注:上面所有数据除了终端交易属性外,都用于卡片密文计算。	

表 44 密文版本 01 的标准快速支付的最基本要求

PDOL 中的标签	数据元名称
9F66	终端交易属性
9F02	授权金额
9F03	其他金额
9F1A	终端国家代码
95	终端验证结果(TVR)
5F2A	交易货币代码
9A	交易日期
9C	交易类型
9F37	不可预知数
注 1:上面所有数据除了终端交易属性外,都用于卡片密文计算。 注 2:标签的值为 95 会被标准快速支付终端填为 0(所请求的数据对于终端无法提供时,同样按此情况处理)。	

8.2.3.2 卡片接收 GPO 命令

8.2.3.2.1 防拔保护

如果卡片支持脱机交易,则要求在计数器更新后,交易结束前提供交易防拔保护。为提供这种保护,卡片在计数器更新后设置了一个内部指示器,并在处理交易最后一条命令时将其清除,作为最后一步操作。在交易开始时若该标志已置位(应用被选中时),则上一笔交易没有完成,卡片恢复脱机计数器到先前的值。

如果交易防拔位(下同)='1',卡片应当恢复到最近一笔成功完成的交易结束时的值,并设置交易防拔位为'0'。

管理交易防拔处理的方式由厂商自定。

8.2.3.2.2　卡片 GPO 响应

卡片的 GPO 响应中包括应用交互特征,以指示卡片对风险管理特征的支持。还包括密文及相关的数据元。响应数据按照卡片按 JT/T 978.2,格式化 GPO 响应,返回给终端。

若标签"9F5D"已被个人化值为'1',卡片不应在 GPO 响应中返回该数据元。且发卡机构也应将卡片附加处理(第 1 字节第 1 位)个人化值为'1',以指示该金额将被计算并包括在所有非接触交易中。将标签"9F5D"个人化值为'1',也表示可用 GET DATA 命令读出该数据元。内容按照发卡机构指示及卡片附加处理部分(小额、小额和 CTTA、小额或 CTTA)定义进行计算。响应数据的具体内容见表 45。

表 45　标准快速支付的 GPO 响应必备和条件数据

标　　签	条　　件	数据元名称及说明
82	M	AIP
94	M	AFL
9F36	M	ATC
9F26	M	应用密文
9F10	M	发卡机构应用数据
5F34	C 如果卡片中出现该标签	应用 PAN 序列号
9F4B	C 如果支持 fDDA 且卡片的私钥长度小于等于 1 024 位	签名的动态应用数据
9F6C	C 如果卡片中出现该标签	卡片交易属性
9F5D	C 如果允许返回可用脱机消费金额且卡片私钥的长度小于或等于 1 024 位	可用脱机消费金额
注:"9F10",提供应用密文类型。		

标准快速支付推荐签名数据,下面这些静态数据元推荐用于签名:

a)　应用 PAN;

b)　应用失效日期;

c)　AIP;

d)　SDA 标签列表。

8.2.3.3　标准快速支付的卡片要求

标准快速支付应当遵守下面的要求:

a)　收到 GPO 命令,卡片应当立即设置发卡机构应用数据(标签"9F10")的 CVR 部分为"03000000"。CVR 是发卡机构应用数据的第 4 ~ 7 字节部:

　1)　CVR 字节 2,位 4、3、2、1 未使用,仍保留设置为'0';

　2)　CVR 字节 3,位 8、4、3、2、1 未使用,仍保留设置为'0';

　3)　CVR 字节 4 未使用,所有位仍保留设置为'0'。

b)　卡片应当在计算密文和动态签名之前增加 ATC 的值;

c) 如果卡片的可用脱机消费金额(标签“9F5D”)被个人化为1,则卡片应当允许读取该数据元。卡片的行为应当在个人化时指明并存储在内部卡片指示器中;
d) 如果卡片私钥的长度小于或等于1 024位,应当生成动态签名并在GPO响应中返回;
e) 如果卡片私钥的长度大于1 024位,卡片应当在GPO时生成动态签名并在READ RECORD命令中返回;
f) 如果一个卡片数据元在GPO响应中被返回了,那么卡片不应在读记录时也返回该数据元。即同一个数据元在同一个交易中应当只被返回一次;
g) 标准快速支付批准的交易,AFL指明的终端须读取的最后一条记录的70模板的长度应不超过32字节。在这条记录中仅放置电子现金发卡机构授权码(标签“9F74”)。如果卡片私钥的长度大于1 024位,GPO相应中没有足够空间返回动态签名;
h) 为确保GPO响应能成功传送给终端,对于卡片私钥的长度等于1 024位的情形,AFL包含的分支不应当超过4个。

如果卡片私钥的长度更短,可能会有足够空间包含更多的分支。如果卡片私钥的长度更长,签名在记录中传送,也会有足够空间传送更大的AFL。

8.2.3.4 标准快速支付终端要求

支持标准快速支付的终端应当符合以下要求:

a) 终端应当支持6.2.2所描述的交易预处理;
b) 终端不应当查询AIP来决定卡片是请求联机交易或标准快速支付,而应默认标准快速支付处理;
c) 支持标准快速支付的终端应当按本部分规则读记录,并处理记录或PDOL中不认识的标签编码的数据元;
d) 如果标准快速支付必备数据元没有被GPO返回(见表44),终端应当终止交易;
e) 如果卡片交易属性(标签“9F6C”)数据元在卡片中未提供,支持签名的终端应当认为支持签名;
f) 如果AIP中第2字节第8位为零,终端按如下处理:
    1) 如果应用密文(标签“9F26”)没有出现在GPO响应中,终端应当终止交易;
    2) 如果应用密文出现在GPO响应中按标准快速支付处理。
g) 在如下的任何情形中,脱机数据认证失败:
    1) AIP中未指示支持fDDA;
    2) 或支持fDDA,但fDDA要求的数据缺失。

8.2.3.5 卡片的风险管理过程

8.2.3.5.1 概述

终端交易属性(标签“9F66”,第1字节第6位 = ‘1’)指明了终端能通过非接触接口来处理标准快速支付交易。

卡片的行为是由卡片附加处理(标签“9F68”)中个人化的一系列要求来控制。卡片附加处理的值及描述见JT/T 978.2。

这部分使用类伪代码语言来解释卡片的处理过程,没有指明具体实现细节。本条中详细说明的功能和时间要求应被满足。

8.2.3.5.2 设置货币匹配或不匹配

货币被比较一次同时保存结果的处理包括以下内容:

a) 将匹配货币位(内部卡片指示器)设置为‘0’;
b) 如果使用的货币代码(标签“9F51”)等于交易货币代码(标签“5F2A”),将匹配货币位设置为‘1’。如果匹配货币位 = ‘0’而且不允许不匹配货币交易(卡片附加处理的第2字节第7位 =

‘1’),拒绝交易。

8.2.3.5.3 货币检查

当交易货币匹配应用货币,执行脱机消费检查。如果货币不匹配,跳过这些检查并执行不匹配货币处理。

检查处理是匹配还是非匹配货币,以及是否支持脱机消费检查类型的相应检查。

小额检查、小额和 CTTA 检查、小额或 CTTA 检查是标准快速支付的三种检查脱机消费的方法。根据电子现金相关数据(电子现金余额、电子现金余额上限和电子现金单笔交易限额)用于执行小额处理,但处理这些相关标签的功能性要求在下面三种方法中详细描述。

如果货币匹配位 = ‘0’,继续进行的步骤见为脱机下的货币不匹配。

否则匹配货币的标志为‘1’,则卡片和终端的货币相匹配。检查支持哪种脱机消费检查选项。如果没有支持任何一种,则拒绝交易。

8.2.3.5.4 匹配货币交易的小额检查

这个检查通过卡片上的小额上限(电子现金余额上限)来实现。非接触交易的脱机消费可用总资金就是电子现金余额。执行这个选项能够来提供等于电子现金余额的可用脱机消费金额。

如果支持小额检查(卡片附加处理的第 1 字节第 8 位 = ‘1’),则电子现金余额就是总的脱机可消费额,接着执行小额检查。

8.2.3.5.5 小额检查

检查交易是否能够处理。

如果授权金额(标签“9F02”)小于或等于电子现金单笔交易限额,同时在交易的电子现金余额中有足够的脱机消费可用金额,则交易进行脱机处理。

否则进行以下处理:

a) 如果授权金额大于电子现金余额或者大于电子现金单笔交易限额(如果存在),则卡片应准备返回可用脱机消费金额(如支持获取),同时拒绝交易;
b) 如果允许返回可用脱机消费金额(卡片附加处理的第 1 字节第 1 位 = ‘1’),则卡片应设置可用脱机消费金额(标签“9F5D”)为电子现金余额值,同时在 GPO 响应中返回可用脱机消费金额;
c) 设置 CVR 的第 3 字节第 6 位为‘1’(频度检查计数器超过);
d) 按 8.2.3.5.7 操作。

8.2.3.5.6 脱机下的货币不匹配

如果应用货币与交易货币不匹配,应检查这些交易的上限是否超额。主要内容包括:

a) 如果连续交易计数器(国际—货币)小于连续脱机交易限制数(国际—货币)(标签“9F53”),那么卡片应当:
   1) 存储连续交易计数器的当前值(国际);
   2) 置交易防拔位(卡片内部指示器)为‘1’,以指示计数器正被更新。该指示器在最后一个读记录响应前复位为‘0’;
   3) 连续交易计数器(国际—货币)加 1;
   4) 请求脱机批准;
   5) 继续按 8.2.3.5.7 完成标准快速支付交易。
b) 如果前面的条件不满足,那么卡片应当请求拒绝交易;将 CVR 第 3 字节第 6 位置为‘1’(频度检查计数器超过),继续按 8.2.3.5.8 拒绝交易。

8.2.3.5.7 完成标准快速支付交易

交易可脱机完成。在 GPO 响应中提供可供终端读取的附加数据指针和批准密文。卡片应完成如下内容:

a） 用终端提供的不可预知数作为终端动态数据，生成动态应用数据签名（标签“9F4B”）；

b） 返回一个指示 fDDA 所需数据的 SFI 和记录号的 AFL；

c） 应将 CVR 字节 2 的第 6～5 位置为‘01’，以指示一个脱机批准密文（TC），见 JT/T 978.2 的密文版本 01 生成应用密文（TC）。密文 17 用跟密文 01 同样的方式生成，但使用不同的卡片和终端数据元作为密文输入（见 JT/T 978.2）；

d） 建立 GPO 响应。

8.2.3.5.8 拒绝交易

终端是仅脱机终端且脱机交易因超出脱机交易上限不能完成，或者卡片用了预付选项且交易没有足够的资金等情况下，交易都应被拒绝。如果返回可用脱机消费金额位 =‘1’，那么卡片应在 GPO 响应中包含可用脱机消费金额。

卡片应当在 CVR 中指示一个 AAC 密文，生成 AAC 密文，在 GPO 响应中包括 CVR 和密文以及相关数据。

密文应根据 JT/T 978.6 要求产生。密文版本 17 跟密文版本 01 的生成方式相同，但作为密文输入的卡片和终端的数据元不同（见 JT/T 978.2）。

8.2.3.5.9 结束标准快速支付卡片的 GPO 处理

卡片应按 JT/T 978.2 的规定格式化 GPO 响应，返回给终端。

8.2.3.5.10 交易的 READ RECORD 命令处理

终端对 AFL 中的每一条记录都发送 READ RECORD 命令。当卡片成功返回最后一条记录后，交易防拔位被复位为零，用来指示终端已经完成与卡片的交易。卡片应当能够知道最后一条记录被读取。

a） 在响应最后一条 READ RECORD 命令前，卡片应当设置交易防拔位（卡片内部指示器）为零；

注：卡片不会知道终端是否成功接收到最后一条 READ RECORD 命令的响应。这意味着中断仍可能发生，而一旦发生，将影响脱机可用余额。如果脱机数据认证检查失败，终端仍可拒绝交易。

b） 在响应最后一条 READ RECORD 命令前，卡片应检查卡片附加处理（标签“9F68”）第 2 字节第 5 位，若该位为‘1’，则卡片应当记录一条交易日志。

为提高交易的运行速度，终端应按照 AFL 中的顺序读取卡片记录。

8.2.3.5.11 有效期检查

终端通过 READ RECORD 命令获得卡片数据时，当在获得卡片的失效日期后，应立即进行有效期的检查。如果卡片失效，则终端应终止交易并提示持卡人“卡片过有效期，交易失败”。此时卡片由于没有检测到最后一条记录被读取，卡片的交易防拔位不能复位为零。在下次交易时，卡片应能恢复脱机计数器到先前的值。

在个人化时，卡片失效日期不应在最后一条记录中。

8.2.3.6 标准快速支付终端处理要求

8.2.3.6.1 密文类型检查

当终端接收到来自卡片的正确的 GPO 命令响应，它将检查发卡机构应用数据（标签“9F10”）来确定卡片提供的密文类型。根据密文类型，判断交易拒绝或脱机批准。

a） 如果返回 ARQC[发卡机构应用数据（标签“9F10”）字节 5 的第 6～5 位 =‘10’]，那么终端应拒绝交易，继续按 8.2.3.6.3 终端脱机拒绝；

b） 如果返回 AAC[发卡机构应用数据（标签“9F10”）字节 5 的第 6～5 位 =‘00’]，那么终端应拒绝交易，继续按 8.2.3.6.3 终端脱机拒绝；

c） 如果返回 TC[发卡机构应用数据（标签“9F10”）字节 5 的第 6～5 位 =‘01’]，那么终端应检查终端异常文件（如果存在），如果应用 PAN 在终端异常文件中出现，那么终端应脱机拒绝交易，继续按 8.2.3.6.3 终端脱机拒绝。

8.2.3.6.2 AFL 处理

终端应根据 JT/T xxx.2 的要求处理 AFL,为 AFL 中的每一个记录发送 READ RECORD 命令:

a) 如果卡片响应 READ RECORD 命令失败,那么终端应丢弃当前交易数据并返回检测处理;
b) 一旦所有指示的记录都被读取,终端应提示持卡人和商户可将卡片移开,但交易仍在处理;
c) 如果 AIP 指示支持 DDA,那么终端应根据 JT/T 978.2 的要求进行 fDDA 验证;
d) 如果 fDDA 失败,或者脱机数据认证未执行,终端应拒绝交易,也不应尝试用另外的接口进行交易,继续见 8.2.3.6.3 终端脱机拒绝;
e) 如果返回 TC 并且 fDDA 被执行并通过,那么终端应批准交易。后续见下文批准标准快速支付交易。

8.2.3.6.3 终端脱机拒绝

终端脱机拒绝应执行如下操作:

a) 终端应执行下电时序并下电;
b) 终端应拒绝交易并提示持卡人和商户交易被拒绝;
c) 如果提供了可用脱机消费金额,而且终端能够显示或打印,那么终端应当将其显示或打印出来;
d) 批准标准快速支付交易;
e) 终端应提示持卡人和商户交易已被批准;
f) 如果卡片(在卡片交易属性中)或终端要求一个 CVM(签名),那么终端应在收据上打印签名行;
g) 如果卡片提供了可用脱机消费金额,而且终端能够显示或打印,那么终端应当将其显示或打印出来;
h) 终端应用 GPO 响应所提供的密文(TC)和相关数据清分交易。

8.3 电子现金分时分段扣费交易流程

8.3.1 概述

为满足脱机小额快速支付应用中分时、分段计费的要求,在原来的标准快速支付功能应用交易流程的基础上,增加了 READ CAPP DATA 和 UPDATE CAPP DATA CACHE 命令用于扩展应用记录的读取和更新。符合本章的卡片应支持多个分时、分段扣费交易同时存在并能进行处理。

交易扣款和扩展应用记录的更新应确保同时执行,在 READ RECORD 命令成功读取 AFL 中的最后一条记录时统一进行更新。分时扣费与分段扣费的交易机制类似,以下以分段扣费方式进行流程说明。

8.3.2 分段扣费交易流程图

分段扣费交易流程如图 20 所示。

8.3.3 分段扣费交易流程说明

8.3.3.1 应用选择

终端按照卡片应用交易流程要求,发送 SELECT PPSE 命令,选择 PPSE。根据卡片返回的应用信息和 AID,终端发送 SELECT 命令选择应用,卡片返回文件控制信息(FCI),如果卡片支持 SM2 算法,则其中应包括请求 SM2 算法支持指示器(标签“DF69”)和终端国家代码(标签“9F1A”)的 PDOL。卡片返回的文件控制信息(FCI)中,包含分段扣费标识符(标签“DF61”)。如分段扣费标识符字节 1 的第 1 位设置为‘1’,则表明卡片支持分段扣费应用;如分段扣费标识符字节 1 的第 8 位设置为‘1’,则表明卡片支持扩展应用记录的 R-MAC 保护。

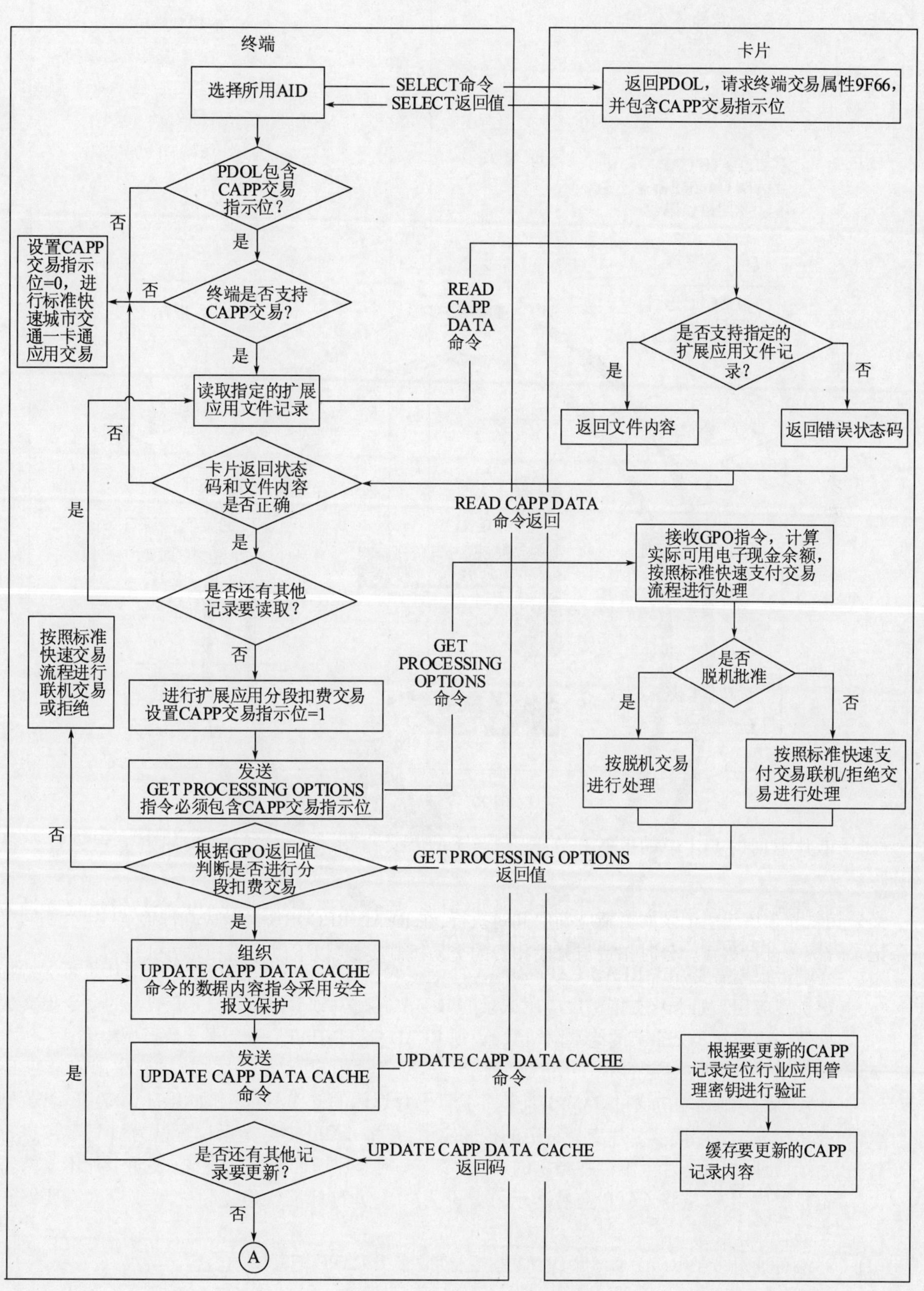

图 20　分段扣费交易流程

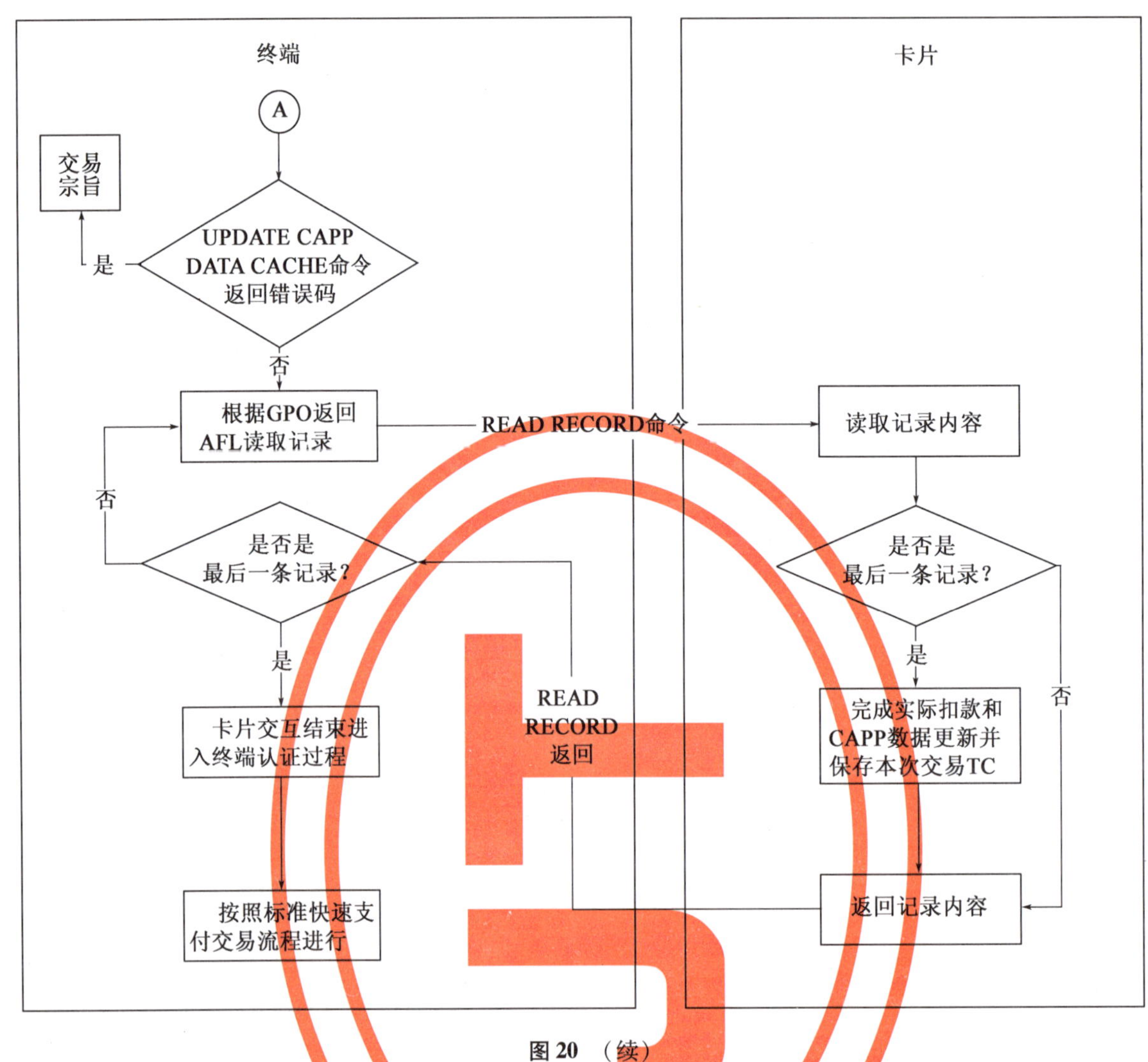

图 20 （续）

如果卡片返回的 FCI 中的 PDOL 数据，包含 CAPP 交易指示位，终端将按如下流程进行交易处理：

a） 终端判断是否支持扩展应用：如是则继续进行后续处理；否则将 CAPP 交易指示位置设为‘0’，进行标准快速支付交易或根据需要终止交易；

b） 终端可根据需要发送 READ CAPP DATA 命令读取指定的 CAPP 记录，以判断卡片是否支持特定扩展应用。如卡片支持扩展应用记录的 R-MAC 保护，则 READ CAPP DATA 的命令报文数据域中应包括 8 个字节的终端随机数；否则 READ CAPP DATA 命令报文数据域为空；

c） 如果卡片上存在指定的 CAPP 记录，则卡片返回文件内容。如卡片支持扩展应用记录的 R-MAC 保护，则终端应通过 SAM 卡计算并验证卡片返回的 R-MAC 值。如 R-MAC 验证错误，则终止交易。终端确认卡片支持特定的扩展应用，并将 CAPP 交易指示位置设为‘1’，继续进行后续处理；如果卡片上不存在指定的 CAPP 记录，则卡片返回错误状态码，表明卡片不支持特定扩展应用，终端将 CAPP 交易指示位置设为‘0’，进行标准快速支付交易或根据需要终止交易；

d） 终端可通过多条 READ CAPP DATA 指令，读取多个 CAPP 记录中的内容。

8.3.3.2 初始化应用

终端向卡片发送 GPO 指令，指令中的数据根据应用选择时返回的 PDOL 中的数据进行组织，需要包含 CAPP 交易指示位。

算法选择具体参见 JT/T xxx.6。

当收到 GPO 命令时，卡片按标准快速支付交易处理，脱机批准该交易继续进行后续处理，脱机未批准交易则按标准快速支付功能联机/拒绝交易流程处理 GPO 命令，具体包括：

a) 如果 CAPP 交易指示位为'1'，进入分段扣费交易流程；

b) 如果当前实际可用电子现金余额小于当前交易金额，则进入标准快速支付功能流程，判断拒绝交易还是请求联机；如果当前实际可用电子现金余额大于等于当前交易金额，则以当前实际可用电子现金余额替代电子现金余额（标签"9F79"）进行小额检查等相关操作（预付处理除外，仍使用电子现金余额作为判断依据）。

8.3.3.3 分段扣费处理

8.3.3.3.1 卡片处理

收到 GPO 命令响应数据后卡片将作如下处理：

a) 根据 UPDATE CAPP DATA CACHE 命令所指示的文件记录查找相应的行业应用管理密钥，计算并验证安全报文；

b) 如果安全报文验证成功后，将 CAPP 记录数据缓存，待交易完成时一起写入卡片；

c) 如果安全报文验证失败，返回指定错误码。

8.3.3.3.2 终端处理

收到 GPO 命令响应数据后终端将作如下处理：

a) 终端组织更新 CAPP 记录的内容，通过保存在 SAM 卡中制定行业文件所对应的密钥，计算相应的 MAC，对 UPDATE CAPP DATA CACHE 指令进行安全保护；

b) 终端发送 UPDATE CAPP DATA CACHE 命令。允许根据实际应用，发送多条 UPDATE CAPP DATA CACHE 命令；

c) 如果卡片支持扩展应用记录的 R-MAC 保护，则终端应通过 SAM 卡计算并验证 UPDATE CAPP DATA CACHE 命令后卡片返回的 R-MAC 值。如 R-MAC 验证错误，或卡片返回错误的状态码，或未返回 R-MAC，则终端均应终止此次分段扣费交易；

d) 如果卡片不支持扩展应用记录的 R-MAC 保护，则当 UPDATE CAPP DATA CACHE 命令返回错误码时，终端应终止此次分段扣费交易。

8.3.3.4 读取卡片数据内容

终端根据 GPO 返回的 AFL，向卡片发送 READ RECORD 命令，读取相应的记录内容。在最后一条记录被成功读取后，卡片同时完成小额支付的扣款和 CAPP 记录的实际更新，终端获得并保存本次交易应用密文（TC），交易正常完成。

8.3.3.5 结束处理

终端执行交易结束步骤（即终端认证过程）决定交易处理结果（交易拒绝或交易批准）。包括下列步骤：

a) 检查所有相关数据的有效性和合法性；

b) 进行脱机数据认证，即 fDDA 验证。

如果卡片的 fDDA 版本号为'01'，则卡片在产生动态签名前应将分段扣费应用标识（标签"DF61"）的值动态填充到卡片认证相关数据（标签"9F69"）的第 8 个字节中再进行动态签名的运算。终端在 fDDA 验证成功后应将卡片认证相关数据的第 8 字节与应用选择时卡片返回的 FCI 数据中的分段扣费应用标识相比较，如比较不一致，则应提示交易失败。

8.3.3.6 支持分段扣费押金抵扣功能的特殊处理

8.3.3.6.1 概述

在分段扣费交易模式下，发卡机构可选择支持押金抵扣功能，并需在个人化时增加分段扣费抵扣限额（标签"DF62"）和分段扣费已抵扣金额（标签"DF63"）两个数据。同时，在标准分时、分段扣费交易的部分流程中,对具有押金抵扣功能的卡片进行如下特殊处理。

8.3.3.6.2 应用选择

对于支持押金抵扣交易的终端,在进行交易前,应获取电子现金余额(标签"9F79")进行校验。如果当前电子现金余额大于0,终端继续交易;如果当前电子现金余额等于0,表示卡片内余额为0或者已经进行过押金抵扣交易,终端可根据自身业务逻辑决定继续交易或者终止交易。

8.3.3.6.3 初始化应用

当收到GPO命令,进入分段扣费流程时,如果卡片支持分段扣费押金抵扣功能,则当前实际可用电子现金余额=电子现金余额+分段扣费抵扣限额-分段扣费已抵扣金额;如果卡片不支持分段扣费押金抵扣功能,则当前实际可用电子现金余额=电子现金余额。

8.3.3.6.4 读取卡片数据内容

终端根据GPO返回的AFL,向卡片发送READ RECORD命令时,如果卡片支持押金抵扣功能,且电子现金余额小于当前交易金额,则进行押金抵扣,交易后的分段扣费已抵扣金额=交易前分段扣费已抵扣金额+交易金额-交易前电子现金余额。如果交易后的分段扣费已抵扣金额小于电子现金分段扣费抵扣限额,则在最后一个记录被成功读取后,将交易后的分段扣费已抵扣金额进行更新,同时将交易后的电子现金余额设置为零,完成交易;否则交易失败。

8.3.3.6.5 圈存操作

发卡机构后台圈存流程保持与现有流程一致。

卡片收到发卡机构发送的修改余额的脚本命令时,需自动计算并同时设置电子现金余额和分段扣费已抵扣金额具体包括:

a) 如果当前电子现金余额等于'0':
   1) 当修改余额脚本中指定的金额大于分段扣费已抵扣金额,则圈存后的电子现金余额=修改余额脚本中指定的金额-分段扣费已抵扣金额,同时将分段扣费已抵扣金额清零;
   2) 当修改余额脚本中指定的金额小于等于分段扣费已抵扣金额,则圈存后的分段扣费已抵扣金额=圈存前分段扣费已抵扣金额-修改余额脚本中指定的金额,电子现金余额值保持不变。
b) 如果当前电子现金余额大于'0',按标准圈存流程处理。

8.3.3.6.6 查询操作

标准终端只能支持电子现金余额的查询。支持分段扣费押金抵扣功能的终端,可单独查询电子现金余额、分段扣费抵扣限额与分段扣费已抵扣金额,根据实际业务要求显示查询余额。

8.3.3.6.7 更新分段扣费抵扣限额操作

卡片收到发卡机构发送的修改分段扣费抵扣限额的脚本命令时,如果修改分段扣费抵扣限额的脚本中指定的分段扣费抵扣限额小于分段扣费已抵扣金额,则返回'6A80';否则,用脚本中指定的值完成分段扣费抵扣限额的更新。

8.4 电子现金脱机预授权交易流程

8.4.1 概述

脱机预授权是特殊形式的分时、分段扣费交易,分为脱机预授权和脱机预授权完成两个步骤:在脱机预授权时,冻结一部分电子现金余额作为预授权金额;在脱机预授权完成时,完成实际消费金额的扣款和冻结金额的恢复。脱机预授权交易不支持押金抵扣功能。

8.4.2 脱机预授权交易流程图

脱机预授权交易如图21所示。

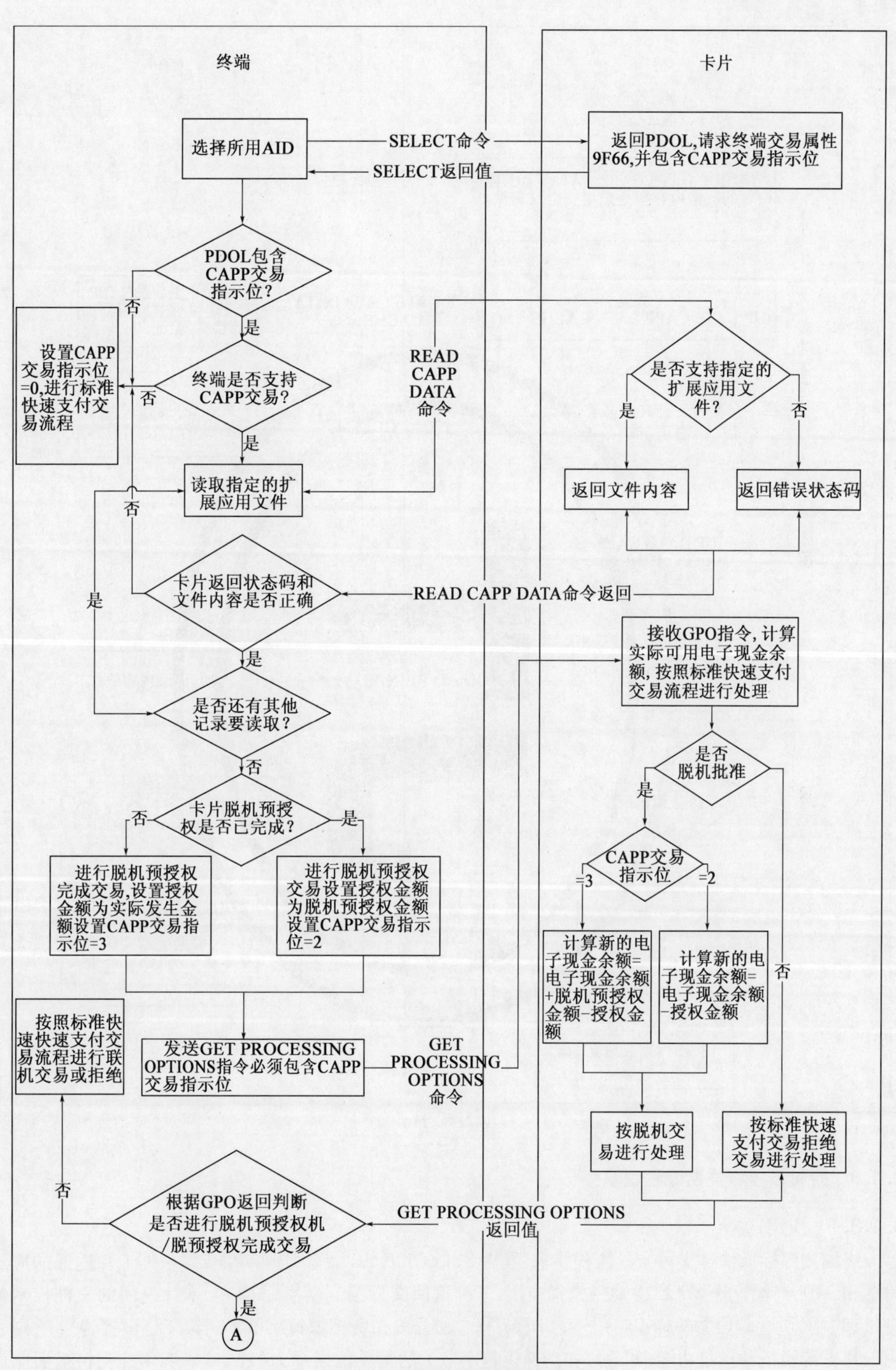

图 21　脱机预授权交易流程

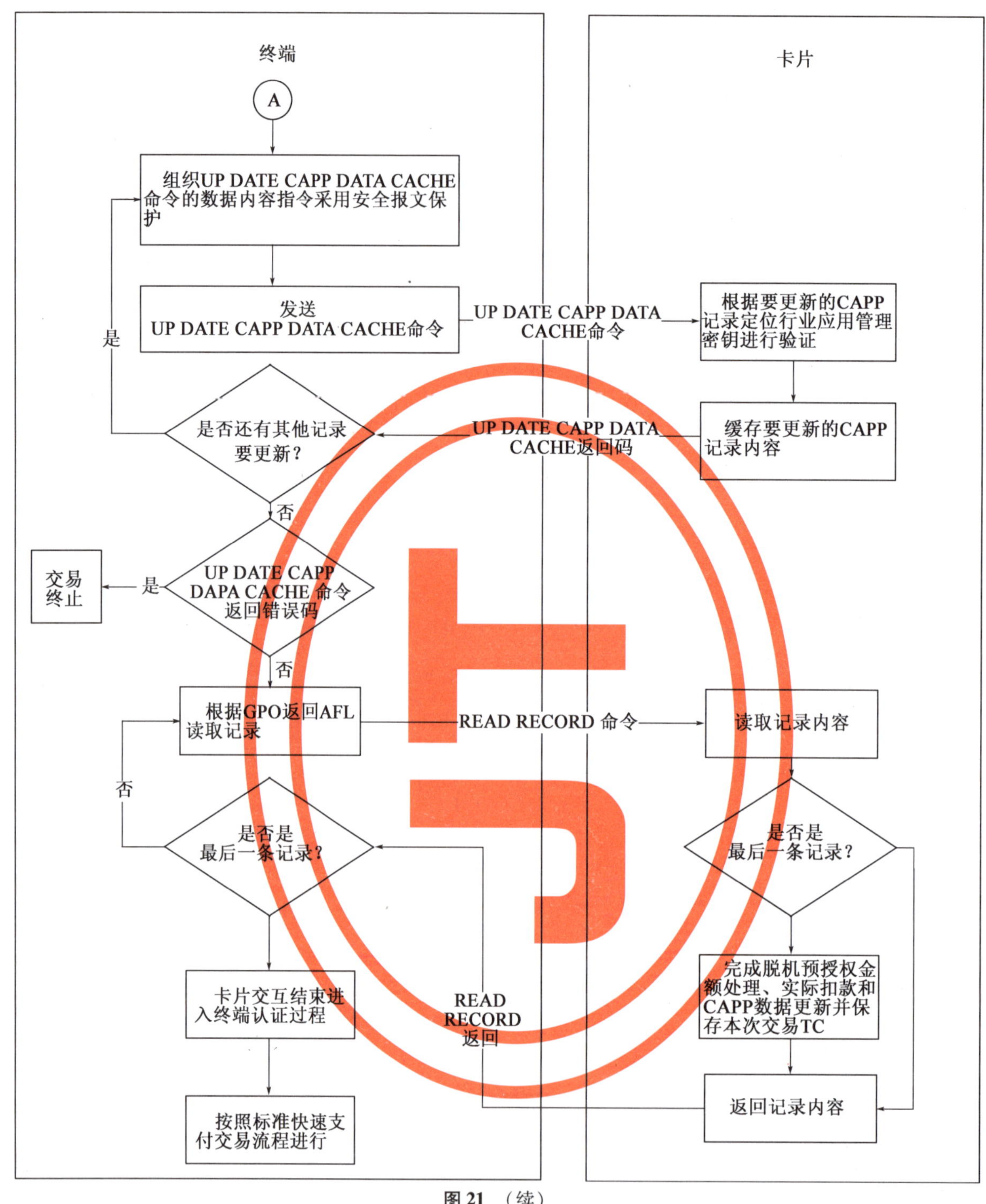

图 21 （续）

8.4.3 脱机预授权交易流程说明

8.4.3.1 应用选择

终端按照标准快速支付交易流程要求，发送 SELECT PPSE 命令，选择 PPSE。根据卡片返回的应用信息和 AID，终端发送 SELECT 命令选择应用，卡片返回文件控制信息（FCI）。卡片返回的文件控制信息（FCI）中，包含分段扣费标识符（标签“DF61”）。如分段扣费标识符字节 1 的第 2 位设置为‘1’，则表明卡片支持脱机预授权功能；如分段扣费标识符字节 1 的第 8 位设置为‘1’，则表明卡片支持扩展应用记录的 R-MAC 保护。如果 FCI 数据中要求的 PDOL 数据中，包含 CAPP 交易指示位，终端将按顺序作如下处理：

判断终端是否支持脱机预授权应用：如是则继续进行后续处理，否则将 CAPP 交易指示位置'0'，进行标准快速支付交易或根据需要终止交易；终端发送 READ CAPP DATA 命令读取指定的扩展应用专用文件记录，或发送 READ RECORD 命令读取指定的扩展应用循环记录文件，以判断卡片是否支持脱机预授权应用。如卡片支持扩展应用记录的 R-MAC 保护，则 READ CAPP DATA 的命令报文数据域中应包括 8 个字节的终端随机数；否则 READ CAPP DATA 命令报文数据域为空；

a） 如果卡片上存在指定的脱机预授权应用文件，则卡片返回文件内容，终端确认卡片支持指定的脱机预授权应用。如卡片支持扩展应用记录的 R-MAC 保护，则终端通过 SAM 卡计算并验证卡片返回的 R-MAC 值。如 R-MAC 验证错误，则终止交易；

b） 如果卡片上不存在指定的 CAPP 记录，则卡片返回错误状态码，表明卡片不支持脱机预授权应用，终端应将 CAPP 交易指示位置'0'，进行标准快速支付交易或根据需要终止交易；

c） 终端根据读取的指定脱机预授权应用数据中的脱机预授权状态、脱机预授权金额和脱机预授权日期或者有效期判断卡片脱机预授权是否已完成，从而确定本次交易的具体子类型，具体判断规则由相关行业根据实际需要自行设定；

注：脱机预授权应用文件中的数据由行业定义，但宜包括脱机预授权状态、脱机预授权金额和脱机预授权日期或者有效期。

d） 如果判断本次交易为脱机预授权交易，则终端设置 CAPP 交易指示位为'2'，并设置授权金额为新的脱机预授权金额，进行新的脱机预授权交易；如果判断结果为脱机预授权完成交易，则终端设置 CAPP 交易指示位为'3'，并设置授权金额为实际发生的交易金额，进行脱机预授权完成交易。

8.4.3.2 初始化应用

终端向卡片发送 GPO 指令，当收到 GPO 命令时，卡片将按如下顺序进行处理：

a） 在交易类型为脱机预授权完成时，参与卡片风险管理的电子现金余额应为当前电子现金余额加上脱机预授权金额，按照标准快速支付功能规定的卡片风险管理判断是否脱机批准该交易：如是，继续进行后续处理；否则按标准快速支付联机/拒绝交易流程处理 GPO 命令；

b） 判断 GPO 命令数据域中是否包含 CAPP 交易指示位，且设置为'2'或者'3'。如果 CAPP 交易指示位为'2'，计算新的电子现金余额 = 电子现金余额 - 脱机预授权金额，在卡片内部记录脱机预授权金额，用于脱机预授权完成交易；如果 CAPP 交易指示位为'3'，计算新的电子现金余额 = 电子现金余额 + 脱机预授权金额 - 脱机预授权完成金额；如果 CAPP 交易指示位为'3'，但卡片无对应脱机预授权交易，则卡片返回'6973'。

注：目前同时支持 3 个脱机预授权交易，对应 3 个不同的内部脱机预授权金额。如果卡片收到第 4 个脱机预授权交易的 GPO 命令时，则卡片返回'6971'。对于同一行业的同一应用（即相同 SFI 的扩展应用文件下相同 ID 的记录）不允许连续脱机预授权交易发生，如果卡片收到连续脱机预授权交易，则返回'6972'。

与标准快速支付交易流程不同，如果交易是脱机预授权交易，则卡片在脱机交易批准的情况下不返回应用密文（TC）。

8.4.3.3 脱机预授权处理

8.4.3.3.1 卡片处理步骤

收到 GPO 命令响应数据后进入脱机预授权交易，卡片将作如下处理：

a） 根据 UPDATE CAPP DATA CACHE 命令所指示的文件记录查找相应的行业应用管理密钥，计算并验证安全报文；

b） 如果安全报文验证成功，将 CAPP 记录数据缓存，待交易完成时一起写入卡片；

c） 如果安全报文验证失败，返回指定错误码。

8.4.3.3.2 终端处理步骤

终端处理步骤如下：

a） 当脱机预授权完成交易和脱机预授权交易发生在同一终端上时，终端使用脱机预授权完成交易生成的交易数据覆盖脱机预授权交易数据，对于以上两笔相关交易，终端只保存一条脱机预授权完成的交易记录；

b） 对于脱机预授权交易和脱机预授权完成交易，终端更新 CAPP 记录，具体更新内容细节由行业应用方定义；

c） 终端应通过 SAM 卡计算相应的 MAC，对 UPDATE CAPP DATA CACHE 指令进行安全保护；

d） 发送 UPDATE CAPP DATA CACHE 命令。允许根据实际应用，发送多条 UPDATE CAPP DATA CACHE 命令；

e） 如果卡片支持扩展应用记录的 R-MAC 保护，则终端应通过 SAM 卡计算并验证 UPDATE CAPP DATA CACHE 命令后卡片返回的 R-MAC 值。如 R-MAC 验证错误，或卡片返回错误的状态码，或未返回 R-MAC，则终端均应终止此次脱机预授权交易；

f） 如果卡片不支持扩展应用记录的 R-MAC 保护，则当 UPDATE CAPP DATA CACHE 命令返回错误码时，终端应终止此次脱机预授权交易。

8.4.3.4 读取卡片数据内容

终端根据 GPO 返回的 AFL，向卡片发送 READ RECORD 命令，读取相应的记录内容。

卡片应在验证 UPDATE CAPP DATA CACHE 指令中的 MAC 成功后，方允许更新余额。

在最后一个记录被成功读取后，卡片检测当前 UPDATE CAPP DATA CACHE 所更新的 CAPP 记录是否与最后一条 READ CAPP DATA 的 CAPP 记录一致（即相同 SFI 的扩展应用文件下相同 ID 的记录），且更新成功。如果卡片同步完成脱机预授权金额的处理、电子现金余额的更新和 CAPP 记录的实际更新，并保存本次交易应用密文（TC），交易正常完成；如果否，卡片在最后一条记录时，返回‘6974’，交易失败。

8.4.3.5 结束处理

终端执行交易结束步骤（即终端认证过程）决定交易处理结果（交易拒绝或交易批准）。包括下列步骤：

a） 检查所有相关数据的有效性和合法性；

b） 进行脱机数据认证，即 fDDA 验证；

c） 终端在完成脱机数据认证后，保存所有相关交易信息，以便上传。相关信息应包含脱机预授权交易发生终端的终端编号和商户编号，以及脱机预授权完成的本机相关信息。

如果卡片的 fDDA 版本号为‘01’，则卡片在产生动态签名前应将分段扣费应用标识（标签“DF61”）的值动态填充到卡片认证相关数据（标签“9F69”）的第 8 个字节中再进行动态签名的运算。终端在 fDDA验证成功后应将卡片认证相关数据的第 8 字节与应用选择时卡片返回的 FCI 数据中的分段扣费应用标识相比较，如比较不一致，则应提示交易失败。

8.4.3.6 脱机预授权完成交易时的特殊处理

脱机预授权完成交易时，如果脱机预授权完成金额大于等于脱机预授权金额，则电子现金余额 = 电子现金余额 + 脱机预授权金额 - 脱机预授权完成金额。

脱机预授权完成交易时，如果脱机预授权完成金额小于脱机预授权金额，且分段扣费已抵扣金额（标签“DF63”）大于零，脱机预授权剩余金额 = 脱机预授权金额 - 脱机预授权完成金额。

如果脱机预授权剩余金额大于分段扣费已抵扣金额，则将分段扣费已抵扣金额清零，同时设置当前电子现金余额（标签“9F79”）= 脱机预授权剩余金额 - 分段扣费已抵扣金额；如果脱机预授权剩余金额小于等于分段扣费已抵扣金额，则设置当前分段扣费已抵扣金额 = 交易前分段扣费已抵扣金额 - 脱机预授权剩余金额。

8.4.3.7 脱机预授权未完成状态下的圈存与查询操作

8.4.3.7.1 圈存操作

发卡机构后台圈存流程与现有流程保持一致。

为避免圈存时发卡机构下发圈存脚本导致卡片金额超限,卡片在收到 GENERATE AC 指令后,返回的发卡机构应用数据(标签"9F10")中如包含发卡机构自定义数据项,则卡片在计算发卡机构自定义数据项时,所使用的电子现金余额 = 当前电子现金余额 + 卡片未完成的一笔或多笔脱机预授权金额的总和。

为避免圈存后由于预授权完成交易导致卡片内电子现金余额超限,卡片在收到 PUT DATA 指令进行圈存操作时,需要确保电子现金余额上限(标签"9F77")大于等于 PUT DATA 指令设置的电子现金余额加卡片未完成的一笔或多笔脱机预授权金额的总和,否则卡片以'6A80'错误码响应 PUT DATA 指令。

8.4.3.7.2 查询操作

终端查询电子现金余额流程与现有流程保持一致。

通过 GET DATA 指令或 GPO 指令获取的电子现金余额或可用脱机消费金额(标签"9F5D")均为当前实际可用金额,不包括未完成的一笔或多笔脱机预授权的金额。

8.5 电子现金单次扣款优惠流程

单次扣款优惠是指在交易时根据读取的扩展应用专用文件信息,判断卡片是否需要进行优惠处理的过程。

单次扣款优惠交易的基本流程为:读取扩展应用专用文件,判断卡片是否支持优惠应用,若支持,判断优惠时间是否未过期;若是,则按优惠规则计算消费金额,并继续进行优惠交易的其他步骤。单次扣款优惠交易流程如图 22 所示。

对单次扣款优惠可能追溯最近一次或多次的交易记录(例如公交换乘),故除通用的记录优惠应用的 CAPP 变长记录文件外,可额外增加一个使用循环记录文件结构的 CAPP 日志记录文件。两个文件配合使用,灵活实现不同的优惠方案。

持卡人使用卡片在优惠应用环境中进行单次扣款优惠交易时,终端将作如下处理:

a) 终端首先选择和激活卡片,并通过返回信息选择判断卡片是否支持基于非接触小额支付的扩展应用交易;
b) 终端发出 READ CAPP DATA 命令查询变长记录结构的优惠应用 CAPP 专用文件,判断卡片是否支持优惠应用。如支持,终端根据需要发送一条或多条 READ RECORD 命令读取循环记录结构的日志记录 CAPP 专用文件中的记录内容:如优惠规则中指明优惠需要参考最近的多次交易,则终端需要读取循环文件中的最近几条记录,作为消费金额计算的依据,否则只需读取最近一次的日志记录作为依据;如果不满足优惠条件,则交易金额为无优惠的标准值,否则根据优惠规则计算消费金额,然后进入扣费交易流程;
c) 支持优惠的终端可通过追溯最近几次的消费情况来计算优惠消费金额。但应避免设计得过于复杂,以免影响交易速度。

注: 如卡片支持扩展应用记录的 R-MAC 保护,则终端应通过 SAM 卡计算并验证 R-MAC。具体方法同分段扣费和脱机预授权交易流程中描述。

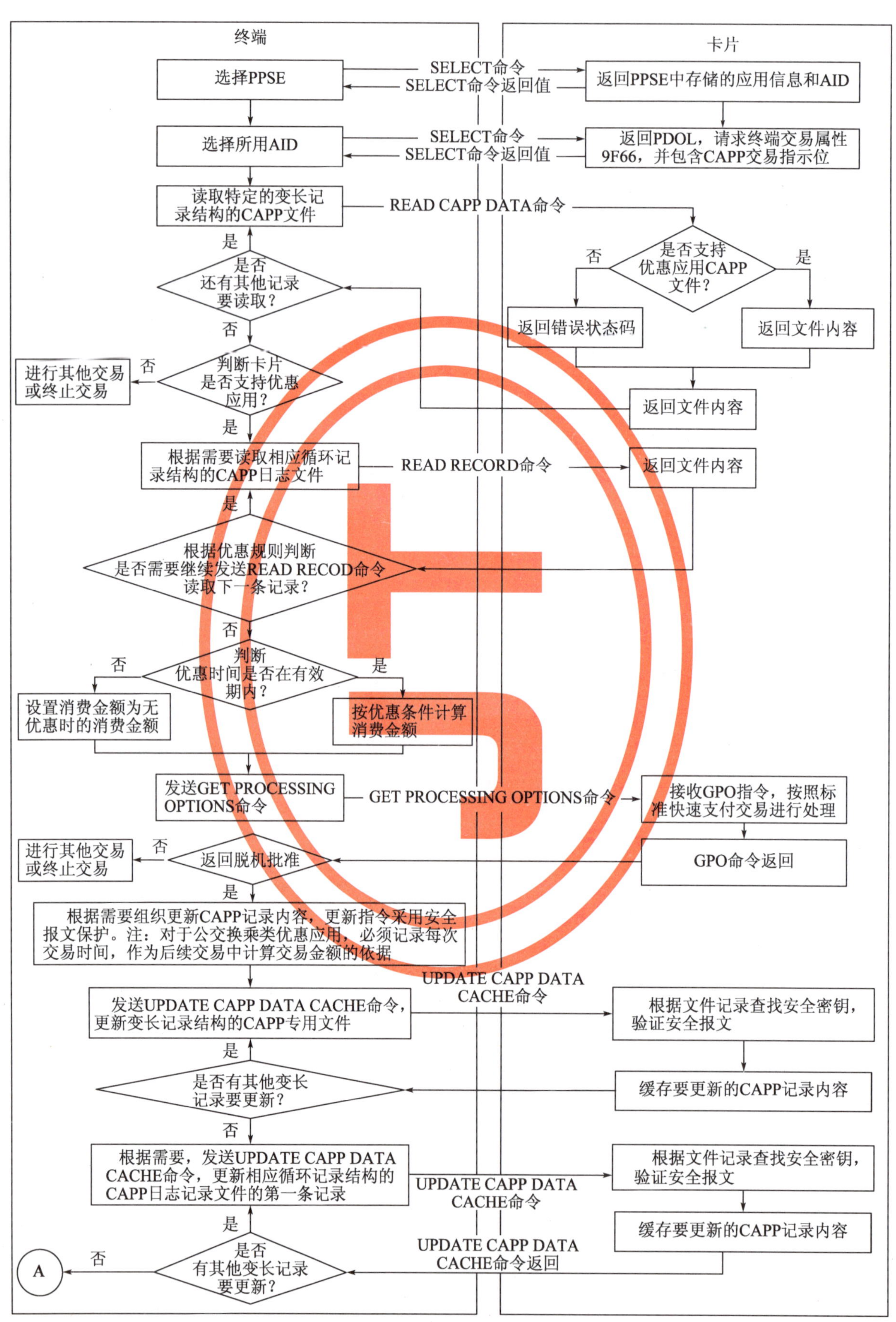

图22　单次扣款优惠交易流程

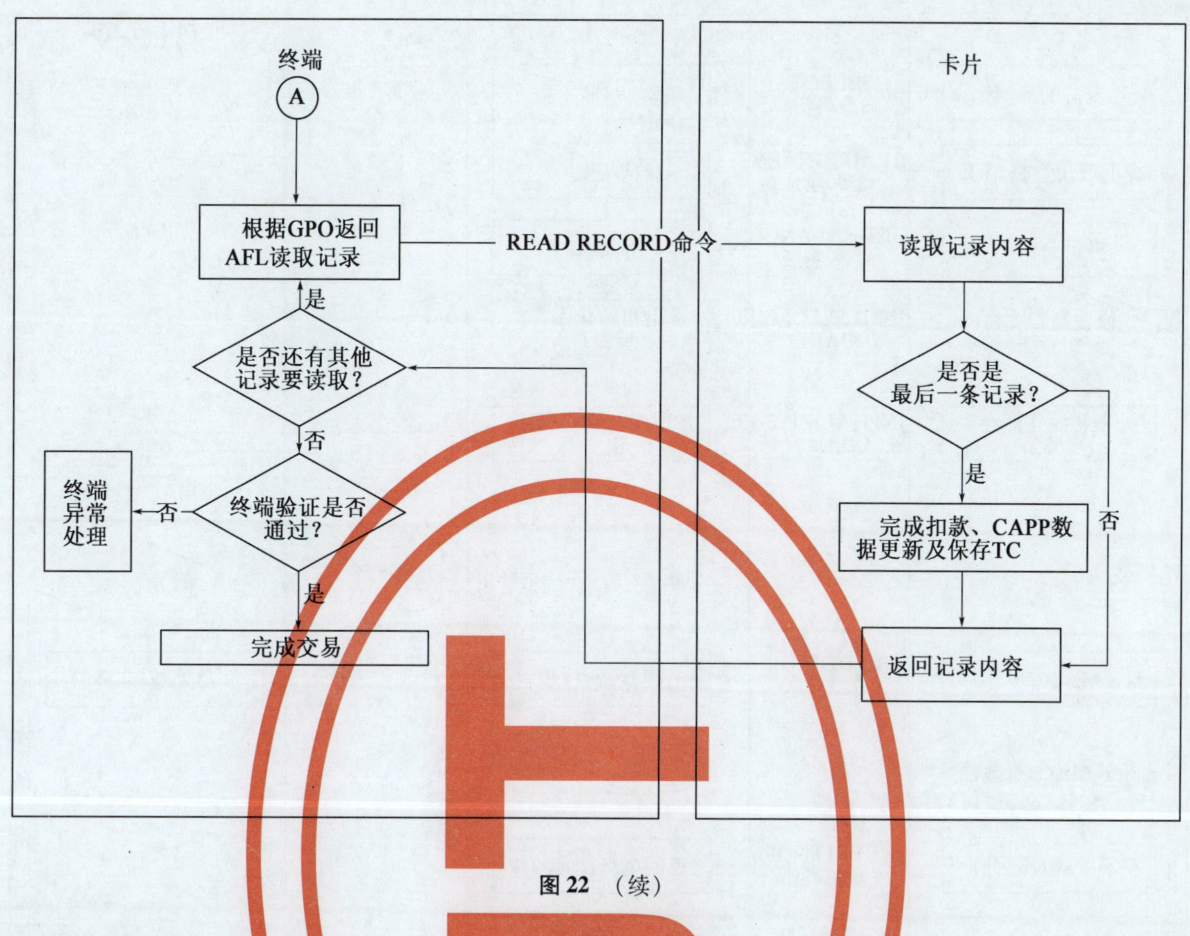

图 22 （续）

9 电子钱包交易流程

9.1 电子钱包圈存交易

9.1.1 发出初始化圈存(INITIALIZE FOR LOAD)命令(步骤1)

终端应按 JT/T 978.2 中的描述,发出初始化圈存(INITIALIZE FOR LOAD)命令,启动圈存交易,如图23所示。

9.1.2 处理初始化圈存(INITIALIZE FOR LOAD)命令(步骤2)

收到初始化圈存(INITIALIZE FOR LOAD)命令后,卡片将进行以下操作:

a) 检查是否支持命令中包含的密钥索引号。如果不支持,则回送状态字'9403'(不支持的密钥索引),但不回送任何其他数据,同时终止命令的处理过程;
b) 产生一个伪随机数(ICC),过程密钥和一个报文鉴别码(MAC1),用以供主机验证圈存交易及卡片的合法性。过程密钥用于电子钱包圈存交易。该过程密钥是用 DLK 密钥按照 JT/T 978.6 描述的机制产生的。用来产生过程密钥的输入数据如下:
   1) 伪随机数(ICC) ‖ 电子钱包联机交易序号 ‖ "8000";
   2) MAC1 的计算机制见 JT/T 978.6。用过程密钥对以下数据加密产生 MAC1(按所列顺序):电子钱包余额(交易前);交易金额;交易类型标识;终端机编号。
c) 卡片将把 JT/T 978.2 中定义的初始化圈存(INITIALIZE FOR LOAD)响应报文回送给终端处理。如果卡片回送的状态字不是'9000',则交易终止。

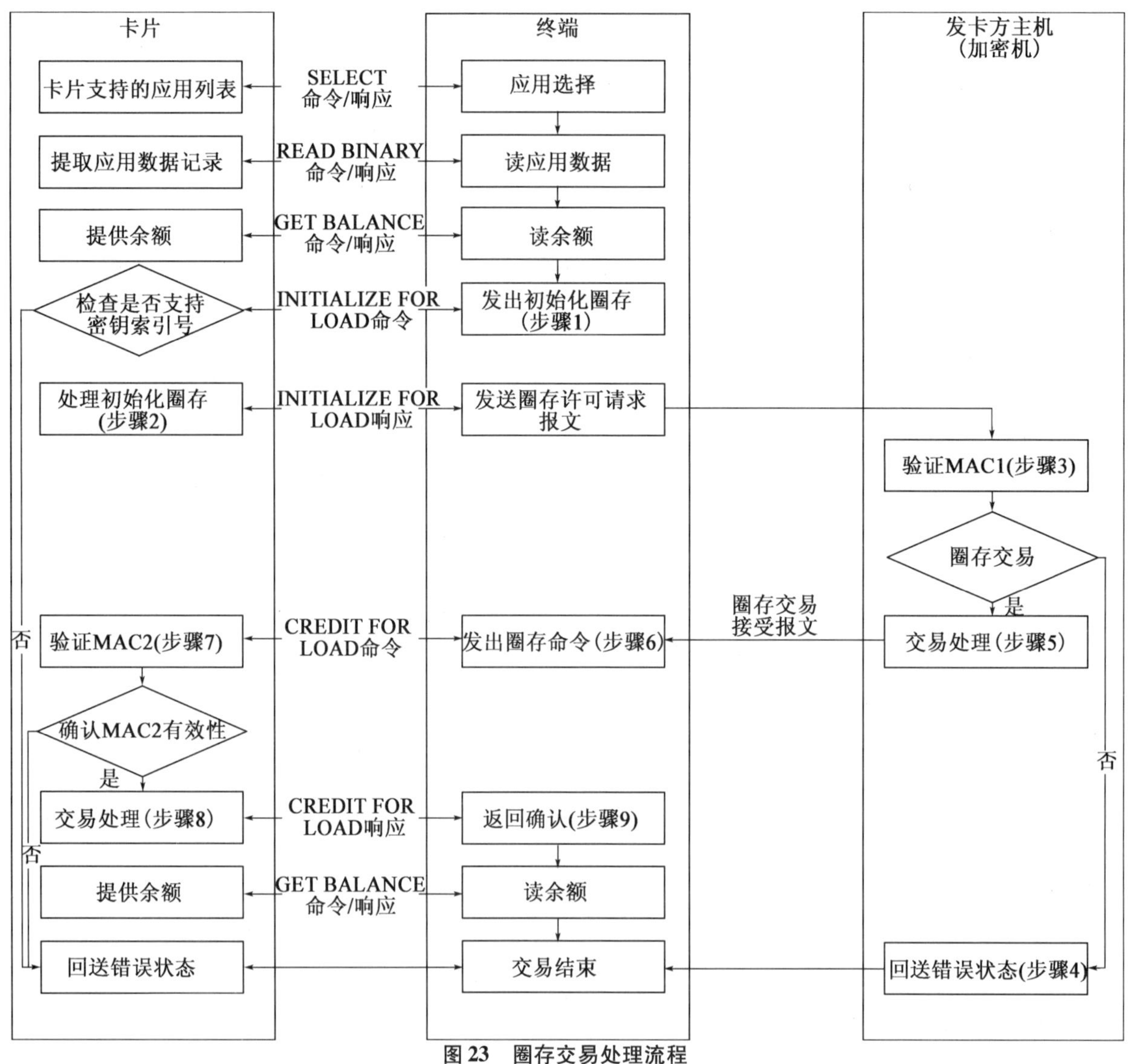

图 23 圈存交易处理流程

9.1.3 验证 MAC1(步骤 3)

收到初始化圈存(INITIALIZE FOR LOAD)命令响应报文后,终端把 JT/T 978.2 中定义的数据传给发卡机构主机。主机将生成过程密钥并确认 MAC1 是否有效。

9.1.4 回送错误状态(步骤 4)

如果不接受圈存交易,则主机应通知终端。

9.1.5 交易处理(步骤 5)

主机产生一个报文签别码(MAC2),用于卡片对主机进行合法性检查。JT/T 978.6 中描述了主机用来生成 MAC2 的机制。用过程密钥对以下数据加密产生 MAC2(按所列顺序):

a) 交易金额;
b) 交易类型标识;
c) 终端机编号;
d) 交易日期(主机);
e) 交易时间(主机)。

成功地进行了圈存交易后,主机将电子现金交易序号加1,并向终端发送一个圈存交易接受报文,其中包括 MAC2、交易日期(主机)和交易时间(主机)。

9.1.6 发出圈存(CREDIT FOR LOAD)命令(步骤6)

终端收到主机发来的圈存交易接受报文后,发出圈存(CREDIT FOR LOAD)命令更新卡片上电子钱包余额。圈存(CREDIT FOR LOAD)命令见 JT/T 978.2。

9.1.7 验证 MAC2(步骤7)

收到圈存(CREDIT FOR LOAD)命令后,卡片应确认 MAC2 的有效性。如果 MAC2 有效,交易处理将执行9.1.8 中描述的步骤。否则将向终端回送状态字‘9302’(MAC 无效)。

9.1.8 交易处理(步骤8)

9.1.8.1 记录交易明细处理

卡片将电子钱包交易序号加1,并且把交易金额加在电子钱包的余额上。卡片应成功地完成9.1.1 ~9.1.8 所有操作或者一个也不完成。

在电子钱包圈存交易中,卡片用以下数据组成的一个记录更新交易明细:

a) 电子钱包交易序号;
b) 交易金额;
c) 交易类型标识;
d) 终端机编号;
e) 交易日期(主机);
f) 交易时间(主机)。

9.1.8.2 TAC 计算

TAC 的计算见 JT/T 978.6。TAC 的计算不采用过程密钥方式,它用 DTK 左右8 位字节异或运算的结果对以下数据进行加密运算来产生(按所列顺序):

a) 电子钱包余额(交易后);
b) 电子钱包交易序号(加1前);
c) 交易金额;
d) 交易类型标识;
e) 终端机编号;
f) 交易日期(主机);
g) 交易时间(主机)。

9.1.9 返回确认(步骤9)

在成功完成步骤8 后,卡片通过 CREDIT FOR LOAD 命令的响应报文将 TAC 回送给终端。主机可不马上验证 TAC。

9.2 电子钱包圈提交易

9.2.1 发出初始化圈提(INITIALIZE FOR UNLOAD)命令(步骤1)

终端发出初始化圈提(INITIALIZE FOR UNLOAD)命令启动圈提交易,启动电子钱包圈提交易流程见图24。

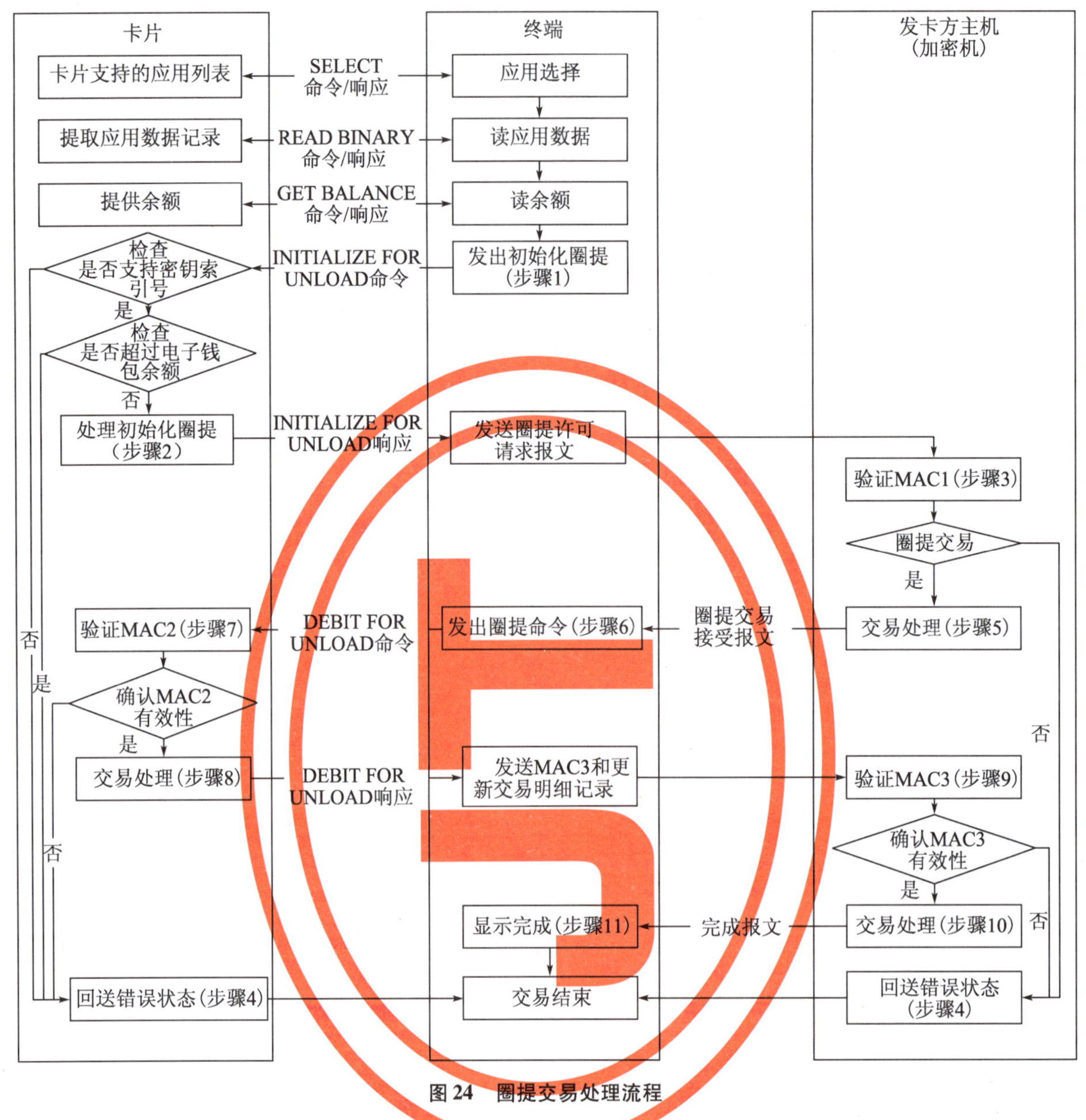

图 24 圈提交易处理流程

9.2.2 处理初始化圈提(INITIALIZE FOR UNLOAD)命令(步骤 2)

9.2.2.1 卡片处理步骤

收到初始化圈提(INITIALIZE FOR UNLOAD)命令后,卡片将进行以下操作:

a) 检查是否支持命令中提供的密钥索引号。如果不支持,则回送状态字‘9403’(不支持的密钥索引),但不回送任何其他数据,命令处理结束;

b) 检查命令中包含的交易金额是否超过电子钱包余额。如果超过,则回送状态字‘9401’(资金不足),但不回送其他数据。

在通过以上检查后,卡片将产生一个伪随机数(ICC)、过程密钥 SESULK 和一个报文鉴别码(MAC1),供主机验证圈提交易及卡片的合法性。

9.2.2.2 MAC1 验证

SESULK 是用于电子钱包圈提交易的过程密钥。该过程密钥是利用 DULK 并按照 JT/T 978.6 所描述的机制产生的。用来产生该过程密钥的输入数据如下为 SESULK:伪随机数(ICC) ‖ 电子钱包联机交易序号‖"8000"。

MAC1 的计算机制见 JT/T 978.6。用 SESULK 对以下数据加密产生 MAC1(按所列顺序):

a) 电子现金余额(交易前);

b) 交易金额;

c) 交易类型标识;

d) 终端机编号。

卡片应向终端回送 JT/T 978.2 中定义的初始化圈提(INITIALIZE FOR UNLOAD)命令的响应报文和状态字'9000'。

在收到初始化圈提(INITIALIZE FOR UNLOAD)的响应报文后,终端将一个包含 JT/T 978.2 中数据的圈提许可请求报文 MAC1 送往发卡机构主机。

9.2.3 验证 MAC1(步骤 3)

主机将产生 SESULK 并验证 MAC1 是否有效。如果 MAC1 有效,将执行 9.2.5 中的步骤。否则终端应回送一个错误状态字,交易处理将转而执行 9.2.4 中所描述的步骤。

9.2.4 回送错误状态(步骤 4)

如果不接受圈提交易,主机应通知终端。

9.2.5 主机处理(步骤 5)

主机确认能够进行圈提交易后,将产生一个报文签别码(MAC2),以供卡片对主机合法性进行检查。包含在 DEBIT FOR UNLOAD 命令中从主机经由终端传到卡片的数据包括:

a) 交易金额;

b) 交易类型标识;

c) 终端机编号;

d) 交易日期(主机);

e) 交易时间(主机)。

MAC2 的计算机制见 JT/T 978.6 用 SESULK 对以上数据进行加密(按所列顺序)产生 MAC2。

主机向终端发送一个圈提交易接受报文,其中至少应包括交易日期(主机)、交易时间(主机)和 MAC2。

9.2.6 发出圈提(DEBIT FOR UNLOAD)命令(步骤 6)

终端收到主机的圈提交易接受报文后,向卡片发出圈提(DEBIT FOR UNLOAD)命令以更新卡片上电子钱包余额。圈提(DEBIT FOR UNLOAD)命令见 JT/T 978.2。

9.2.7 验证 MAC2(步骤 7)

卡片应确认 MAC2 是有效的。如果 MAC2 有效,交易处理将继续执行交易流程。否则向终端回送状态字'9302'(MAC 无效)。

9.2.8 交易处理(步骤 8)

卡片将电子钱包交易序号加 1,并从卡片上的电子钱包余额中扣减交易金额。卡片应成功地完成 9.2.1 ~9.2.7 所有步骤或者一个也不完成。

卡片将产生一个报文鉴别码(MAC3),并通过圈提(DEBIT FOR UNLOAD)命令的响应报文将以下数据经终端送往主机:

a) 用 SESULK 对以下数据加密产生 MAC3(按所列顺序):
   1) 电子钱包余额(交易后);
   2) 电子钱包交易序号(加 1 前);
   3) 交易金额;
   4) 交易类型标识;
   5) 终端机编号;
   6) 交易日期(主机);
   7) 交易时间(主机)。
b) 卡片用以下数据组成的一个记录更新交易明细:
   1) 电子钱包交易序号;
   2) 交易金额;
   3) 交易类型标识;
   4) 终端机编号;
   5) 交易日期(主机);
   6) 交易时间(主机)。

9.2.9 验证 MAC3(步骤 9)

主机收到(经由终端)卡片回送的 MAC3 后,应确认 MAC3 是否有效。如果 MAC3 有效,交易处理将继续执行交易步骤。否则将向终端回送一个错误状态字。

9.2.10 交易处理(步骤 10)

发卡机构主机将交易金额从电子钱包账户上扣减,并将主机的电子钱包交易序号加 1。

主机将向终端回送一个完成报文,表示持卡人的账户已更新。

9.2.11 显示完成(步骤 11)

在收到主机的完成报文后,终端将向持卡人显示交易完成信息。

如果需要,终端应能向持卡人提供纸质交易凭证。

9.3 电子钱包消费交易

9.3.1 概述

消费交易允许持卡人使用电子钱包的余额进行支付或获取服务。此交易通常在卡片终端上脱机进行,如图 25 所示。

9.3.2 发出初始化消费(INITIALIZE FOR PURCHASE)命令(步骤 1)

终端发出初始化消费(INITIALIZE FOR PURCHASE)命令启动消费交易。

9.3.3 处理初始化消费(INITIALIZE FOR PURCHASE)命令(步骤 2)

卡片收到初始化消费(INITIALIZE FOR PURCHASE)命令后,将进行以下操作:

a) 检查是否支持命令中提供的密钥索引号。如果不支持,则回送状态字‘9403’(不支持的密钥索引);
b) 检查电子钱包余额是否大于或等于交易金额。如果小于交易金额,则回送状态字‘9401’(资金不足)。

在通过以上检查之后,卡片将产生一个伪随机数并验证 MAC1。过程密钥是利用 DPK 并按照 JT/T 978.6 所描述的机制产生的。用于产生该过程密钥(SESPK)的输入数据如下:

SESPK:伪随机数(ICC)‖电子钱包脱机交易序号‖终端交易序号的最右两个字节。

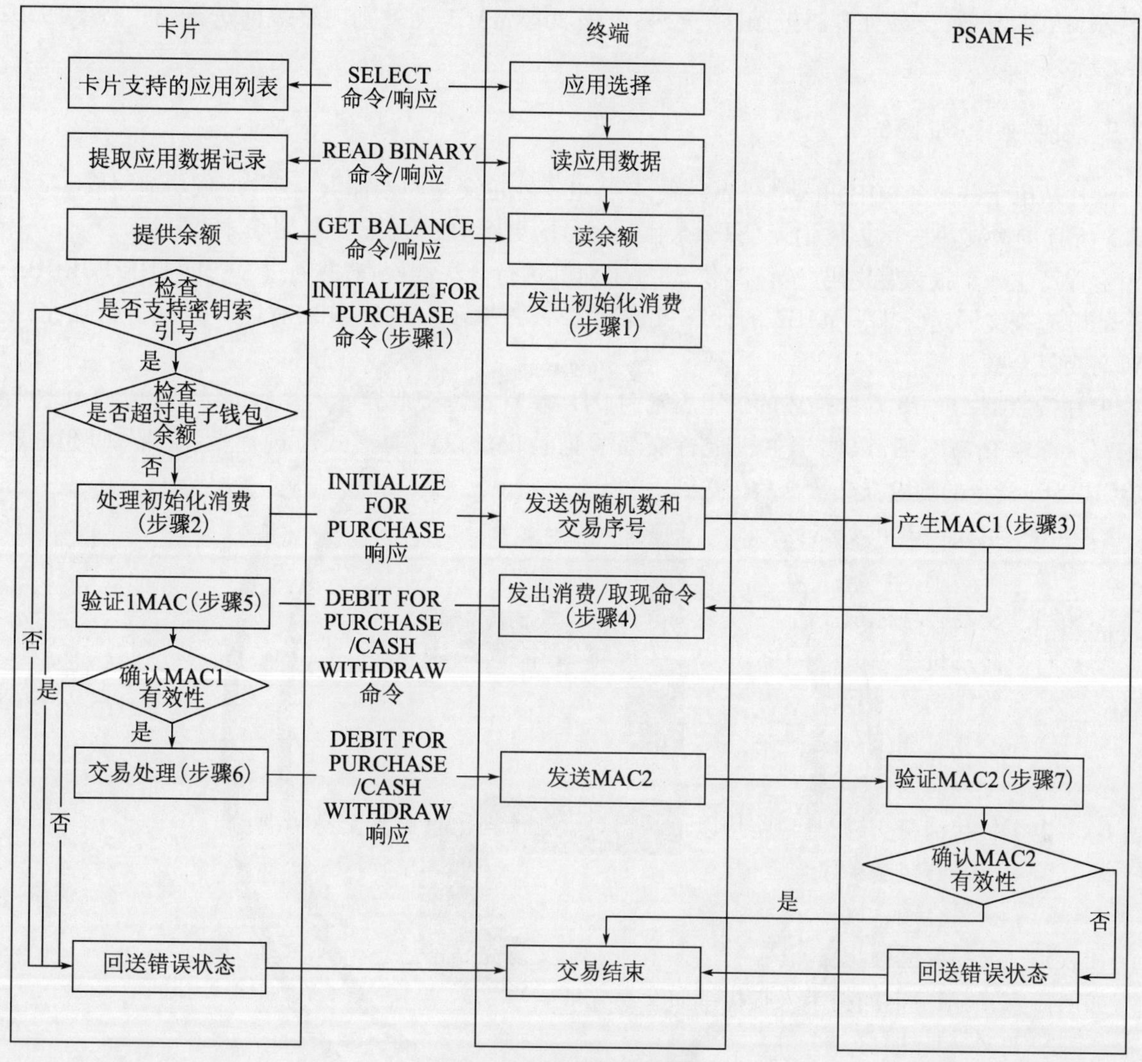

图 25　消费交易处理流程

9.3.4　产生 MAC1(步骤 3)

使用伪随机数(ICC)和卡片回送的电子钱包交易序号,终端的安全存取模块(SAM 卡)将产生一个过程密钥(SESPK)和一个报文鉴别码(MAC1),供卡片来验证 SAM 卡的合法性。

MAC1 的计算机制见 JT/T 978.6。用 SESPK 对以下数据进行加密产生 MAC1(按所列顺序):

a)　交易金额;

b)　交易类型标识;

c)　终端机编号;

d)　交易日期(终端);

e)　交易时间(终端)。

9.3.5　发出消费/取现(DEBIT FOR PURCHASE/CASH WITHDRAW)命令(步骤 4)

终端发出消费/取现(DEBIT FOR PURCHASE/CASH WITHDRAW)命令。

9.3.6 验证 MAC1(步骤 5)

在收到消费/取现(DEBIT FOR PURCHASE/CASH WITHDRAW)命令后,卡片将验证 MAC1 的有效性。若 MAC1 有效,交易处理将继续执行交易流程。若 MAC1 无效则向终端回送错误状态字'9302'(MAC 无效)。

9.3.7 交易处理(步骤 6)

卡片从电子钱包余额中扣减消费的金额,并将电子钱包交易序号加 1。卡片应成功地完成 9.3.1 ~ 9.3.5 所有步骤或者一个也不完成。只有余额和序号的更新均成功后,交易明细才可更新。

卡片产生一个报文鉴别码(MAC2)供 SAM 卡对其进行合法性检查,并通过 DEBIT FOR PURCHASE 命令的响应报文回送终端。MAC2 的计算机制见 JT/T 978.6。用 SESPK 对以下数据进行加密产生 MAC2:交易金额。

卡片按照 JT/T 978.6 中描述的机制用密钥 DTK 左右 8 位字节异或运算后的结果产生 TAC。TAC 将被写入终端交易明细,以便于主机进行交易验证。TAC 以明文形式通过消费/取现(DEBIT FOR PURCHASE)命令的响应报文从卡片传送到终端。

a) 用来生成 TAC 的数据:
   1) 交易金额;
   2) 交易类型标识;
   3) 终端机编号;
   4) 终端交易序号;
   5) 交易日期(终端);
   6) 交易时间(终端)。
b) 电子钱包消费交易,卡片将用以下数据组成的一个记录更新交易明细:
   1) 电子钱包交易序号;
   2) 交易金额;
   3) 交易类型标识;
   4) 终端机编号;
   5) 交易日期(终端);
   6) 交易时间(终端)。

9.3.8 验证 MAC2(步骤 7)

在收到卡片(经过终端)传来的 MAC2 后,SAM 卡要验证 MAC2 的有效性。MAC2 验证的结果被传送到终端以便采取必要的措施。

9.4 电子钱包复合应用消费交易

9.4.1 概述

复合应用消费交易允许持卡人使用电子钱包的余额,根据卡片上记录的分时分段信息,进行支付或获取服务。此交易通常在终端设备或其他读卡设备上脱机进行。

复合应用消费交易允许消费金额为 0。

9.4.2 发出 INITIALIZE FOR CAPP PURCHASE 命令(步骤 1)

终端发出 INITIALIZE FOR CAPP PURCHASE 命令启动复合应用消费交易。

9.4.3 处理 INITIALIZE FOR CAPP PURCHASE 命令(步骤 2)

卡片收到 INITIALIZE FOR CAPP PURCHASE 命令后,将进行以下操作:

a) 检查是否支持命令中提供的密钥索引号。如果不支持,则回送状态字'9403'(不支持的密钥索引),但不回送其他数据;

b) 检查电子钱包余额是否大于或等于交易金额。如果小于交易金额,则回送状态字'9401',但不回送其他数据。

在通过以上检查之后,卡片将产生一个伪随机数(ICC)和过程密钥。过程密钥是利用 DPK 并按照 JT/T 978.6 所描述的机制产生的。用于产生该过程密钥的输入数据如下:

SESPK:伪随机数(ICC)‖电子钱包交易序号‖终端交易序号的最右两个字节。

9.4.4 产生 MAC1(步骤 3)

使用伪随机数(ICC)和卡片回送的电子钱包交易序号,终端的安全存取模块(SAM 卡)将产生一个过程密钥(SESPK)和一个报文鉴别码(MAC1),供卡片来验证 SAM 卡的合法性。

MAC1 的计算机制见 JT/T 978.6。用 SESPK 对以下数据进行加密产生 MAC1(按所列顺序):

a) 交易金额;

b) 交易类型标识;

c) 终端机编号;

d) 交易日期(终端);

e) 交易时间(终端)。

9.4.5 发出 UPDATE CAPP DATA CACHE 命令(步骤 4)

终端发出 UPDATE CAPP DATA CACHE 命令,如图 26 所示。

9.4.6 处理 UPDATE CAPP DATA CACHE 命令(步骤 5)

卡片在收到 UPDATE CAPP DATA CACHE 命令后,将进行以下操作:

a) 如果命令中存在 SFI 域,检查卡片当前应用下是否存在与命令中 SFI 值相同的文件。如果不存在,回送状态字'6A82'(未找到文件),但不回送其他数据。终端应终止此次复合应用消费交易;

b) 根据命令中的复合应用消费类型标识符,查询复合应用消费专用文件中是否存在相同标识符的记录。如果不存在,则回送状态字'6A83'(未找到记录),但不回送其他数据。终端应终止此次复合应用消费交易;

c) 检查复合应用消费专用文件中相应记录中的应用锁定标志字节。如果应用锁定标志为设置,则回送状态字'9407'(复合应用消费禁止),但不回送其他数据。终端应终止此次复合应用消费交易;

d) 检查命令中的数据域长度是否大于复合应用消费专用文件中相应记录的长度。如果大于,则回送状态字'6A84'(文件中存储空间不够),但不回送其他数据。终端应终止此次复合应用消费交易。

在通过以上检查后,卡片应暂存命令中的 SFI、记录号、复合应用消费类型标识符和数据域。复合应用消费专用文件中相应记录中的数据不得通过此命令更新。

9.4.7 发出 DEBIT FOR CAPP PURCHASE 命令(步骤 6)

终端发出 DEBIT FOR CAPP PURCHASE 命令。

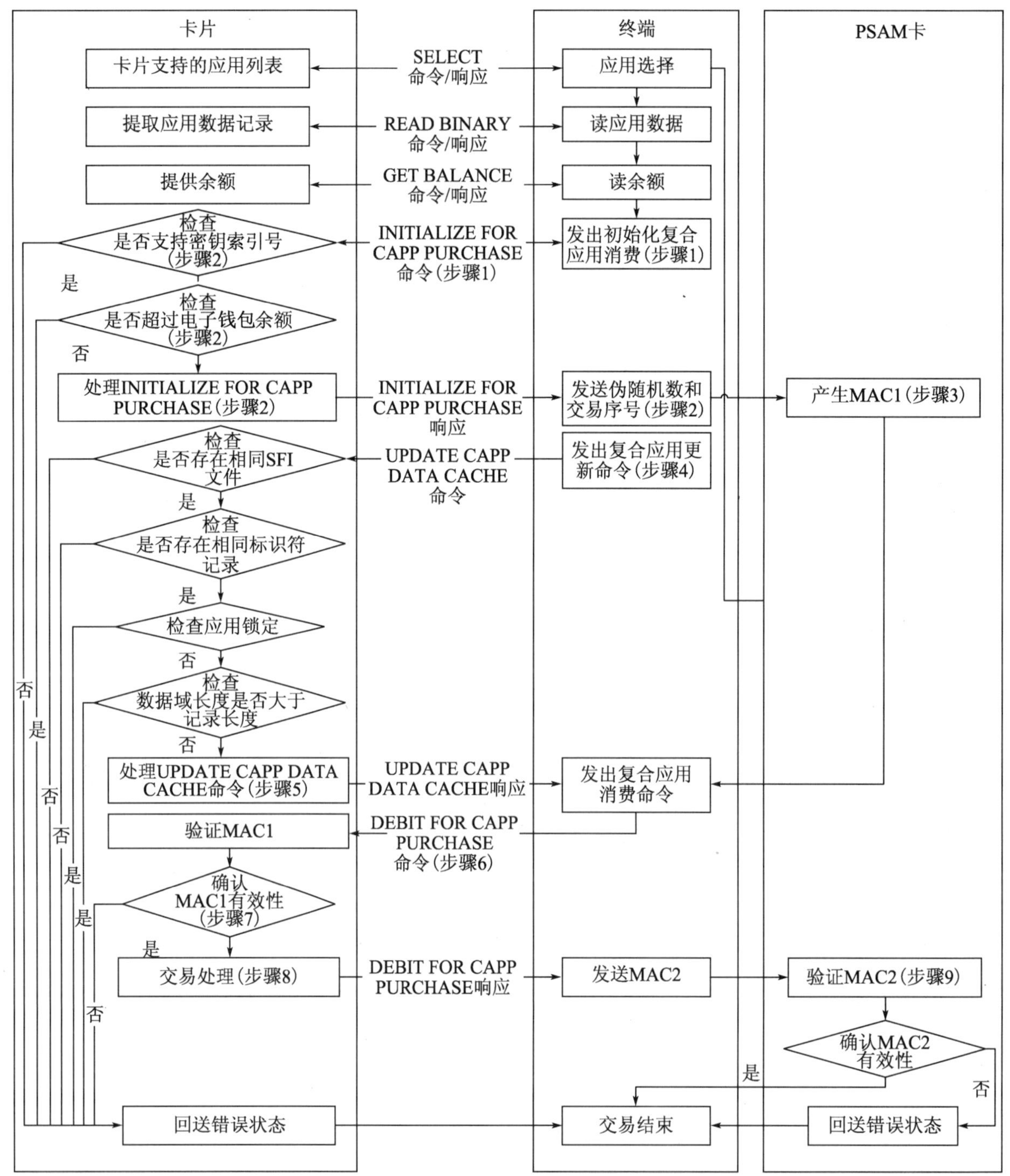

图 26 复合应用消费交易流程

9.4.8 验证 MAC1(步骤 7)

在收到 DEBIT FOR CAPP PURCHASE 命令后,卡片将验证 MAC1 的有效性。如果 MAC1 有效,交易处理将继续执行交易流程。否则将向终端回送错误状态字'9302'(MAC 无效)。

9.4.9 交易处理(步骤 8)

卡片从电子钱包余额中扣减消费的金额,电子钱包交易序号加 1,并更新复合应用消费专用文件,更新电子钱包消费交易记录。卡片应成功地完成 9.4.2 ~ 9.4.8 步骤或者一个也不完成。

暂存的数据更新复合应用消费专用文件时,如果更新数据长度小于记录长度,卡片应在数据后自动填充‘00’至记录尾。

卡片产生一个报文鉴别码(MAC2)供 SAM 卡对其进行合法性检查,并通过 DEBIT FOR CAPP PURCHASE 命令响应报文回送以下数据,作为 SAM 卡产生 MAC2 的输入数据。MAC2 的计算机制见 JT/T 978.6。用 SESPK 对以下数据进行加密产生 MAC2:交易金额。

卡片按照 JT/T 978.6 中描述的机制直接用密钥 DTK 产生 TAC。TAC 将被写入终端交易明细,用于主机进行交易验证,它以明文形式通过命令报文从终端传送到卡片。

a) 生成 TAC 的数据:
  1) 交易金额;
  2) 交易类型标识;
  3) 终端机编号;
  4) 终端交易序号;
  5) 交易日期(终端);
  6) 交易时间(终端)。
b) 电子钱包消费交易,卡片将用以下数据组成的一个记录更新交易明细:
  1) 交易金额;
  2) 交易类型标识;
  3) 电子钱包脱机交易序号;
  4) 终端机编号;
  5) 交易日期(终端);
  6) 交易时间(终端)。

9.4.10 验证 MAC2 (步骤 9)

在收到卡片(经过终端)传来的 MAC2 后,SAM 卡要验证 MAC2 的有效性。MAC2 验证的结果被传送到终端以便采取必要的措施。

9.5 电子钱包查询交易

9.5.1 查询余额交易

持卡人可通过终端或其他读卡设备读取电子钱包中的余额。此交易采用脱机方式进行。

终端利用查询余额(GET BALANCE)命令实现查询余额交易。

9.5.2 查询明细交易

持卡人可通过终端或其他读卡设备读取卡片中的交易明细记录。此交易一般采用脱机方式处理。

终端发出一个 READ RECORD 命令(符合 JT/T 978.2 中的规定)来获得交易明细。这个命令会回送一条交易明细记录中所含的所有数据。交易明细文件为循环记录文件,且至少应包含 10 条记录。

交易明细中的记录使用记录号寻址。记录号范围从 1 到 n,n 是文件中记录的最大个数。最近写入的记录号为 1,前一记录号为 2,如此类推直到 n。n 代表文件中最早写入的记录。

根据本部分的要求,卡片应支持在以下交易中记录明细:电子钱包圈存交易、电子钱包圈提交易、电子钱包消费交易、电子钱包复合应用消费交易。

9.6 电子钱包应用维护功能

9.6.1 概述

本章规定的交易应在拥有相应密钥的设备上执行。

9.6.2 安全报文

电子钱包应用涉及的安全机制，应按照 JT/T 978.6 的规定进行，并作如下改动和增补：

a) 在传送一个包含安全报文的命令前，主机向终端发送一个报文，要求从卡片获得一个随机数。终端向卡片发出一个 GET CHALLENGE 命令（见 JT/T 978.2）。从卡片回送的随机数被送往主机以用于安全报文处理；

b) 从卡片回送的 4 字节随机数后缀以‘00 00 00 00’，所得到的结果作为初始值；

c) 不采用过程密钥。除去 APPLICATION UNBLOCK 指令使用导出的应用解锁密钥（DUBK）来计算以外，均使用导出的应用维护密钥（DAMK）来计算 MAC；

d) 全部采用双字节密钥的对称算法。

9.6.3 应用锁定

终端发出应用锁定（APPLICATION BLOCK）命令来锁定应用，详细定义见 JT/T 978.2，具体安全机制见 JT/T 978.6。

在本条所述的应用中，命令的成功执行导致卡片中的电子钱包应用无效。

选择此应用时，对 SELECT 命令卡片回送状态字‘6283’（选择文件无效）和文件控制信息（FCI），在 T=0 协议时，卡片 FCI 需用取响应（GET RESPONSE）命令取回。

在应用被选择后，除以下情况外，卡片对其他命令只回送状态字‘6985’（使用的条件不满足）：

a) 当用 SELECT 命令选择此应用或其他应用时；

b) 产生随机数（GET CHALLANGE）命令；

c) 应用锁定（APPLICATION BLOCK）命令；

d) 应用解锁（APPLICATION UNBLOCK）命令。

如果在命令参数 P2 中指明永久性锁定此应用，卡片将设置一个内部标志以表明不允许执行应用解锁（APPLICATION UNBLOCK）命令。

此命令的执行并不改变电子钱包交易序号的值。

9.6.4 应用解锁

交易终端发出应用解锁（APPLICATION UNBLOCK）命令来对应用解锁，详细定义见 JT/T 978.2，具体安全机制见 JT/T 978.6。

如果对某应用连续三次解锁失败，则卡片将永久锁定此应用并回送状态字‘9303’（应用永久锁定）。

如果在应用解锁（APPLICATION UNBLOCK）命令中使用了永久锁定的选项，卡片将回送状态字‘9303’（应用永久锁定）且不再对应用解锁。

应用解锁（APPLICATION UNBLOCK）命令的成功执行使应用重新恢复成有效状态。

此命令的执行并不改变电子钱包交易序号的值。

9.6.5 二进制形式修改

终端按照 JT/T 978.2 和 JT/T 978.6 中所描述的安全要求，发出修改二进制（UPDATE BINARY）指令。

如果三次执行此命令均告失败，则卡片将永久锁定此应用并回送状态字‘9303’（应用永久锁定）。

9.6.6 增加复合应用

增加复合应用通过修改或增加记录的方式，修改复合应用专用文件或在复合应用专用文件中增加

记录,从而启用或重启关闭的复合应用。具体步骤如下:

a) 终端首先利用 READ RECORD 命令读取复合应用专用文件。如果文件不存在,则说明卡片不支持复合应用;
b) 终端应提示持卡人选择需增加的复合应用类型,并将选择结果通过对应表翻译成复合应用类型标识符和记录长度;
c) 终端利用指定 P1 为复合应用类型标识符,P2 的 b4 至 b8 为 SFI,P2 的 b1 至 b3 为 0 的 READ RECORD 命令,查询复合应用专用文件记录。如果记录不存在,则发出指定 SFI 的 APPEND RECORD 命令,命令数据域为简单 TLV 格式,其中 Tag 值为复合应用类型标识符,Length 为复合应用数据长度。命令执行成功后,终端应提示持卡人增加复合应用操作成功;
d) 如果记录存在,则终端发出指定 P1 为复合应用类型标识符,P2 的 b4 至 b8 为 SFI,P2 的 b1 至 b3 为 0 的 READ RECORD 命令,获取复合应用数据;
e) 终端检查复合应用数据中的复合应用锁定标志字节。如为锁定,则终端应将锁定标志字节设置为'00'后,将复合应用数据通过 UPDATE RECORD 回写入卡片。回写成功后,终端应提示持卡人复合应用重启用成功;
f) 如锁定标志未被设置,则终端终止处理,并提示持卡人复合应用已存在。

9.6.7 删除复合应用

删除复合应用通过设置复合应用专用文件记录中的应用锁定标志,终止卡片对指定复合应用的支持。具体步骤如下:

a) 终端首先利用 READ RECORD 命令读取复合应用专用文件。如果文件不存在,则说明卡片不支持复合消费应用;
b) 终端利用 READ RECORD 命令遍历读取所有复合应用专用文件,并通过对照表,以记录号作为复合应用类型标识符获得卡片支持的所有复合应用,并提示持卡人选择;
c) 持卡人选择后,终端应根据选择结果,发出指定 P1 为复合应用类型标识符,P2 的 b4 至 b8 为 SFI,P2 的 b1 至 b3 为 0 的 READ RECORD 命令,获取复合应用数据;
d) 终端检查复合应用数据中的复合应用消费锁定标志字节。如标志未被锁定,则终端应将锁定标志字节设置为'01'标识锁定后,将复合消费应用数据通过 UPDATE RECORD 回写入卡片。回写成功后,终端应提示持卡人复合应用消费删除成功;如锁定标志已被设置,则终端终止处理,并提示持卡人复合应用消费已删除。

附 录 A
（规范性附录）
终端数据元

表 A.1 列出终端支持的数据元，并说明其来源，含义及 TLV 格式。表中格式说明如下：

a) a-每个字节包含一个字符的字母数据元（A ~ Z，a ~ z）；

b) an-每个字节包含一个字符字母数字型数据元（A ~ Z，a ~ z，0 ~ 9）；

c) ans －字母数字及特殊字符型；

d) b-二进制（二进制数或者位组合）；

e) cn-压缩数字，每个字节由‘0’~‘9’中的两个数字组成，数据元左对齐，右补 F。如数 1234567890123 可以十六进制形式保存在 8 个字节的 PAN 数据对象中，形如‘12 34 56 78 90 12 3F FF’；

f) n-数字格式，也称作 BCD 码。右对齐，左补‘0’。如，数字 12345 可保存在 n12 的授权金额数据对象中，形如‘00 01 23 45’；

g) var-可变长。

表 A.1 终端和收单机构数据元

名 称	说 明	来 源	格 式	标 签	长 度
收单机构代码	唯一标识收单机构	终端	n6 - 11	9F01	6
附加终端性能	表明终端的数据输入输出能力	终端	b	9F40	5
授权金额（二进制）	交易授权金额（不包括调整）	终端	b	81	4
授权金额（数值型）	交易授权金额（不包括调整）	终端	n12	9F02	6
其他金额（二进制）	与交易相关的第 2 金额，表示返现金额	终端	b	9F04	4
其他金额（数值型）	与交易相关的第 2 金额，表示返现金额	终端	n12	9F03	6
参考货币金额	用参考货币表示的授权金额	终端	b	9F3A	4
应用标识（AID）	按 GB/T 16649.5 所定义，用于表示一个应用	终端	b	9F06	5 ~ 16
应用选择指示器	指示应用选择时终端上的 AID 与卡片中的 AID 是完全匹配（长度和内容都应一样），还是部分匹配（卡片 AID 的前面部分与终端 AID 相同，长度可更长）。终端支持的应用列表中的每个 AID 仅有一个应用选择指示器	终端	由终端决定，本数据不在接口之间传递		
应用版本号	应用的版本号	终端	b	9F09	2
授权响应代码	定义发卡机构对交易联机授权的结果	发卡机构/终端	an2	8A	2
持卡人验证方法（CVM）结果	表示最后一次持卡人验证方法执行的结果	终端	b	9F34	3

表 A.1（续）

名　称	说　明	来　源	格　式	标　签	长　度
认证中心公钥验证和	用安全哈希算法对认证中心公钥所有部分(RID、认证中心公钥索引、认证中心公钥模、认证中心公钥指数)连接的结果进行运算所得的验证值	终端	b		20
认证中心公钥指数	认证中心公钥的指数部分	终端	b		1 或 3
认证中心公钥索引	与 RID 一起标识认证中心公钥	终端	b	9F22	1
认证中心公钥模	认证中心公钥的模部分	终端	b		Nca(最大 248)
命令模版	标识命令报文中的数据域	终端	b	83	var.
缺省动态数据认证数据对象列表(DDOL)	卡片中无 DDOL 时用于构造内部认证命令的 DDOL	终端	b		var.
缺省交易证书数据对象列表(TDOL)	卡片中无 TDOL 时用于生成 TC 哈希值的 TDOL。该值为空	终端	b		var.
接口设备(IFD)序列号	厂商分配给终端 IFD 的唯一、永久的序列号	终端	an8	9F1E	8
发卡机构脚本结果	表示终端脚本处理的结果	终端	b		var.
偏置随机选择的最大目标百分数	在终端风险管理中用于随机交易选择的值	终端			
商户分类码	按 GB/T 15150 卡片受理业务编码所规定的商户从事业务所进行的分类	终端	n4	9F15	2
商户标识	和收单机构代码一起唯一地标识一个特定的商户	终端	ans15	9F16	15
商户名称和位置	表明商户的名称和所处位置	终端	ans		var.
报文类别	表明批数据收集记录是记录还是通知	终端	n2		1
销售点(终端)输入方式	按 GB/T 15150 销售点输入模式，表示 PAN 的输入方式	终端	n2	9F39	1
随机选择的目标百分数	在终端风险管理中用于随机交易选择的值	终端			
终端行为代码—缺省	收单机构设置的在交易联机无法进行的情况下能够导致交易脱机拒绝的 TVR 条件位	终端	b		5
终端行为代码—拒绝	收单机构设置的能够导致交易脱机拒绝的 TVR 条件位	终端	b		5
终端行为代码—联机	收单机构设置的能够导致交易联机处理的 TVR 条件位	终端	b		5

表 A.1（续）

名称	说明	来源	格式	标签	长度
终端性能	表示终端的卡片数据输入、CVM支持和安全能力	终端	b	9F33	3
终端国家代码	按 GB/T 2659 表示的终端国家代码	终端	n3	9F1A	2
终端最低限额	终端中与 AID 相关的导致交易联机处理的最低交易金额	终端	b	9F1B	4
终端标识	表明终端在商户的唯一位置	终端	an8	9F1C	8
终端类型	指示终端环境、通信能力和操作控制	终端	n2	9F35	1
终端验证结果(TVR)	用于记录终端执行各卡片应用功能处理结果的一组指示位	终端	b	95	5
偏置随机选择的阈值	在终端风险管理中用于随机交易选择的值	终端			
电子现金交易金额	交易的清算金额，包括消费和其他调整	终端	n12		6
交易证书(TC)哈希值	包含在 CDOL 数据中要求送给卡片，由 TDOL 表示的数据作哈希运算的结果	终端	b	98	20
交易货币代码	按 GB/T 12406 规定的交易货币代码	终端	n3	5F2A	2
交易货币指数	按 GB/T 12406 规定的从交易金额右起的隐含小数点位置	终端	n1	5F36	1
交易日期	交易授权的本地日期	终端	n6 YYMMDD	9A	3
交易参考货币代码	当交易货币代码和应用货币代码不同时，终端使用的公共货币代码	终端	n3	9F3C	2
交易参考货币兑换比率	从交易货币代码向交易参考货币代码兑换时的比率	终端	n8		4
交易参考货币指数	表示按 GB/T 12406 规定的交易参考货币代码的交易金额右起的隐含小数点位置	终端	n1	9F3D	1
交易序列计数器	终端维护的每笔交易递增一的计数器	终端	n4 - 8	9F41	2 ~ 4
交易状态信息	一组表示交易完成的卡片应用功能的指示位	终端	b	9B	2
交易时间	交易授权的本地时间	终端	n6 hhmmss	9F21	3
电子现金交易类型	按 GB/T 15150 定义的处理码前两位表示的交易类型	终端	n2	9C	1

表 A.1（续）

名　　称	说　　明	来　　源	格　　式	标　　签	长　　度
不可预知数	为提供给卡片生成应用密文而由终端提供的动态变化和唯一的数据	终端	b	9F37	4
账户类型	标识在交易中选择的账户的类型	终端	n2	5F57	1
算法标识(DLK)	用来标识圈存交易的加密算法	终端	b		1
算法标识(DPK)	用来标识消费和取现交易的加密算法	终端	b		1
算法标识(DTK)	用来标识在交易中计算 TAC 使用的加密算法	终端	b		1
算法标识(DUK)	用来标识在修改透支限额交易中使用的加密算法	终端	b		1
算法标识(DULK)	用来标识在圈提交易中使用的加密算法	终端	b		1
密钥索引号	为唯一标识在一个密钥版本中的密钥索引号而分配的一个数字	终端	cn		1
SAM 卡应用标识符	按 GB/T 16649.5 所定义，用于表示用来唯一标识安装在终端中的 SAM 卡上的安全应用	终端	b		5~16
SAM 卡标识符	用来唯一标识安装在终端中的 SAM 卡的一个数字。	SAM 卡	b		4
终端机编号	用来唯一标识商户终端的一个编号。	终端	b		6
终端交易计数器	终端里的一个计数器，每当交易发生就增加。	终端	b		4
电子钱包交易金额	当前交易的金额，包括消费和圈存等	终端	b		4
电子钱包交易类型标识(TTI)	用于标识持卡人选择的交易类型(例如：圈存、圈提及消费等)而分配的一个值	终端	cn		1

当定义的数据对象长度大于实际数据对象的长度时，采用如下规则：

——格式为 n 的数据元右对齐，左补十六进制零；

——格式为 cn 的数据元左对齐，右补十六进制'F'；

——格式为 an 的数据元左对齐，右补十六进制零；

——格式为 ans 的数据元左对齐，右补十六进制零。

当数据从一处转移到另一处时(例如从卡片到终端)，无论各自内部如何存储，应按从高位到低位的顺序传递。连接数据时也使用同样的规则。

如下数据应在终端首次安装时初始化：终端性能、终端附加性能、终端 IFD 序号、终端国家代码、终端标识、终端类型、终端交易货币和终端货币指数。

如下终端数据应允许在终端布放后通过下载更新：终端支持应用 AID 列表、CA 公钥、终端行为代码 TAC、最低限额(Floor Limit)、随机选择阈值、随机选择目标百分数、偏置随机选择最大目标百分数、商户标识、商户分类码和收单机构代码。

附　录　B
（规范性附录）
扩展应用 SAM 交易指令

B.1　扩展应用 DES 计算初始化(INIT_FOR_DESCRYPT)

B.1.1　概述

INIT_FOR_DESCRYPT 命令用来初始化通用密钥计算过程。SAM 卡将利用卡片中指定的密钥进行运算,产生一个临时密钥。运算方式由指定的密钥类型、密钥分散级数和密钥算法标识确定。

不支持计算临时密钥计算的密钥类型有:

a)　主控密钥;

b)　维护密钥;

c)　消费密钥。

双长度密钥产生双长度临时密钥类型有:用户卡片应用维护密钥。

单长度密钥产生单长度临时密钥的密钥类型有:

a)　MAC 密钥;

b)　加密密钥;

c)　MAC、加密密钥。

指定密钥经过几级处理由密钥分散级数和 Lc 确定,若二者不一致,则返回错误信息。

临时密钥在 SAM 卡下电后自动消失,不允许读。

临时密钥产生后,与原密钥的属性一致。

B.1.2　命令报文

INIT_FOR_DESCRYPT 命令报文见表 B.1。

表 B.1　INIT_FOR_DESCRYPT 命令报文

编　　码	值
CLA	‘80’
INS	‘1A’
P1	密钥用途
P2	密钥版本
Lc	待处理数据的长度
Data	待处理数据
Le	不存在

B.1.3　命令报文数据域

命令报文数据域包括待处理的输入数据。数据长度为 8 的整数倍,长度也可是 0。密钥类型取密钥用途的低 5 位,密钥分散级数取密钥用途的高 3 位。

待处理的输入数据包括多级的分散因子,按最后一次分散因子在前、最后一次分散因子在后的顺序输入。

B.1.4 响应报文

数据域不存在。

B.1.5 响应报文的状态码

SAM 卡 INIT_FOR_DESCRYPT 命令可能回送的错误状态码见表 B.2。

表 B.2 SAM 卡 INIT_FOR_DESCRYPT 命令可能回送的错误状态码

SW1	SW2	说 明
‘90’	‘00’	命令执行成功
‘65’	‘81’	写 EEPROM 失败
‘67’	‘00’	Lc 长度错误
‘69’	‘85’	使用条件不满足(应用被锁定)
‘69’	‘86’	不满足命令执行条件,当前文件不是 EF
‘6A’	‘80’	数据域参数错误(如:密钥分散级数与分散数不符)
‘6A’	‘81’	功能不支持(应用锁定)
‘6A’	‘86’	P1、P2 参数错
‘6D’	‘00’	命令不存在
‘93’	‘03’	应用永久锁定

B.2 扩展应用 DES 计算(DES Crypt)

B.2.1 概述

B.2.1.1 DES Crypt 命令利用指定的密钥来进行运算。若一条命令无法传输所有的待处理数据,可分几条命令输入。

B.2.1.2 加密计算采用 ECB 模式,数据的填充在卡片外面进行,卡片只支持长度为 8 的整数倍数据的加密。

B.2.1.3 MAC 计算遵循 JT/T 978.6 的安全机制,数据的填充在卡片外部进行,卡片只支持长度为 8 的整数倍数据的 MAC 计算。

B.2.1.4 DES Crypt 命令应在 INIT_FOR_DESCRYPT 命令成功执行后才能进行。卡片状态在执行无后续数据块计算后,复原为通用 DES 计算初始化执行前的状态。

B.2.2 命令报文

DES Crypt 命令报文见表 B.3,P1 参数说明见表 B.4。

表 B.3 DES Crypt 命令报文

编 码	值
CLA	‘80’
INS	‘FA’
P1	见表 B.4

表 B.3（续）

编　码	值
P2	‘00’
Lc	待加密数据的长度
Data	待加密数据
Le	不存在

表 B.4　P1 参 数 说 明

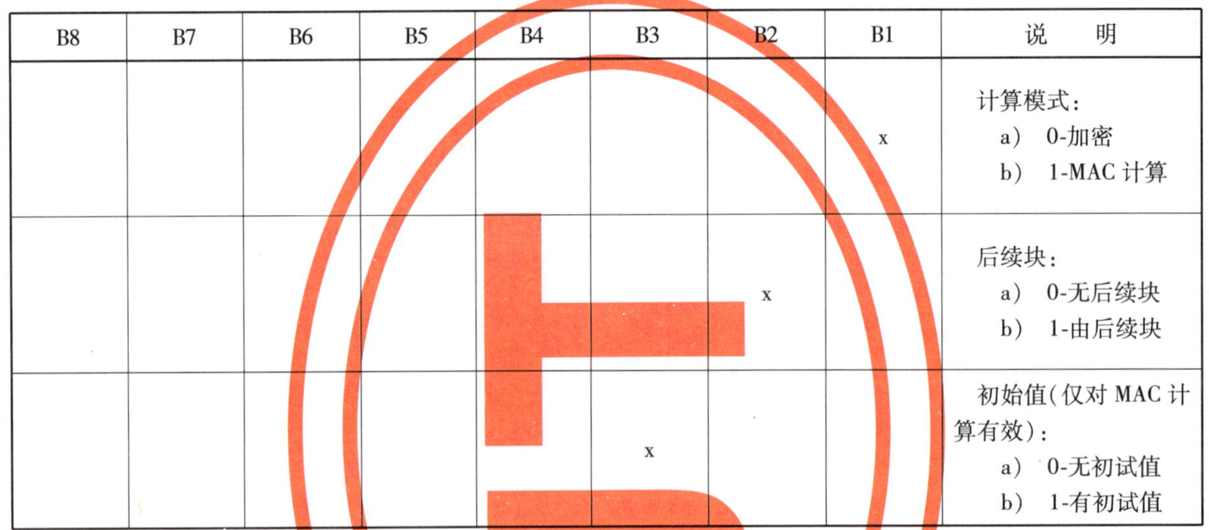

B8	B7	B6	B5	B4	B3	B2	B1	说　明
							x	计算模式： a） 0-加密 b） 1-MAC 计算
						x		后续块： a） 0-无后续块 b） 1-由后续块
					x			初始值（仅对 MAC 计算有效）： a） 0-无初试值 b） 1-有初试值

P1 值计算模式如下：

a） 0-无后续块加密；

b） 1-最后一块 MAC 计算；

c） 2-有后续块加密；

d） 3-下一块 MAC 计算；

e） 5-唯一一块 MAC 计算；

f） 7-第一块 MAC 计算；

g） 其他-保留。

B.2.3　命令报文数据域

命令报文数据域包括要加密的数据。加密数据的长度为 8 的整数倍。在 P1 的 b3 位为 1 时，待处理数据的前 8 个字节为 MAC 计算的初试值。

B.2.4　响应报文

在 P1 的 b1 位为 0 时，响应报文数据域包括加密结果，数据长度是 8 的整数倍。

在 P1 的 b1 位为 1，且 P1 的 b2 位为 0 时，响应报文数据域包括 4 字节的 MAC。

B.2.5　响应报文的状态码

SAM 卡 DES Crypt 命令可能回送的错误状态码见表 B.5。

表 B.5 SAM 卡 DES Crypt 命令可能回送的错误状态码

SW1	SW2	说　明
‘90’	‘00’	命令执行成功
‘64’	‘00’	标志状态位没变
‘65’	‘81’	写 EEPROM 失败
‘67’	‘00’	Lc 长度错误
‘69’	‘01’	命令不接受(无效状态)
‘69’	‘85’	使用条件不满足(应用被锁定)
‘69’	‘86’	不满足命令执行条件,当前文件不是 EF
‘6A’	‘81’	功能不支持(应用锁定)
‘6A’	‘86’	P1、P2 参数错
‘6D’	‘00’	命令不存在
‘6E’	‘00’	CLA 错
‘93’	‘03’	应用永久锁定

B.3 选择文件(SELECT)

B.3.1 定义和范围

B.3.1.1 SELECT 命令通过文件名或 AID 来选择卡片中的 PSE、DDF 或 ADF。命令执行成功后,PSE、DDF 或 ADF 的路径被设定。

B.3.1.2 应用到 AEF 的后续命令将采用 SFI 方式联系到所选定的 PSE、DDF 或 ADF。从卡片的响应报文应由回送 FCI 组成。

B.3.2 命令报文

SELECT 的命令报文见表 B.6。

表 B.6 SELECT 命令报文

编　码	数　值
CLA	‘00’
INS	‘A4’
P1	a) ‘00’选择 MF 文件(Lc = ‘00’)或通过 FID 选择 MF、DF、EF b) ‘02’通过 FID 选择当前 DF 下的 EF c) ‘04’通过 DF 名选择应用
P2	‘00’ ‘02’ 下一个文件实例(P1 = 04h 时)
Lc	a) 若 P1 = ‘00’,不存在或‘02’ b) 若 P1 = ‘02’,‘02’ c) 若 P1 = ‘04’,‘01’ ~ ‘10’Data 域的数据长度

表 B.6（续）

编　码	数　值
Data	a） 若 P1 = ‘00’，不存在或 FID(2 字节） b） 若 P1 = ‘02’，FID(2 字节） c） 若 P1 = ‘04’，应用名(AID）
Le	FCI 文件中信息的长度(选择 MF、DDF、ADF 时）

B.3.3 命令报文数据域

若 P1 = ‘00’，不存在或 FID(2 字节）；

若 P1 = ‘02’，FID(2 字节）；

若 P1 = ‘04’，应用名(AID）。

B.3.4 响应报文

响应报文中数据域应包括所选择的 PSE、DDF 或 ADF 的 FCI。本附录不规定 FCI 中回送的附加标志；响应报文见表 B.7 ~ 表 B.10。

表 B.7 SELECT PSE 的响应报文(FCI）

标　志	内容说明	条　件
‘6F’	FCI 模板	M
‘84’	DF 名	M
‘A5’	FCI 专用数据	M
‘88’	目录基本文件的 SFI	M

表 B.8 SELECT DDF 的响应报文(FCI）

标　志	内容说明	条　件
‘6F’	FCI 模板	M
‘84’	DF 名	M
‘A5’	FCI 专用数据	M
‘88’	目录基本文件的 SFI	M

表 B.9 SELECT ADF 的响应报文(FCI）

标　志	内容说明	条　件
‘6F’	FCI 模板	M
‘84’	DF 名	M
‘A5’	FCI 专用数据	M
‘9F0C’	发卡机构自定数据的 FCI	O(可不返回）

表 B.10　SELECT ADF 的应答报文中的 FCI 数据专用模板

标　志		内容说明	条　件
‘A5’		FCI 数据专用模板	M
	‘50’	应用标签	O
	‘87’	应用优先指示符	O
	‘9F08’	应用版本号	M
	‘9F12’	应用优先名称	O

B.3.5　响应报文状态码

SAM 卡 SELECT 命令可能回送的错误状态码见表 B.11。

表 B.11　SAM 卡 SELECT 命令可能回送的错误状态码

SW1	SW2	说　明
‘90’	‘00’	命令执行成功
‘62’	‘83’	选择文件无效
‘62’	‘84’	FCI 格式与 P2 指定不符
‘64’	‘00’	标志状态位没变
‘67’	‘00’	Lc 长度错误
‘6A’	‘81’	功能不支持(应用锁定)
‘6A’	‘82’	未找到文件
‘6A’	‘86’	P1、P2 参数错
‘6D’	‘00’	命令不存在
‘6E’	‘00’	CLA 错
‘93’	‘03’	应用永久锁定
‘61’	‘xx’	需发出 GET RESPONSE 命令

B.4　取随机数(GET CHALLENGE)

B.4.1　定义和范围

GET CHALLENGE 命令用于从卡片中获得一个 4/8 个字节的随机数。该随机数服务于安全过程(如安全报文),在使用随机数的命令执行后失效。

B.4.2　命令报文

GET CHALLENGE 的命令报文见表 B.12。

表 B.12　GET CHALLENGE 命令报文

编　码	数　值
CLA	‘00’

表 B.12（续）

编　码	数　值
INS	‘84’
P1	‘00’
P2	‘00’
Lc	不存在
Data	不存在
Le	‘04’/‘08’

B.4.3　命令报文数据域

数据域不存在。

B.4.4　响应报文

响应信息中的数据为 4 字节或者 8 字节随机数。

B.4.5　响应报文状态码

SAM 卡 GET CHALLENGE 命令可能回送的错误状态码见表 B.13。

表 B.13　SAM 卡 GET CHALLENGE 可能回送的错误状态码

SW1	SW2	说　明
‘90’	‘00’	命令执行成功
‘65’	‘81’	内存失败
‘6A’	‘81’	功能不支持(应用锁定)
‘6A’	‘88’	未找到引用数据
‘6A’	‘86’	P1、P2 参数错
‘67’	‘00’	Lc 长度错误
‘6E’	‘00’	CLA 错
‘61’	‘xx’	需发出 GET RESPONSE 命令

B.5　读透明文件(READ BINARY)

B.5.1　概述

READ BINARY 命令用于读出透明文件的内容。

B.5.2　命令报文

READ BINARY 的命令报文见表 B.14 编码，P1 参数说明见表 B.15。

表 B.14　READ BINARY 命令报文

编　码	数　值
CLA	‘00’
INS	‘B0’
P1	见表 A.13
P2	若 P1 的 b8 =0,偏移地址低字节 若 P1 的 b8 =1,偏移地址
Lc	不存在
Data	不存在
Le	期望返回的明文字节数

表 B.15　P1 参 数 说 明

b8	b7	b6	b5	b4	b3	b2	b1	说　明
0	—	—	—	—	—	—	—	当前的 EF 文件偏移地址高字节
	x	x	x	x	x	x	x	
1	—	—	—	—	—	—	—	用 SFI 方式其他值保留 SFI
—	0	0	—	—	—	—	—	
—	—	—	x	x	x	x	x	

B.5.3　命令报文数据域

不存在。

B.5.4　响应报文

响应信息中的数据为明文或密文数据。

B.5.5　响应报文状态码

SAM 卡 READ BINARY 命令可能回送的错误状态码见表 B.16。

表 B.16　SAM 卡 READ BINARY 命令可能回送的错误状态码

SW1	SW2	说　明
‘90’	‘00’	命令执行成功
‘62’	‘81’	回送的数据可能有错
‘61’	‘xx’	还有 xx 字节需要返回
‘65’	‘81’	写 EEPROM 失败
‘67’	‘00’	Lc 长度错误
‘68’	‘82’	不支持安全报文

表 B.16（续）

SW1	SW2	说　　明
‘69’	‘81’	当前文件不是透明文件
‘69’	‘82’	不满足安全状态
‘69’	‘85’	使用条件不满足(应用被锁定)
‘69’	‘86’	没有选择当前文件
‘6A’	‘81’	功能不支持,应用暂时锁定
‘6A’	‘82’	未找到文件
‘6A’	‘83’	记录未找到
‘6A’	‘86’	P1、P2 参数错
‘6B’	‘00’	起始地址超出范围
‘6C’	‘xx’	Le 长度错误。‘xx’表示实际长度
‘6D’	‘00’	命令不存在
‘6E’	‘00’	CLA 错
‘93’	‘03’	应用永久锁定

B.6　读记录(READ RECORD)

B.6.1　概述

READ RECORD 命令读记录文件中指定的记录。

B.6.2　命令报文

READ RECORD 命令报文见 B.17,P2 编码说明见表 B.18。

表 B.17　READ RECORD 命令报文

编　　码	数　　值
CLA	‘00’
INS	‘B2’
P1	记录号(‘00’表示当前记录)或记录标识符
P2	见表 B.18
Lc	不存在
Data	不存在
Le	期望返回的明文字节数

表 B.18　P2　编　码

b8	b7	b6	b5	b4	b3	b2	b1	说　　明
0	0	0	0	0	—	—	—	当前的 EF 文件(扩展)

表 B.18（续）

b8	b7	b6	b5	b4	b3	b2	b1	说　明
x	x	x	x	x	—	—	—	用 SFI 方式
1	1	1	1	1	—	—	—	保留
—	—	—	—	—	1	x	x	利用 P1 中的记录号
—	—	—	—	—	1	0	0	P1 记录号
—	—	—	—	—	0	0	0	读第一个具有 P1 指定的记录标识符的实例
—	—	—	—	—	0	1	0	读下一个具有 P1 指定的记录标识符的实例
任何其他值								保留

B.6.3　命令报文数据域

不存在。

B.6.4　响应报文

响应信息中的数据为明文或密文数据。

B.6.5　响应报文状态码

SAM 卡 READ RECORD 命令可能回送的错误状态码见表 B.19。

表 B.19　SAM 卡 READ RECORD 命令可能回送的错误状态码

SW1	SW2	说　明
'90'	'00'	命令执行成功
'62'	'81'	回送的数据可能有错
'61'	'xx'	还有 xx 字节需要返回
'65'	'81'	写 EEPROM 失败
'67'	'00'	Lc 长度错误
'69'	'81'	当前文件不是记录文件
'69'	'82'	不满足安全状态
'69'	'85'	使用条件不满足
'69'	'86'	没有选择当前文件
'6A'	'81'	功能不支持
'6A'	'82'	未找到文件
'6A'	'83'	未找到记录
'6A'	'86'	P1、P2 参数错
'6C'	'xx'	Le 错误，'xx'表示实际长度
'6D'	'00'	命令不存在

表 B.19（续）

SW1	SW2	说　明
‘6E’	‘00’	CLA 错
‘93’	‘03’	应用永久锁定

B.7 MAC1 计算(INIT SAM FOR PURCHASE)

B.7.1 概述

INIT SAM FOR PURCHASE 命令可支持多级消费密钥分散机制，产生 JT/T 978.2 中定义的 MAC1。可利用发卡机构编码、卡片应用主账号、随机数和交易信息得到过程密钥，进而加密得到 MAC。

INIT SAM FOR PURCHASE 命令可支持多级消费密钥分散机制，消费密钥的分散过程由 Lc 和消费密钥共同确定，如果二者不一致，则返回错误信息。

B.7.2 命令报文

INIT SAM FOR PURCHASE 命令报文见表 B.20。

表 B.20　INIT SAM FOR PURCHASE 命令报文

编　码	数　值
CLA	‘80’
INS	‘70’
P1	‘00’
P2	‘00’
Lc	‘14’ + ‘8 * N’（N = 1,2 ,3）
Data	MAC1 计算输入数据
Le	‘08’

B.7.3 命令报文数据域

数据以下列顺序排列：

a) 用户卡片随机数 4 字节；
b) 用户卡片交易序号 2 字节；
c) 交易金额 4 字节；
d) 交易类型标识 1 字节；
e) 交易日期终端 4 字节；
f) 交易时间终端 3 字节；
g) 消费密钥版本号 1 字节；
h) 消费密钥算法标识 1 字节；
i) 用户卡片应用主账号 最右 8 字节；
j) 发卡机构编码 8 字节(4 字节发卡机构编码右补 4 字节 0xff)。

B.7.4 响应报文

响应数据域包括以下数据按顺序返回：

a) 4 字节的终端脱机交易序号；

b) 4 字节的 MAC1。

B.7.5 响应报文状态码

SAM 卡 INIT SAM FOR PURCHASE 命令可能回送的错误状态码见表 B.21。

表 B.21 SAM 卡 INIT SAM FOR PURCHASE 命令可能回送的错误状态码

SW1	SW2	说 明
‘90’	‘00’	命令执行成功
‘67’	‘00’	Lc 长度错误
‘69’	‘85’	使用条件不满足
‘6A’	‘86’	P1、P2 参数错
‘6D’	‘00’	命令不存在
‘6E’	‘00’	CLA 错
‘93’	‘03’	应用永久锁定

B.8 校验 MAC2(CREDIT SAM FOR PURCHASE)

B.8.1 概述

CREDIT SAM FOR PURCHASE 命令利用 INIT SAM FOR PURCHASE 命令产生的过程密钥(SESPK)校验 MAC2。具体步骤如下：

a) 在此过程中，所有的中间结果只保留在卡片内部，外界无法得到；

b) CREDIT SAM FOR PURCHASE 命令应在 INIT SAM FOR PURCHASE 命令成功执行后才能进行；

c) 若 MAC2 尝试计数器为0 的话，消费密钥所在的应用将被锁定，只能在应用维护密钥的控制下应用解锁后使用；

d) 应用下的 MAC2 错误计数器在应用下所有消费密钥 MAC2 校验错误的情况下都要被减 1；

e) 卡片的状态在命令执行后将复原为 MAC1 校验前的状态。

B.8.2 命令报文

CREDIT SAM FOR PURCHASE 命令报文见表 B.22。

表 B.22 CREDIT SAM FOR PURCHASE 命令报文

编 码	数 值
CLA	‘80’
INS	‘72’
P1	‘00’

表 B.22（续）

编　　码	数　　值
P2	‘00’
Lc	‘04’
Data	MAC2
Le	不存在

B.8.3　命令报文数据域

数据为 4 字节待校验 MAC2。

B.8.4　响应报文

不存在。

B.8.5　响应报文状态码

SAM 卡 CREDIT SAM FOR PURCHASE 命令可能回送的错误状态码见表 B.23。

表 B.23　SAM 卡 CREDIT SAM FOR PURCHASE 命令可能回送的错误状态码

SW1	SW2	说　　明
‘90’	‘00’	命令执行成功
‘67’	‘00’	Lc 长度错误
‘69’	‘85’	使用条件不满足
‘6A’	‘86’	P1、P2 参数错
‘6D’	‘00’	命令不存在
‘6E’	‘00’	CLA 错
‘93’	‘03’	应用永久锁定

附 录 C
（规范性附录）
电子现金“闪卡”情况说明

C.1 概述

“闪卡”是指在标准快速支付交易时，发生卡片内的金额已扣除、但终端交易未成功的现象。造成这种现象的原因有两个：一是终端在后续执行脱机数据校验时，发生失败。通常是由于终端程序错误或证书错误、或卡片是假卡。即在终端程序、参数、卡片都正确时，不会出现失败；二是卡片已返回最后一条记录，但终端未收到，导致卡片扣款、终端未成功现象。以下将就第二种原因进行分析，并提出解决方案。

C.2 “闪卡”现象出现的机理分析

标准快速支付交易中，“闪卡”现象出现的时间窗口是：终端读取卡片最后一条记录，卡片发送给终端最后一条记录并扣款成功，但这个时候，卡片离开了读卡器的磁场区，终端没有接收到最后一条记录，从而无法进行后续的认证和交易流程。这种情况，卡片扣款成功但终端交易未成功。“闪卡”原因分析流程如图 C.1 所示。

C.3 解决方案

正常交易时，终端执行正常交易流程，只有发生最后一笔记录没有正确读出时，才进入异常交易流程。终端只保留最近一笔异常交易的处理数据，并只在异常处理流程中使用。

终端异常处理流程如图 C.2 所示。

终端异常处理流程为：

a） 终端发现最后一条记录没有读取成功，首先保存本笔交易的所有信息，包括卡片号、TC、随机数、动态签名数据、卡片的记录等，并提示持卡人“请重新刷卡”；
b） 持卡人重刷卡片，终端重新对卡片进行上电，并在选择 PPSE 和 AID 后，通过读记录的方式，从卡片中读出卡片号，判断是否是同一张卡片，如果不是，则发起 GPO，执行正常交易流程；
c） 终端通过 Get Data 指令，读取卡片 ATC，并判断新读出的 ATC 是否与已保存的上笔交易的 ATC 相等，如果不相等，则发起 GPO，执行正常交易流程；
d） 终端通过 Get Data 指令，读取卡片当前余额，余额数据标签根据上笔交易货币代码判断是选择第一货币余额还是第二货币余额，并判断已保存的上笔交易余额减去上笔交易金额是否等于当前余额，如果不相等，则发起 GPO，执行正常交易流程；
e） 终端读取 AFL 中的最后一条记录，如果读取成功则执行正常的后续流程；如果依然读取失败，则跳转到异常处理流程中的“提示重新刷卡”。

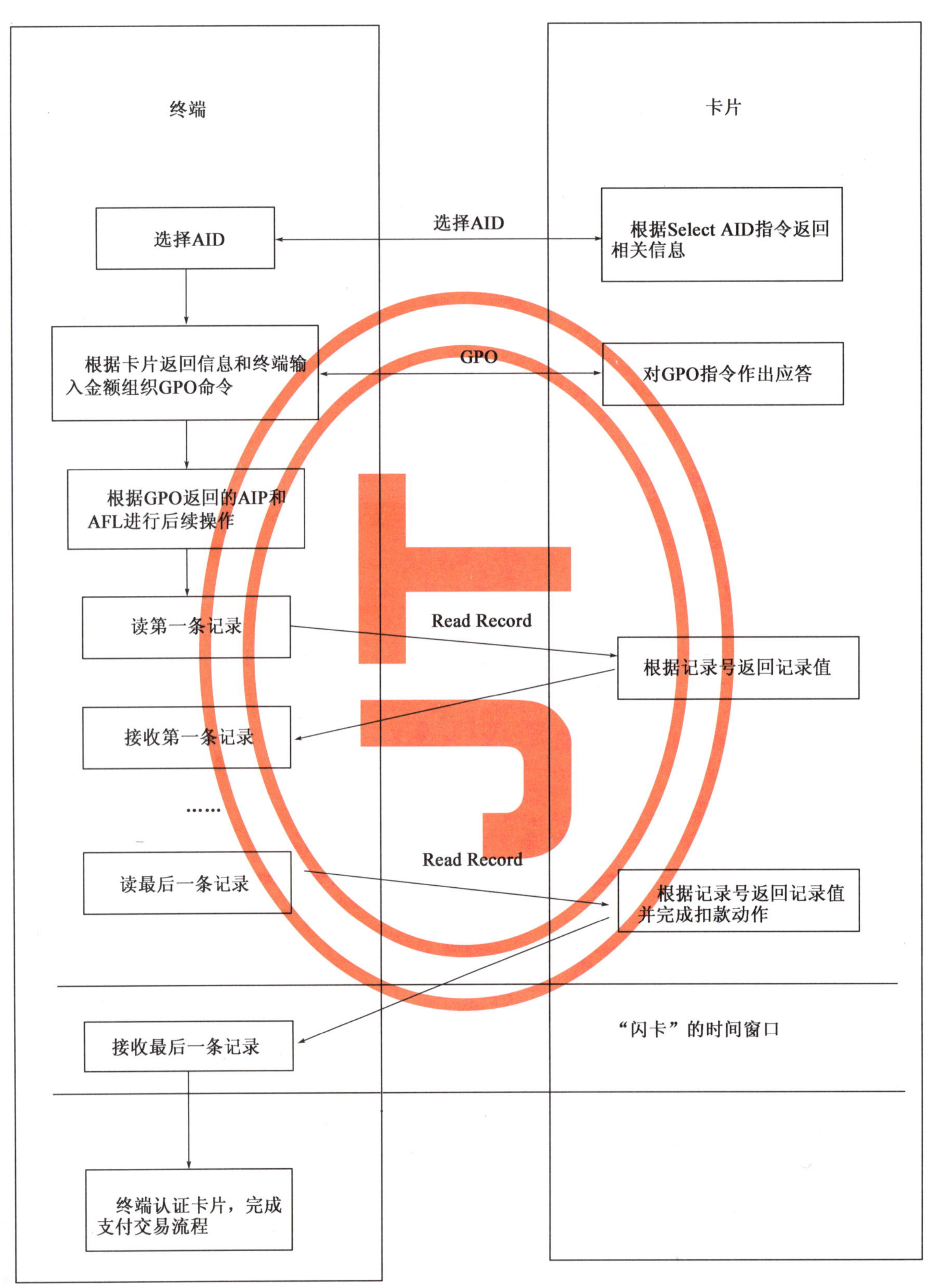

图 C.1 "闪卡"原因分析流程

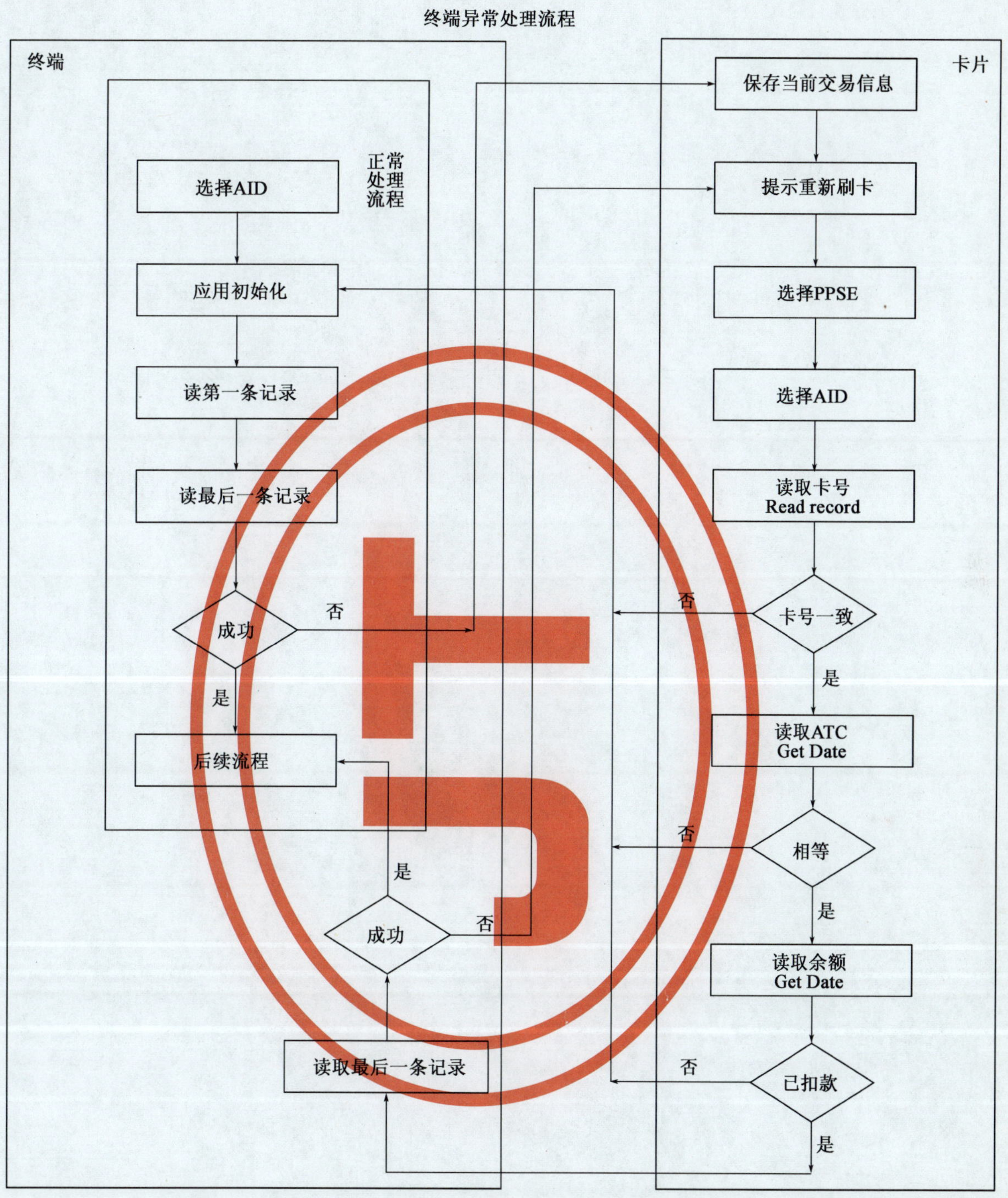

图 C.2　终端异常处理流程

ICS 03.220.20;35.240.15
R 07
备案号:

中华人民共和国交通运输行业标准

JT/T 978.4—2015

城市公共交通IC卡技术规范
第4部分:信息接口

Technical specification on IC card for urban public transport—
Part 4:Information interface

2015-05-21 发布　　2015-07-15 实施

中华人民共和国交通运输部　发布

目　次

前　言

JT/T 978《城市公共交通 IC 卡技术规范》由 7 个部分组成：

——第 1 部分：总则；

——第 2 部分：卡片；

——第 3 部分：读写终端；

——第 4 部分：信息接口；

——第 5 部分：非接触接口通信；

——第 6 部分：安全；

——第 7 部分：检测项目。

本部分为 JT/T 978 的第 4 部分。

本部分按照 GB/T 1.1—2009 给出的规则起草。

本部分由中华人民共和国交通运输部运输服务司提出。

本部分由全国城市客运规范化技术委员会（SAC/TC 529）归口。

本部分起草单位：中国交通通信信息中心、交通运输部公路科学研究院、交通运输部科学研究院、北京市政交通一卡通有限公司、南京市市民卡有限公司、中国道路运输协会城市客运分会、武汉城市一卡通有限公司、石家庄市公共交通总公司、哈尔滨市城市通智能卡有限责任公司、泰州市凤城一卡通有限公司、广东岭南通股份有限公司、银川市公共交通有限公司、天津市通卡公用网络系统有限公司、深圳市雄帝科技股份有限公司、新开普电子股份有限公司、中国软件与技术服务股份有限公司、中卡盈通科技（北京）有限公司。

本部分主要起草人：汪宏宇、郭炯光、司徒文翰、郎莹、梅新明、刘好德、陈文革、肖震宇、范春华、聂斌城、陈宇、熊剑、崔英才、嵇云峰、徐锋、李勇、周亮、魏建国、张尚、李熙涛。

城市公共交通 IC 卡技术规范
第 4 部分:信息接口

1 范围

JT/T 978 的本部分规定了城市公共交通 IC 卡的清分结算机构与入网机构间的信息接口框架、文件接口要求、文件存取方式及通信要求。

本部分适用于城市公共交通 IC 卡系统的设计与开发。

2 规范性引用文件

下列文件对于本文件的应用是必不可少的。凡是注日期的引用文件,仅注日期的版本适用于本文件。凡是不注日期的引用文件,其最新版本(包括所有的修改单)适用于本文件。

JT/T 978.1 城市公共交通 IC 卡技术规范 第 1 部分:总则

JT/T 978.2 城市公共交通 IC 卡技术规范 第 2 部分:卡片

JR/T 0025.7—2013 中国金融集成电路(IC)卡规范 第 7 部分:借记/贷记应用安全规范

3 术语和定义

JT/T 9781.1 界定的以及下列术语和定义适用于本文件。

3.1

发送方 sender

信息交流中,信息输出方为发送方。

3.2

接收方 accepter

信息交流中,信息输入方为接收方。

3.3

短连接 short connection

数据传送过程中,当需要发送数据时,才建立连接,数据发送完成后,则断开此连接。

4 缩略语

下列缩略语适用于本文件。

DES——数据加密标准(Data Encryption Standard)

FTP——文件传输协议(File Transfer Protocol)

I/O——输入输出端口 (input/output)

MAC——报文鉴别码(Message Authentication Code)

MAK——MAC 密钥(MAC Key)

MMK——成员主密钥(Member Master Key)

SM2——椭圆曲线公钥密码算法(Public Key Cryptographic Algorithm SM2 Based on Elliptic Curves)

SM3——密码杂凑算法(SM3 Cryptographic Hash Algorithm)

SM4——分组密码加密算法(SM4 Cryptographic Algorithm)

TLV——表示标签、长度以及值的组合(Tag Length Value)

VPN——虚拟专用网络(Virtual Private Network)

TC——交易证书(Transaction Certificate)

5 信息接口框架

清分结算机构与入网机构在信息交互过程中的信息接口,包括文件接口 、文件存取方式和通信方式,其信息接口框架,如图1所示。

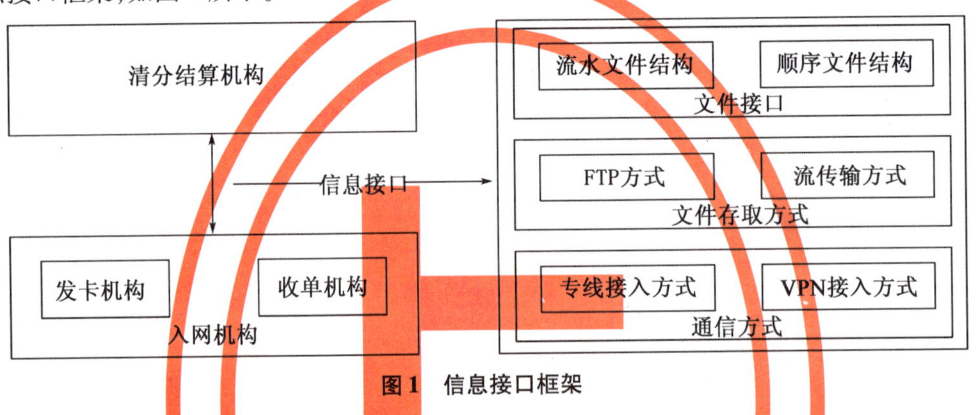

图1 信息接口框架

6 文件接口要求

6.1 文件结构

6.1.1 概述

清分结算机构与入网机构间传输的文件结构包括:流水文件结构和顺序文件结构。

文件中出现的符号参见附录A。

6.1.2 流水文件结构

流水文件的每一行是一条记录,表示一笔交易。同一流水文件的每条记录长度应相同。

流水文件的结构如图2所示。

记录1:字段1□ 字段2□	……	字段 N
记录2:字段1□ 字段2□	……	字段 N
记录3:字段1□ 字段2□	……	字段 N
	……	
记录 N:字段1□ 字段2□	……	字段 N

说明:

图中流水文件中的每条记录结构如下:

a) 字段1□字段2□字段3□字段4□ ……字段 N;

b) 每个字段之间以空格分隔;

注:若字段 N 为保留使用字段,则在流水文件记录格式中,所规定的该保留字段的长度不包括其前的一位空格。如一条记录全长为30,已定义了两个字段:字段A(长度为10)、字段B(长度为10),保留使用的字段长度应为8。

c) 每条记录以(0x0D,0x0A)结束。

图2 流水文件结构

6.1.3 顺序文件结构

由文件头记录、文件尾记录及一条或多条交易记录组成,每条交易记录对应一笔交易。记录与记录之间无换行符等其他符号;顺序文件以文件头记录开始,以文件尾记录结束。

顺序文件应进行 MAC 校验,文件的发送方将计算得到的 MAC 值填入文件尾的相应位置,文件的接收方按照约定的算法得到 MAC 值后,与文件尾中的 MAC 值进行比较。结果一致,则认为 MAC 校验正确;结果不同,则将文件拒绝。顺序文件的结构,如图 3 所示。

文件头记录	交易记录 1	交易记录 2	……	交易记录 *N*	文件尾记录

说明:

图中顺序文件中的每条记录结构如下:

a) 段 0 段 1……段 *n*;

b) 文件中的每条记录由一个或多个段(Block)构成;

c) 记录中包含多个段,则应按照段编号的升序排列;

d) 段的数量,由段 0 中的段位图决定;

e) 文件头记录和文件尾记录属于特殊记录,均只有段 0;

f) 记录中,段 0 中的交易代码表示交易的种类;

g) "段位图"(an4)采用 16 进制可见字符形式,最多可以标识 16 个段。

图 3 顺序文件结构

某个交易记录中仅段 0、2、3、4、9、12、13、15 出现,则该交易记录对应的段位图应为 B84D,如图 4 所示。

段号	0	1	2	3	4	5	6	7	8	9	10	11	12	13	14	15
位图	1	0	1	1	1	0	0	0	0	1	0	0	1	1	0	1
段位图	B				8				4				D			

图 4 段位图示意

6.2 文件类型

6.2.1 概述

文件类型包含交易类接口文件、清算类接口文件及其他类接口文件见表 1。

表 1 文件类型

文件类型	文件名	文件标识	说明
交易类接口文件	脱机消费明细文件	CD/CQ	收单机构上传的电子现金或电子钱包脱机消费明细文件
清算类接口文件	消费已处理文件清单文件	LD	包含日切前的清算日所有清分结算机构处理过的收单机构的消费文件 CD、下发给收单机构的消费清算反馈文件清单 FB 和下发给发卡机构脱机消费文件清单 CL
	脱机消费清算明细文件	CL	下发给发卡机构的脱机消费清算明细文件。发卡机构需要对文件中的所有数据进行 tac 码或其他安全数据的验证,以便为后续的人工差错处理提供依据
	消费清算反馈文件	FB	消费清算反馈文件
	消费争议交易调整明细文件	AD	争议交易调整明细文件
	消费清算结果明细文件	CR	消费清算结果明细文件
	消费明细验证反馈文件	RP	消费明细验证反馈文件。发卡机构将交易验证结果通知清分结算系统

表1（续）

文件类型	文件名	文件标识	说明
其他类接口文件	入账通知文件	FN	入账通知文件，通知发卡机构，这些数据已经参与当日结算。是RP文件的处理结果
	收支文件	BP	收支文件
	上传黑名单文件	UC	发卡机构上传的黑名单文件
	下发黑名单文件	DC	清分结算机构下发的黑名单文件
	白名单下发文件	BN	白名单下发文件
	错误代码下发文件	ER	
	差错处理文件	ED	入网机构提交给清分结算机构的差错文件

6.2.2 交易类接口文件

6.2.2.1 概述

规定脱机消费明细文件的用途、命名规则及文件格式。

6.2.2.2 用途

规范入网机构上传到清分结算机构的交易记录。

6.2.2.3 命名规则

命名规则见表2。

表2 命名规则

数据元说明	数据类型	长度	说明
文件标识	a	2	CD/CQ
日期	n	12	年份用后两位，YYMMDDhhmmss
机构代码	n	8	清分结算机构分配
序列号	ans	10	入网机构自定义
文件标志	an	1	H-手工账，A-自动账

6.2.2.4 文件格式

6.2.2.4.1 文件头

文件头包含的内容见表3。

表3 文件头

位置	长度	格式	内容（Outgoing）	内容（Incoming）	说明
0	3	n	交易代码	交易代码	常量为000
3	4	an	段位图	段位图	标示段0是否存在
7	11	an	机构代码	机构代码	由发送方填写的发送机构代码，不足11位后补空格
18	8	an	本批次结算日期	本批次结算日期	格式为YYYYMMDD
26	8	an	清算日期	清算日期	格式为YYYYMMDD

表3(续)

位置	长度	格式	内容(Outgoing)	内容(Incoming)	说明
34	4	an	版本标记（TEST/PROD）	版本标记（TEST/PROD）	只填写 TEST 或 PROD： a） TEST-测试版本； b） PROD-生产版本
38	8	an	版本号	版本号	版本号为00000001

6.2.2.4.2 文件尾

文件尾包含的内容见表4。

表4 文件尾

位置	长度	格式	内容	内容(I/O)	说明
0	3	n	交易代码	I/O	交易代码:001
3	4	an	段位图	I/O	
7	10	n	交易记录数	I/O	包括交易代码000、001在内的总记录数
17	16	an	MAK	I/O	MAC密钥为16个0~F之间的16进制字符,A~F应为大写。经过成员主密钥(MMK)加密保护
33	16	an	MAC	I/O	MAC为16个0~F之间的16进制字符,A~F应为大写

6.2.2.4.3 电子钱包文件体

6.2.2.4.3.1 概述

电子钱包文件体由段0-基本交易信息、段1-汇率特征信息、段2-卡片特征信息及段3-卡片管理信息4部分组成。

6.2.2.4.3.2 段0-基本交易信息

电子钱包文件体段0-基本交易信息内容见表5。

表5 段0-基本交易信息

位置	长度	格式	内容	内容(I/O)	说明	条件
0	3	n	交易代码	I/O	362-电子钱包脱机消费	M
3	4	an	段位图	I/O		M
7	19	n	主账号	I/O	向左对齐,不足19位时不足部分补空格(右补空格)	M
26	12	n	交易金额	I/O	以分为单位	M
38	3	an	交易货币代码	I/O	指示交易的币种	M
41	10	n	交易传输时间	I/O	格式为MMDDhhmmss	M
51	6	n	系统跟踪号	I/O	由发送方赋予,在当日内所有批次中保持唯一,并在交易周期内保持不变	O
57	6	an	授权应答标识码	I/O	在本交易取得授权时,由发卡机构赋予的授权应答标识码	O

表 5(续)

位置	长度	格式	内容	内容(I/O)	说　明	条件
63	4	n	授权日期	I/O	本交易取得授权的日期,格式为 MMDD	O
67	12	an	检索参考号	I/O	由终端机具产生的用于标识一笔交易的,撤销交易应与原始交易一致	M
79	11	ans	收单机构标识码	I/O	代码左对齐,不足 11 位右补空格	M
90	11	ans	发送机构标识码	I/O	代码左对齐,不足 11 位右补空格	M
101	4	n	商户类型	I/O	收单机构商户类型码	M
105	8	ans	受卡机终端标识码	I/O	受卡机具的终端标识	M
113	15	an	受卡方标识码	I/O	由受理终端管理机构分配的受卡方机构标识代码	M
128	40	an	受卡方名称地址	I/O	受卡机构的名称和所在地	M
168	23	an	原始交易信息	I/O	长度 格式 内容 3 n 原始交易代码 10 n 原始交易的日期及时间(MMDDhhmmss) 6 n 原始交易的系统跟踪号 4 n 原始交易清算日期 结算交易时本字段以全零填充	M
191	4	n	报文原因代码	I/O	以'0000'填充	O
195	1	n	单双信息标志	I/O	由发送方填写,应与原始交易保持一致:0-单信息,1-双信息	O
196	9	n	清分结算机构流水号	I	Incoming 清分结算机构填写 Outgoing 入网机构填写 000000000	O
205	11	ans	接收机构代码	I	代码左对齐,不足 11 位右补空格	O
216	11	ans	发卡机构代码	I	代码左对齐,不足 11 位右补空格 由清分结算机构填写,应与原始交易保持一致	O
227	1	n	清分结算机构通知标志	I	由清分结算机构填写 0-正常交易记录 1-通过差错处理进行的交易通知 在本记录格式填 0	O
228	2	n	交易发起渠道	I/O		O
230	1	a	交易特征标识	I/O	本域暂不启用,以空格填充,无实际意义	O
231	8	an	清分结算机构保留使用	I	预保留,全补空格	O
239	2	n	受理终端服务点条件代码	I/O	在结算、结算撤销交易中可通过该域区分具体是哪类业务的结算或结算撤销	O
241	12	X+n11	本方手续费	I	在入网机构发出的文件中本字段以缺省值填充	O

表5(续)

位置	长度	格式	内 容	内容(I/O)	说 明	条件
253	1	n	交易地域标志	I	在入网机构发出的文件中本字段以缺省值填充	O
254	2	ans	ECI 标志	I	当有业务需要的真实含义时以真实取值填写,否则以缺省值填充	O
256	2	ans	特殊计费标志	I/O	当有业务需要的真实含义时以真实取值填写,否则以缺省值填充	O
258	1	ans	特殊计费档次	I/O	当有业务需要的真实含义时以真实取值填写,否则以缺省值填充	O
259	1	ans	交易发起方式	I/O		O
260	9	ans	保留使用	I/O		O
注:M-必备,O-可选。						

6.2.2.4.3.3 段1-汇率特征信息

电子钱包文件报文体段1-汇率特征信息内容见表6。

表6 段1-汇率特征信息

位置	长度	格式	内容	内容(I/O)	说 明	条件
0	3	an	服务点输入方式码	I/O	a) 第1、2位: 1) 00-未指明; 2) 01-预留; 3) 02-预留; 4) 03-预留; 5) 04-预留; 6) 05-卡片; 7) 90-预留; b) 第3位: 1) 0-未指明; 2) 1-交易中包含 PIN; 3) 2-交易中不包含 PIN	O
3	1	an	授权标志	I/O	a) 0-授权(联机); b) 1-免授权; c) 其他-保留使用。 对于交易金额低于某一特定限额的交易,可以免联机授权,收单机构在上送清算文件时,将该交易的“授权标志”置为‘1’。若无法填写,以缺省值填充	O
4	2	an	请求的支付服务类型	I/O	a) 第1位: 1) 0-出示卡; 2) 1-未出示卡; 3) 2-未指明; 4) 若无法填写,以缺省值填充。 b) 第2位:暂不使用,填空格	

表6(续)

位置	长度	格式	内容	内容(I/O)	说　明	条件
6	12	n	清算金额	I	12 位数字域,其中包含了2位小数	O
18	3	an	清算币种	I	3 位数字,指清算所用币种	O
21	8	n	清算汇率	I	8 位数字,第1位0~7 表示小数点在从右起的第几位	O
29	12	n	持卡人扣账金额	I	12 位数字域,其中包含了2位小数	O
41	3	an	持卡人账户币种	I	3 位数字,指持卡人账户币种	O
44	8	n	持卡人扣账汇率	I	8 位数字,第1位0~7 表示小数点在从右起的第几位	O
52	12	X+n11	手续费金额	I	分润后的手续费清算金额	O
64	3	an	境外机构名称缩写	I	预留	O
67	40	ans	RESERVED	I/O		O

6.2.2.4.3.4 段2-卡片特征信息

电子钱包文件报文体段2-卡片特征信息内容见表7。

表7　段2-卡片特征信息

位置	长度	格式	内容	内容(I/O)	说　明	条件
0	20	an	卡片序列号	I/O	不足位数以空格填充	M
20	8	ans	交易金额	I/O	用8个可见的16进制字符(0~9,A~F)表示;若无法填写用缺省值空格填充	M
28	2	n	交易类型标识	I/O	06-表示电子钱包脱机消费; 09-复合消费的类型	M
30	12	n	终端机编号	I/O		M
42	8	an	终端交易序号	I/O	用8个可见的16进制字符(0~9,A~F)表示;若无法填写用缺省值空格填充	M
50	8	n	终端交易日期	I/O	格式为 YYYYMMDD	M
58	6	n	终端交易时间	I/O	格式为 hhmmss	M
64	8	an	交易验证代码(TAC)	I/O	用8个可见的16进制字符(0~9,A~F)表示;若无法填写用缺省值空格填充	M
72	2	an	消费密钥版本号	I/O	用2个可见的16进制字符(0~9,A~F)表示;若无法填写用缺省值空格填充	M
74	2	an	消费密钥索引	I/O	用2个可见的16进制字符(0~9,A~F)表示;若无法填写用缺省值空格填充	M
76	4	an	卡片脱机交易序列号	I/O	用4个可见的16进制字符(0~9,A~F)表示;若无法填写用缺省值空格填充	M

表7(续)

位置	长度	格式	内容	内容(I/O)	说明	条件
80	8	ans	交易余额	I/O	用8个可见的16进制字符(0~9,A~F)表示;电子钱包的消费,本域后补两个F; 若无法填写用缺省值空格填充	M
88	16	n	发卡机构标识	I/O		M
104	8	ans	伪随机数	I/O	用8个可见的16进制字符(0~9,A~F)表示;若无法填写用缺省值空格填充	O
112	30	ans	保留使用	I/O		O

6.2.2.4.3.5 段3-卡片管理信息

电子钱包文件体段3-卡片管理信息内容见表8。

表8 段3-卡片管理信息

位置	长度	格式	内容	内容(I/O)	说明	条件
0	40	ans	持卡人姓名	I/O	不足40位时右补空格	O
40	2	an	持卡人证件类型	I/O	默认00	O
42	30	an	持卡人证件号码	I/O	不足30位时右补空格	O
72	4	an	持卡人类型	I/O	默认0000	O
76	11	n	收单机构代码	I/O	收单机构代码	O
87	12	n	收单机构流水号	I/O	由收单机构填写	O
99	8	n	收单机构日期	I/O	由收单机构填写	O
107	12	n	清分结算机构流水号	I/O	入网机构产生时填写全0,应答时清分结算机构填写	O
119	4	an	优惠类型	I/O	默认0000	O
123	8	ans	交易前金额	I/O		O
131	8	ans	应收金额	I/O		O
139	2	an	交易状态	I/O	00:正常消费; 01:进站交易; 02:出站交易	M
141	2	an	算法标识	I/O	用2个可见的16进制字符(0~9,A~F)表示: 01-3des; 02-SM2; 04-SM4	M
143	3	an	卡组织	I/O	预留	O
146	VAR	TLV	标签数据	I/O	用于上送行业信息数据	O

6.2.2.4.4 电子现金文件体

6.2.2.4.4.1 概述

电子现金文件体由段0-基本交易信息、段1-汇率特征信息、段2-卡片特征信息及段3-卡片管理信息4部分组成。

6.2.2.4.4.2 段0-基本交易信息

电子现金文件体段0-基本交易信息内容见表9。

表9 段0-基本交易信息

位置	长度	格式	内容	内容(I/O)	说明	条件
0	3	n	交易代码	I/O	300-电子现金脱机消费； 370-电子现金进站交易(入口交易，金额为0)	M
3	4	an	段位图	I/O		M
7	19	n	主账号	I/O	向左对齐，不足19位时不足部分补空格(左补空格)	M
26	12	n	交易金额	I/O	以分为单位	M
38	3	an	交易货币代码	I/O	指示交易的币种	M
41	10	n	交易传输时间	I/O	格式为MMDDhhmmss	M
51	6	n	系统跟踪号	I/O	由发送方赋予，在当日内所有批次中保持唯一。并在交易周期内保持不变	O
57	6	an	授权应答标识码	I/O	在本交易取得授权时，由发卡机构赋予的授权应答标识码 授权应答标识码用于电子现金应用的脱机消费交易和脱机退货交易	O
63	4	n	授权日期	I/O	本交易取得授权的日期，格式为MMDD 对于电子现金脱机消费交易，该域以缺省值空格填充	O
67	12	an	检索参考号	I/O	由终端机具产生的用于标识一笔交易的，撤销交易须与原始交易一致	M
79	11	ans	收单机构标识码	I/O	代码左对齐，不足11位右补空格	M
90	11	ans	发送机构标识码	I/O	代码左对齐，不足11位右补空格	M
101	4	n	商户类型	I/O	收单机构商户类型码[表示商户分类编码(MCC)]	M
105	8	ans	受卡机终端标识码	I/O	受卡机具的终端标识	M
113	15	an	受卡方标识码	I/O	由受理终端管理机构分配的受卡方机构标识代码	M
128	40	an	受卡方名称地址	I/O	受卡机构的名称和所在地	M

表 9(续)

位置	长度	格式	内容	内容(I/O)	说明	条件
168	23	an	原始交易信息	I/O	长度 格式 内容 3 n 原始交易代码 10 n 原始交易的日期及时间(MMDDhhmmss) 6 n 原始交易的系统跟踪号 4 n 原始交易清算日期 结算交易时本字段以全零填充	M
191	4	n	报文原因代码	I/O	以'0000'填充	O
195	1	n	单双信息标志	I/O	由发送方填写,应与原始交易保持一致。0-单信息,1-双信息。对于脱机消费交易,该域填写零	O
196	9	n	清分结算机构流水号	I	Incoming 由清分结算机构填写; Outgoing 入网机构填写'000000000'	O
205	11	ans	接收机构代码	I	代码左对齐,不足 11 位右补空格。 由清分结算机构填写,应与原始交易保持一致	O
216	11	ans	发卡机构代码	I	代码左对齐,不足 11 位右补空格。 由清分结算机构填写,应与原始交易保持一致	O
227	1	n	清分结算机构通知标志	I	由清分结算机构填写。 在本记录格式填'0'	O
228	2	n	交易发起渠道	I/O		O
230	1	a	交易特征标识	I/O	本域暂不启用,以空格填充,无实际意义	O
231	8	an	清分结算机构保留使用	I	预保留,全补空格	
239	2	n	受理终端服务点条件代码	I/O	在结算、结算撤销交易中可通过该域区分具体是哪类业务的结算或结算撤销	
241	12	X+n11	本方手续费	I	在入网机构发出的文件中本字段以缺省值填充	O
253	1	n	交易地域标志	I	在入网机构发出的文件中本字段以缺省值填充	O
254	2	ans	ECI 标志	I	当有业务需要的真实含义时以真实取值填写,否则以缺省值填充	O
256	2	ans	特殊计费标志	I/O	预保留	O
258	1	ans	特殊计费档次	I/O	预保留	O
259	1	ans	交易发起方式	I/O		O
260	9	ans	保留使用	I/O		O

6.2.2.4.4.3 段 1-汇率特征信息

电子现金文件体段 1-汇率特征信息内容见表 10。

表 10　段 1-汇率特征信息

位置	长度	格式	内　容	内容(I/O)	说　　明	条件
0	3	an	服务点输入方式码	I/O	a）第 1、2 位： 1）00-未指明； 2）01-预留； 3）02-预留； 4）03-预留； 5）04-预留； 6）05-卡片； 7）90-预留； b）第 3 位： 1）0-未指明； 2）1-交易中包含 PIN； 3）2-交易中不包含 PIN	O
3	1	an	授权标志	I/O	a）0-授权(联机)； b）1-免授权； c）其他-保留使用； 对于交易金额低于某一特定限额的交易，可以免联机授权，收单机构在上送清算文件时，将该交易的“授权标志”置为‘1’。若无法填写，以缺省值填充	O
4	2	an	请求的支付服务类型	I/O	a）第 1 位： 1）0-出示卡； 2）1-未出示卡； 3）2-未指明； 4）若无法填写，以缺省值填充； b）第 2 位：暂不使用，填空格	O
6	12	n	清算金额	I	12 位数字域，其中包含了 2 位小数	O
18	3	an	清算币种	I	3 位数字，指清算所用币种	O
21	8	n	清算汇率	I	8 位数字，第 1 位 0～7 表示小数点在从右起的第几位	O
29	12	n	持卡人扣账金额	I	12 位数字域，其中包含了 2 位小数	O
41	3	an	持卡人账户币种	I	3 位数字，指持卡人账户币种	O
44	8	n	持卡人扣账汇率	I	8 位数字，第 1 位 0～7 表示小数点在从右起的第几位	O
52	12	X+n11	手续费金额	I	分润后的手续费清算金额	O
64	3	an	境外机构名称缩写	I	预留	O
67	40	ans	RESERVED	I/O		O

6.2.2.4.4.4　段 2-卡片特征信息

电子现金文件体段 2-卡片特征信息内容见表 11。

表 11 段 2-卡片特征信息

位置	长度	格式	内 容	内容(I/O)	说 明	条件
0	16	an	应用密文	I/O	用 16 个可见的 16 进制字符(0～9,A～F)表示;取 TC 值	O
16	3	n	服务点输入方式码	I/O		O
19	3	n	卡片序列号	I/O		O
22	1	an	终端读取能力	I/O	a) 0-终端读取能力未知; b) 5-可读取卡片	O
23	1	an	卡片条件代码	I/O	a) 0-未使用; b) 1-上一笔交易不是卡片交易或是一笔成功的卡片交易; c) 2-上一笔交易虽是卡片交易但失败	O
24	6	an	终端性能	I/O	用 6 个可见的 16 进制字符(0～9,A～F)表示	O
30	10	an	终端验证结果	I/O	用 10 个可见的 16 进制字符(0～9,A～F)表示	O
40	8	an	不可预知数	I/O	用 8 个可见的 16 进制字符(0～9,A～F)表示	O
48	8	an	接口设备序列号	I/O		O
56	64	an	发卡行应用数据	I/O	用 64 个可见的 16 进制字符(0～9、A～F)表示;若有效值长度不满 64,后续内容以空格填充	O
120	4	an	应用交易计数器	I/O	用 4 个可见的 16 进制字符(0～9,A～F)表示	O
124	4	an	应用交互特征	I/O	用 4 个可见的 16 进制字符(0～9,A～F)表示	O
128	6	n	交易日期	I/O	此日期为终端授权时的日期; 格式为 YYMMDD	O
134	3	n	终端国家代码	I/O		O
137	2	an	交易响应码	I/O	a) Y1-脱机交易成功; b) Y3-不能联机,脱机交易成功	O
139	2	n	交易类型	I/O	a) 62-消费冲正; b) 00－消费; c) 22-贷记调整	O
141	12	n	授权金额	I/O	由终端传送上来,若无法传送,该域以缺省值填充;12 位有效数字,具体小数位数由授权币种决定	O
153	3	n	交易币种代码	I/O	3 位有效数字,指授权时所用的交易币种	O
156	1	an	应用密文校验结果	I	取值为: a) 1-成功; b) 2-失败; c) 3-未校验; 用法为: 文件接收方没有能力校验应用密文(仅指 TC)或请求清分结算机构代为验证应用密文(仅指 TC)时出现	O

表 11(续)

位置	长度	格式	内　容	内容(I/O)	说　　明	条件
157	4	n	卡有效期	I/O	格式为 YYMM	O
161	2	an	密文信息数据	I/O	用 2 个可见的 16 进制字符(0~9,A~F)表示;若无法填写,以空格填充	O
163	12	n	其他金额	I/O	12 位有效数字,具体小数位数由授权币种决定;若无法填写,以空格填充	O
175	6	an	持卡人验证方法结果	I/O	用 6 个可见的 16 进制字符(0~9,A~F)表示;若无法填写,该域以空格填充	O
181	2	n	终端类型	I/O	2 位有效数字;若无法填写,该域以空格填充	O
183	32	an	专用文件名称	I/O	用 32 可见的 16 进制字符(0~9、A~F)表示;若有效值长度不满 32,后续内容以空格填充	O
215	4	an	应用版本号	I/O	用 4 可见的 16 进制字符(0~9、A~F)表示	O
219	8	an	交易序列计数器	I/O	若有效长度不满 8 位,后续内容以空格填充	O
227	6	ans	电子现金发卡行授权码	I/O	若有效长度不满 6 位,后续内容以空格填充	O
233	24	an	卡产品标识信息	O	ASCII 码制共 24 位,其中 1~8 位表示机构代码,9~24 位表示卡产品和分润方法	O

6.2.2.4.4.5　段 3-卡片管理信息

电子现金文件报文体段 3-卡片管理信息内容见表 12。

表 12　段 3-卡片管理信息

位置	长度	格式	内　容	内容(I/O)	说　　明	条件
0	40	ans	持卡人姓名	I/O	不足 40 位时右补空格	O
40	2	an	持卡人证件类型	I/O	默认 00	O
42	30	an	持卡人证件号码	I/O	不足 30 位时右补空格	O
72	4	an	持卡人类型	I/O	默认 0000	O
76	11	n	收单机构代码	I/O	收单机构代码	O
87	12	n	收单机构流水号	I/O	由收单机构填写	O
99	8	n	收单机构日期	I/O	由收单机构填写	O
107	12	n	清分结算机构流水号	I/O	入网机构产生时填写全 0,应答时清分结算机构填写	O
119	4	an	优惠类型		默认 0000	O
123	8	ans	交易前金额	I/O		O
131	8	ans	应收金额	I/O		O

表 12(续)

位置	长度	格式	内 容	内容(I/O)	说 明	条件
139	2	an	交易状态	I/O	用于区分扣款消费的子类型: 00-正常消费; 01-进站交易; 02-出站交易	O
141	2	an	算法标识	I/O	用 2 个可见的 16 进制字符(0~9,A~F)表示: 01-3des; 02-SM2; 04-SM4	M
143	3	an	卡组织	I/O	预留	O
146	VAR	TLV	标签数据	I/O	用于上送行业信息数据	O

6.2.2.4.5 TLV 规则

TLV 的第一个 T 的固定标签为 1 000,用于指示标签信息。1 000 后的 4 个字节代表后续数据的长度,可以为 0。不为 0 时,TLV 才会出现,TLV 标签示例参见附录 B。

TLV 规则见表 13。

表 13 TLV 格式规则

域号	长度	域名称	域类型	域取值	说 明
1	4	T	ans	定值 1 000	
2	4	L	n	≥0	
3	VAR	V	ans		由若干个标签代码连续组成。根据业务需要定义,应和域 2 匹配

行业数据信息标签代码见表 14。

表 14 行业数据信息标签代码

序号	标签代码	标 签 名 称	格式	说 明
1	2001	载具类型	ans	汽车、船舶、铁路等
2	2002	载具号码	ans	
3	2003	进站/上车时间	n	YYYYMMDDhhmmss
4	2004	出站/下车时间	n	YYYYMMDDhhmmss
5	2005	上车/进站线路/进口线路	ans	
6	2006	下车/出站线路/出口线路	ans	
7	2007	进站站点	ans	
8	2008	出站站点	ans	
9	2009	上车/进站终端号(闸机编号)	ans	
10	2010	下车/出站终端号(闸机编号)	ans	

表 14(续)

序号	标签代码	标 签 名 称	格式	说 明
11	2011	出发/上车城市号	ans	
12	2012	到达/下车城市号/交易城市号	ans	
13	2013	入口班次	ans	
14	2014	出口班次	ans	
15	2015	入口工号	ans	
16	2016	出口工号	ans	
17	2017	景区/点编码	ans	
18	2018	司机号	ans	
19	2019	检票员号/操作员号	ans	
20	2020	从业资格证号	ans	
21	2021	从业人员证件类型	ans	
22	2022	从业人员证件号	ans	
23	2023	交易门店号/网点号	ans	
24	2024	采集点编号	ans	
25	2025	等候时间	n	min
26	2026	行驶里程	n	0.1km
27	2027	空驶里程	n	0.1km
28	2028	空驶时间	n	
29	2029	起步价	n	min
30	2030	单价	n	元/km
31	2031	出口号	n	
32	2032	入口号	n	
33	2033	联乘线路	ans	
34	2034	换乘线路	ans	
35	2035	联乘金额	n	
36	2036	起步里程	n	0.1km

6.2.3 清算类接口文件

6.2.3.1 概述

清算类接口文件包括消费已处理文件清单文件、脱机消费清算明细文件、消费清算反馈文件、消费争议交易调整明细文件、消费清算结果明细文件及消费明细验证反馈文件。

6.2.3.2 消费已处理文件清单文件

6.2.3.2.1 用途

由清分结算机构在日切后生成,包含日切前的清算日所有清分结算机构处理过的收单机构的消费文件 CD、下发给收单机构的消费清算反馈文件清单 FB、下发给发卡机构脱机消费文件清单 CL、FN。

文件由清分结算机构向收单机构、发卡机构发送，文件清单要求如下：

——对收单机构，文件名清单有 CD、FB；

——对发卡机构，文件名清单有 CL、FN。

6.2.3.2.2　命名规则

命名规则见表 15。

表 15　消费已处理文件清单文件命名规则

数据元说明	数据类型	长度	说　明
文件标识	a	2	LD
日期	n	12	年份用后两位，YYMMDDhhmmss
机构代码	n	8	清分结算机构分配
序列号	ans	10	入网机构自定义
文件标志	an	1	H-手工账，A-自动账

6.2.3.2.3　文件格式

文件格式见表 16。

表 16　消费已处理文件清单文件格式

数据元说明	数据类型	长度	说　明
文件说明区			
版本号	n	2	01
回车符	s	2	0x0D 和 0x0A
交易头			
记录总数	n	6	取值范围 000001 ~ 999999
清分结算机构清算日期	n	8	YYYYMMDD
接收机构代码	n	11	右补空格
单笔交易长度	n	4	包含回车换行，取值范围 0001 ~ 9999
保留域	ans	20	全 F
回车符	s	2	0x0D 和 0x0A
交易数据体			
清分结算机构流水号	n	12	取值范围 000000000001 ~ 999999999999
文件名称	an	50	右补空格
错误代码	n	6	清分结算机构定义。取值范围 000000 ~ 999999
错误描述	ans	40	错误描述
保留域	ans	40	全 F
回车符	s	2	0x0D 和 0x0A

6.2.3.3　脱机消费清算明细文件

6.2.3.3.1　用途

清分结算机构向发卡机构下发当日清分结算机构的清算结果，供发卡机构进行处理。

6.2.3.3.2 命名规则

命名规则见表17。

表17 脱机消费清算明细文件命名规则

数据元说明	数据类型	长度	说明
文件标识	a	2	CL
日期	n	12	年份用后两位,YYMMDDhhmmss
机构代码	n	8	清分结算机构分配
序列号	ans	10	入网机构自定义
文件标志	an	1	H-手工账,A-自动账

6.2.3.3.3 文件格式

文件格式见表18。

表18 脱机消费清算明细文件格式

数据元说明	数据类型	长度	说明
文件说明区			
版本号	n	2	01
回车符	s	2	0x0D 和 0x0A
交易头			
记录总数	n	6	取值范围 000001 ~ 999999
清分结算机构清算日期	n	8	YYYYMMDD
接收机构代码	n	11	右补空格
单笔交易长度	n	4	包含回车换行;取值范围 0001 ~ 9999 不包括 TLV 数据
保留域	ans	20	全 F
回车符	s	2	0x0D 和 0x0A
交易数据体			
清分结算机构流水号	n	12	取值范围 000000000001 ~ 999999999999
收单机构流水号	n	12	取值范围 000000000001 ~ 999999999999
收单机构受理日期	n	8	YYYYMMDD
检索参考号	n	12	取值范围 000000000001 ~ 999999999999
交易类型	an	4	a) 300-电子现金脱机消费; b) 362-电子钱包脱机消费; c) 368-电子钱包进站交易; d) 370-电子现金进站交易; 右补空格
收单机构标识码	n	11	右补空格
收单机构代码	n	11	右补空格

表 18(续)

数据元说明	数据类型	长度	说　明
发卡地通卡公司代码	n	11	右补空格
MCC	an	4	
渠道类型	an	2	
卡号	n	20	16 位到 19 位; 不足右补空格
卡消费计数器	n	6	取值范围 000001 ~ 999999
消费前卡余额	n	12	取值范围 000000000001 ~ 999999999999
交易金额	n	12	取值范围 000000000001 ~ 999999999999
交易日期	n	8	YYYYMMDD
交易时间	n	6	hhmmss
余额类型	an	1	a) 0-电子钱包; b) 1-电子现金
算法标识	an	2	a) 01-3des; b) 02-SM2; c) 04-SM4
错误代码	n	6	清分结算机构定义,取值范围 000000 ~ 999999
错误描述	ans	40	错误描述
测试标志	an	1	a) 0-正式数据; b) 1-测试数据
个性化数据,电子钱包或电子现金验证数据	ans		TLV 格式,必选。应为 1000 标签
回车符	s	2	0x0D 和 0x0A

6.2.3.4 消费清算反馈文件

6.2.3.4.1 用途

向收单机构下发当日清分结算机构对消费交易的处理结果,供收单机构进行明细匹配,验证当日清算统计文件。

6.2.3.4.2 命名规则

命名规则见表 19。

表 19 消费清算反馈文件命名规则

数据元说明	数据类型	长度	说　明
文件标识	a	2	FB
日期	n	12	年份用后两位,YYMMDDhhmmss
机构代码	n	8	清分结算机构分配
序列号	ans	10	入网机构自定义
文件标志	an	1	H-手工账,A-自动账

6.2.3.4.3 文件格式

文件格式见表20。

表20 消费清算反馈文件格式

数据元说明	数据类型	长度	说 明
文件说明区			
版本号	n	2	01
回车符	s	2	0x0D 和 0x0A
交易头			
记录总数	n	6	取值范围 000001 ~ 999999
清分结算机构清算日期	n	8	YYYYMMDD
接收机构代码	n	11	右补空格
单笔交易长度	n	4	包含回车换行:取值范围 0001 ~ 9999
保留域	ans	20	全 F
回车符	s	2	0x0D 和 0x0A
交易数据体			
清分结算机构流水号	n	12	取值范围 000000000001 ~ 999999999999
收单机构流水号	n	12	取值范围 000000000001 ~ 999999999999
收单机构受理日期	n	8	YYYYMMDD
检索参考号	n	12	取值范围 000000000001 ~ 999999999999
交易类型	an	4	a) 300-电子现金脱机消费; b) 362-电子钱包脱机消费; c) 368-电子钱包进站交易; d) 370-电子现金进站交易; 右补空格
接收清算机构标识	n	11	右补空格
发卡地发卡机构代码	n	11	右补空格
MCC	an	4	
渠道类型	an	2	
卡号	n	20	16 位 ~ 19 位 不足右补空格
卡消费计数器	n	6	取值范围 000001 ~ 999999
消费前卡余额	n	12	取值范围 000000000001 ~ 999999999999
交易金额	n	12	取值范围 000000000001 ~ 999999999999
交易日期	n	8	YYYYMMDD
交易时间	n	6	HHMMSS
错误代码	n	6	清分结算机构定义,取值范围 000000 ~ 999999
错误描述	ans	40	错误描述

表 20(续)

数据元说明	数据类型	长度	说　明
测试标志	n	1	0 为正式数据;1 为测试数据
保留域	ans	40	全 F
回车符	s	2	0x0D 和 0x0A

6.2.3.5 消费争议交易调整明细文件

6.2.3.5.1 用途

规范入网机构接收清分结算机构争议交易调整结果。在交易争议表中重组已经经过双方协商手动调整之后结果正确的交易,下发到收单机构和发卡机构。

6.2.3.5.2 命名规则

命名规则见表 21。

表 21　消费争议交易调整明细文件命名规则

数据元说明	数据类型	长度	说　明
文件标识	a	2	AD
日期	n	12	年份用后两位,YYMMDDhhmmss
机构代码	n	8	清分结算机构分配
序列号	ans	10	入网机构自定义
文件标志	an	1	H-手工账,A-自动账

6.2.3.5.3 文件格式

文件格式见表 22。

表 22　消费争议交易调整明细文件格式

数据元说明	数据类型	长度	说　明
文件说明区			
版本号	n	2	01
回车符	s	2	0x0D 和 0x0A
交易头			
记录总数	n	6	取值范围 000001 ~ 999999
清分结算机构清算日期	n	8	YYYYMMDD
接收机构代码	n	11	右补空格
单笔交易长度	n	4	包含回车换行:取值范围 0001 ~ 9999
保留域	ans	20	全 F
回车符	s	2	0x0D 和 0x0A
交易数据体			
清分结算机构调整交易流水号	n	12	
原消费交易清分结算机构结算日期	n	8	YYYYMMDD

表 22(续)

数据元说明	数据类型	长度	说　明
原消费交易清分结算机构流水号	n	12	取值范围 000000000001 ~ 999999999999
原消费交易收单机构流水号	n	12	取值范围 000000000001 ~ 999999999999
原消费交易收单机构受理日期	n	8	YYYYMMDD
原消费交易检索参考号	n	12	取值范围 000000000001 ~ 999999999999
原交易交易类型	an	4	a) 300-电子现金脱机消费; b) 362-电子钱包脱机消费; c) 368-电子钱包进站交易; d) 370-电子现金进站交易; 右补空格
调整类型	n	1	1-贷方调整(发卡机构付款); 2-借方调整(发卡机构收款)
卡号	n	20	16 位 ~ 19 位; 不足右补空格
卡消费计数器	n	6	取值范围 000001 ~ 999999
消费前卡余额	n	12	取值范围 000000000001 ~ 999999999999
调整后交易类型	an	4	a) 300-电子现金脱机消费; b) 362-电子钱包脱机消费; c) 368-电子钱包进站交易; d) 370-电子现金进站交易; 右补空格
调整后交易金额	n	12	取值范围 000000000001 ~ 999999999999
MCC	an	4	
渠道类型	an	2	
交易日期	n	8	YYYYMMDD
交易时间	n	6	hhmmss
测试标志	n	1	a) 0-正式数据; b) 1-测试数据
回车符	s	2	0x0D 和 0x0A

6.2.3.6　消费清算结果明细文件

6.2.3.6.1　用途

清分结算机构将当天收到的交易及处理结果按照交易类型发送给发卡机构和收单机构。

6.2.3.6.2　命名规则

命名规则见表 23。

表 23 消费清算结果明细文件命名规则

数据元说明	数据类型	长度	说明
文件标识	a	2	CR
日期	n	12	年份用后两位,YYMMDDhhmmss
机构代码	n	8	清分结算机构分配
序列号	ans	10	入网机构自定义
文件标志	an	1	H-手工账,A-自动账

6.2.3.6.3 文件格式

文件格式见表 24。

表 24 消费清算结果明细文件格式

数据元说明	数据类型	长度	说明
文件说明区			
版本号	n	2	01
回车符	s	2	0x0D 和 0x0A
交易头			
记录总数	n	6	取值范围 000001 ~ 999999
清算日期	n	8	格式为 YYYYMMDD
接收机构代码	n	11	右补空格
单笔交易长度	n	4	包含回车换行:取值范围 0001 ~ 9999
保留域	ans	20	全 F
回车符	s	2	0x0D 和 0x0A
交易数据体			
收单机构标识	n	11	右补空格
接收清算机构标识	n	11	右补空格
业务类型	n	4	
差错调整标识	n	1	a) 0-非差错交易,正常上送; b) 1-贷方调整(发卡机构付款); c) 2-借方调整(发卡机构收款)
错误代码	n	6	
错误描述	ans	40	错误描述
消费交易笔数	n	18	取值范围 000000000000000000 ~ 999999999999999999
消费交易金额	n	18	取值范围 000000000000000000 ~ 999999999999999999
手续费 1—交易地手续费	n	18	取值范围 000000000000000000 ~ 999999999999999999
手续费 2—预留	n	18	取值范围 000000000000000000 ~ 999999999999999999(预留项全为 0)

表 24(续)

数据元说明	数据类型	长度	说明
清分结算机构交易手续费 1—卡属地手续费	n	18	取值范围 000000000000000000 ~ 999999999999999999
清分结算机构交易手续费 2—清分结算机构手续费	n	18	取值范围 000000000000000000 ~ 999999999999999999
测试标志	n	1	0-正式数据; 1-测试数据
预留	n	10	
回车符	s	2	0x0D 和 0x0A

6.2.3.7 消费明细验证反馈文件

6.2.3.7.1 用途

发卡机构将交易验证结果反馈给清分结算机构。

6.2.3.7.2 命名规则

命名规则见表 25。

表 25 消费明细验证反馈文件命名规则

数据元说明	数据类型	长度	说明
文件标识	a	2	RP
日期	n	12	年份用后两位,YYMMDDhhmmss
机构代码	n	8	清分结算机构分配
序列号	ans	10	入网机构自定义
文件标志	an	1	H-手工账,A-自动账

6.2.3.7.3 文件格式

文件格式见表 26。

表 26 消费明细验证反馈文件格式

数据元说明	数据类型	长度	说明
文件说明区			
版本号	n	2	01
回车符	s	2	0x0D 和 0x0A
交易头			
记录总数	n	6	取值范围 000001 ~ 999999
发送机构代码	n	11	右补空格
单笔交易长度	n	4	包含回车换行,取值范围 0001 ~ 9999
保留域	ans	20	全 F
回车符	s	2	0x0D 和 0x0A

表 26(续)

数据元说明	数据类型	长度	说　明
交易数据体			
清分结算机构流水号	n	12	取值范围 000000000001 ~ 999999999999。同段 3 的清分结算机构流水号
交易传输时间	n	10	同段 0 交易传输时间
检索参考号	n	12	取值范围 000000000001 ~ 999999999999
交易类型	an	4	a) 300-电子现金脱机消费; b) 362-电子钱包脱机消费; c) 368-电子钱包进站交易; d) 370-电子现金进站交易; 右补空格
卡号	n	20	
卡消费计数器	n	6	取值范围 000001 ~ 999999
消费前卡余额	n	12	取值范围 000000000001 ~ 999999999999
交易金额	n	12	取值范围 000000000001 ~ 999999999999
交易日期	n	8	YYYYMMDD
交易时间	n	6	hhmmss
安全认证结果	n	1	a) 0-认证通过; b) 1-认证失败 (不需要安全认证的交易填写 0,其他按照实际认证结果填写)
错误代码	n	6	清分结算机构定义,取值范围 000000 ~ 999999
错误描述	ans	40	错误描述
测试标志	an	1	0-正式数据; 1-测试数据
回车符	s	2	0x0D 和 0x0A

6.2.4 其他类接口文件

6.2.4.1 入账通知文件

6.2.4.1.1 用途

用于通知发卡机构参与当日清算的 RP 文件明细。

6.2.4.1.2 命名规则

命名规则见表 27。

表 27 入账通知文件命名规则

数据元说明	数据类型	长度	说　明
文件标识	a	2	FN
日期	n	12	年份用后两位,YYMMDDhhmmss
机构代码	n	8	清分结算机构分配
序列号	ans	10	入网机构自定义
文件标志	an	1	H-手工账,A-自动账

6.2.4.1.3 文件格式

文件格式见表 28。

表 28 入账通知文件格式

数据元说明	数据类型	长度	说　明
文件说明区			
版本号	n	2	01
回车符	s	2	0x0D 和 0x0A
交易头			
记录总数	n	6	取值范围 000001 ~ 999999
清分结算机构清算日期	n	8	YYYYMMDD
接收机构代码	n	11	右补空格
单笔交易长度	n	4	包含回车换行,取值范围 0001 ~ 9999
保留域	ans	20	全 F
回车符	s	2	0x0D 和 0x0A
交易数据体			
清分结算机构流水号	n	12	取值范围 000000000001 ~ 999999999999,清分结算机构进行清算时产生
收单机构流水号	n	12	取值范围 000000000001 ~ 999999999999
收单机构受理日期	n	8	YYYYMMDD
检索参考号	n	12	取值范围 000000000001 ~ 999999999999
交易类型	an	4	a) 300 – 电子现金脱机消费; b) 362-电子钱包脱机消费; c) 368-电子钱包进站交易; d) 370-电子现金进站交易; 右补空格
收单机构标识码	n	11	右补空格
收单机构代码	n	11	右补空格
发卡地通卡公司代码	n	11	右补空格
MCC	an	4	

表 28(续)

数据元说明	数据类型	长度	说　明
渠道类型	an	2	
卡号	n	20	
卡消费计数器	n	6	取值范围 000001 ~ 999999
消费前卡余额	n	12	取值范围 000000000001 ~ 999999999999
交易金额	n	12	取值范围 000000000001 ~ 999999999999
交易日期	n	8	YYYYMMDD
交易时间	n	6	hhmmss
错误代码	n	6	清分结算机构定义,取值范围 000000 ~ 999999
错误描述	ans	40	错误描述
测试标志	n	1	0-正式数据; 1-测试数据
保留域	ans	40	全 F
回车符	s	2	0x0D 和 0x0A

6.2.4.2　收支文件

6.2.4.2.1　用途

由清分结算机构将当天收到的交易和调整交易的资金划拨信息下发给发卡机构和收单机构,反映入网机构当日的收支情况。

6.2.4.2.2　命名规则

命名规则见表 29。

表 29　收支文件命名规则

数据元说明	数据类型	长度	说　明
文件标识	a	2	BP
日期	n	12	年份用后两位,YYMMDDhhmmss
机构代码	n	8	清分结算机构分配
序列号	ans	10	入网机构自定义
文件标志	an	1	H-手工账,A-自动账

6.2.4.2.3　文件格式

文件格式见表 30。

表 30　收支文件格式

数据元说明	数据类型	长度	说　明
文件说明区			
版本号	n	2	01
回车符	s	2	0x0D 和 0x0A

表 30(续)

数据元说明	数据类型	长度	说　明
交易头			
记录总数	n	6	取值范围 000001 ~ 999999
清算日期	n	8	格式为 YYYYMMDD
接收机构代码	n	11	右补空格
单笔交易长度	n	4	包含回车换行,取值范围 0001 ~ 9999
保留域	ans	20	全 F
回车符	s	2	0x0D 和 0x0A
交易数据体			
收入总金额	n	18	取值范围 000000000000000000 ~ 999999999999999999
支出总金额	n	18	取值范围 000000000000000000 ~ 999999999999999999
测试收入总金额	n	18	取值范围 000000000000000000 ~ 999999999999999999
测试支出总金额	n	18	取值范围 000000000000000000 ~ 999999999999999999
保证金账户变动金额	n	18	取值范围 000000000000000000 ~ 999999999999999999
金额符号位	n	10	a) 第 1 位: 1) 0-收入总金额为正; 2) 1-收入总金额为负; b) 第 2 位: 1) 0-支出总金额为正; 2) 1-支出总金额为负; c) 第 3 位: 1) 0-测试收入总金额为正; 2) 1-测试收入总金额为负; d) 第 4 位: 1) 0-测试支出总金额为正; 2) 1-测试支出总金额为负; e) 第 5 位: 1) 0-交易结算划账为正; 2) 1-交易结算划账为负; f) 其他保留全 F
保留域	n	80	全 F
回车符	s	2	0x0D 和 0x0A

6.2.4.3 上传黑名单文件

6.2.4.3.1 用途

用于入网机构向清分结算机构上传黑名单文件。

6.2.4.3.2 命名规则

命名规则见表 31。

表 31　上传黑名单文件命名规则

数据元说明	数据类型	长度	说　明
文件标识	a	2	UC
日期	n	12	年份用后两位,YYMMDDhhmmss
机构代码	n	8	清分结算机构分配
序列号	ans	10	入网机构自定义
文件标志	an	1	H-手工账,A-自动账

6.2.4.3.3　文件格式

文件格式见表 32。

表 32　上传黑名单文件格式

数据元说明	数据类型	长度	说　明
文件说明区			
版本号	n	2	01
交易类型	n	4	3011
回车符	s	2	0x0D 和 0x0A
交易头			
记录总数	n	6	取值范围 000001 ~ 999999
发送机构代码	n	11	右补空格
单笔交易长度	n	4	包含回车换行,取值范围 0001 ~ 9999
保留域	ans	20	全 F
回车符	s	2	0x0D 和 0x0A
交易数据体			
发卡机构代码	n	11	
卡号	n	20	16 位 ~ 19 位,不足右补空格
回车符	s	2	0x0D 和 0x0A

6.2.4.4　下发黑名单文件

6.2.4.4.1　用途

用于规范清分结算机构向入网机构下发的黑名单文件。

6.2.4.4.2　命名规则

命名规则见表 33。

表 33　下发黑名单文件命名规则

数据元说明	数据类型	长度	说　明
文件标识	a	2	DC
日期	n	12	年份用后两位,YYMMDDhhmmss

表 33(续)

数据元说明	数据类型	长度	说　明
机构代码	n	8	清分结算机构分配
序列号	ans	10	入网机构自定义
文件标志	an	1	H-手工账,A-自动账

6.2.4.4.3 文件格式

文件格式见表 34。

表 34 下发黑名单文件格式

数据元说明	数据类型	长度	说　明
文件说明区			
版本号	n	2	01
回车符	s	2	0x0D 和 0x0A
交易头			
记录总数	n	6	取值范围 000001 ~ 999999
保留域	ans	20	全 F
回车符	s	2	0x0D 和 0x0A
交易数据体			
发卡机构代码	n	11	右补空格
卡号	n	20	16 位 ~ 19 位,不足右补空格
回车符	s	2	0x0D 和 0x0A

6.2.4.5 白名单下发文件

6.2.4.5.1 用途

向入网机构下发允许受理交易的机构名单。

6.2.4.5.2 命名规则

命名规则见表 35。

表 35 白名单下发文件命名规则

数据元说明	数据类型	长度	说　明
文件标识	a	2	BN
日期	n	12	年份用后两位,YYMMDDhhmmss
机构代码	n	8	清分结算机构分配
序列号	ans	10	入网机构自定义
文件标志	an	1	H-手工账,A-自动账

6.2.4.5.3 文件格式

文件格式见表 36。

表 36　白名单下发文件格式

数据元说明	数据类型	长度	说　明
文件说明区			
版本号	n	2	01
回车符	s	2	0x0D 和 0x0A
交易头			
记录总数	n	6	取值范围 000001 ~ 999999
保留域	ans	20	全 F
回车符	s	2	0x0D 和 0x0A
交易数据体			
发卡机构代码	n	11	右补空格
卡 IIN	n	10	后补空格
回车符	s	2	0x0D 和 0x0A

6.2.4.6　错误代码下发文件

6.2.4.6.1　用途

规范清分结算机构交易接口文件中的错误代码。

6.2.4.6.2　命名规则

命名规则见表 37。

表 37　错误代码文件命名规则

数据元说明	数据类型	长度	说　明
文件标识	a	2	ER
日期	n	12	年份用后两位，YYMMDDhhmmss
机构代码	n	8	清分结算机构分配
序列号	ans	10	入网机构自定义
文件标志	an	1	H-手工账，A-自动账

6.2.4.6.3　文件格式

文件格式见表 38。

表 38　错误代码文件格式

数据元说明	数据类型	长度	说　明
文件说明区			
版本号	n	2	01
回车符	s	2	0x0D 和 0x0A
交易头			
记录总数	n	6	取值范围 000001 ~ 999999

表 38(续)

数据元说明	数据类型	长度	说　明
保留域	ans	20	全 F
回车符	s	2	0x0D 和 0x0A
交易数据体			
错误代码	n	6	左补 0
错误代码描述	ans	40	右补空格
回车符	s	2	0x0D 和 0x0A

6.2.4.7 差错处理文件

6.2.4.7.1 用途

入网机构向清分结算机构上传差错文件,使跨机构交易中出现的差错得到处理。

6.2.4.7.2 命名规则

命名规则见表 39。

表 39 差错处理文件命名规则

数据元说明	数据类型	长度	说　明
文件标识	a	2	ED
日期	n	12	年份用后两位,YYMMDDhhmmss
机构代码	n	8	清分结算机构分配
序列号	ans	10	入网机构自定义
文件标志	an	1	H-手工账,A-自动账

6.2.4.7.3 文件格式

文件格式见表 40。

表 40 差错处理文件格式

数据元说明	数据类型	长度	说　明
文件说明区			
版本号	n	2	01
回车符	s	2	0x0D 和 0x0A
交易头			
记录总数	n	6	取值范围 000001 ~ 999999
发送机构代码	n	11	右补空格
单笔交易长度	n	4	包含回车换行,取值范围 0001 ~ 9999

表40(续)

数据元说明	数据类型	长度	说　明
保留域	ans	20	全F
交易数据体			
清算中心结算日期	n	8	YYYYMMDD
清算中心流水号	n	12	取值范围000000000001~999999999999
交易检索参考号	n	12	取值范围000000000001~999999999999
调整类型	n	1	a) 1-贷方调整(发卡方付款); b) 2-借方调整(发卡方收款)
差错类型	n	4	a) 0001-确认查询; b) 0002-贷记调整; c) 0003-一次退单; d) 0004-例外交易协商; e) 0005-例外长款处理
卡号	H	20	16位~19位,不足右补空格
卡消费计数器	n	6	取值范围000001~999999
消费前卡余额	n	12	取值范围000000000001~999999999999
调整后交易类型	an	4	右补空格
调整后交易金额	n	12	取值范围000000000001~999999999999
MCC	an	4	
渠道类型	an	2	
交易日期	n	8	YYYYMMDD
交易时间	n	6	hhmmss
测试标志	n	1	0-正式数据;1-测试数据
回车符	s	2	0x0D和0x0A

7 文件存取方式

7.1 概述

清分结算机构提供给入网机构的文件存取方式包括FTP方式及流传输方式。

清分结算机构和入网机构之间的文件传输采用短连接的方式。连接建立后,双方在同一条全双工的连接上收发请求和应答。当文件传送完成后,双方关闭连接。文件存取处理流程如图5所示。

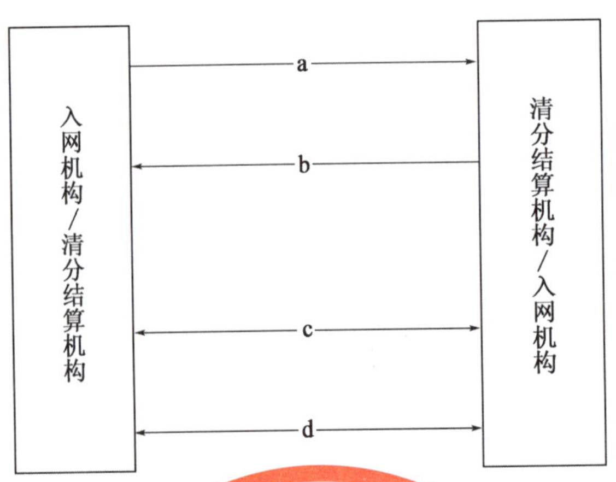

说明：

a——入网机构（清分结算机构）向清分结算机构（入网机构）发起连接请求；

b——清分结算机构（入网机构）接受入网机构（清分结算机构）的连接请求，建立连接；

c——入网机构（清分结算机构）向清分结算机构（入网机构）发起文件收发处理请求；

d——入网机构（清分结算机构）主动断开连接。

注：当通信出现异常的情况下，应由主动发起连接方断开连接，重新建立连接。

图5　文件存取处理流程

7.2　FTP 方式

用于清分结算机构与入网机构间上传下载交易类接口文件、清算类接口文件及其他类接口文件。

7.3　流传输方式

7.3.1　概述

用于清分结算机构与入网机构间上传下载交易类接口文件、清算类接口文件及其他类接口文件。

7.3.2　消息报文类型清单

消息报文类型清单见表41。

表41　消息报文类型清单

报文类型	报文编码	说明
文件请求报文	4001	文件发送请求
文件下载报文	4002	文件索取请求
文件信息通知报文	4003	文件摘要
数据报文	4004	传输中的报文状态
断点通知报文	4005	
文件数通知报文	4006	需下载的文件个数
文件传输结束报文	4007	文件发送结束的通知
应答报文	4008	

7.3.3　通用消息报文格式

任何一次交互的消息报文均由消息包头、消息包体和 MAC 三部分组成。其中，消息包头可划分为包长度、同步信息、压缩标志、加密算法、版本号及消息类型6个组成部分。通用消息报文格式见表42。

表42　通用消息报文格式

字　段		描　述	类型	长度	说　明
包头	包长度	本消息报文的长度(不包括本字段本身长度)	n	4	
	同步信息	由客户端定义的用于匹配请求消息的数据块	an	12	由客户端定义的,用于匹配请求消息的数据块,服务器端在应答中原样返回
	压缩标志	报文内容压缩标志	n	1	a) 0-不压缩; b) 1-LZ77算法; 当前填0,不支持压缩
	加密算法	加密算法标志	n	1	a) 0-不加密; b) 1-3DES加密; 标识报文体是否经过加密及加密算法
	版本号	版本号标志(Version)	n	2	此字段在通信数据接口每种消息包体中重复描述,在通信交互中只作一次使用,目前统一为01
	消息类型	消息类型标志	an	4	在通信数据接口每种消息包体中重复描述,在通信交互中只作一次使用
消息包体		报文内容			由消息类型决定
MAC		MAC	ans	16	按照MAC算法按JR/T 0025.7—2013,初始因子为0000000000000000

7.3.4　报文传输要求

7.3.4.1　概述

清分结算机构与入网机构之间的交易数据通过报文传输的方式进行。

接收方在接收到文件后,应对文件格式进行验证,并返回文件传输结束的应答报文。验证不通过,应删除本地文件,返回失败,关闭连接,等待发送方重新上传或重新下载。传输过程中,接收或发送文件失败,应主动关闭连接。

7.3.4.2　文件请求报文(4001)

文件请求报文格式见表43。

表43　文件请求报文格式

数据元说明	数据类型	长度	说　明
版本号	n	2	01
消息类型	n	4	4001
请求方机构简称	an	40	长度不够时向右补空格
请求方机构代码	an	11	长度不够时向右补空格;若无机构代码,则填写全空格
保留域	ans	256	保留域,填写值全为F

7.3.4.3 文件下载报文(4002)

文件下载报文格式见表44。

表44 文件下载报文格式

数据元说明	数据类型	长度	说　明
版本号	n	2	01
消息类型	n	4	4002
请求方机构简称	an	40	长度不够时向右补空格
请求方机构代码	an	11	长度不够时向右补空格;若无机构代码,则填写全空格
清算日期	n	8	保留域,填写值全为0
保留域	ans	256	保留域,填写值全为F

7.3.4.4 文件信息通知报文(4003)

文件信息通知报文见表45。

表45 文件信息通知报文格式

数据元说明	数据类型	长度	说　明
版本号	n	2	01
消息类型	n	4	4003
文件名	an	50	长度不够时向右补空格
文件摘要	H	256	长度不够时向右补空格,采用哈希算法
文件大小	n	10	表示文件大小
保留域	ans	256	保留域

7.3.4.5 数据报文(4004)

数据报文格式见表46。

表46 数据报文格式

数据元说明	数据类型	长度	说　明
版本号	n	2	01
消息类型	n	4	4004
标识位	n	1	1-最后一个数据报文;0-存在后续数据报文
数据块	ans		数据块

7.3.4.6 断点通知报文(4005)

断点通知报文格式见表47。

表 47　断点通知报文格式

数据元说明	数据类型	长度	说　明
版本号	n	2	01
消息类型	n	4	4005
接收文件大小	n	10	已接收的文件大小
应答码	an	2	

7.3.4.7　文件数通知报文(4006)

文件数通知报文格式见表 48。

表 48　文件数通知报文格式

数据元说明	数据类型	长度	说　明
版本号	n	2	版本号 01
消息类型	n	4	4006
文件数	n	4	需下载的文件个数
应答码	an	2	

7.3.4.8　文件传输结束报文(4007)

文件传输结束报文格式见表 49。

表 49　文件传输结束报文格式

数据元说明	数据类型	长度	说　明
版本号	n	2	01
消息类型	n	4	4007
结束标识符	ans	8	
注:文件传输结束后,发送此报文。			

7.3.4.9　应答报文(4008)

应答报文格式见表 50。

表 50　应答报文格式

数据元说明	数据类型	长度	说　明
版本号	n	2	版本号 01
消息类型	n	4	4008
应答码	an	2	

8　通信要求

清分结算机构与入网机构通信采用专线方式或 VPN 方式。

附 录 A
（规范性附录）
报文编码说明

A.1 入网机构标识码规则

入网机构标识码符合 GB/T 15150 规定的变长数据元，长度为 8 个字节，长度不足 8 个字节向右补 F，入网机构代码组成规则见图 A.1：

a） 1～4 位：机构代码；

b） 5～8 位：地区代码。

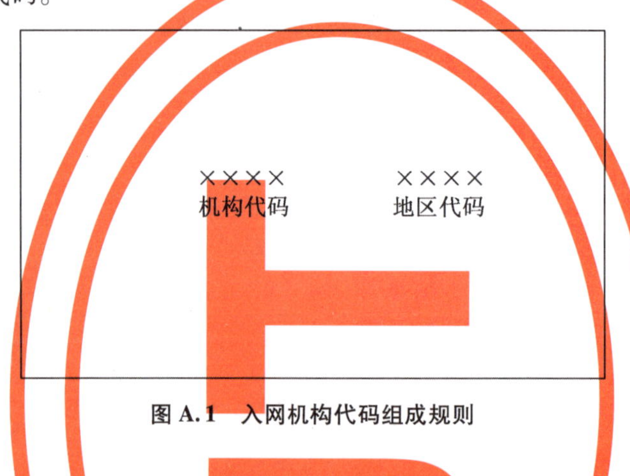

图 A.1 入网机构代码组成规则

A.2 符号定义基本约定

文件记录格式中出现的符号定义，见表 A.1。

表 A.1 符 号 定 义 表

符 号	定 义
a	字母字符，A～Z，a～z，向左靠，右边多余位填空格
b	数据的二进制表示，后跟数字表示位（bit）的个数
B	用于表示变长的二进制数，后跟数字表示二进制数据所占字节（Byte）的个数
n	数值，0～9，右靠，首位有效数字前填零。若表示人民币金额，则最右二位为角、分
p	填充字符，如空格
s	特殊符号
H	16 进制数字 0～9、A～Z
an	字母和数字字符，左靠，右边多余位填空格
as	字母和特殊字符，左靠，右边多余位填空格
cn	压缩数字码，即 BCD 码
ns	数字和特殊字符，左靠，右边多余位填空格
ans	字母、数字和特殊字符，左靠，右边多余位填空格
ansb	字母、数字、特殊字符和二进制数，左靠，右边多余位填空格

表 A.1(续)

符　号	定　义
MM	月份,01~12
DD	日期,01~31
YY	年份,00~99
hh	时,00~23
mm	分,00~59
ss	秒,00~59
LL	后面跟随数据元的可变长度值,01~99
LLL	后面跟随数据元的可变长度值,001~999
VAR	可变长度数据元
3	3 字符的固定长度
..17	最大 17 个字符的可变长度。所有可变长度字段在数据元的前面应另外包含 2 个或 3 个位置,以表示后面到数据元结束时的位置数
X	借贷符号,贷记为"C",借记为"D",并且总是与一个数字型金额数据元相连,例如,交易费金额中 X+N8 含义为前缀"C"或"D"和交易费金额的 8 位数字
Z	预留
注 1:对任何最大长度小于 100 个字符的可变长度数据元,两个附加位位于该数据元之前,标明其后所跟数据元的长度。其格式表示为 LLVAR。 **注 2**:对任何最大长度小于 1000 个字符的可变长度数据元,三个附加位位于该数据元之前,标明其后所跟数据元的长度。其格式表示为 LLLVAR。	

A.3 应答码

通信报文的应答码,见表 A.2。

表 A.2 通信报文应答码

状态编码	说　明
00	成功
02	无效的消息类型码
03	无效的消息版本
04	无效的报文长度
05	MAC 错
06	文件摘要验证失败
07	文件名不合法
08	文件大小或内容不合法
09	无效文件断点
50	系统错误

附 录 B

(资料性附录)

TLV 标签示例

TLV 标签内容:1000 0022 2001 0004 XXXX 2002 0002 YY(实际数据没有空格)。

说明:

a) 1000-固定标签;

b) 0022-后续数据长度;

c) 2001-第 1 个数据标签;

d) 0004-第 1 个标签的长度;

e) XXXX-第 1 个标签的值;

f) 2002-第 2 个数据标签;

g) 0002-第 2 个标签的长度;

h) YY-第 2 个标签的值。

TLV 整个标签数据不超过 1K。

参 考 文 献

[1] GB/T 15150 产生报文的银行卡 交换报文规范 金融交易内容。

ICS 03.220.20;35.240.15
R 07
备案号:

中华人民共和国交通运输行业标准

JT/T 978.5—2015

城市公共交通 IC 卡技术规范 第 5 部分:非接触接口通信

Technical specification on IC card for urban public transport— Part 5 :Contactless communication interface

2015-05-21 发布　　2015-07-15 实施

中华人民共和国交通运输部　发布

目　次

前　言

JT/T 978《城市公共交通IC卡技术规范》由7个部分组成：

——第1部分：总则；

——第2部分：卡片；

——第3部分：读写终端；

——第4部分：信息接口；

——第5部分：非接触接口通信；

——第6部分：安全；

——第7部分：检测项目。

本部分为JT/T 978的第5部分。

本部分按照GB/T 1.1—2009给出的规则起草。

本部分由中华人民共和国交通运输部运输服务司提出。

本部分由全国城市客运标准化技术委员会(SAC/TC 529)归口。

本部分起草单位：中国交通通信信息中心、交通运输部公路科学研究院、交通运输部科学研究院，南京市市民卡有限公司、武汉城市一卡通有限公司、广东岭南通股份有限公司、银行卡检测中心、中国道路运输协会城市客运分会、上海华虹集成电路有限公司、北京同方微电子有限公司、大唐微电子技术有限公司、上海复旦微电子集团股份有限公司、中钞信用卡产业发展有限公司、北京华大智宝电子系统有限公司、恩智浦(中国)管理有限公司、捷德(中国)信息科技有限公司、中卡盈通科技(北京)有限公司、北京握奇数据系统有限公司。

本部分主要起草人：汪宏宇、唐猛、邢国敬、沈伟彬、杨蕴、王刚、谷云辉、张永军、肖震宇、熊剑、徐锋、张永峰、陈宇、雷雨、夏成君、孟庆云、程跃、陈安新、高峰、陈跃、畅江、丁晓明、康雪。

城市公共交通 IC 卡技术规范

第5部分:非接触接口通信

1 范围

JT/T 978 的本部分规定了城市公共交通 IC 卡非接触接口通信相关的物理特性、射频功率和信号接口、初始化和防冲突及传输协议。

本部分适用于城市公共交通 IC 卡卡片与读写终端间通信传输协议的设计与开发。

2 规范性引用文件

下列文件对于本文件的应用是必不可少的。凡是注日期的引用文件,仅注日期的版本适用于本文件。凡是不注日期的引用文件,其最新版本(包括所有的修改单)适用于本文件。

GB/T 7421 信息技术 系统间远程通信和信息交换 高级数据链路控制(HDLC)规程

GB/T 14916 识别卡 物理特性

GB/T 16649.1 识别卡 带触点的集成电路卡 第1部分:物理特性

GB/T 16649.3 识别卡 带触点的集成电路卡 第3部分:电信号和传输协议

GB/T 16649.5 识别卡 带触点的集成电路卡 第5部分:应用标识符的国家编号体系和注册规程

GB/T 16649.6 识别卡 带触点的集成电路卡 第6部分:行业间数据元

GB/T 17554.1 识别卡 测试方法 第1部分:一般特性测试

JR/T 0025.8 中国金融集成电路(IC)卡规范 第8部分:与应用无关的非接触式规范

JT/T 978.1 城市公共交通 IC 卡技术规范 第1部分:总则

3 术语和定义

JT/T 978.1 界定的以及下列术语和定义适用于本文件。

3.1

非接触 contactless

采用不直接接触的方式传送功率和信号。

3.2

接近式 IC 卡 proximity card(PICC)

非接触集成电路卡,其供电和通信是通过与接近式耦合设备的电感耦合完成的。

3.3

接近式耦合设备 proximity coupling device(PCD)

用电感耦合向 PICC 提供能量并控制与 PICC 交换数据的读/写设备。

3.4

位持续时间 bit duration

确定一逻辑状态的时间,在这段时间结束时,一个新的位将开始。

3.5

二进制移相键控 binary phase shift keying

移相为180°的移相键控,从而导致两个可能的相位状态。

3.6

调制系数 modulation index

定义为$[a-b]/[a+b]$,其中,a、b 分别是信号幅度的峰值和最小值。

3.7

不归零电平 non-return to zero(NRZ-L)

位编码的方式,位持续期间的物理状态不用回归到零电平。

3.8

副载波 subcarrier

以频率f_s 对频率为f_c 的载波进行调制而产生的调制信号。

3.9

冲突 collision

在同一 PCD 的工作场中,两张或两张以上的 PICC 同时传输数据时,PCD 无法辨别数据是从哪一张 PICC 发出的。

3.10

防冲突环 anticollision loop

在 PCD 工作场中,PCD 准备与几张 PICC 中的一张或多张进行通信所使用的算法。

3.11

位冲突检测协议 bit collision detection protocol

检测冲突所发生的位置的防冲突方法,PCD 使用该方法可识别出所有 PICC 的 UID。

3.12

基本时间单元 elementary time unit(etu)

一个时间常数。

注:1 etu = $128/f_c$,其中,f_c 为 PCD 工作场的载波频率。

3.13

帧 frame

一序列数据位和可选差错检测位的组合,在开始和结束处有定界符。

3.14

时间槽协议 time slot protocol

PCD 与一张或多张 PICC 建立逻辑通道时,对于 PICC 响应使用时间槽定位的一种协议。

3.15

唯一识别符 unique identifier(UID)

Type A 抗冲突算法所需的一个编号。

3.16

块 block

包含有效协议数据格式的一种特殊类型的帧。

4 符号和缩略语

下列符号和缩略语表示适用于本文件。

ACK——肯定确认(positive Acknowledgement)

ADC——Type B 的应用数据编码(Application Data Coding, Type B)
AFI——Type B 的应用族识别符 (Application Family Identifier,Type B)
APf——在 REQB/WUPB 中使用的防冲突前缀 f(Type B)
APn——在 Slot-MARKER 命令中使用的防冲突前缀 n(Type B)
ASK——移幅键控(Amplitude Shift Keying)
ATQ——请求应答(Answer to Request)
ATQA——Type A 的请求应答(Answer to request, Type A)
ATQB——Type B 的请求应答(Answer to request, Type B)
ATS——选择应答(Answer To Select)
ATTRIB——Type B 的 PICC 选择命令(PICC Selection Command, Type B)
BPSK——二进制移相键控(Binary Phase Shift Keying)
CID——卡标识符(Card Identifier)
CLn——Type A 的串联级 n,$3 \geqslant n \geqslant 1$(Cascade Level n, Type A)
CRC——循环冗余校验(Cyclic Redundancy Check)
CRC_A——Type A 的循环冗余校验差错检测码(Cyclic Redundancy Check Error Detection Code A)
CRC_B——Type B 的循环冗余校验差错检测码(Cyclic Redundancy Check Error Detection Code B)
CT——Type A 的串联标记(Cascade Tag, Type A)
D——除数(Divisor)
DR——接收的除数(PCD 到 PICC)[Divisor Receive (PCD to PICC)]
DRI——接收的除数整数(PCD 到 PICC)[Divisor Receive Integer (PCD to PICC)]
DS——发送的除数(PICC 到 PCD)[Divisor Send (PICC to PCD)]
DSI——发送的除数整数(PICC 到 PCD)[Divisor Send Integer (PICC to PCD)]
E——Type A 的通信结束(End of Communication, Type A)
EDC——差错检测码(Error Detection Code)
EGT——Type B 的额外保护时间(Extra Guard Time, Type B)
EOF——帧结束(End of Frame)
etu——基本时间单元
f_c——载波频率(工作场的频率)
FDT——帧延迟时间(Frame Delay Time)
f_s——副载波调制频率
FSC——接近式 IC 卡帧长度(Frame Size for proximity Card)
FSCI——接近式 IC 卡帧长度整数(Frame Size for Proximity Card Integer)
FSD——接近式耦合设备帧长度(Frame Size for Proximity Coupling Device)
FSDI——接近式耦合设备帧长度整数(Frame Size for Proximity Coupling Device Integer)
FWI——帧等待时间整数(Frame Waiting Time Integer)
FWT——帧等待时间(Frame Waiting Time)
FWT_{TEMP}——临时帧等待时间(Temporary Frame Waiting Time)
HLTA——Type A PICC 暂停命令(HLTA Command, Type A)
HLTB——Type B PICC 暂停命令(HLTA Command, Type B)
ID——标识号(Identification Number)
INF——信息域(Information Field)
LSB——最低有效位(Least Significant Bit)
max——最大值(Index to Define a Maximum Value)

min——最小值(Index to Define a Minimum Value)
MSB——最高有效位(Most Significant Bit)
N——Type B 防冲突槽的数目或每个槽内 PICC 响应的概率
NAD——结点地址(Node Address)
NAK——否定确认(Negative Acknowledgement)
NRZ-L——不归零电平(L 为电平)[Non-Return to Zero, (L for level)]
NVB——Type A 的有效位的数目(Number of Valid Bits, Type A)
OOK——开/关键控
OSI——开放系统互连(Open System Interconnection)
P——Type A 的奇校验位(Odd Parity Bit, Type A)
PARAM——属性格式中的参数(Parameter)
PCB——协议控制字节(Protocol Control Byte)
PCD——接近式耦合设备(读写器)(Proximity Coupling Device)
PICC——接近式 IC 卡(Proximity Card)
PPS——协议和参数选择(Protocol and Parameter Selection)
PPS0——协议和参数选择参数 0(Protocol and Parameter Selection Parameter 0)
PPS1——协议和参数选择参数 1(Protocol and Parameter Selection Parameter 1)
PPSS——协议和参数选择开始(Protocol and Parameter Selection Start)
PUPI——Type B 的伪唯一 PICC 标识符(Pseudo-Unique PICC Identifier, Type B)
R——Type B 的防冲突序列期间 PICC 所选定的槽号(Slot Number Chosen by the PICC During the Anticollision Sequence, Type B)
R(ACK)——包含肯定确认的 R-块(R-block Containing a Positive Acknowledge)
R(NAK)——包含否定确认的 R-块(R-block Containing a Negative Acknowledge)
RATS——Type A 的选择应答请求(Request for Answer to Select, Type A)
REQA——Type A 的请求命令(Request Command, Type A)
REQB——Type B 的请求命令(Request Command, Type B)
RF——射频(Radio Frequency)
RFU——预留(Reserved for Future Use)
S——Type A 的通信开始(Start of Communication, Type A)
SAK——Type A 的选择确认(Select Acknowledge, Type A)
SEL——Type A 的选择码(Select Code, Type A)
SFGI——启动帧保护时间整数(Start-up Frame Guard Time Integer)
SFGT——启动帧保护时间(Start-up Frame Guard Time)
SOF——帧开始(Start of Frame)
TR0——Type B 的 PCD off 和 PICC on 之间静默的最小延迟(Guard Time, Type B)
TR1——Type B 的 PICC 数据传输之前最小副载波的持续期(Synchronization Time, Type B)
TR2——Type B 的 PICC 到 PCD 的帧延迟时间(Frame Delay Time PICC to PCD, Type B)
UID——Type A 的唯一标识符(Unique Identifier, Type A)
WTX——等待时间延迟(Waiting Time eXtension)
WTXM——等待时间延迟乘数(Waiting Time Extension Multiplier)
WUPA——Type A 的 PICC 唤醒命令(Wake-UP Command, Type A)
WUPB——Type B 的 PICC 唤醒命令(Wake-UP Command, Type B)

5 与非接触接口通信相关的物理特性

5.1 一般特性

PICC 应具有 GB/T 14916 中规定的物理特性。

5.2 附加特性

5.2.1 紫外线

紫外线强度符合 GB/T 16649.1 的要求。

5.2.2 X-射线

PICC 的任何一面暴露于 70keV ~ 140keV 的中等能量 X-射线（每年 0.1Gy 的累积剂量）后，PICC 应能继续正常工作。

5.2.3 动态弯曲应力

按照 GB/T 17554.1 中规定的测试方法，选择短边最大偏移量为 h_{wB} = 10 mm 和长边最大偏移为 h_{wA} = 20 mm 进行测试后，PICC 应能继续正常工作。

5.2.4 动态扭曲应力

按照 GB/T 17554.1 中规定的测试方法，选择最大扭转角度 α 等于 15°进行测试后，PICC 应能继续正常工作。

5.2.5 交变磁场

在表 1 平均磁场强度的磁场内，在任意方向上暴露后，PICC 应能继续正常工作。平均时间为 6min，磁场的最大有效值被限制在平均有效值的 33 倍以内。

表 1 磁场强度

频率范围 (MHz)	平均磁场强度有效值 (A/m)	平均时间 (min)
0.3 ~ 3.0	1.63	6
3.0 ~ 30	4.89/f	6
30 ~ 300	0.163	6

在平均有效值为 10A/m、13.56MHz 频率的磁场中持续暴露后，PICC 应能继续正常工作。平均时间为 30s，磁场的最大有效值被限制在 12A/m。

5.2.6 交变电场

在表 2 平均电场强度的电场内，在任意方向上暴露后，PICC 应能继续正常工作。平均时间为 6min，电场的最大有效值被限制在平均有效值的 33 倍以内。

表2 电场强度

频率范围 (MHz)	平均电场强度有效值 (V/m)	平均时间 (min)
0.3 ~ 3.0	614	6
3.0 ~ 30	1 842/f	6
30 ~ 300	61.4	6

5.2.7 静电

按照 GB/T 17554.1 中规定的测试方法,使用6kV 电压进行测试后,PICC 应能继续正常工作。

5.2.8 静态磁场

在640kA/m 的静态磁场内暴露后,PICC 应能继续正常工作。

5.2.9 工作温度

在 -35℃ ~70℃的环境温度范围内,PICC 应能正常工作。

6 射频功率和信号接口

6.1 PICC 的初始对话

PCD 和 PICC 之间的初始对话操作应使用6.2 和6.3 中规定的功率传送和信号接口,并按照下列顺序连续操作:

a) PCD 的 RF 工作场激活 PICC;

b) PICC 静待来自 PCD 的命令;

c) PCD 传输命令;

d) PICC 传输响应。

6.2 功率传送

6.2.1 频率

RF 场的频率(f_c)应为 13.56MHz ±7kHz,该 RF 场与 PICC 进行耦合实现传送功率。

6.2.2 工作场

PCD 应产生给予能量的 RF 场,PICC 应能按预期在以下规定的最小未调制工作场(H_{min})和最大未调制工作场(H_{max})之间持续工作:

a) 最小未调制工作场(H_{min}),有效值为 1.5A/m;

b) 最大未调制工作场(H_{max}),有效值为 7.5A/m。

PCD 工作场的测试方法符合 GB/T 17554.1。

6.3 信号接口

通信信号符合 JR/T 0025.8 的规定,接口类型包括:Type A 和 Type B 两种类型。

6.4 Type A 通信信号接口

6.4.1 PCD 到 PICC 的通信

6.4.1.1 数据速率

在初始化和防冲突期间,传输的数据位速率应为 $f_c/128$(约 106bit/s)。

6.4.1.2 调制

PCD 和 PICC 间的通信调制,符合 JR/T 0025.8 的规定。

6.4.1.3 数据位编码规则

6.4.1.3.1 序列

数据位编码使用到如下序列:

a) 序列 X:在半个位持续时间之后,出现“暂停(pause)”;

b) 序列 Y:在整个位持续时间,不出现“暂停(pause)”;

c) 序列 Z:在位持续时间开始时,出现“暂停(pause)”。

6.4.1.3.2 数据位编码

数据位编码应使用 6.4.1.3.1 中的序列,数据位编码规则如下:

a) 逻辑‘1’:序列 X;

b) 逻辑‘0’:除下面两种情况,使用序列 Y:

  1) 若有两个或两个以上的连续‘0’,则从第二个‘0’处开始应使用序列 Z;

  2)若起始位之后的第一位值为‘0’,则采用序列 Z。

c) 通信开始:序列 Z;

d) 通信结束:逻辑‘0’,后面跟随着序列 Y;

e) 没有信息:至少两个序列 Y。

6.4.2 PICC 到 PCD 的通信

6.4.2.1 数据速率

在初始化和防冲突期间,传输的数据位速率应为 $f_c/128$(约 106bit/s)。

6.4.2.2 负载调制

PICC 应经由电感耦合区域与 PCD 通信,在该区域中,所加载的载波能产生频率为 f_s 的副载波。该副载波由切换 PICC 中的负载来产生。在按 GB/T 17554.1 规定的方法测试时,负载调制幅度应至少为 $22/H^{0.5}$mV,其中,H 是磁场强度的有效值,单位为安培每米(A/m)。

6.4.2.3 副载波

副载波负载调制的频率 f_c 应为 $f_c/16$(约 847kHz),在初始化和防冲突期间,一个位持续时间等于 8 个副载波周期。

6.4.2.4 副载波调制

每一个位持续时间均以 7.2.2.3 规定的与副载波相关的相位开始。位周期以已加载的副载波状态开始,副载波使用 OOK 调制,调制序列按 6.4.2.5 的规定。

6.4.2.5 数据位编码规则

6.4.2.5.1 序列

数据位编码下列序列:

a) 序列 D:对于位持续时间的第 1 个 1/2(50%),载波应以副载波来调制;

b) 序列 E:对于位持续时间的第 2 个 1/2(50%),载波应以副载波来调制;

c) 序列 F:对于 1 个位持续时间,载波不以副载波来调制。

6.4.2.5.2 数据位编码

数据位编码应使用6.4.2.5.1中的序列,数据位编码规则如下:

a) 逻辑'1':序列D;
b) 逻辑'0':序列E;
c) 通信开始:序列D;
d) 通信结束:序列F;
e) 没有信息:没有副载波。

6.5 Type B 通信信号接口

6.5.1 PCD 到 PICC 的通信

6.5.1.1 数据速率

在初始化和防冲突期间,传输的数据位速率应为f_c/128(约106bit/s);容差和位边界在7.3.1.2中规定。

6.5.1.2 调制

PCD和PICC间的通信调制,符合JR/T 0025.8的规定。

6.5.1.3 数据位编码规则

数据位编码格式是带有的逻辑电平的NRZ-L,编码方法如下:

a) 逻辑'1':载波场高幅度(没有使用调制);
b) 逻辑'0':载波场低幅度。

6.5.2 PICC 到 PCD 的通信

6.5.2.1 数据速率

在初始化和防冲突期间,传输的数据位速率应为f_c/128(约106bit/s)。

6.5.2.2 负载调制

PICC应能经由电感耦合区域与PCD通信,在该区域中,所加载的载波频率能产生频率为f_s的副载波,该副载波由切换PICC中的负载来产生。在按照GB/T 17554.1规定的方法测试时,负载调制幅度应至少为$22/H^{1.2}$ mV,其中,H是磁场强度的有效值,单位为安培每米(A/m)。

6.5.2.3 副载波

副载波负载调制的频率f_s应为f_c/16(约847kHz),在初始化和防冲突期间,一个位持续时间等于8个副载波周期。

仅当PICC需要发送数据时才产生副载波。

6.5.2.4 副载波调制

副载波采用BPSK方式调制,符合JR/T 0025.8—2013的规定。

6.5.2.5 数据位编码规则

数据位采用NRZ-L编码方式,逻辑状态的改变通过副载波的移相(180°)来表示。

在PICC帧的开始处,NRZ-L的初始逻辑电平是通过下面的序列建立:

a) 在来自PCD的任何命令之后,在保护时间TR0(应大于$64/f_s$)内,PICC不应生成副载波;
b) 在延迟TR1(应大于$80/f_s$)之前,PICC应生成没有相位跃变的副载波,建立副载波相位基准Φ0;
c) 副载波的初始相位状态Φ0应定义为逻辑'1',从而第一个相位跃变表示从逻辑'1'到逻辑'0'的跃变;
d) 随后逻辑状态根据副载波相位基准来定义:

1） Φ0——逻辑状态‘1’；

2） Φ0 + 180°——逻辑状态‘0’。

7 初始化和防冲突

7.1 轮询

PCD 应反复发送请求命令来检测工作场内的 PICC。PCD 应能以任意序列发送 REQA 和 REQB 命令，也可发送其他命令，参见附录 A，要求如下：

a） 当 PICC 暴露于未调制的工作场内（见 6.2.2），它应在 5ms 内接受一个请求；

b） 当 Type A PICC 接收到任何 Type B 命令时，它应在 5ms 内接受一个未调制工作场的 REQA；

c） 当 Type B PICC 接收到任何 Type A 命令时，它应在 5ms 内接受一个未调制工作场的 REQB。

7.2 Type A 的初始化和防冲突

7.2.1 概述

两张及两张以上的 Type A PICC 同时在一个或多个比特位置上传送互补的位模式时，PCD 会检测到冲突。在这种情况下，位模式合并，并且在整个（100%）位持续时间内载波以副载波进行调制，见 6.4。

7.2.2 帧格式和时序

7.2.2.1 一般要求

帧应成对传送，即 PCD 传送命令帧到 PICC 后 PICC 应传送响应帧到 PCD，通信初始化和防冲突期间使用的帧结构和时序如下：

a） PCD 帧：

1） PCD 通信开始；

2） 信息及可选的差错检测位；

3） PCD 通信结束。

b） PCD 到 PICC 的帧延迟时间；

c） PICC 帧：

1） PICC 通信开始；

2） 信息及可选的差错检测位；

3） PICC 通信结束。

d） PICC 到 PCD 的帧延迟时间：PCD 到 PICC 的帧延迟时间（FDT）与 PCD 通信结束重迭。

7.2.2.2 帧延迟时间（FDT）

在相反方向上所发送的两个帧之间的时间差。

7.2.2.3 PCD 到 PICC 的帧延迟时间

PCD 所发送的最后一个“暂停”的结束与 PICC 所发送的第一个调制边沿之间的时间差；PCD 到 PICC 的帧延迟时间，符合 JR/T 0025.8 的规定。

7.2.2.4 PICC 到 PCD 的帧延迟时间

PICC 所发送的最后一个调制边沿与 PCD 所发送的第一个“暂停”之间的时间，它应至少为 $1\,172/f_c$。

7.2.2.5 请求保护时间

两个连续请求命令的起始位之间的最小时间，其值为 $7\,000/f_c$。

7.2.2.6 帧格式

帧格式的类型如下：

a) 短帧；

b) 标准帧；

c) 面向位的防冲突帧。

7.2.2.7 短帧

短帧用于初始化通信，短帧结构符合 JR/T 0025.8 的规定。

7.2.2.8 标准帧

标准帧用于数据交换，标准帧结构符合 JR/T 0025.8 的规定。

7.2.2.9 面向位的防冲突帧

两张及以上的 PICC 发送不同位模式到 PCD 时，可检测到冲突；面向位的防冲突帧的位组织结构和传输，符合 JR/T 0025.8 的规定。

7.2.2.10 CRC_A

CRC_A 帧符合 GB/T 7421 的规定，编码规则参见附录 B。

7.2.3 PICC 状态

位冲突检测协议的 Type A 的 PICC 状态，符合 JR/T 0025.8 的规定。

7.2.4 命令集

7.2.4.1 概述

PCD 使用以下命令集来管理与 PICC 的通信：

a) REQA；

b) WUPA；

c) ANTICOLLISION；

d) SELECT；

e) HLTA。

7.2.4.2 REQA 和 WUPA 命令

REQA 和 WUPA 命令由 PCD 发出，以探测工作场中的 Type A PICC。REQA 和 WUPA 命令，符合 JR/T 0025.8 的规定。

7.2.4.3 ANTICOLLISION 命令和 SELECT 命令

ANTICOLLISION 和 SELECT 命令在防冲突环期间使用。ANTICOLLISION 和 SELECT 命令，符合 JR/T 0025.8 的规定。

7.2.4.4 HLTA 命令

HLTA 命令用于将 PICC 设置为 HALT 状态。HLTA 命令，符合 JR/T 0025.8 的规定。

7.2.5 选择序列

7.2.5.1 概述

选择序列的目的是获得来自 PICC 的 UID 以及选择该 PICC 以便进一步通信。

7.2.5.2 选择序列流程

选择序列流程见图 1。

7.2.5.3 ATQA——请求应答

7.2.5.3.1 概述

在 PCD 发送 REQA 命令之后，所有 IDLE 状态的 PICC 应使用 ATQA 对该命令进行同步响应；在

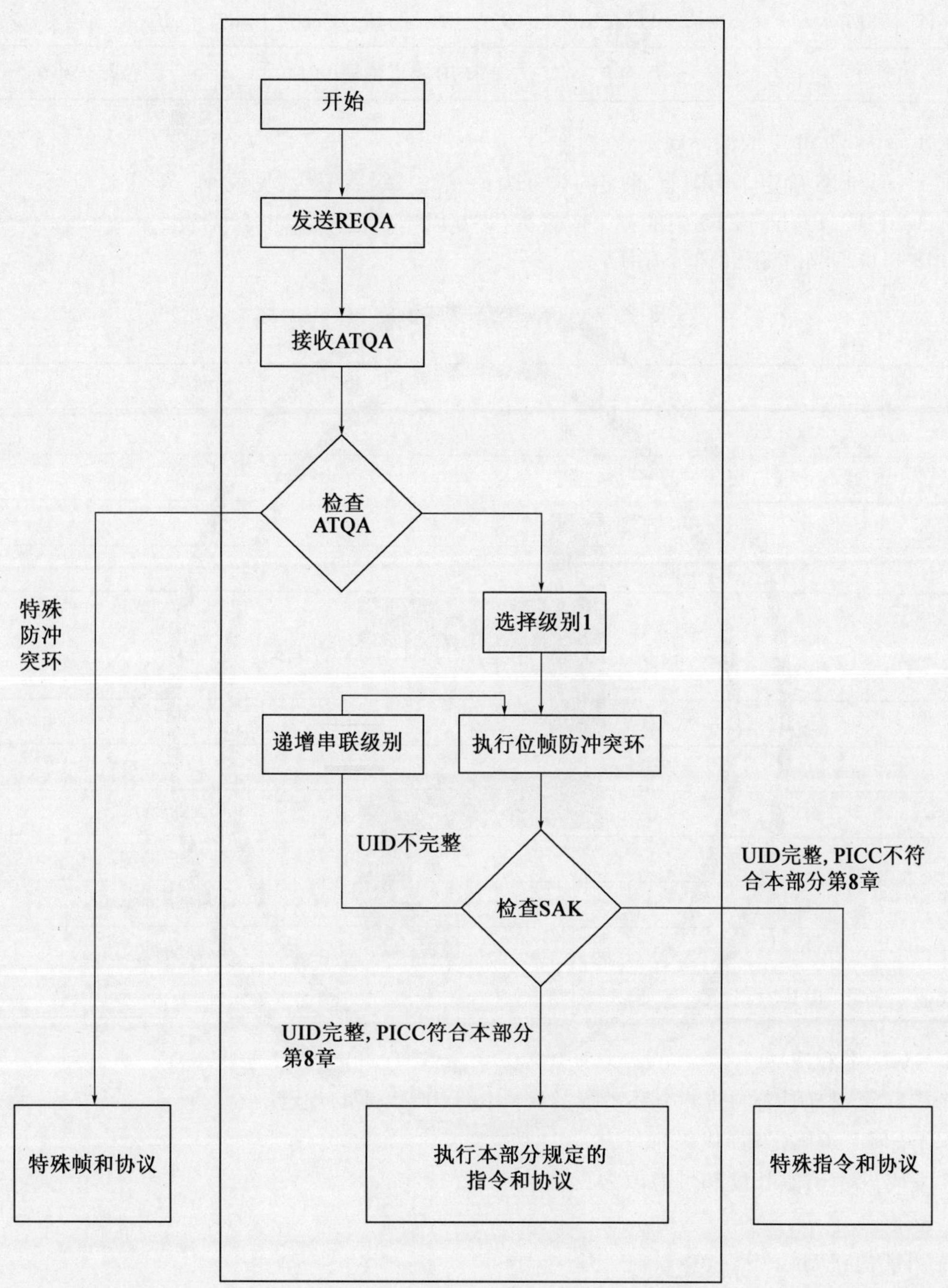

图1 选择序列流程

PCD 发送 WUPA 命令之后,所有 IDLE 状态或 HALT 状态的 PICC 应使用 ATQA 对该命令进行同步响应;当多个 PICC 响应发生时,PCD 应能检测到任何冲突。示例参见附录 C。

7.2.5.3.2 ATQA 编码

ATQA 编码见表 3。

表 3　ATQA 编码

b16	b15	b14	b13	b12	b11	b10	b9	b8	b7	b6	b5	b4	b3	b2	b1
RFU				专有				UID 长度位帧		RFU	位帧防冲突				

7.2.5.3.3　位帧防冲突的编码规则

规则 1:b7 和 b8 确定了 UID 防冲突的长度为:一级、二级或三级,见表 4。

规则 2:b1、b2、b3、b4 或 b5 中的一个应置为(1)b 以指出位帧防冲突,见表 5。

注:位 b9 到 b12 指出了附加的和专有的方法。

表 4　位帧防冲突用的 b7 和 b8 的编码

b8	b7	说　明
0	0	UID 长度:一级
0	1	UID 长度:二级
1	0	UID 长度:三级
1	1	RFU

表 5　位帧防冲突用的 b1 ~ b5 的编码

b5	b4	b3	b2	b1	说　明
1	0	0	0	0	位帧防冲突
0	1	0	0	0	位帧防冲突
0	0	1	0	0	位帧防冲突
0	0	0	1	0	位帧防冲突
0	0	0	0	1	位帧防冲突
所有其他	RFU				

7.2.5.4　防冲突和选择

每个串联级别范围内的防冲突环步骤,符合 JR/T 0025.8 的规定。

7.2.5.4.1　SEL 编码(选择代码)

SEL 编码见表 6,其长度和可能值为:

a)　长度:1 字节;

b)　可能值:‘93’、‘95’、‘97’。

表 6　SEL 编码

b8	b7	b6	b5	b4	b3	b2	b1	说　明
1	0	0	1	0	0	1	1	‘93’:选择串联级别 1
1	0	0	1	0	1	0	1	‘95’:选择串联级别 2
1	0	0	1	0	1	1	1	‘97’:选择串联级别 3
1	0	0	1	所有其他	RFU			

7.2.5.4.2 NVB 编码(有效位的数)

NVB 编码见表 7,其长度为 1 字节,其中:

a) 高 4 位称为字节计数:其最小值为 2 而最大值为 7,规定所有被 8 整除的有效数据位的数量,包括 PCD 发送的 NVB 和 SEL ;

b) 低 4 位称为位计数:规定由 PCD 发送的模 8 所有有效数据位的数量。

表 7 NVB 编码

b8	b7	b6	b5	b4	b3	b2	b1	说明
0	0	1	0	x	x	x	x	字节计数 = 2
0	0	1	1	x	x	x	x	字节计数 = 3
0	1	0	0	x	x	x	x	字节计数 = 4
0	1	0	1	x	x	x	x	字节计数 = 5
0	1	1	0	x	x	x	x	字节计数 = 6
0	1	1	1	x	x	x	x	字节计数 = 7
x	x	x	x	0	0	0	0	位计数 = 0
x	x	x	x	0	0	0	1	位计数 = 1
x	x	x	x	0	0	1	0	位计数 = 2
x	x	x	x	0	0	1	1	位计数 = 3
x	x	x	x	0	1	0	0	位计数 = 4
x	x	x	x	0	1	0	1	位计数 = 5
x	x	x	x	0	1	1	0	位计数 = 6
x	x	x	x	0	1	1	1	位计数 = 7

7.2.5.4.3 SAK 编码(选择确认)

当 NVB 规定了 40 个有效位且所有数据位与 UID CLn 相配时,PICC 应发送 SAK。选择确认(SAK)见表 8 中第一字节,SAK 编码见表 9,由位 b3(串联位)和 b6 给出。

表 8 选择确认(SAK)

第 1 字节	第 2 字节、第 3 字节
SAK(1 字节)	CRC_A(2 字节)

表 9 SAK 编码

b8	b7	b6	b5	b4	b3	b2	b1	说明
x	x	x	x	x	1	x	x	串联位设置:UID 不完整
x	x	1	x	x	0	x	x	UID 完整,PICC 遵循本部分
x	x	0	x	x	0	x	x	UID 完整,PICC 不遵循本部分

7.2.5.5 UID 内容和串联级别

UID 可由 4、7 或 10 个 UID 字节组成。PICC 最多处理 3 个串联级别,以得到所有 UID 字节。在每个串联级别内,由 5 个数据字节组成的 UID 的一部分应被发送到 PCD。最大串联级别的三个类型的 UID 长度应与表 10 一致。UID 格式,符合 JR/T 0025.8 的规定。

表 10 UID 长 度

最大串联级别	UID 长 度	UID 字 节 数
1	一级	4
2	二级	7
3	三级	10

7.3 Type B 的初始化和防冲突

7.3.1 位、字节和帧的时序

Type B PICC 防冲突和通信初始化期间使用的字节、帧和命令的时序,符合 JR/T 0025.8 的规定。

7.3.2 CRC_B

CRC_B 应符合 GB/T 7421 的规定,编码规则参见附录 B。

7.3.3 防冲突序列

PCD 通过命令集合对防冲突序列进行管理,符合 JR/T 0025.8 的规定。

7.3.4 PICC 状态描述

PICC 状态符合 JR/T 0025.8 的规定。

7.3.5 命令集合

用来管理多结点通信信道的命令集合如下:

a) REQB/WUPB;

b) Slot-MARKER;

c) ATTRIB;

d) HLTB。

上述四个命令应使用本标准规定的字节、帧格式和时序。

所收到的带有错误格式的帧(错误的帧标识符或无效的 CRC_B)应忽略。

7.3.6 防冲突响应规则

在 READY-EQUESTED 子状态中的 PICC,在接收到有效的 REQB/WUPB 命令(要求 AFI = 0 或 AFI 与内部请求匹配)后,应根据下列规则响应(其中参数 N 在 REQB/WUPB 命令中给出)。

a) $N = 1$ 时,PICC 应发送 ATQB 并进入 READY-ECLARED 子状态;

b) $N > 1$ 时,PICC 应内部产生一个在 1 到 N 之间均匀分布的随机数 R;

c) $R = 1$ 时,PICC 应发送 ATQB 并进入 READY-ECLARED 子状态;

d) $R > 1$ 时:

  1) 采用概率路径的 PICC 应返回到 IDLE 状态;

  2) 在发送 ATQB 并进入 READY-DECLARED 子状态前,采用时间槽路径的 PICC 应等待至收到一带有匹配时间槽号(编号 = R)的 Slot-MARKER 命令。

7.3.7 REQB/WUPB 命令

REQB 和 WUPB 命令由 PCD 发出，以探测工作场中的 Type B PICC。REQB 和 WUPB 命令，符合 JR/T 0025.8 的规定。

7.3.8 Slot-MARKER 命令

在 REQB/WUPB 命令之后，PCD 可发送至多($N-1$)个时间槽标记来定义每个时间槽的开始，Slot-MARKER 命令，符合 JR/T 0025.8 的规定。

7.3.9 ATQB(Type B 的请求应答)响应

对 REQB 和 Slot-MARKER 命令的响应都被称作 ATQB(请求应答)。

ATQB 有固定长度(14 个字节)和限定的持续时间，ATQB 响应的格式，符合 JR/T 0025.8 的规定。

注：对于 ATQB 定义的 TR0 应不大于 $256/f_s$。

7.3.9.1 PUPI(伪唯一 ICC 标识符)

伪唯一 ICC 标识符(PUPI)可用来区分防冲突期间的不同 PICC。这 4 字节数可是 PICC 动态产生的一个数或一个多样化的固定数。

7.3.9.2 应用数据

7.3.9.2.1 概述

应用数据的字段用来通知 PCD 在 PICC 上当前安装了哪些应用。这个信息使得在有多个 PICC 存在时，PCD 能选择想要的 PICC。应用数据的字段根据协议信息(见 7.3.9.4)中的 ADC(应用数据编码)定义，确定采用 CRC_B 压缩方法或专有编码。

当使用 CRC_B 压缩方法时，应用数据格式，符合 JR/T 0025.8 的规定。

7.3.9.2.2 AFI

AFI 的应用族分为以下两种情况：

a) 对单应用 PICC，AFI 给出了应用族。

b) 对多应用 PICC，AFI 给出了 CRC_B(AID)中描述的应用族。

7.3.9.2.3 CRC_B(AID)

CRC_B(AID)是 PICC 中应用的 AID 根据 GB/T 16649.5 的 CRC_B 计算方法计算得到的结果，该 AID 与 REQB/WUPB 命令中给出的 AFI 匹配。

7.3.9.2.4 应用的编号

指出了 PICC 中的其他应用，包括以下两种情况：

a) 最高有效半字节值给出应用的编号，与应用数据中给出的 AFI 相一致，‘0’表示没有应用，‘F’表示有不少于 15 个应用。

b) 最低有效半字节值给出 PICC 中应用的所有编号，‘0’表示没有应用，‘F’有不少于 15 个应用。

7.3.9.3 协议信息

7.3.9.3.1 概述

该字段指示了卡所支持的参数，具体格式见表 11。

表 11 协议信息格式

1st字节	2nb字节		3nb字节		
位速率能力 (8 位)	最大帧长度 (4 位)	协议类型 (4 位)	FWI (4 位)	ADC (2 位)	FO (2 位)

7.3.9.3.2 帧选项

PICC 支持的帧选项定义见表 12。

表 12 PICC 支持的帧选项定义

b2	b1	说　明
1	x	PICC 支持 NAD
x	1	PICC 支持 CID

7.3.9.3.3 ADC

PICC 支持的应用数据编码定义见表 13。

表 13 PICC 支持的应用数据编码定义

b4	b3	说　明
0	0	应用是专有的
0	1	应用按 7.3.9.2 中编码
其他值		RFU

7.3.9.3.4 FWT

FWT 是 FWI 编码的一整数值;FWT 是 PCD 帧结束后 PICC 开始响应的最大时间;FWT 根据下面的公式计算:

$$FWT = (256 \times 16/f_c) \times 2^{FWI}$$

FWI 的值在 0 到 14 之间。其中:

a) FWI = 0,FWT 为最小(约 302μs);

b) FWI = 14,FWT 为最大(约 4 949ms)。

7.3.9.3.5 协议类型

PICC 支持的协议类型见表 14。

表 14 PICC 支持的协议类型

b4	b3	b2	b1	说　明
0	0	0	1	PICC 支持本部分
0	0	0	0	PICC 不支持本部分
其他值				RFU

7.3.9.3.6 最大帧长度

ATQB 中的最大帧长度代码见表 15。

表 15 ATQB 中的最大帧长度代码

ATQB 中的最大帧长度代码	0	1	2	3	4	5	6	7	8	9—F
最大帧长度(字节)	16	24	32	40	48	64	96	128	256	RFU >256

7.3.9.3.7 位速率能力

PICC 支持的位速率见表 16。

表 16 PICC 支持的位速率

b8	b7	b6	b5	b4	b3	b2	b1	说　明
0	0	0	0	0	0	0	0	在两个方向上 PICC 仅支持 106kbit/s
1	x	x	x	0	x	x	x	从 PCD 到 PICC 和从 PICC 到 PCD 强制相同的位速率
x	x	x	1	0	x	x	x	PICC 到 PCD，1etu = 64/f_c，支持的位速率为 212kbit/s
x	x	1	x	0	x	x	x	PICC 到 PCD，1etu = 32/f_c，支持的位速率为 424kbit/s
x	1	x	x	0	x	x	x	PICC 到 PCD，1etu = 16/f_c，支持的位速率为 847kbit/s
x	x	x	x	0	x	x	1	PCD 到 PICC，1etu = 64/f_c，支持的位速率为 212kbit/s
x	x	x	x	0	x	1	x	PCD 到 PICC，1etu = 32/f_c，支持的位速率为 424kbit/s
x	x	x	x	0	1	x	x	PCD 到 PICC，1etu = 16/f_c，支持的位速率为 847kbit/s
其他值（b4 = 1）为 RFU								

7.3.10 ATTRIB 命令

ATTRIB 命令符合 JR/T 0025.8 的规定。

7.3.11 对 ATTRIB 命令的应答

PICC 应对有效的 ATTRIB 命令（正确的 PUPI 和有效的 CRC_B）进行应答，应答格式应符合 JR/T 0025.8 的规定。

7.3.12 HLTB 命令及应答

用于将 PICC 置为 HLAT 状态，因而对正常 REQB 无更多的响应。对该命令应答后，PICC 仅对 WUPB 命令应答。HLAT 命令的格式，符合 JR/T 0025.8 的规定。

8 传输协议

8.1 Type A PICC 的协议激活

Type A PICC 的激活序列，符合 JR/T 0025.8 的规定。

8.2 Type B PICC 的协议激活

Type B PICC 的激活序列，符合 JR/T 0025.8 的规定。

8.3 半双工块传输协议

半双工块传输协议，符合 JR/T 0025.8 的规定。

8.4 Type A 和 Type B PICC 的协议停活

8.4.1 概述

PCD 和 PICC 间的交易完成之后，PICC 应被置为 HALT 状态。PCD 使用 DESELECT 命令停活 PICC。DESELECT 命令由 PCD 发送的 S(DESELECT) 请求和 PICC 发送的 S(DESELECT) 响应组成。

8.4.2 停活帧等待时间

停活帧等待时间是从 PCD 发送 S(DESELECT)请求帧结束到 PICC 开始发送 S(DESELECT)响应的最大时间,其值为 65 536/f_c(约 4 833μs)。

8.4.3 差错检测和恢复

当 PCD 发送了 S(DESELECT)请求并接收到了 S(DESELECT)响应,则 PICC 已被成功地置为了 HALT 状态并且分配给它的 CID 也被释放。当 PCD 没有接收到 S(DESELECT)响应,则 PCD 可以重新进行停活序列。

附 录 A
(资料性附录)
Type B——防冲突序列举例

Type B 防冲突采用灵活的指令集,使得应用层可选择适合的防冲突策略,Type B 防冲突序列举例见图 A.1。

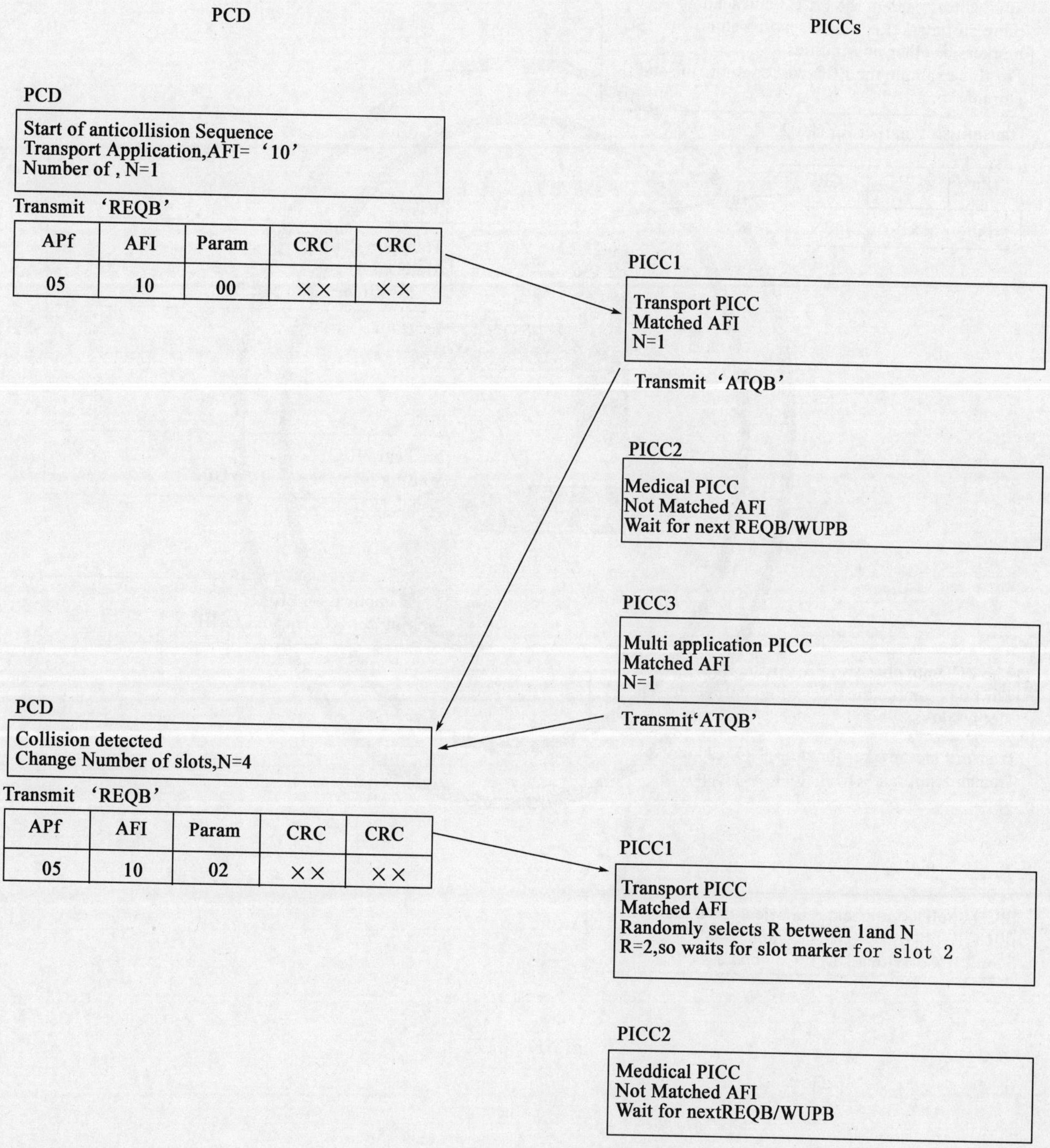

PCD

PICCs

PCD

Start of anticollision Sequence
Transport Application,AFI= ‘10’
Number of , N=1

Transmit ‘REQB’

APf	AFI	Param	CRC	CRC
05	10	00	××	××

PICC1

Transport PICC
Matched AFI
N=1

Transmit ‘ATQB’

PICC2

Medical PICC
Not Matched AFI
Wait for next REQB/WUPB

PICC3

Multi application PICC
Matched AFI
N=1

Transmit‘ATQB’

PCD

Collision detected
Change Number of slots,N=4

Transmit ‘REQB’

APf	AFI	Param	CRC	CRC
05	10	02	××	××

PICC1

Transport PICC
Matched AFI
Randomly selects R between 1and N
R=2,so waits for slot marker for slot 2

PICC2

Meddical PICC
Not Matched AFI
Wait for nextREQB/WUPB

图 A.1 Type B 防冲突序列举例

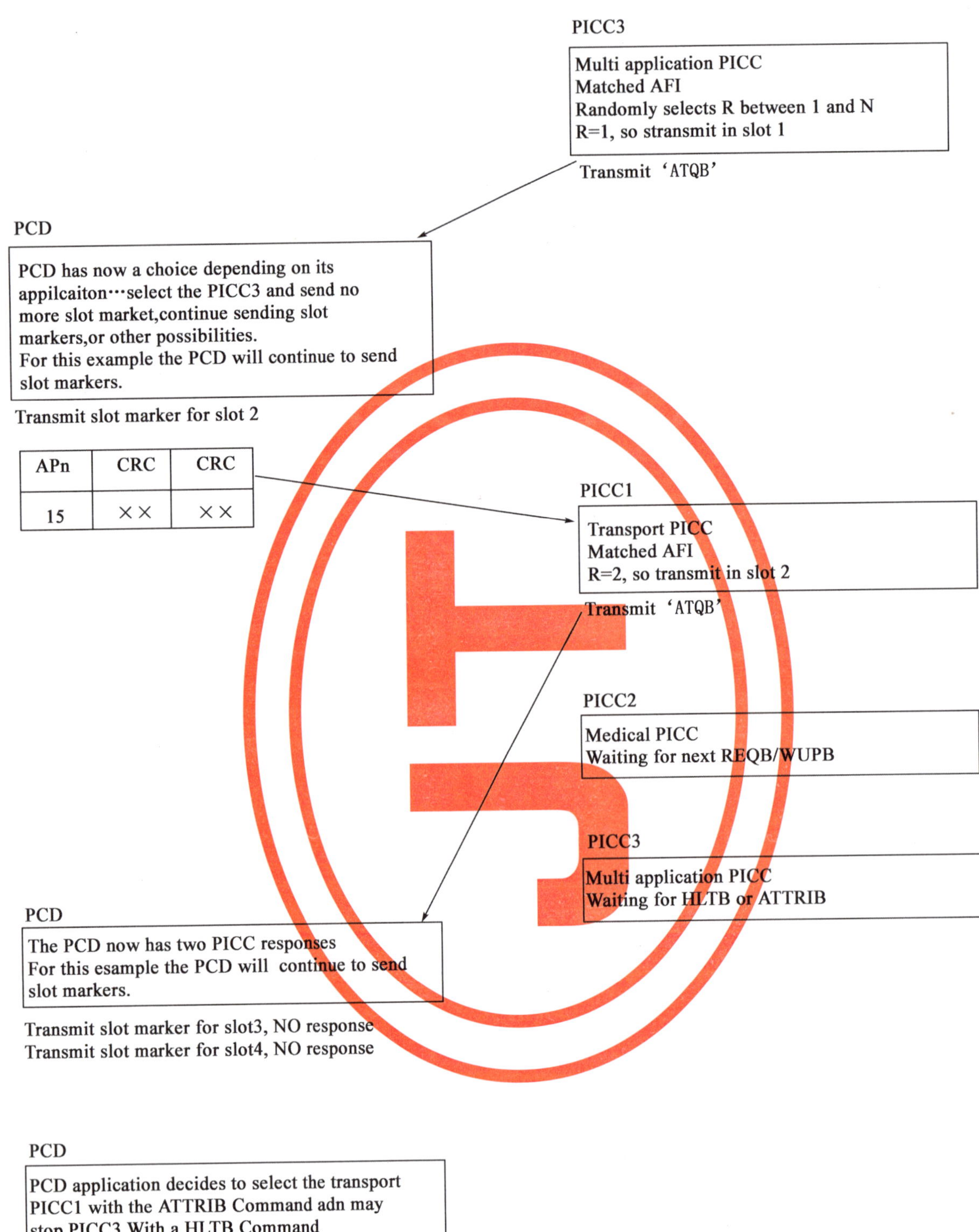

PCD

PCD application decides to select the transport PICC1 with the ATTRIB Command adn may stop PICC3 With a HLTB Command

图 A.1 （续）

附 录 B
（规范性附录）
CRC_A 和 CRC_B 的编码

B.1 CRC_A 编码

用于解释说明，同时表示了存在于物理层的位模式。编码和解码的过程可由带有合适的反馈门 16 级循环移位寄存器方便地完成。寄存器的触发器应编号为 FF0 ~ FF15。FF0 是最左边的触发器，数据从 FF0 移入。FF15 是最右边的触发器，数据从 FF15 移出。寄存器的初始内容见表 B.1。

表 B.1 初始值为"6363"的 16 位移位寄存器的初始内容

FF0	FF1	FF2	FF3	FF4	FF5	FF6	FF7	FF8	FF9	FF10	FF11	FF12	FF13	FF14	FF15
0	1	1	0	0	0	1	1	0	1	1	0	0	0	1	1
注：FF0 对应于最高有效位，FF15 对应于最低有效位。															

B.2 通过标准帧发送的位模式 1 示例

B.2.1 示例 1

数据的传输，第 1 个字节 = '00'，第 2 个字节 = '00'，附加的 CRC_A 编码示例 1 见表 B.2。计算出的 CRC_A = "1EA0"，见表 B.3。

表 B.2 附加的 CRC_A 编码示例 1

S	0000 0000	1	0000 0000	1	0000 0101	1	01111 1000	1	E
	'00'	P	'00'	P	'A0'	P	'1E'	P	

表 B.3 值为"1EA0"的 16 位移位寄存器的内容

FF0	FF1	FF2	FF3	FF4	FF5	FF6	FF7	FF8	FF9	FF10	FF11	FF12	FF13	FF14	FF15
0	0	0	1	1	1	1	0	1	0	1	0	0	0	0	0

B.2.2 示例 2

数据块的传输，第 1 个字节 = '12'，第 2 个字节 = '34'，附加的 CRC_A 编码示例 2 见表 B.4。计算出的 CRC_A = "CF26"，见表 B.5。

表 B.4 附加的 CRC_A 编码示例 2

S	0100 1000	1	0010 1100	0	0110 0100	0	11111 0011	1	E
	'12'	P	'34'	P	'26'	P	'CF'	P	

表 B.5 值为“CF26”的 16 位移位寄存器的内容

FF0	FF1	FF2	FF3	FF4	FF5	FF6	FF7	FF8	FF9	FF10	FF11	FF12	FF13	FF14	FF15
1	1	0	0	1	1	1	1	0	0	1	0	0	1	1	0

B.3 CRC_B 编码

CRC_B 编码,符合 GB/T 7421 的规定,初始值 = ‘FFFF’。

B.4 通过标准帧传送的位模式 2 示例

B.4.1 示例 1

数据的传输,第 1 个数据字节 = ‘00’,第 2 个数据字节 = ‘00’,第 3 个数据字节 = ‘00’,附加的 CRC_B 编码示例 1 见表 B.6。

计算出的 CRC_B = “C6CC”。

表 B.6 附加的 CRC_B 编码示例 1

		第 1 个数据字节	第 2 个数据字节	第 3 个数据字节	CRC_B		
帧 =	SOF	‘00’	‘00’	‘00’	‘CC’	‘C6’	EOF

B.4.2 示例 2

数据的传输,第 1 个数据字节 = ‘0F’,第 2 个数据字节 = ‘AA’,第 3 个数据字节 = ‘FF’,附加的 CRC_B 编码示例 2 见表 B.7。

计算出的 CRC_B = “D1FC”。

表 B.7 附加的 CRC_B 编码示例 2

		第 1 个数据字节	第 2 个数据字节	第 3 个数据字节	CRC_B		
帧 =	SOF	‘0F’	‘AA’	‘FF’	‘FC’	‘D1’	EOF

B.4.3 示例 3

数据的传输,第 1 个数据字节 = ‘0A’,第 2 个数据字节 = ‘12’,第 3 个数据字节 = ‘34’, 第 4 个数据字节 = ‘56’,附加的 CRC_B 编码示例 3 见表 B.8。

计算出的 CRC_B = “F62C”。

表 B.8 附加的 CRC_B 编码示例 3

		第 1 个数据字节	第 2 个数据字节	第 3 个数据字节	第 4 个数据字节	CRC_B		
帧 =	SOF	‘0A’	‘12’	‘34’	‘56’	‘2C’	‘F6’	EOF

附　录　C
（资料性附录）
Type A 的通信举例

Type A 通信位帧防冲突的选择序列示例见图 C.1，本示例假设 PCD 工作场内有如下两张 PICC：

a） PICC#1 的 UID 长度为一级，uid0 的值为'10'；

b） PICC#2 的 UID 长度为二级。

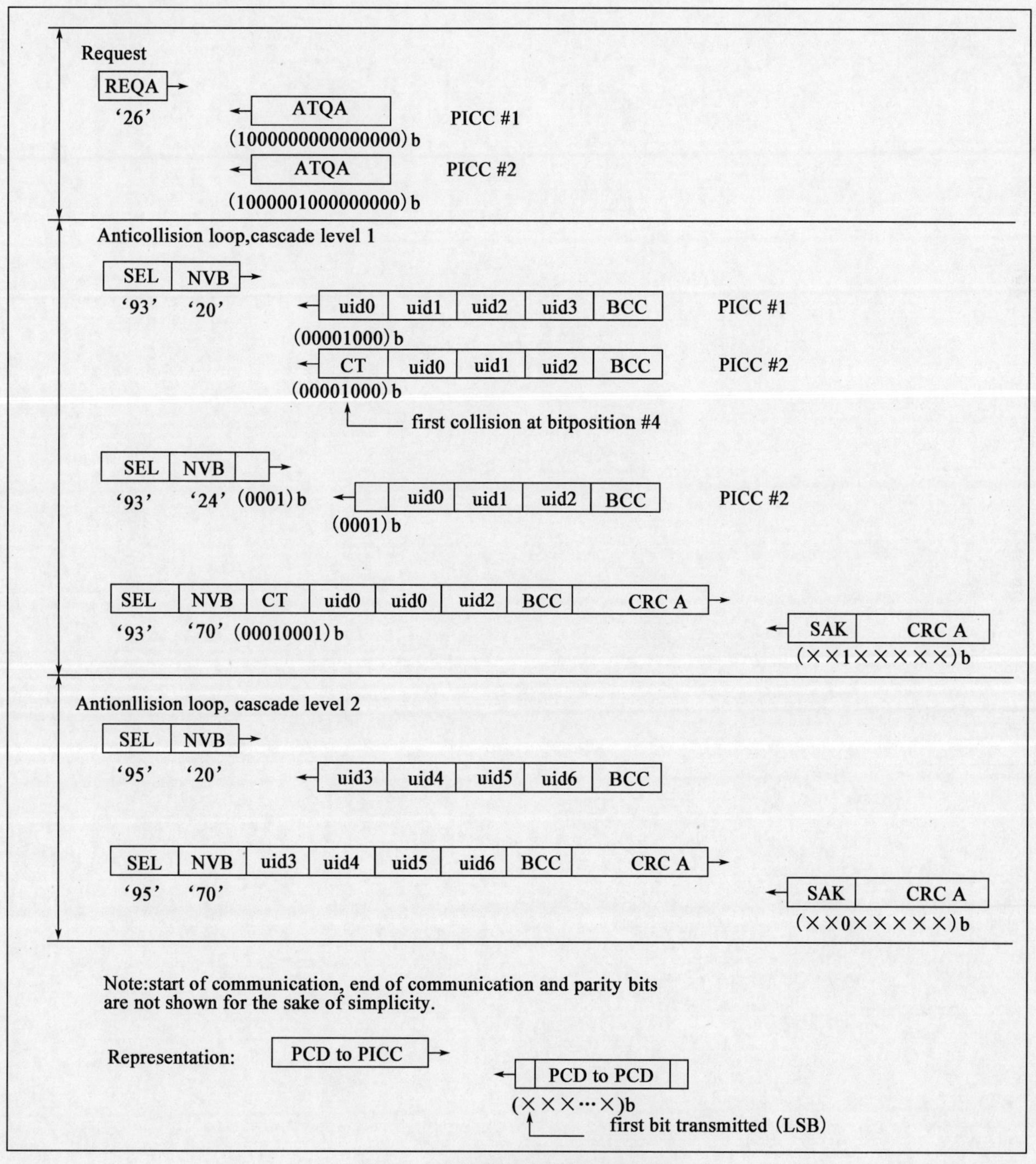

图 C.1　位帧防冲突的选择序列示例

ICS 03.220.20;35.240.15
R 07
备案号:

中华人民共和国交通运输行业标准

JT/T 978.6—2015

城市公共交通 IC 卡技术规范 第6部分:安全

Technical specification on IC card for urban public transport—Part6:Security

2015-05-21 发布　　2015-07-15 实施

中华人民共和国交通运输部　发布

目 次

前　言

JT/T 978《城市公共交通 IC 卡技术规范》由 7 部分组成：

——第 1 部分：总则；

——第 2 部分：卡片；

——第 3 部分：读写终端；

——第 4 部分：信息接口；

——第 5 部分：非接触接口通信；

——第 6 部分：安全；

——第 7 部分：检测项目。

本部分为 JT/T 978 的第 6 部分。

本部分按照 GB/T 1.1—2009 给出的规则起草。

本部分由中华人民共和国交通运输部运输服务司提出。

本部分由全国城市客运标准化技术委员会(SAC/TC 529)归口。

本部分起草单位：中国交通通信信息中心、交通运输部公路科学研究院、交通运输部科学研究院、北京市政交通一卡通有限公司、南京市市民卡有限公司、武汉城市一卡通有限公司、银川市公共交通有限公司、泰州市凤城一卡通有限公司、中钞信用卡产业发展有限公司、北京中电华大电子设计有限责任公司、武汉天喻信息产业股份有限责任公司、北京同方微电子有限公司、上海华虹集成电路有限责任公司、大唐微电子技术有限公司、恩智浦(中国)管理有限公司。

本部分主要起草人：汪宏宇、李岚、唐猛、郭炯光、梅新明、王刚、刘好德、张永军、邢钊、张必成、莫若、李勇、嵇云峰、丁吉、王睿、丹明波、孟庆云、雷雨、程跃、畅江。

城市公共交通 IC 卡技术规范
第 6 部分:安全

1 范围

JT/T 978 的本部分规定了与城市公共交通 IC 卡相关的电子现金安全体系、电子钱包安全体系、卡片安全、终端安全以及加密机制。

本部分适用于城市公共交通 IC 卡卡片、终端及密钥管理系统的设计与研发。

2 规范性引用文件

下列文件对于本文件的应用是必不可少的。凡是注日期的引用文件,仅注日期的版本适用于本文件。凡是不注日期的引用文件,其最新版本(包括所有的修改单)适用于本文件。

GB/T 16649.4 识别卡集成电路卡 第 4 部分:用于交换的结构、安全和命令
GB/T 18238.3 信息技术 安全技术 散列函数 第 3 部分:专用散列函数
GB/T 20269—2006 信息安全技术 信息系统安全管理要求
GB/T 20271—2006 信息安全技术 信息系统通用安全技术要求
GB/T 22239—2008 信息安全技术 信息系统安全等级保护基本要求
GB/T 25058—2010 信息安全技术 信息系统安全等级保护实施指南
GB/T 25070—2010 信息安全技术 信息系统等级保护安全设计技术要求
GB/T 27929 银行业务 采用对称加密技术进行报文鉴别的要求
GM/T 0002 SM4 分组密码算法
GM/T 0003 SM2 椭圆曲线公钥密码算法
GM/T 0004 SM3 密码杂凑算法
JT/T 904—2014 交通运输行业信息系统安全等级保护定级指南
JT/T 978.1 城市公共交通 IC 卡技术规范 第 1 部分:总则
JT/T 978.2 城市公共交通 IC 卡技术规范 第 2 部分:卡片
JT/T 978.3 城市公共交通 IC 卡技术规范 第 3 部分:读写终端

3 术语与定义

JT/T 978.1 及 GB/T 18238.3 界定的以及下列术语和定义适用本文件。

3.1

密钥管理系统 key management system

管理密钥/证书生成、发行、更新等业务的系统。

3.2

非对称加密技术 asymmetric cryptographic technique

采用公开变换(由公钥定义)和私有变换(由私钥定义)这两种相关变换的加密技术。

3.3

对称加密技术 symmetric cryptographic technique

发送方和接收方使用相同保密密钥进行数据变换的加密技术。

3.4

数字签名 key expiry date

对数据的一种非对称加密变换,简称签名。

3.5

公钥 public key

非对称密钥对中可公开的密钥。在数字签名时,公钥用于验证。

3.6

私钥 private key

非对称密钥对中不可公开的密钥,在数字签名中,私钥用于签名。

3.7

认证 authentication

确认一个实体所宣称的身份的措施。

3.8

证书 certificate

由密钥管理系统使用其私钥对实体的公钥、身份信息以及其他相关信息进行签名,形成的不可伪造的电子数据。

3.9

公钥证书 public key certificate

使用私钥对公钥信息签名后产生的证书,包括根公钥证书、发卡机构公钥证书和卡片公钥证书。

3.10

串联 concatenation

通过把第二个元素的字节添加到第一个元素的结尾,将两个元素连接起来。每个元素中的字节在结果串中的顺序和原来从卡片发到读写终端时的顺序相同,即高位字节在前。在每个字节中位按由高到低的顺序排列。

3.11

哈希结果 hash result

哈希函数的输出位串。

3.12

密钥生命周期 key life cycle

密钥管理的所有阶段,包括计划、生成、回收、销毁和存档。

3.13

报文 message

由终端向卡或卡向终端发出的,不含传输控制字符的字节串。

3.14

报文鉴别码 message authentication code

对交易数据及其相关参数进行运算后产生的代码,主要用于验证报文的完整性。

3.15

填充 padding

向数据串某一端添加附加位。

3.16

保密密钥 secret key

对称加密技术中仅供指定实体所用的密钥。

4 符号、代号和缩略语

下列符号、代号和缩略语适用于本文件。

AAC——应用认证密文(Application Authentication Cryptogram)

AC——应用密文(Application Cryptogram)

ADF——应用定义文件(Application Definition File)

AEF——应用基本文件(Application Elementary File)

AFL——应用文件定位器(Application File Locator)

AID——应用标识符(Application Identifier)

AIP——应用交互特征(Application Interchange Profile)

APDU——应用协议数据单元(Application Protocol Data Unit)

ARC——授权响应码(Authorization Response Code)

ARPC——授权响应密文(Authorization Response Cryptogram)

ARQC——授权请求密文(Authorization Request Cryptogram)

ATC——应用交易计数器(Application Transaction Counter)

b——二进制

$C:=(A||B)$——将 m 位数字 B 和 n 位数字 A 进行链接,定义为:$C=2^m A+B$

CA——认证中心(Certificate Authority)

CBC——密码块链接(Cipher Block Chaining)

CDA——复合动态数据认证/应用密文生成(Combined DDA/AC Generation)

CDOL——卡片风险管理数据对象列表(Card Risk Management Data Object List)

CLA——命令报文的类别字节(Class Byte of the Command Message)

C-MAC——命令—报文鉴别码(Command-Message Authentication Code)

cn——压缩数字型

DDA——动态数据认证(Dynamic Data Authentication)

DDOL——动态数据认证数据对象列表(Dynamic Data Authentication Data Object List)

DES——数据加密标准(Data Encryption Standard)

ECB——电子密码本(Electronic Code Book)

EF——基本文件(Elementary File)

FCI——文件控制信息 (File Control Information)

FCP——文件控制参数(File Control Parameter)

fDDA——快速 DDA(Fast DDA)

FMD——文件管理数据(File Management Data)

H:=Hash[MSG]——用 160 位的 HASH 函数对任意长度的报文 MSG 进行 HASH 运算。

HSM——硬件安全模块(Hardware Secure Module)

IC——集成电路(Integrated Circuit)

ICC——集成电路卡(Integrated Circuit Card)

IMK——发卡机构主密钥(Issuer Master Key)

INS——命令报文的指令字节(Instruction Byte of Command Message)

KEK/TK——密钥交换密钥/传输密钥(Key Exchange Key/Transport Key)

Key A——密钥的左半部分

Key B——密钥的右半部分

K_{ENC}——卡片独有的密钥，用于产生加密会话密钥

K_{DEK}——卡片独有的密钥，用于产生对称密钥的保密密钥

K_{MAC}——卡片独有的密钥，用于产生 C-MAC 会话密钥

KMC——对称主密钥，用于在个人化过程中分散密钥来产生 K_{ENC}，K_{DEK}，K_{MAC}

KMCID——对称主密钥标识符

K_S——过程密钥（Session Key）

L_{DD}——卡片动态数据长度（Length of the ICC Dynamic Data）

MAC——报文鉴别码（Message Authentication Code）

MDK——主密钥（Master Key）

MMYY——月、年（Month，Year）

n——数字型

N_{CA}——根公钥模长（Length of the Certification Authority Public Key Modulus）

N_I——发卡机构公钥模长（Length of the Issuer Public Key Modulus）

N_{IC}——卡片公钥模长（Length of the ICC Public Key Modulus）

P1——参数 1

P2——参数 2

PAN——主账号（Primary Account Number）

P_{CA}——根公钥（Certification Authority Public Key）

P_I——发卡机构公钥（Issuer Public Key）

P_{IC}——卡片公钥（ICC Public Key）

PEK/TK——PIN 加密密钥（PIN Exchange Key /Transport Key）

PIN——个人识别码（Personal Identification Number）

RID——注册的应用提供商标识（Registered Application Provider Identifier）

RSA——Rivest、Sharmir 和 Adleman 提出的一种非对称密钥算法的简称

SAM——安全认证模块（Secure Authentication Module）

S_{CA}——根私钥（Certification Authority Private Key）

SFI——短文件标识符（Short File Identifier）

SHA——安全哈希算法（Secure Hash Algorithm）

S_I——发卡机构私钥（Issuer Private Key）

S_{IC}——卡片公钥（ICC Private Key）

SM2——SM2 椭圆曲线公钥密码算法（Public Key Cryptographic Algorithm SM2 Based on Elliptic Curves）

SM3——SM3 密码杂凑算法（SM3 Cryptographic Hash Algorithm）

SM4——SM4 分组密码加密算法（SM4 Cryptographic Algorithm）

SW——命令返回状态字（Status Word）

Verify(P_K)[X,S]——用公钥 P_K，通过非对称算法，对数据块 X 的签名结果 S 进行验证

TC——交易证书（Transaction Certificate）

TLV——表示标签、长度以及值的组合（Tag Length Value）

TVR——终端验证结果（Terminal Verification Results）

UDK——子密钥（Unique Key）

X：= Recover(P_K)[Y]——用公钥 P_K，通过非对称可逆算法，对数据块 Y 进行恢复

X：= ALG^{-1}(K)[Y]——用密钥 K，通过 64 位或 128 位分组加密方法，对 64 位或 128 位数据块 Y 进行解密

Y: = ALG(K)[X]——用密钥 K,通过 64 位或 128 位分组加密方法,对 64 位或 128 位数据块 X 进行加密

Y: = Sign(S_K)[X]——用私钥 S_K,通过非对称可逆算法,对数据块 X 进行签名

$A = B$——数值 A 等于数值 B

$A \equiv B \bmod n$——整数 A 与 B 对于模 n 同余,即存在一个整数 d,使得 $(A - B) = dn$

$A \bmod n$——A 整除 n 的余数,即:唯一的整数 r,$0 \leq r < n$,存在一个整数 d,使得 $A = dn + r$

$A := B$——A 被赋予数值 B

$A \oplus B$——A 与 B 进行异或计算

5 电子现金安全体系

5.1 证书和密钥

5.1.1 根公钥文件命名

5.1.1.1 概述

密钥管理系统生成根公钥及根私钥,根据算法不同(国际通用密码算法简称国际算法,国产密码算法简称国密算法),分为两种命名规则。

5.1.1.2 使用国际算法的根公钥文件

文件名格式为:11010000. JTAA。其中:

a) 11010000: 4 字节服务标识,标识一个交通行业服务,将相应应用的私有应用标识扩展(PIX),右补十六进制‘0’构成;

b) JT:标识国际算法;

c) AA:根公钥索引,以 0xAA 表示。

文件名示例如:11010000. JT01。

5.1.1.3 使用国密算法的根公钥文件

文件名格式为:11010000. JGAA。其中:

a) 11010000: 4 字节服务标识,标识一个交通行业服务,将相应应用的私有应用标识扩展(PIX),右补十六进制‘0’构成;

d) JG:标识国密算法;

c) AA:根公钥索引,以 0xAA 表示。

文件名示例如:11010000. JG01。

5.1.2 发卡机构证书请求文件命名

5.1.2.1 概述

由发卡机构密钥管理系统生成的公钥,按照以下格式生成发卡机构证书请求文件,根据算法不同,分为两种命名规则。

5.1.2.2 使用国际算法的发卡机构证书请求文件

文件名格式为:JTAAAAAA. ITNP。其中:

a) JT:固定前缀;

b) AAAAAA:记录号,发卡机构应使用该记录号申请发卡机构公钥证书;

c) IT:标识国际算法;

d) NP:固定后缀。

文件名示例如:JT123456. ITNP。

5.1.2.3　使用国密算法的发卡机构证书请求文件

文件名格式为:JTAAAAAA.IGNP。其中:

a)　JT:固定前缀;

b)　AAAAAA:记录号,发卡机构应使用该记录号申请发卡机构公钥证书;

c)　IG:标识国密算法;

d)　NP:固定后缀。

文件名示例如:JT123456.IGNP。

5.1.3　发卡机构证书文件命名

5.1.3.1　概述

发卡机构证书文件由认证中心对发卡机构证书请求文件签名后生成,根据算法不同,分为两种命名规则。

5.1.3.2　使用国际算法的发卡机构证书文件

名称格式为:AAAAAA.ITNN。其中:

a)　AAAAAA:申请记录号,与签名发卡机构公钥数据中的记录号相同;

b)　IT:标识国际算法;

c)　NN:用来签发发卡机构公钥证书的根公钥的索引。

文件名示例如:110101.IT01。

5.1.3.3　使用国密算法的发卡机构证书文件

名称格式为:AAAAAA.IGNN。其中:

a)　AAAAAA:申请记录号,与签名发卡机构公钥数据中的记录号相同;

b)　IG:标识国密算法;

c)　NN:用来签发发卡机构公钥证书的根公钥的索引。

文件名示例如:110101.IG01。

5.1.4　电子现金对称密钥

电子现金相关的对称密钥类型见表1。

表1　电子现金相关的对称密钥类型

密钥类型	用途	长度(字节)
应用密文主密钥	产生卡片应用密文子密钥,用于应用密文的产生和验证	16
安全报文认证(MAC)密钥	产生卡片 MAC 子密钥,用于安全报文鉴别码的产生和验证	16
安全报文加密密钥	产生卡片加密子密钥,用于加密解密安全报文	16
应用开通密钥	产生卡片扩展应用开通子密钥,用于与扩展应用相关的安全报文鉴别码的产生和验证,这个密钥用于增加指定的扩展应用扩展文件的记录	16
扩展应用管理密钥	产生卡片扩展应用管理子密钥,用于与扩展应用相关的安全报文鉴别码的产生和验证,这个密钥用于保护指定的扩展应用扩展文件中记录的信息	16

发卡机构主密钥可以分散出卡片子密钥,在交易过程中从子密钥派生出相应的过程密钥。

5.1.5 子密钥推导方法

5.1.5.1 国际算法子密钥推导流程

5.1.5.1.1 利用16字节的发卡机构主密钥(IMK)分散得出用于密文生成、发卡机构认证和安全报文的卡片子密钥,以主账号(PAN)和主账号序列号(若主账号序列号不存在,则用一个字节'00'代替)的最右16个数字作为输入数据X,生成16字节的卡片子密钥作为输出,见图1。

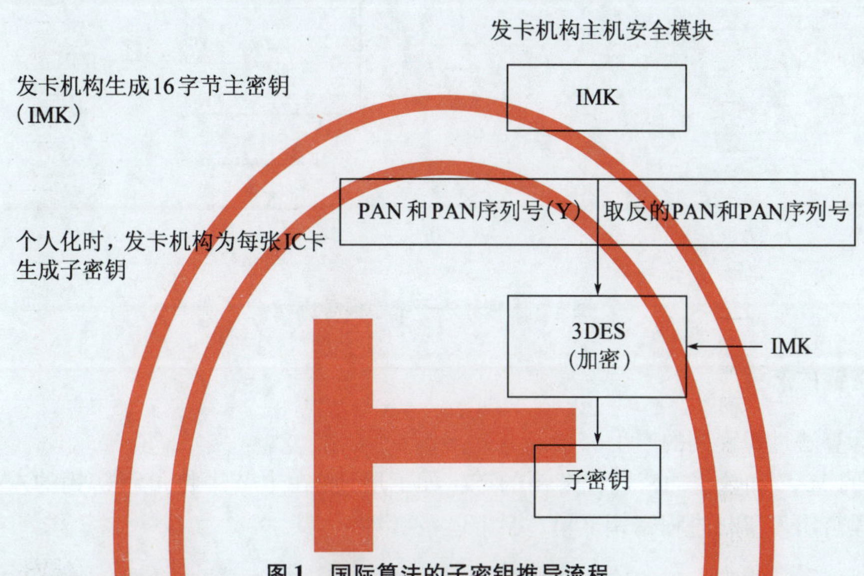

图1 国际算法的子密钥推导流程

5.1.5.1.2 国际算法的子密钥推导流程如下:

a) 若X的长度小于16个数字,X右对齐,在最左端填充十六进制的'00'以获得8字节的Y。若X的长度至少有16个数字,则Y由X的最右边的16个数字组成;

b) 计算2个8字节的数字:

ZL:=ALG(IMK)[Y]。

以及

ZR:=ALG(IMK)[Y ⊕('FF'||'FF'||'FF'||'FF'||'FF'||'FF'||'FF'||'FF')]。

并定义

Z:=(ZL||ZR)。

16字节的卡片子密钥就等于Z。对于DES算法,Z的每个字节的最低位应保证密钥的每一字节都有奇数个非0位(为了符合对DES密钥奇校验的要求)。

5.1.5.2 国密算法子密钥推导流程

5.1.5.2.1 利用16字节的发卡机构主密钥(IMK)分散得出用于密文生成、发卡机构认证和安全报文的卡片子密钥,以主账号(PAN)和主账号序列号(若主账号序列号不存在,则用一个字节'00'代替)的最右16个数字作为输入数据X,生成16字节的卡片子密钥作为输出,见图2。

5.1.5.2.2 国密算法的子密钥推导流程如下:

a) 若X的长度小于16个数字,X右对齐,在最左端填充十六进制的'00'以获得8字节的Y。若X的长度至少有16个数字,则Y由X的最右边的16个数字组成;

b) 计算:

Z:=ALG(IMK)[Y||(Y ⊕('FF'||'FF'||'FF'||'FF'||'FF'||'FF'||'FF'||'FF'))]。

16字节的卡片子密钥就等于Z。

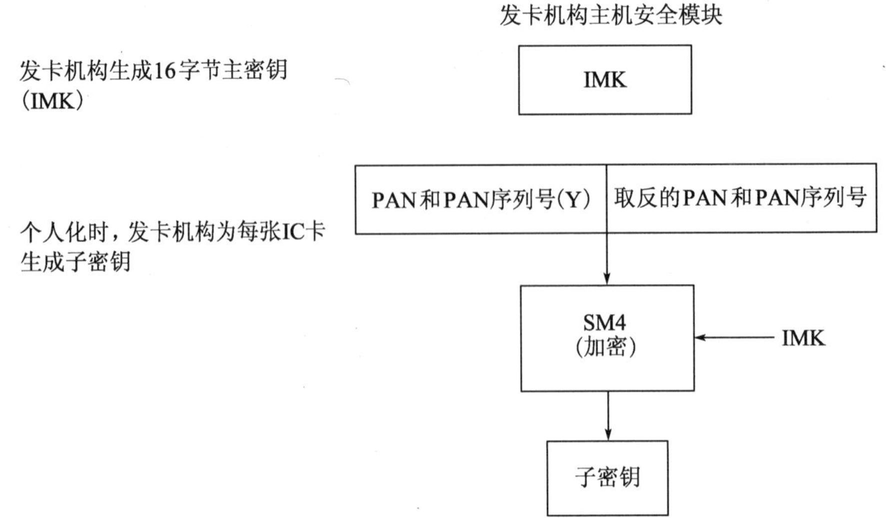

图2　国密算法子密钥推导流程

5.1.6　过程密钥的产生

5.1.6.1　国际算法过程密钥的产生

国际算法的 MAC 和数据加密过程密钥的产生如下所述(在本节中将过程密钥的左半部分和右半部分称为“过程密钥 A”和“过程密钥 B”)，见图 3。

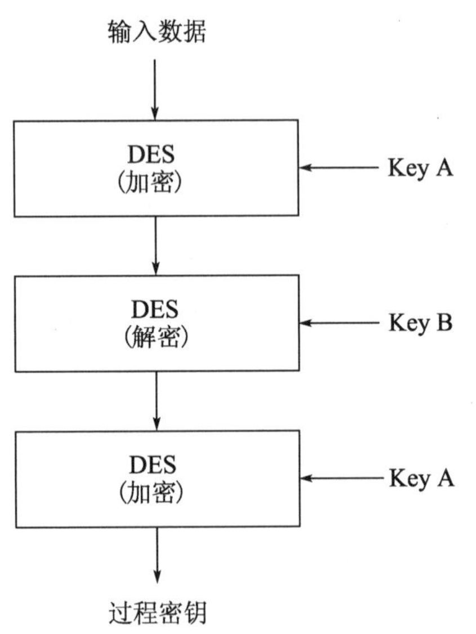

图3　国际算法的单长度过程密钥的产生流程

5.1.6.1.1　单长度 DES 过程密钥

国际算法的单长度 DES 过程密钥产生流程如下：

a) 卡片/发卡机构使用 MAC 密钥或数据加密密钥进行算法处理(在本条中将密钥的左半部分和右半部分称为“Key A”和“Key B”)；

b) 将当前的 ATC 在其左边用十六进制数字‘00’填充到 8 个字节，用 Key A 和 Key B 对该数据作图 3 所示的 3DES 运算产生过程密钥 A。

Z：=3DES(Key)[‘00’||‘00’||‘00’||‘00’||‘00’||‘00’||ATC]。

5.1.6.1.2 双长度 DES 过程密钥的产生

国际算法的双长度 DES 过程密钥产生流程如下：

a) 卡片/发卡机构使用 MAC 密钥或数据加密密钥进行算法处理(在本条中将密钥的左半部分和右半部分称为“Key A”和“Key B”)；

b) 将当前的 ATC 在其左边用十六进制数字‘00’填充到 8 个字节,用 Key A 和 Key B 对该数据作图 3 所示的 3DES 运算产生过程密钥 A。

将当前的 ATC 异或十六进制值 FFFF 后在其左边用十六进制数字‘00’填充到 8 个字节,使用相同方法对该数据作图 3 所示的 3DES 运算得到过程密钥 B。

ZL：=3DES(Key)[‘00’||‘00’||‘00’||‘00’||‘00’||‘00’||ATC]。

ZR：=3DES(Key)[‘00’||‘00’||‘00’||‘00’||‘00’||‘00’||(ATC ⊕‘FFFF’)]。

为符合对 DES 密钥奇校验的要求,DES 密钥每个字节的最低位应被设成能够保证密钥的 8 个或 16 个字节的每一个都有奇数个非 0 位。

5.1.6.2 国密算法过程密钥的产生

国密算法的 MAC 和数据加密过程密钥产生流程如下：

a) 卡片/发卡机构使用 MAC 密钥或数据加密密钥进行算法处理(密钥为“Key”)；

b) 将当前的 ATC 在其左边用十六进制数字‘00’填充到 8 个字节记为数据源 A,将当前的 ATC 异或十六进制值 FFFF 后在其左边用十六进制数字‘00’填充到 8 个字节记为数据源 B,将数据源 A 和数据源 B 串联,用选定的密钥对该数据作图 4 所示的运算产生过程密钥。

Z：=ALG(Key)[‘00’||‘00’||‘00’||‘00’||‘00’||‘00’||ATC||‘00’||‘00’||‘00’||‘00’||‘00’||‘00’||(ATC ⊕‘FFFF’)]。

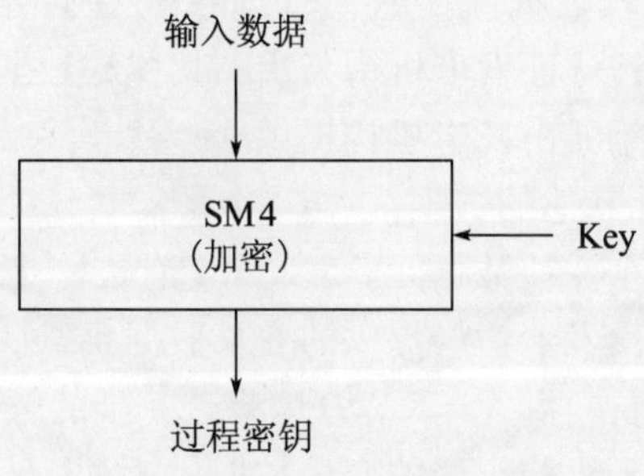

图 4 国密算法的过程密钥产生流程

5.2 动态数据认证

5.2.1 概述

5.2.1.1 终端采用公钥技术来验证卡片数据的一种方法。在动态数据认证过程中,终端验证卡片上的静态数据以及卡片产生的交易相关信息的签名,DDA 用以确认卡片上的发卡机构应用数据自卡片个人化后没有被非法篡改,并确认卡片的真实性,防止卡片的非法复制。

5.2.1.2 用于动态数据认证的记录应是 TLV 编码格式,并且 Tag =“70”。记录中用于动态数据认证的数据取决于记录所属文件的 SFI：

a) 对于 SFI 从 1 到 10 的文件,记录的 Tag(“70”)和记录长度不用于动态数据认证处理,读记录(READ RECORD)命令响应数据域中所有其他数据(SW1,SW2 除外)都参与动态数据认证;
b) 对于 SFI 从 11 到 30 的文件,记录的 Tag(“70”)和记录长度用于动态数据认证处理,因而读记录(READ RECORD)命令响应数据域中所有数据(SW1,SW2 除外)都参与动态数据认证;
c) 若用于动态数据认证的文件中的记录的 Tag 不是“70”,则认为动态数据认证已经执行并失败,终端应设置 TSI 的“脱机数据认证已执行”位,以及 TVR 相应的“脱机静态数据认证失败”位“脱机动态数据认证失败”位或“CDA 失败”位。

5.2.2 动态数据认证方式

动态数据认证有以下两种方式:
a) 标准的动态数据认证,在卡片行为分析前执行。卡片根据卡内标识数据以及由动态数据认证数据对象列表所标识的终端数据生成一个数字签名;
b) 复合动态数据认证/应用密文生成,在生成应用密文(GENERATE AC)命令发出后执行。在交易证书或授权请求密文的情况下,卡片根据卡内标识数据得到一个数字签名,这些数据包括交易证书或授权请求密文,以及由卡片风险管理数据对象列表[对第一条生成应用密文(GENERATE AC)命令是 CDOL1,对第二条生成应用密文(GENERATE AC)命令是 CDOL2]标识的由终端生成的不可预知数 AIP 指明卡片支持的选项。

5.2.3 卡片数据元

支持动态数据认证的卡片应包含以下数据元:
a) 根公钥索引:该单字节数据元包含一个二进制数字,指明终端使用的根公钥;
b) 发卡机构公钥证书:该变长数据元由密钥管理系统提供给发卡机构。终端验证这个数据元时,按 5.2.6.3 描述的过程认证发卡机构公钥和其他的数据;
c) 卡片公钥证书:该变长数据元由发卡机构提供给卡片。终端验证这个数据元时,按 5.2.6.4 描述的过程认证卡片公钥和其他的数据;
d) 发卡机构公钥的余项:一个变长数据元。5.2.6.1 有进一步的解释;
e) 发卡机构公钥指数:一个由发卡机构提供的变长数据元,见 5.2.6.1;
f) 卡片公钥的余项:一个变长数据元。5.2.6.1 有进一步的解释;
g) 卡片公钥指数:一个由发卡机构提供的变长数据元。5.2.6.1 有进一步的解释;
h) 卡片私钥:一个存放在卡片内部的变长数据元,用来按 5.2.6.5 描述的过程生成签名的动态应用数据;
i) 签名的动态应用数据:一个由卡片使用同卡片公钥证书所认证的卡片公钥相对应的卡片私钥生成的变长数据元。它是一个数字签名,包含了 5.2.6.5 描述的存放在卡片中的或由卡片生成的以及终端中的关键数据元。

5.2.4 公钥体系结构

支持动态数据认证的终端应为每个注册的应用提供商标识存储 6 个根公钥,且应使同密钥相关的密钥信息和每一个密钥相关联(以使终端能在将来支持多种算法,允许从一个算法过渡到另一个,见 8.3)。在给定 RID 和卡片根公钥索引的情况下,终端应定位该公钥及相关信息。

动态数据认证使用的公钥体系结构见图 5。

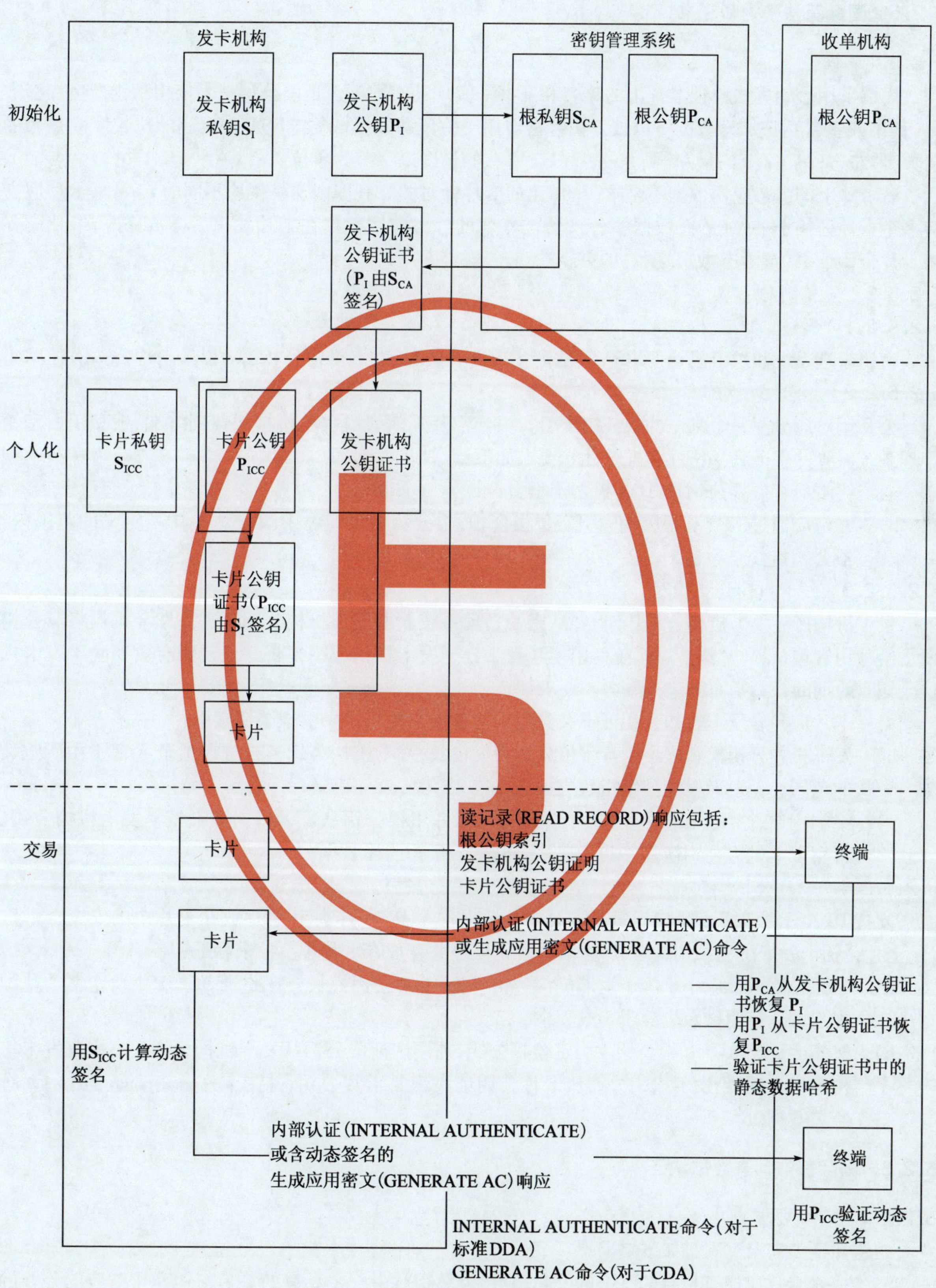

图5　DDA公钥体系结构

5.2.5 国际算法密钥和证书

5.2.5.1 概述

终端采用公钥算法验证卡片上的签名和证书来实现动态数据认证。公钥技术使用私钥产生加密数据(证书或签名),该加密数据可以被公钥解密而用于验证和数据恢复。RSA 公钥模的位长度应是 8 的倍数,最左边(高)字节的最左(高)一位为 1。所有的长度以字节为单位。

若卡片上的静态应用数据不是唯一的(比如卡片针对国际和国内交易使用不同的 CVM),卡片应支持多个卡片公钥证书(或静态数据签名),若被签名的静态应用数据在卡片发出后会被修改,卡片应支持卡片公钥证书(或静态数据签名)的更新。

5.2.5.2 公私钥对

5.2.5.2.1 概述

密钥管理系统和发卡机构使 RSA 算法产生根公私钥对、发卡机构公私钥对以及卡片公私钥对。

5.2.5.2.2 根公私钥对

公私钥对应分配一个唯一的根公钥索引。根公钥及其索引由收单机构加载到终端,根私钥由密钥管理系统保管并保证其私密性和安全性。要求如下:

a) 终端应存放根公钥、RID 和根公钥索引;

b) 终端应通过 RID 和根公钥索引定位根公钥,根公钥模长应在附录 A.2.1 中所定义的范围内,根公钥指数应等于 3 或 $2^{16}+1$。

5.2.5.2.3 发卡机构公私钥对

发卡机构产生发卡机构公私钥对,并从密钥管理系统获取发卡机构公钥证书。发卡机构将其公钥发送给密钥管理系统,密钥管理系统使用模长大于等于发卡机构公钥模长并且公钥有效期晚于发卡机构公钥有效期的根私钥对其进行签名。要求如下:

a) 卡片应包含发卡机构公钥证书及其用来验证发卡机构证书的根公钥索引;

b) 发卡机构公钥模长应小于等于根公钥最大模长,发卡机构公钥模长应在附录 A.2.1 中所定义的范围内。发卡机构公钥指数应等于 3 或 $2^{16}+1$;

c) 终端应通过 RID 和根公钥索引定位根公钥,并用根公钥从发卡机构证书恢复发卡机构公钥,再用发卡机构公钥恢复并验证卡片上的发卡机构应用数据。

5.2.5.2.4 卡片公私钥对

支持 DDA 还要求发卡机构为每张卡片产生卡片公私钥对,卡片私钥存放在卡片中的安全存贮区域,卡片公钥由发卡机构私钥签名,产生卡片公钥证书并存放在卡片中。要求如下:

a) 卡片公钥模长应小于等于发卡机构公钥模长,卡片公钥模长应在附录 A.2.1 中所定义的范围内。卡片公钥指数应等于 3 或 $2^{16}+1$;

b) 终端应通过 RID 和根公钥索引定位根公钥,并用认证中公钥从发卡机构公钥证书恢复发卡机构公钥,然后用发卡机构公钥从卡片公钥证书恢复卡片公钥,并用卡片公钥验证卡片的动态签名数据。

5.2.6 国际算法动态数据认证

5.2.6.1 安全要求

密钥和证书安全应满足如下要求:

a) 一张卡片应拥有自身的唯一的公私钥对,公私钥对由一个私有的签名密钥和相对应的公开的验证密钥组成。卡片公钥应存放在卡片上的公钥证书中;

b) 动态数据认证采用三层公钥证书方案。每一个卡片公钥由它的发卡机构认证,而密钥管理系统认证发卡机构公钥。为验证卡片的签名,终端应先通过验证两个证书来恢复和验证卡片公

钥,再用该公钥来验证卡片的动态签名;

c) 应按9.3.1中指明的签名方案将根私钥 S_{CA} 应用到表2中指定的数据,将发卡机构私钥 S_I 应用到表3中指定的数据,以分别获得发卡机构公钥证书和卡片公钥证书;

d) 根公钥模长为 N_{CA} 个字节。根公钥指数应等于3或 $2^{16}+1$;

e) 发卡机构的公钥模长为 N_I 个字节($N_I \leqslant N_{CA}$)。若 $N_I > (N_{CA}-36)$,则发卡机构公钥模被分成两部分,即一部分包含模中最高的 $N_{CA}-36$ 个字节(发卡机构公钥中最左边的数字);另一部分包含剩下的模中最低的 $N_I-(N_{CA}-36)$ 个字节(发卡机构公钥余项)。发卡机构公钥指数应等于3或 $2^{16}+1$;

f) 卡片的公钥模长为 N_{IC} 个字节($N_{IC} \leqslant N_I \leqslant N_{CA}$)。若 $N_{IC} > (N_I-42)$,则卡片公钥模被分成两部分,即一部分包含模中最高的 N_I-42 个字节(卡片公钥中最左边的数字);另一部分包含剩下的模中最低的 $N_{IC}-(N_I-42)$ 个字节(卡片公钥余项)。卡片公钥指数应等于3或 $2^{16}+1$;

g) 若卡片上的静态应用数据不唯一,则卡片应支持多卡片公钥证书,若被签名的静态应用数据在卡片发出后会被修改,则卡片应支持卡片公钥证书的更新;

h) 为完成动态数据认证,终端应先恢复和验证卡片公钥。卡片公钥认证需要的所有信息见表4,并存放在卡片中。除了RID可以从AID中获得外,其他信息可通过读记录(READ RECORD)命令得到。若缺少这些数据中的任意一项,则动态数据认证失败。

表2 由密钥管理系统签名的发卡机构公钥数据

字段名	长度(字节)	说明	格式
证书格式	1	十六进制,值为'02'	b
发卡机构识别号	4	主账号最左面的3个~8个数字(在右边补上十六进制数'F')	cn8
证书失效日期	2	MMYY,在此日期后,这张证书无效	n4
证书序列号	3	由密钥管理系统分配给这张证书的唯一的二进制数	b
哈希算法标识	1	标识用于在数字签名方案中产生哈希结果的哈希算法	b
发卡机构公钥算法标识	1	标识使用发卡机构公钥的数字签名算法	b
发卡机构公钥长度	1	标识发卡机构公钥模的字节长度	b
发卡机构公钥指数长度	1	标识发卡机构公钥指数的字节长度	b
发卡机构公钥或发卡机构公钥的最左边字节	$N_{CA}-36$	若 $N_I \leqslant N_{CA}-36$,这个字段包含了在右边补上了 $N_{CA}-36-N_I$ 个值为'BB'的字节的整个发卡机构公钥。若 $N_I > N_{CA}-36$,这个字段包含了发卡机构公钥最高位的 $N_{CA}-36$ 个字节	b
发卡机构公钥的余项	0或 $N_I-N_{CA}+36$	这个字段只有在 $N_I > N_{CA}-36$ 时才出现。它包含了发卡机构公钥最低位的 $N_I-N_{CA}+36$ 个字节	b
发卡机构公钥指数	1或3	发卡机构公钥指数等于3或 $2^{16}+1$	b

注:此为哈希算法输入。

表 3　由发卡机构签名的卡片公钥数据

字段名	长度(字节)	说明	格式
证书格式	1	十六进制,值为‘04’	b
应用主账号	10	主账号(在右边补上十六进制数‘F’)	cn20
证书失效日期	2	MMYY,在此日期后,这张证书无效	n4
证书序列号	3	由发卡机构分配给这张证书的唯一的二进制数	b
哈希算法标识	1	标识用于在数字签名方案中产生哈希结果的哈希算法	b
卡片公钥算法标识	1	标识使用在卡片公钥上的数字签名算法	b
卡片公钥长度	1	标识卡片公钥的模的字节长度	b
卡片公钥指数长度	1	标识卡片公钥指数的字节长度	b
卡片公钥或卡片公钥的最左边字节	$N_I - 42$	若 $N_{IC} \le N_I - 42$,这个字段包含了在右边补上了 $N_I - 42 - N_{IC}$ 个值为‘BB’的字节的整个卡片公钥。若 $N_{IC} > N_I - 42$,这个字段包含了卡片公钥最高位的 $N_I - 42$ 个字节	b
卡片公钥的余项	0 或 $N_{IC} - N_I + 42$	这个字段只有在 $N_{IC} > N_I - 42$ 时才出现,它包含了卡片公钥最低位的 $N_{IC} - N_I + 42$ 个字节	b
卡片公钥指数	1 或 3	卡片公钥指数等于 3 或 $2^{16}+1$	b
待认证的静态数据	变长	待认证的静态数据:一个用来验证卡片静态数据的签名。在卡片个人化阶段,使用发卡机构私钥签名的数据,保存在卡片中	b

注 1:认证过程的输入由被 AFL 标识的记录组成,其后跟有 AIP[若 AIP 被可选的静态数据认证标签列表(标签“9F4A”)标识。若静态数据认证标签列表存在,它应仅包含标识 AIP 用的标签“82”]。

注 2:此为哈希算法输入。

表 4　动态认证中的公钥认证所需的数据对象

标签	长度(字节)	说明	格式
—	5	注册的应用提供商标识	b
8F	1	根公钥索引	b
90	N_{CA}	发卡机构公钥证书	b
92	$N_I - N_{CA} + 36$	发卡机构公钥的余项(若存在)	b
9F32	1 或 3	发卡机构公钥指数	b
9F46	N_I	卡片公钥证书	b
9F48	$N_{IC} - N_I + 42$	卡片公钥的余项(若存在)	b
9F47	1 或 3	卡片公钥指数	b
—	变长	待认证的静态数据:一个用来验证卡片静态数据的签名。在卡片个人化阶段,使用发卡机构私钥签名的数据,保存在卡片中	—

5.2.6.2　根公钥的获取

终端读取根公钥索引,使用公钥索引和 RID,确认并取得存放在终端的根公钥的模、指数以及相应算法。若终端没有存储与这个索引及 RID 相关联的密钥,则动态数据认证失败。

5.2.6.3 发卡机构公钥的获取

发卡机构公钥的获取流程如下:

a) 若发卡机构公钥证书的长度与 5.2.6.2 中根公钥模长度不同,则动态数据认证失败;

b) 使用根公钥和相应的算法按照 9.3.1 中指明的恢复函数恢复发卡机构公钥证书,获得在表 5 中指明的恢复数据。若恢复数据的结尾不等于“BC”,则动态数据认证失败;

c) 若恢复数据头不是“6A”,则动态数据认证失败;

d) 若证书格式不是“02”,则动态数据认证失败;

e) 将表 5 中的第 2 个到第 10 个数据元(即从证书格式直到发卡机构公钥或发卡机构公钥的最左边字节)从左到右连接,再把发卡机构公钥的余项加在后面(若有),最后是发卡机构公钥指数;

f) 使用指定的哈希算法(从哈希算法标识得到)对上一步的连接结果计算得到哈希结果;

g) 若上一步计算得到的哈希结果和恢复出的哈希结果不同,则动态数据认证失败;

h) 检验发卡机构识别号与主账号最左面的 3 个 ~8 个数字(允许发卡机构识别号在其后填充的“F”)。若不匹配,则动态数据认证失败;

i) 若证书失效日期在当天的日期之前,则动态数据认证失败;

j) 检验连接起来的 RID、根公钥索引、证书序列号是否有效。若失效,则动态数据认证失败;

k) 若发卡机构公钥算法标识无法识别,则动态数据认证失败;

l) 以上所有的检验都通过,连接发卡机构公钥的最左边字节和发卡机构公钥的余项(若存在),得到发卡机构公钥模,继续下一步取得卡片公钥。

表 5 从发卡机构公钥证书恢复数据的格式

字段名	长度(字节)	说明	格式
恢复数据头	1	十六进制,值为‘6A’	b
证书格式	1	十六进制,值为‘02’	b
发卡机构标识	4	主账号最左面的 3 个 ~8 个数字(在右边补上十六进制数‘F’)	cn8
证书失效日期	2	MMYY,在此日期后,这张证书无效。	n4
证书序列号	3	由密钥管理系统分配给这张证书的唯一的二进制数	b
哈希算法标识	1	标识用于在数字签名方案中产生哈希结果的哈希算法	b
发卡机构公钥算法标识	1	标识使用在发卡机构公钥上的数字签名算法	b
发卡机构公钥长度	1	标识发卡机构公钥的模的字节长度	b
发卡机构公钥指数长度	1	标识发卡机构公钥指数的字节长度	b
发卡机构公钥或发卡机构公钥的最左边字节	$N_{CA}-36$	若 $N_I \le N_{CA}-36$,这个字段包含了在右边补上了 $N_{CA}-36-N_I$ 个值为‘BB’的字节的整个发卡机构公钥。若 $N_I > N_{CA}-36$,这个字段包含了发卡机构公钥最高位的 $N_{CA}-36$ 个字节	b
哈希结果	20	发卡机构公钥以及相关信息的哈希值	b
恢复数据结尾	1	十六进制,值为‘BC’	b

5.2.6.4 卡片公钥的获取

卡片公钥的获取流程如下：

a) 若卡片公钥证书的长度与在 5.2.6.3 获得的发卡机构公钥模长度不同，则动态数据认证失败；
b) 使用发卡机构公钥和相应的算法将 9.3.1 中指明的恢复函数应用到卡片公钥证书上，获得在表 6 中指明的恢复数据。若恢复数据的结尾不等于“BC”，则动态数据认证失败；
c) 若恢复数据头不是“6A”，则动态数据认证失败；
d) 若证书格式不是“04”，则动态数据认证失败；
e) 将表 6 中的第 2 个到第 10 个数据元（即从证书格式直到卡片公钥或卡片公钥的最左边字节）从左到右连接，再把卡片公钥的余项（若有）和卡片公钥指数加在后面，最后是 AFL 标示的待认证的静态数据，若静态数据认证标签列表存在，它应仅包含标识 AIP 用的标签“82”。若静态数据认证标签列表存在，并且其包含非“82”的标签，则动态数据认证失败；
f) 把指定的哈希算法（从哈希算法标识得到）应用到上一步的连接结果从而得到哈希结果；
g) 若上一步计算得到的哈希结果和恢复出的哈希结果不同，则动态数据认证失败；
h) 若恢复得到的主账号和从卡片读出的应用主账号不同，则动态数据认证失败；
i) 若证书失效日期在当天的日期之前，则动态数据认证失败；
j) 若卡片公钥算法标识无法识别，则动态数据认证失败；
k) 以上所有的检验都通过，连接卡片公钥的最左边字节和卡片公钥的余项（若存在），得到发卡机构公钥模，继续下一步执行动态数据认证。

表 6 从卡片公钥证书恢复数据的格式

字段名	长度（字节）	说明	格式
恢复数据头	1	十六进制，值为‘6A’	b
证书格式	1	十六进制，值为‘04’	b
应用主账号	10	主账号（在右边补上十六进制数‘F’）	cn20
证书失效日期	2	MMYY，在此日期后，这张证书无效	n4
证书序列号	3	由发卡机构分配给这张证书的唯一的二进制数	b
哈希算法标识	1	标识用于在数字签名方案中产生哈希结果的哈希算法	b
卡片公钥算法标识	1	标识使用在卡片公钥上的数字签名算法	b
卡片公钥长度	1	标识卡片公钥的模的字节长度	b
卡片公钥指数长度	1	标识卡片公钥指数的字节长度	b
卡片公钥或卡片公钥的最左边字节	N_I-42	若 $N_{IC} \leq N_I-42$，这个字段包含了在右边补上了 N_I-42-N_{IC} 个值为‘BB’的字节的整个卡片公钥。若 $N_{IC}>N_I-42$，这个字段包含了卡片公钥最高位的 N_I-42 个字节	b
哈希结果	20	卡片公钥以及相关信息的哈希值	b
恢复数据结尾	1	十六进制，值为‘BC’	b

5.2.6.5 标准动态数据认证

5.2.6.5.1 动态签名的生成

终端按上述的过程取得了卡片公钥，除了表 4 中指明的数据，动态数据认证所需的数据对象见表 8。动态签名的生成流程如下：

a) 终端发出内部认证(INTERNAL AUTHENTICATE)命令,命令中包含由DDOL指定的数据元;
b) 卡片可包含DDOL,但终端应有一个缺省的,由密钥管理系统指定的DDOL,以防在卡片没有提供DDOL的情况下使用;
c) DDOL应包含由终端生成的不可预知数(标签“9F37”,4个字节的二进制数);
d) 若下面的任一情况发生,动态数据认证失败:
 1) 卡片和终端都不含有DDOL;
 2) 卡片上的DDOL不包含不可预知数;
 3) 卡片上没有DDOL并且终端上缺省的DDOL不包含不可预知数。
e) 卡片使用卡片私钥和相应的算法并按9.3.1对表7中指明的数据生成数字签名,称为签名的动态应用数据。

表7 需签名的动态应用数据

字段名	长度(字节)	说明	格式
签名的数据格式	1	十六进制,值为‘05’	b
哈希算法标识	1	标识用于产生哈希结果的哈希算法	b
卡片动态数据长度	1	标识卡片动态数据的字节长度 L_{DD}	b
卡片动态数据	L_{DD}	由卡片生成和/或存储在卡片上的动态数据	—
填充字节	$N_{IC} - L_{DD} - 25$	($N_{IC} - L_{DD} - 25$)个值为‘BB’的填充字节	b
终端动态数据	变长	由DDOL指定的数据元连接而成	—

注1:此为哈希算法的输入。

注2:卡片动态数据的字节长度 L_{DD} 满足 $0 \leq L_{DD} \leq N_{IC} - 25$。卡片动态数据的最左边的3个~9个字节应由一个字节长的卡片动态数字长度后面跟随的2个~8个卡片动态数字的值(标签“9F4C”,2个~8个二进制字节)组成。卡片动态数字是由一个由卡片生成的,随时间而变的参数,宜使用ATC作为卡片动态数字。

表8 生成和检验动态签名所需要的其他数据对象

标签	长度(字节)	值	格式
9F4B	N_{IC}	签名的动态应用数据	b
9F49	变长	DDOL	b

5.2.6.5.2 动态签名的验证

动态签名验证流程如下:

a) 若签名的动态应用数据的长度不同于卡片公钥模的长度,则动态数据认证失败;
b) 为了获得在表9中指明的恢复数据,使用卡片公钥和相应的算法将9.3.1中指明的恢复函数应用到签名的动态应用数据上。若恢复数据的结尾不等于“BC”,则动态数据认证失败;
c) 若恢复数据头不是“6A”,则动态数据认证失败;
d) 若签名数据格式不是“05”,则动态数据认证失败;
e) 将表9中的第2个到第6个数据元(即从签名数据格式直到填充字节)从左到右连接,再把DDOL中指定的数据元加在后面;
f) 把指定的哈希算法(从哈希算法标识得到)应用到上一步的连接结果从而得到哈希结果;
g) 若上一步计算得到的哈希结果和恢复出的哈希结果不同,则动态数据认证失败;
h) 若以上所有的检验都成功,则动态数据认证成功。在表9中恢复得到的卡片动态数据中所包含的卡片动态数字应被存放在标签“9F4C”中。

表 9 从签名的动态应用数据恢复的数据格式

字段名	长度(字节)	说明	格式
恢复数据头	1	十六进制,值为‘6A’	b
签名数据格式	1	十六进制,值为‘05’	b
哈希算法标识	1	标识用于在数字签名方案中产生哈希结果的哈希算法	b
卡片动态数据长度	1	标识卡片动态数据的字节长度	b
卡片动态数据	L_{DD}	由卡片生成和/或存储在卡片上的动态数据	-
填充字节	$N_{IC}-L_{DD}-25$	$(N_{IC}-L_{DD}-25)$个值为‘BB’的填充字节	b
哈希结果	20	动态应用数据以及相关信息的哈希值	b
恢复数据结尾	1	十六进制,值为‘BC’	b

5.2.7 国密算法密钥和证书

5.2.7.1 概述

终端使用 SM2 公钥密码算法验证卡片上的签名和证书以实现动态数据认证。SM2 算法使用私钥产生证书或签名,该证书或签名可被公钥验证。SM2 公钥密码算法的数字签名不具备消息恢复功能,其公钥及相关信息以明文形式包含在证书数据中,后面附一个数字签名。

5.2.7.2 公私钥对

5.2.7.2.1 概述

密钥管理系统和发卡机构使用 SM2 算法产生根公私钥对、发卡机构公私钥对以及卡片公私钥对。

5.2.7.2.2 根公私钥对

密钥管理系统产生 SM2 算法公私钥对,每个公私钥对都应分配一个唯一的根公钥索引。根公钥及其索引由收单机构加载到终端,根私钥由密钥管理系统保管并保证其私密性和安全性。要求如下:

a) 终端应有足够空间存放根公钥及其对应的注册应用提供商标识(RID)和根公钥索引;

b) 终端应通过 RID 和根公钥索引定位根公钥。

5.2.7.2.3 发卡机构公私钥对

发卡机构应产生发卡机构公私钥对,并从密钥管理系统获取发卡机构公钥证书。发卡机构将其公钥发送给密钥管理系统,密钥管理系统使用公钥有效期晚于发卡机构公钥有效期的根私钥对其进行签名。要求如下:

a) 卡片应包含发卡机构公钥证书及其用来验证发卡机构证书的根公钥索引,发卡机构私钥由发卡机构保管并保证其私密性和安全性;

b) 终端应通过 RID 和根公钥索引定位根公钥,并用根公钥验证发卡机构证书,然后用发卡机构公钥验证卡片上的发卡机构应用数据。验证签名数据时,根据发卡机构证书的“发卡机构公钥签名算法标识”字段再次检查算法类型。

5.2.7.2.4 卡片公私钥对

发卡机构应为每张卡片产生卡片公私钥对,也可由卡片自己产生卡片公私钥对,卡片私钥存放在卡片中的安全存储区域,卡片公钥由发卡机构私钥签名,产生卡片公钥证书并存放在卡片中。

终端应通过 RID 和根公钥索引定位根公钥,并用认证根公钥验证发卡机构公钥证书,然后用发卡机构公钥验证卡片公钥证书,并用卡片公钥验证卡片的动态签名数据。验证签名数据时,根据卡片公钥证书的“卡片公钥签名算法标识”字段再次检查算法类型。

5.2.8 国密算法动态数据认证

5.2.8.1 安全要求

符合国密算法的密钥和证书安全应满足如下要求：

a) 一张卡片应拥有它自己的公私钥对,公私钥对应由一个私有的签名密钥和相对应的公开的验证密钥组成。卡片公钥应存放在卡片上的公钥证书中;

b) 动态数据认证采用三层公钥证书方案。卡片公钥由它的发卡机构认证,认证发卡机构公钥。为验证卡片的签名,终端应先通过验证两个证书来验证卡片公钥,再用该公钥来验证卡片的动态签名;

c) 应用根私钥 S_{CA} 对表 10 中指定的数据计算 SM2 签名获得发卡机构公钥证书(表 11),用发卡机构私钥 S_I 对表 12 中指定的数据计算 SM2 签名,以获得卡片公钥证书;

d) 若卡片上的静态应用数据是唯一的,则卡片应支持多卡片公钥证书,若被签名的静态应用数据在卡片发出后会被修改,则卡片应支持卡片公钥证书的更新;

e) 为完成动态数据认证,终端应先验证卡片公钥。卡片公钥认证需要的所有信息见表 13,并存放在卡片中。除了 RID 可以从 AID 中获得外,其他信息可通过读记录(READ RECORD)命令得到。若缺少这些数据中的任意一项,则动态数据认证失败。

表 10 由密钥管理系统签名的发卡机构公钥数据

字段名	长度(字节)	说明	格式
证书格式(记录头)	1	十六进制,值为‘12’	b
发卡机构标识	4	主账号最左面的 3 个 ~8 个数字(在右边补上十六进制数‘F’)	cn 8
证书失效日期	2	MMYY,在此日期后,这张证书无效	n 4
证书序列号	3	由密钥管理系统分配给这张证书的唯一的二进制数	b
发卡机构公钥签名算法标识	1	标识发卡机构公钥对应的数字签名算法。SM2 算法为‘04’	b
发卡机构公钥加密算法标识	1	标识发卡机构公钥对应的加密算法,保留项	b
发卡机构公钥参数标识	1	用于标识椭圆曲线参数,同时确定 N_I	b
发卡机构公钥长度	1	标识发卡机构公钥字节长度	b
发卡机构公钥	N_I	SM2 公钥是椭圆曲线上的一个点	b
注:此为待签名数据。			

表 11 发卡机构公钥证书的格式

字段名	长度(字节)	说明	格式
证书格式	1	十六进制,值为‘12’	b
发卡机构标识	4	主账号最左面的 3 个 ~8 个数字(在右边补上十六进制数‘F’)	cn 8
证书失效日期	2	MMYY,在此日期后,这张证书无效	n4
证书序列号	3	由密钥管理系统分配给这张证书的,唯一的二进制数	b

表 11（续）

字　段　名	长度(字节)	说　　明	格　　式
发卡机构签名公钥算法标识	1	标识发卡机构公钥对应的数字签名算法。SM2 算法为'04'	b
发卡机构公钥加密算法标识	1	标识发卡机构公钥对应的加密算法,保留项	b
发卡机构公钥参数标识	1	用于标识椭圆曲线参数,同时确定 N_I	b
发卡机构公钥长度(字节)	1	标识发卡机构公钥字节长度	b
发卡机构公钥	N_I	如是 SM2 算法,该字段是椭圆曲线上的一个点	b
数字签名	N_{CA}	密钥管理系统对表 10 的数据计算的 SM2 签名 r||s	b

表 12　由发卡机构签名的卡片公钥数据

字　段　名	长度(字节)	说　　明	格　　式
证书格式	1	值为'14'	b
应用主账号	10	主账号(在右边补上十六进制数'F')	cn 20
证书失效日期	2	MMYY,在此日期后,这张证书无效	n4
证书序列号	3	由发卡机构分配给这张证书的唯一的二进制数	b
卡片公钥签名算法标识	1	标识卡片公钥对应的数字签名算法	b
卡片公钥加密算法标识	1	标识卡片公钥对应的加密算法,保留项	b
卡片公钥参数标识	1	用于标识椭圆曲线参数,同时确定 N_{IC}	b
卡片公钥长度	1	标识卡片公钥的字节长度	b
卡片公钥	N_{IC}	若卡片公钥算法标识对应于 SM2,该字段为椭圆曲线上的一个点	b
待认证的静态数据	变长	待认证的静态数据:一个用来验证卡片静态数据的签名。在卡片个人化阶段,使用发卡机构私钥签名的数据,保存在卡片中	b

注 1:此为待签名数据。

注 2:对表 12 中数据进行 SM2 签名的结果是两个大整数 r 和 s,将字节串 r||s 附着在表 12 除"待认证的静态数据"外的数据之后就形成了用 SM2 签名的卡片公钥证书,证书的格式见表 14。

注 3:认证过程的输入由被 AFL 标识的记录组成,其后跟有 AIP[若 AIP 被可选的静态数据认证标签列表(标签"9F4A")标识。若静态数据认证标签列表存在,它应仅包含标识 AIP 用的标签"82"]。

表 13　动态认证中的公钥认证所需的数据对象

标　　签	长度(字节)	描　　述	格　　式
—	5	注册的应用提供商标识	b
8F	1	根公钥索引	b

表 13（续）

标　签	长度（字节）	描　述	格　式
90	$N_{CA}+N_{I}+14$	SM2 签名的发卡机构公钥证书数据，格式见表 11	b
9F46	$N_{I}+N_{IC}+20$	SM2 签名的卡片公钥证书数据，格式见表 14	b
—	变长	待认证的静态数据：一个用来验证卡片静态数据的签名。在卡片个人化阶段，使用发卡机构私钥签名的数据，保存在卡片中	—

5.2.8.2　根公钥的获取

终端读取根公钥索引。使用这个索引和 RID，终端应确认并取得存放在终端的根公钥的相关信息。若终端没有存储与这个索引及 RID 相关联的密钥，则动态数据认证失败。

5.2.8.3　发卡机构公钥的获取

终端获取的发卡机构证书数据见表 11。

发卡机构公钥的获取流程如下：

a）获取并解析表 11 所示的发卡机构公钥证书数据。若失败，则静态数据认证失败；

b）若证书格式的值不是"12"，则动态数据认证失败；

c）检验发卡机构标识是否匹配主账号最左面的 3 个 ~ 8 个数字（允许发卡机构标识在其后补"F"）。若不一致，则动态数据认证失败；

d）若证书失效日期在今天的日期之前，则动态数据认证失败；

e）检验连接起来的 RID、根公钥索引、证书序列号是否有效。若无效，则动态数据认证失败；

f）若发卡机构公钥算法标识不为"04"（SM2 算法），则动态数据认证失败；

g）准备表 11 中前 9 个数据元（即表 10 数据）；

h）使用根公钥和相应的签名算法按照 9.4.3 中指明的验证函数对表 11 所定义的数字签名进行验证。若验证签名失败，则动态数据认证失败；

i）以上所有的检验都通过，继续下一步取得卡片公钥。

5.2.8.4　卡片公钥的获取

终端获取的卡片公钥证书数据见表 14，卡片公钥的获取流程如下：

a）获取并解析表 14 所示的经过卡片公钥证书数据。若失败，则静态数据认证失败；

b）若证书格式不是"14"，则动态数据认证失败；

c）若证书中的主账号和从卡片读出的应用主账号不同，则动态数据认证失败；

d）若证书失效日期在今天的日期之前，则动态数据认证失败；

e）准备表 14 中的前 9 个数据元以及静态数据（用于验证签名）。静态数据认证标签列表存在，并且其包含非"82"的标签，则动态数据认证失败。若发卡机构公钥算法标识不为"04"（SM2 算法），则动态数据认证失败；

f）若卡片公钥算法标识不为"04"（SM2 算法），则动态数据认证失败；

g）使用发卡机构公钥和相应的发卡机构签名算法将 9.4.3 中指明的验证函数对表 14 的数字签名进行验证。若验证签名失败，则动态数据认证失败；

h）以上所有的检验都通过，继续下一步执行动态数据认证。

表 14　发卡机构使用 SM2 签名的卡片公钥证书的格式

字 段 名	长度（字节）	说　明	格　式
证书格式	1	十六进制，值为'14'	b

表 14（续）

字 段 名	长度(字节)	说　明	格　式
应用主账号	10	主账号(在右边补上十六进制数‘F’)	cn 20
证书失效日期	2	MMYY,在此日期后,这张证书无效	n4
证书序列号	3	由发卡机构分配给这张证书的唯一的二进制数	b
卡片公钥签名算法标识	1	标识卡片公钥对应的数字签名算法	b
卡片公钥加密算法标识	1	标识卡片公钥对应的加密算法,保留项	b
卡片公钥参数标识	1	用于标识椭圆曲线参数,同时确定 N_{IC}	b
卡片公钥长度	1	标识卡片公钥的字节长度	b
卡片公钥	N_{IC}	若卡片公钥算法标识对应于 SM2,该字段是椭圆曲线上的一个点	b
数字签名	N_I	发卡机构对表 12 数据计算的 SM2 签名 r‖s	b

5.2.8.5　标准动态数据认证

5.2.8.5.1　动态签名的生成

卡片使用 SM2 算法生成动态签名,动态签名的生成流程如下:

a) 终端发出内部认证(INTERNAL AUTHENTICATE)命令,命令中包含由 DDOL 指定的数据元素,这些数据元按照 JT/T 978.2 要求的规则连接在一起;

b) 卡片使用卡片私钥按照表 15 中指明的数据计算 SM2 签名,得到 SM2 签名动态应用数据,其格式见表 17。

表 15　需签名的动态应用数据

字 段 名	长度(字节)	说　明	格　式
签名的数据格式	1	值为‘15’表示用 SM2 签名	b
卡片动态数据长度	1	标识卡片动态数据的字节长度 L_{DD}	b
卡片动态数据	L_{DD}	由卡片生成和/或存储在卡片上的动态数据	-
终端动态数据	变长	由 DDOL 指定的数据元连接而成	-

注 1:此为待签名数据。

注 2:卡片动态数据的最左边的 3 个 ~9 个字节由一个字节长的卡片动态数字长度后面跟随的 2 个 ~8 个卡片动态数字的值(标签“9F4C”,2 个 ~8 个二进制字节)组成。

注 3:卡片动态数字是由一个由卡片生成的,随时间而变的参数,宜使用 ATC 作为卡片动态数字。

除在表 13 中指明的数据外,动态数据认证所需的数据对象见表 16。

表 16　生成和检验动态签名所需要的其他数据对象

标　签	长度(字节)	说　明	格　式
9F4B	$N_{IC}+L_{DD}+2$	SM2 签名动态应用数据,格式见表 17	b
9F49	变长	DDOL	b

5.2.8.5.2　动态签名的验证

终端获取的签名动态应用数据的格式见表17,包括被签名的明文数据及数字签名。终端使用卡片的公钥验证动态应用数据的签名,若动态数据认证成功,表17中的卡片动态数据中所包含的卡片动态数字应被存放在标签“9F4C”中。

动态签名的验证流程如下:

a) 获取并解析表17所示的经过发卡机构签名的动态数据。若失败,则静态数据认证失败;
b) 若签名数据格式不是“15”,则动态数据认证失败;
c) 准备表17中的前3个数据元(即从签名数据格式直到卡片动态数据)及DDOL中指定的数据元(即表15数据)用于验证签名;
d) 使用卡片公钥和相应的卡片签名算法将9.4.3中指明的验证函数对表17的数字签名进行验证。若验证签名失败,则动态数据认证失败;
e) 以上所有的检验都成功,动态数据认证成功。终端获取卡片动态数据中所包含的卡片动态数字并存放在标签“9F4C”中。

表17 卡片使用SM2签名的动态应用数据的格式

字段名	长度(字节)	说明	格式
签名的数据格式	1	十六进制,值为‘15’	b
卡片动态数据长度	1	标识卡片动态数据的字节长度 L_{DD}	b
卡片动态数据	L_{DD}	由卡片生成和/或存储在卡片上的动态数据	–
数字签名	N_{IC}	卡片对表15中数据计算的SM2签名 r‖s	b

5.3 应用密文和发卡机构认证

5.3.1 概述

卡片生成应用密文(TC、ARQC或AAC),以及发卡机构生成授权响应密文(ARPC)并由卡片校验的方法。

5.3.2 应用密文产生

5.3.2.1 数据源选择

一个应用密文由基于以下数据生成的报文鉴别码组成:

a) 引用卡片的DOL并通过生成应用密文(GENERATE AC)命令或其他命令从终端传输到卡片的数据;
b) 卡片内部访问的数据。

数据源的选择需包含在应用密文生成中见JT/T 978.2,最小数据元见表18;可选的应用密文生成数据源见表19。

表18 建议的应用密文生成中使用的最小数据集

值	来源
授权金额(数字)	终端
其他金额(数字)	终端
终端国家代码	终端
终端验证结果	终端

表 18（续）

值	来　源
交易货币代码	终端
交易日期	终端
交易类型	终端
不可预知数	终端
应用交互特征	卡片
应用交易计数器	卡片

表 19　可选的应用密文生成数据源

值	来　源
卡片验证结果	卡片

5.3.2.2　国际算法应用密文生成

应用密文生成的方法是以一个唯一的 16 字节的卡片应用密文(AC)子密钥 MK_{AC} 以及按 5.3.2.1 的描述选择的数据作为输入，然后按以下流程计算得到的 8 字节的应用密文：

a) 从卡片应用密文(AC)子密钥 MK_{AC} 和两字节的卡片应用交易计数器作为输入，分散得到 16 字节的应用密文过程密钥 SK_{AC}，使用 5.1.6.1 中指明的过程密钥分散函数；

b) 使用上一步分散得到的 16 字节的应用密文过程密钥并将 9.1.2 中指明的 MAC 算法应用到经选择的数据来生成 8 字节的应用密文。

5.3.2.3　国密算法应用密文生成

使用一个唯一的 16 字节卡片应用密文(AC)子密钥 MK_{AC}，和 5.3.2.1 描述的数据源作为输入，按以下流程计算得到 8 字节的应用密文：

a) 以卡片应用密文(AC)子密钥 MK_{AC} 和两字节的卡片应用交易计数器作为输入，使用 5.1.6 描述的算法，生成 16 字节的应用密文过程密钥 SK_{AC}；

b) 终端将 CDOL 中指定的终端数据通过生成应用密文命令传送给卡片。若 CDOL 中有要交易证书(TC)哈希结果，终端要将此数据放到命令数据域中；

c) 根据卡片风险管理的结果，卡片决定返回的密文类型为 TC、AAC 或 ARQC。生成密文的数据块：

   1) 交易证书(TC)哈希结果(若存在)；

   2) 生成应用密文命令中送进卡片的数据。不包括 TC 哈希结果；

   3) 卡片内部数据。

d) 将上述数据块分成 16 字节一组：D1、D2、D3……；

e) 若最后一块数据块的长度为 16 字节，后面补 16 字节数据块：“80 00 00 00 00 00 00 00 00 00 00 00 00 00 00 00”，若最后一块；数据块的长度小于 16 字节，后面补一个字节 80，若仍然不够 16 字节，补 00 直到 16 字节；

f) 见图 6，按照 9.2.2 中指明的 MAC 算法，使用过程密钥 SK_{AC} 计算生成应用密文(TC、ARQC 或 AAC)；

g) 取上一步计算结果的左边 8 字节，得到 8 字节的密文。

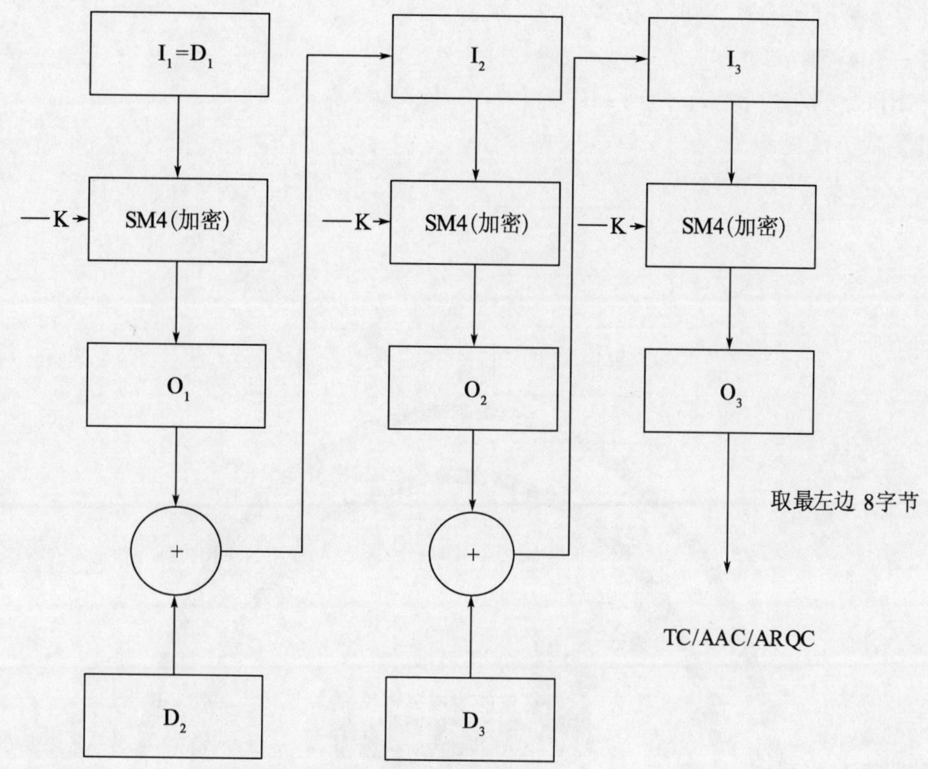

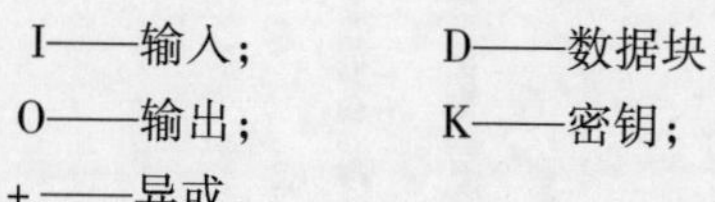

说明：

I——输入；　　　　D——数据块；

O——输出；　　　　K——密钥；

+——异或。

图6　国密算法的 TC/AAC/ARQC 的生成算法

5.3.3　国际算法发卡机构认证

生成 8 字节的授权响应密文 ARPC 的方法是将 16 字节的应用密文过程密钥 SK_{AC} 按照附录 A.1.1 指明的对称加密算法对 8 字节长的由卡片按 5.3.2.2 描述的方法生成的 ARQC 和 2 字节的授权响应码 ARC 进行加密：

a）　在 2 字节的 ARC 的后面补上 6 个'00'字节来获得一个 8 字节的数：X：=(ARC||'00'||'00'||'00'||'00'||'00'||'00')；

b）　计算 Y：=ARQC ⊕ X；

c）　计算 ARPC：=ALG(SK_{AC})[Y]。

5.3.4　国密算法发卡机构认证

生成 8 字节的授权响应密文 ARPC 的方法是将 16 字节的应用密文过程密钥 SK_{AC} 按照附录 A.1.2 指明的对称加密算法对 5.3.2.3 生成的 8 字节长的 ARQC 和 2 字节的授权响应码 ARC 进行加密，：

a）　在 2 字节的 ARC 的后面补上 6 个'00'字节来获得一个 8 字节的数：X ：=（ARC||'00'||'00'||'00'||'00'||'00'||'00'）；

b）　计算 Y：= ARQC ⊕ X；

c）　计算 ARPC0：

将 Y 左对齐后面补 8 个字节 00 形成 D；

D：= Y||'00'||'00'||'00'||'00'||'00'||'00'||'00'||'00'。

基于 16 字节分组加密算法获得 16 字节 ARPC0：

ARPC0：= SM4(SKAC)[D]；

d) 取 ARPC0 的左边 8 字节得到 ARPC。

ARPC 的生成方法见图 7。

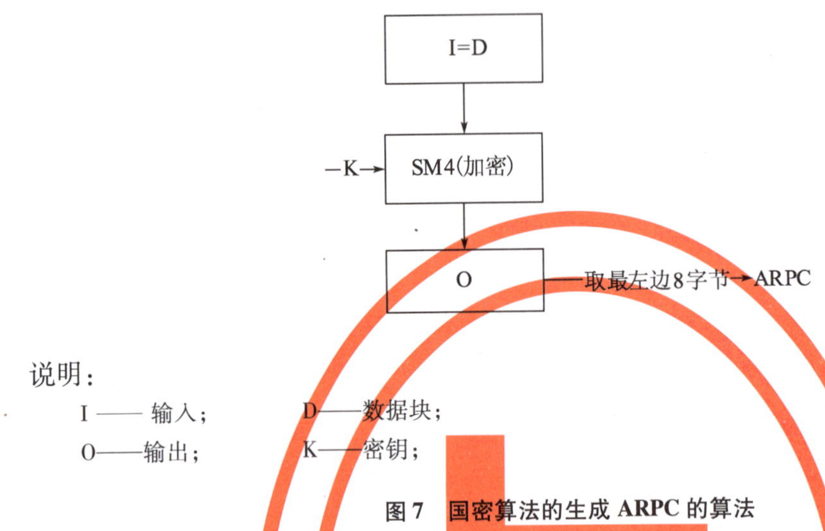

说明：

I —— 输入；　　D——数据块；

O——输出；　　K——密钥；

图 7　国密算法的生成 ARPC 的算法

5.4　交通行业信息的保护

5.4.1　密钥说明

5.4.1.1　概述

涉及交通行业信息保护的密钥分为两大类，一类是应用开通密钥，一类是扩展应用管理密钥。

5.4.1.2　应用开通密钥

应用开通密钥用于发卡机构在指定的扩展应用的扩展应用文件中新增应用记录，该记录新增成功后，即意味着该应用的开通。应用开通密钥由发卡机构在个人化时创建，每个扩展应用文件对应一个扩展应用开通密钥，每个扩展应用的开通都由此密钥以安全报文的方式保护，卡片的应用开通密钥由同一个应用开通主密钥分散得到。

5.4.1.3　扩展应用管理密钥

扩展应用管理密钥用于对指定的扩展应用扩展文件中的每一条记录进行保护。

扩展应用管理密钥分为互联互通密钥和地区扩展应用管理密钥两类，互联互通密钥用于保护全国范围内相关的交通行业信息，地区扩展应用管理密钥用于保护本地区的相关交通行业信息。

扩展应用管理密钥在地区使用时应存放于 SAM 卡中，相关安全机制见本部分第 9 章。

5.4.1.4　密钥的生成和管理

应用开通密钥可由发卡机构自行生成和管理，互联互通密钥应由密钥管理系统统一生成和管理，地区扩展应用密钥可由发卡机构或相关交通行业方生成和管理。

密钥管理系统生成指定的互联互通主密钥，该密钥同时存放在交通行业相关终端的互联互通 SAM 卡中。各发卡机构的互联互通密钥由互联互通密钥主密钥分散生成，各发卡机构再利用本发卡机构的互联互通密钥分散得到所发行卡片的互联互通密钥并灌装至用户卡中。

5.4.2　安全机制

终端应使用新增记录(APPEND RECORD)指令在指定扩展应用的扩展应用文件中新增应用记录，即开通新的扩展应用。使用 APPEND RECORD 命令在扩展应用文件中新增应用记录，使用更新应用数据缓存(UPDATE CAPP DATA CACHE)命令更新应用文件数据,这两条指令都应强制带有安全报文,以便卡片确认指令来自于合法的终端。

安全报文应以'00'||'00'||'00'||'00'||'00'||'00'||ATC 作为初始向量参与 MAC 运算。MAC 的计算方法见 5.5 中关于报文鉴别码的描述。终端在发送 APPEND RECORD 和 UPDATE CAPP DATA CACHE 指令之前,可以通过发送取数据(GET DATA)指令,或者通过发送获取处理选项(GPO)指令获取 ATC。

在 APPEND RECORD 指令中,应附带有扩展应用管理密钥设置。扩展应用开通后,此扩展应用的应用数据的修改权限,由对应的扩展应用管理密钥以安全报文的方式控制。终端通过 UPDATE CAPP DATA CACHE 指令修改扩展应用数据。扩展应用支持应用失效功能,即交通行业终端在更新应用数据时将应用有效标识置零。

5.5 安全报文

5.5.1 概述

安全报文通过报文鉴别码(MAC)保障数据的完整性和对发卡机构的认证,通过对数据域的加密保障数据的机密性。

5.5.2 报文格式

使用的报文格式见 JT/T 978.3 的定义。报文所涉及的命令的数据域没有将 BER-TLV 编码用于安全报文,使用安全报文的命令的发送者及当前被选择的应用应知道数据域中包含的数据对象以及这些数据对象的长度。根据 GB/T 16649.4,符合此格式的安全报文是通过将命令的类型字节的低半字节设置为'4'明确指定的。当应用为电子钱包模式时,卡中的 FCI 表明某个命令的数据域的数据是否需要加密传输,是否应以加密的方式处理。

5.5.3 使用的密钥

在安全报文计算中用到的过程密钥应按照 5.1.6 中描述的流程来生成。

5.5.4 国际算法报文 MAC 的计算

MAC 计算应满足如下内容:

a) MAC 计算使用 9.1.2 中描述的机制;

b) 要保护的报文应按照支付系统的专有规范来构建,至少包含 C-APDU(CLA INS P1 P2)的头部以及命令数据(若存在);

c) 在本条中 MAC 长度为 4,在按上面描述的方法计算得到 8 个字节的结果后,取其中最左面的(最高)4 字节来得到 MAC。

5.5.5 国密算法报文 MAC 的计算

MAC 计算应满足如下内容:

a) MAC 计算使用 9.2.2 中描述的机制;

b) 要保护的报文应按照支付系统的专有规范来构建,至少包含 C-APDU(CLA INS P1 P2)的头部以及命令数据(若存在);

c) 在本条中 MAC 长度为 4,在按上面描述的方法计算得到 16 个字节的结果后,取其中最左面的(最高)4 字节来得到 MAC。

5.5.6 国际算法报文私密性

对明文/加密命令数据域的加/解密使用9.1.1中描述的机制。

5.5.7 国密算法报文私密性

对明文/加密命令数据域的加/解密使用9.1.1中描述的机制。

6 电子钱包安全体系

6.1 密钥

6.1.1 密钥关系表

卡片中存储的电子钱包的密钥见表20。发卡机构应管理唯一的工作主密钥,卡片子密钥的推导流程见6.1.2。

表20 卡片中存储的电子钱包的密钥

密　　钥	发卡机构	卡　　片	终端(PSAM)
用于消费交易的密钥	消费主密钥(MPK)	消费子密钥(DPK),由MPK用应用主账号推导获得	消费主密钥(MPK)
用于圈存交易的密钥	圈存主密钥(MLK)	圈存子密钥(DLK),由MLK用应用主账号推导获得	—
用于圈提交易的密钥	圈提主密钥(MULK)	圈提子密钥(DULK),由MULK用应用主账号推导获得	—
消费交易中用于产生TAC的密钥	TAC主密钥(MTK)	TAC子密钥(DTK),由MTK用应用主账号推导获得	—
用于应用维护功能的密钥	应用主控密钥(MAMK)	应用主控子密钥(DAMK),由MAMK用应用主账号推导获得	—
应用解锁密钥	应用解锁主密钥(MUBK)	应用主控解锁子密钥(DUBK)由MUBK用应用主账号推导获得	—
应用锁定密钥	应用锁定主密钥(MBK)	应用主控锁定子密钥(DBK)由MBK用应用主账号推导获得	应用锁定主密钥(MBK)

6.1.2 子密钥推导流程

6.1.2.1 国际算法子密钥推导流程

6.1.2.1.1 左半部分的推导流程

国际算法的双倍长DPK左半部分的推导流程如下:

a) 将应用主账号的最右16个数字作为输入数据;
b) 将MPK作为加密密钥;
c) 国际算法的DPK左半部分推导流程见图8,用MPK对输入数据进行3DES运算。

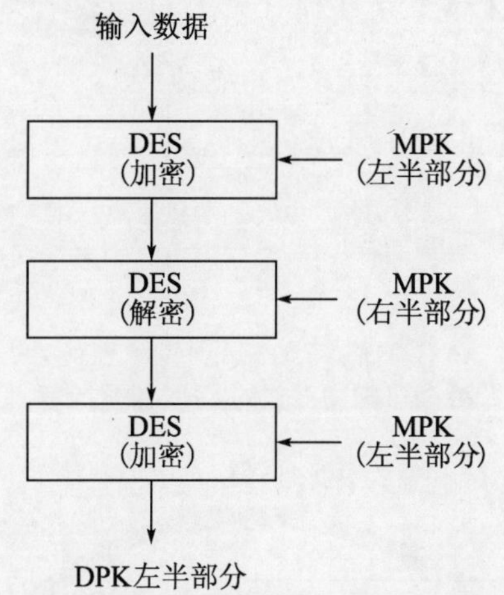

图8　国际算法的 DPK 左半部分推导流程

6.1.2.1.2　右半部分的推导流程

国际算法的双倍长 DPK 右半部分的推导流程如下:

a)　将应用主账号的最右 16 个数字的求反作为输入数据;

b)　将 MPK 作为加密密钥;

c)　国际算法的 DPK 右半部分推导流程见图 9,用 MPK 对输入数据进行 3DES 运算。

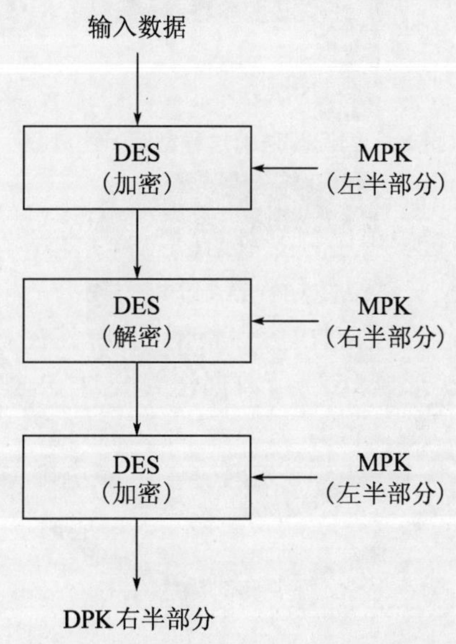

图9　国际算法的 DPK 右半部分推导流程

6.1.2.2　国密算法子密钥推导流程

国密算法的子密钥推导流程如下:

a)　取 8 字节作为分散因子;

b)　输入数据由 8 字节分散因子加上分散因子取反组成;

c)　国密算法的 DPK 推导流程见图 10,用主密钥对输入数据进行 SM4 加密运算得到 16 字节结果作为子密钥。

6.1.3　过程密钥的产生

6.1.3.1　国际算法过程密钥的产生流程

国际算法的过程密钥是在交易过程中用可变数据产生的单倍长密钥,过程密钥产生后只能在某过程/交易中使用一次,国密算法的过程密钥产生流程见图 11。

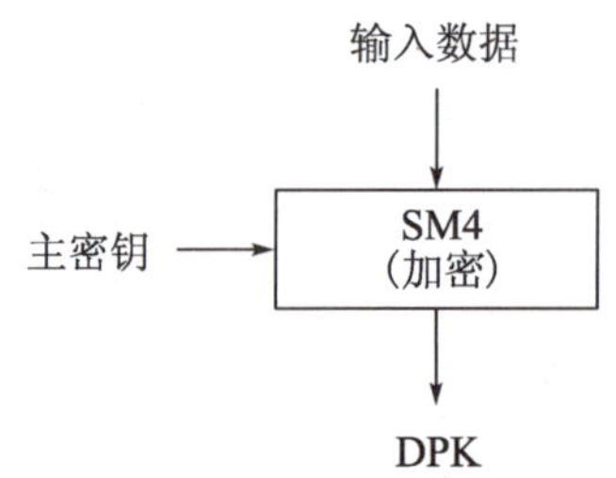

图 10　国密算法的 DPK 推导流程

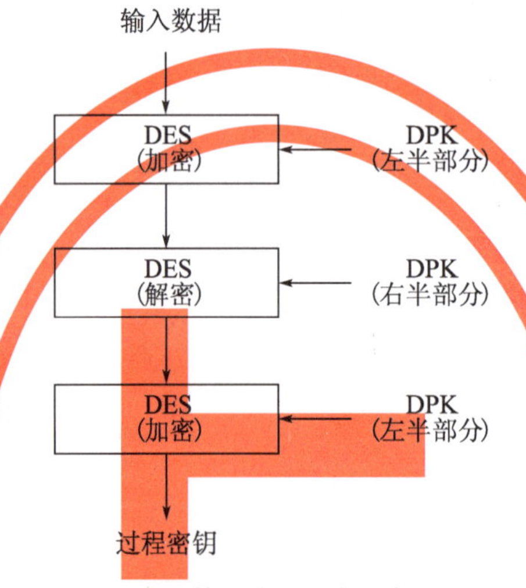

图 11　国际算法的过程密钥产生流程

6.1.3.2　国密算法过程密钥的产生流程

国密算法的过程密钥是在交易过程中用可变数据产生的十六字节长密钥。

过程密钥产生后只能在某过程/交易中使用一次,过程密钥的产生流程如下:

a) 国际算法中定义的 8 字节输入数据内容保持不变,将其在右侧以十六进制"0x 00 00 00 00 00 00 00 00"的方式补齐,形成 16 字节数据作为 SM4 的输入(对原输入数据已经为 16 字节的交易,不需要补齐);

b) 国密算法的过程密钥产生流程见图 12,用 16 字节子密钥,经过一次 SM4 加密产生 16 字节过程密钥。

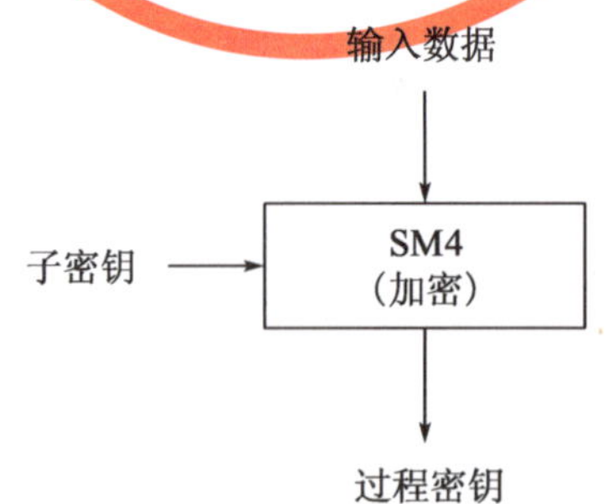

图 12　国密算法的过程密钥产生流程

6.2　交易 MAC/TAC 计算流程

6.2.1　国际算法 MAC/TAC 的计算流程

国际算法产生 MAC/TAC 的单倍长 DES 计算流程如下:

a) 将一个 8 个字节长的初始值设定为十六进制的“0x 00 00 00 00 00 00 00 00”；
b) 将所有的输入数据按指定顺序串联成一个数据块；
c) 将串联成的数据块分割为 8 字节长的数据块组，标识为 D_1、D_2、D_3 与 D_4 等。分割到最后，余下的字节组成一个长度小于等于 8 字节的最后一块数据块；
d) 若最后一个数据块长度为 8 字节，则在此数据块后附加一个 8 字节长的数据块，附加的数据块为十六进制的“0x 80 00 00 00 00 00 00 00”。若最后一个数据块长度小于 8 字节，则该数据块的最后填补一个十六进制‘80’。若填补之后的数据块长度等于 8 字节，则跳至第五步。若填补之后的数据块长度仍小于 8 字节，则在数据块后填补十六进制‘00’至数据块长度为 8 字节；
e) MAC 的产生是通过上述步骤产生的数据块组，由过程密钥进行加密运算，过程密钥的产生流程见图 11。TAC 的产生是通过上述步骤产生的数据块组，由 DTK 密钥左右 8 位字节进行异或运算的结果进行加密运算。MAC/TAC 的计算流程见图 13；
f) 最终值的左 4 字节为 MAC/TAC。

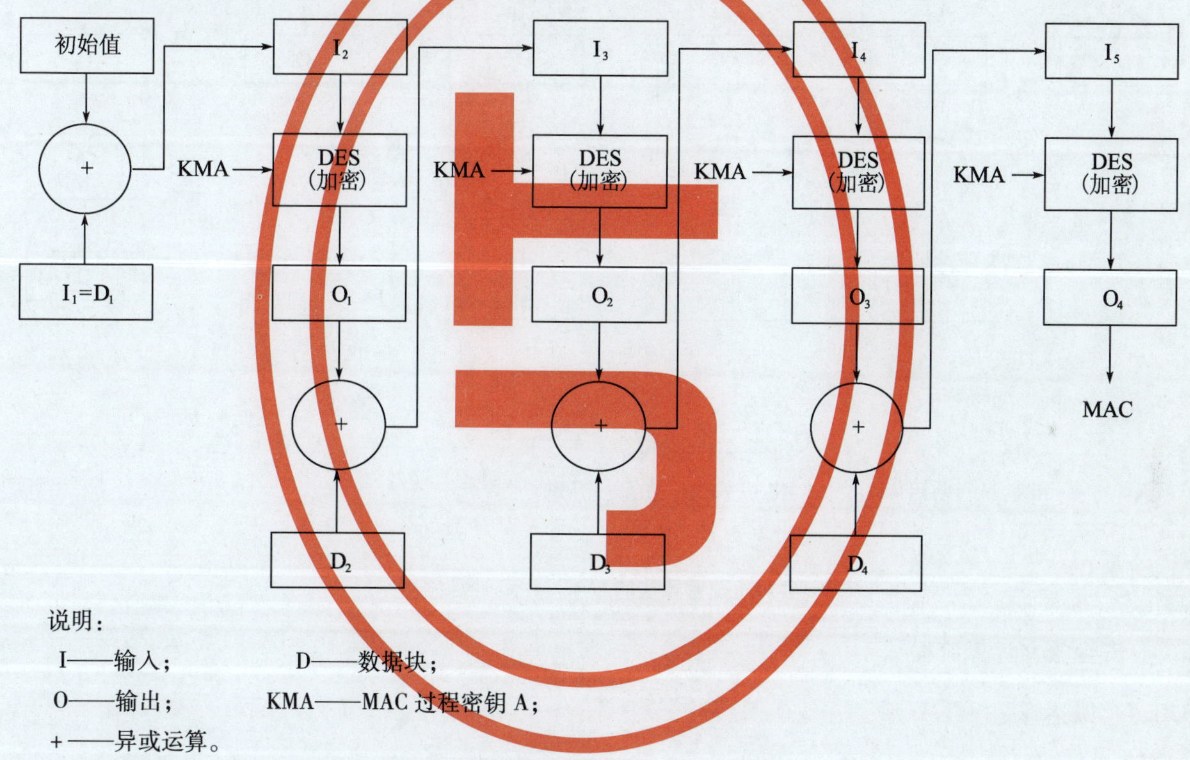

说明：

I——输入； D——数据块；

O——输出； KMA——MAC 过程密钥 A；

+——异或运算。

图 13 国际算法的 MAC/TAC 计算流程

6.2.2 国密算法 MAC/TAC 的计算流程

国密算法产生 MAC/TAC 的 SM4 计算流程如下：

a) 将一个 16 个字节长的初始值设定为十六进制的“0x 00 00 00 00 00 00 00 00 00 00 00 00 00 00 00 00”。；
b) 将所有的输入数据按指定顺序串联成一个数据块；
c) 将串联成的数据块分割为 16 字节长的数据块组，标识为 D_1、D_2、D_3 与 D_4 等。分割到最后，余下的字节组成一个长度小于等于 8 字节的最后一块数据块；
d) 若最后一个数据块长度为 16 字节，则在此数据块后附加一个 16 字节长的数据块，附加的数据块为十六进制的“0x 80 00 00 00 00 00 00 00 00 00 00 00 00 00 00 00”。若最后一个数据块长度小于16字节,则该数据块的最后填补一个十六进制‘80’。若填补之后的数据块长度等于16字节,则跳至第五步。若填补之后的数据块长度仍小于16字节,则在数据块后填补十六进制‘00’至数据块长度为16字节;

e) MAC的产生是通过上述步骤产生的数据块组,由过程密钥进行加密运算,过程密钥的产生流程见图12。TAC的产生是通过上述方法产生的数据块组,由DTK直接进行加密运算。MAC/TAC的计算流程见图14;

f) 将16字节运算结果按8字节分块做异或运算,得到8字节数据,取高4字节得到认证码MAC/TAC。

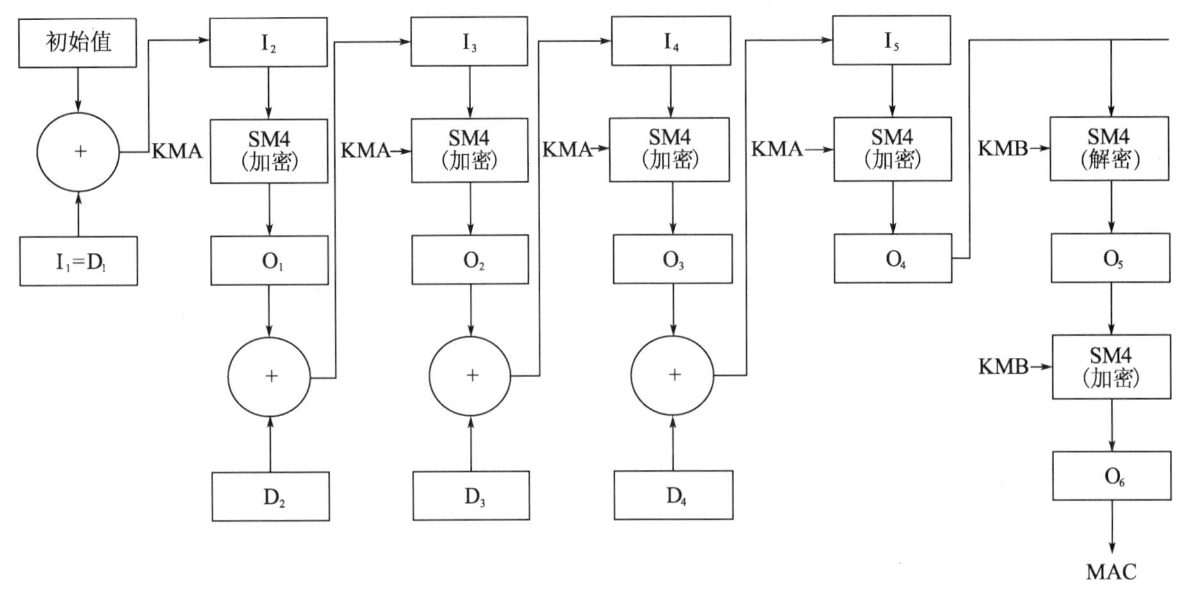

说明：

I——输入；　D——数据块；

KMA——MAC过程密钥A；　KMB——MAC过程密钥B；

O——输出；　+——异或运算。

图14　国密算法的MAC/TAC计算流程

6.3　安全报文计算流程

6.3.1　概述

安全报文通过报文鉴别码(MAC)来保障数据的完整性,通过对数据域的加密来保障数据的机密性。

6.3.2　报文格式

使用的报文格式见JT/T 978.3的定义。报文所涉及的命令的数据域没有将BER-TLV编码用于安全报文,使用安全报文的命令的发送者及当前被选择的应用应知道数据域中包含的数据对象以及这些数据对象的长度。根据GB/T 16649.4,符合此格式的安全报文是通过将命令的类型字节的低半字节设置为‘4’明确指定的。当应用基于电子钱包模式时,卡中的FCI表明某个命令的数据域的加密传输方式。

6.3.3　使用的密钥

在安全报文计算中,根据发卡机构需求来决定是否使用过程密钥。如使用过程密钥,应按照6.1.4

中描述的流程来生成。

6.3.4 国际算法报文 MAC 的计算流程

产生 MAC 的单重或三重 DES 计算流程如下：

a) 取 8 个字节的十六进制数字'0'作为初始变量；

b) 按照顺序将以下数据串联在一起形成数据块：

1) CLA、INS、P1、P2 和 Lc；

2) 在 JT/T 978.2 中定义的数据；

3) 在命令的数据域中(若存在)包含明文或加密的数据。(例：若要更改个人识别码，加密后的个人识别码数据块放在命令数据域中传输)。

c) 将该数据块分成 8 字节为单位的数据块，标号为 D_1、D_2、D_3 和 D_4 等。最后的数据块有可能是 1 个～8 个字节；

d) 根据数据块长度进行补位：

1) 最后的数据块长度是 8 字节的话，则在其后加上十六进制数字"0x 80 00 00 00 00 00 00 00"，转到步骤 e)；

2) 最后的数据块长度不足 8 字节，则在其后加上十六进制数字'80'，若达到 8 字节长度，则转入步骤 e)；否则在其后加入十六进制数字'00'直到长度达到 8 字节。

e) 对这些数据块使用 MAC 密钥进行加密，若安全报文传送支持单长度密钥，则按照图 15 的方式来产生 MAC[根据在步骤 b)中产生的数据块长度的不同，确定计算的步数]；

f) 最终得到从计算结果左侧取得的 4 字节长度的 MAC；

安全报文传送的处理支持双长度密钥，按照图 16 的方式来产生 MAC，[根据步骤 b)产生的数据块的长度，确定计算的步数]。

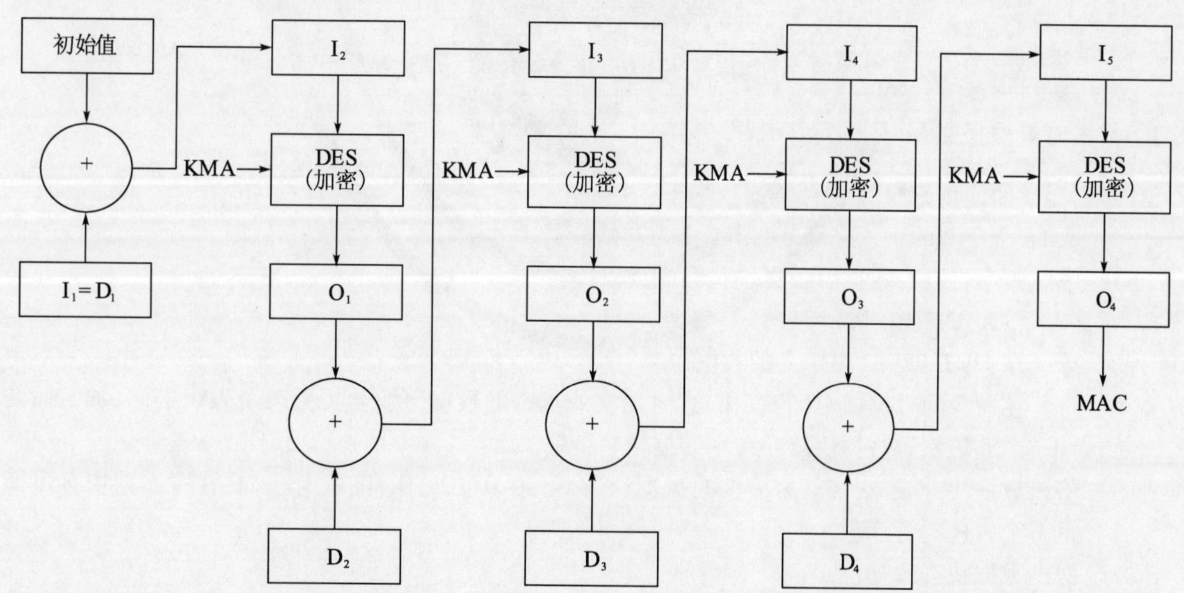

说明：

I——输入； D——数据块；

O——输出； KMA——MAC 密钥 A；

+——异或运算。

图 15 国际算法的单长度密钥 MAC 计算流程

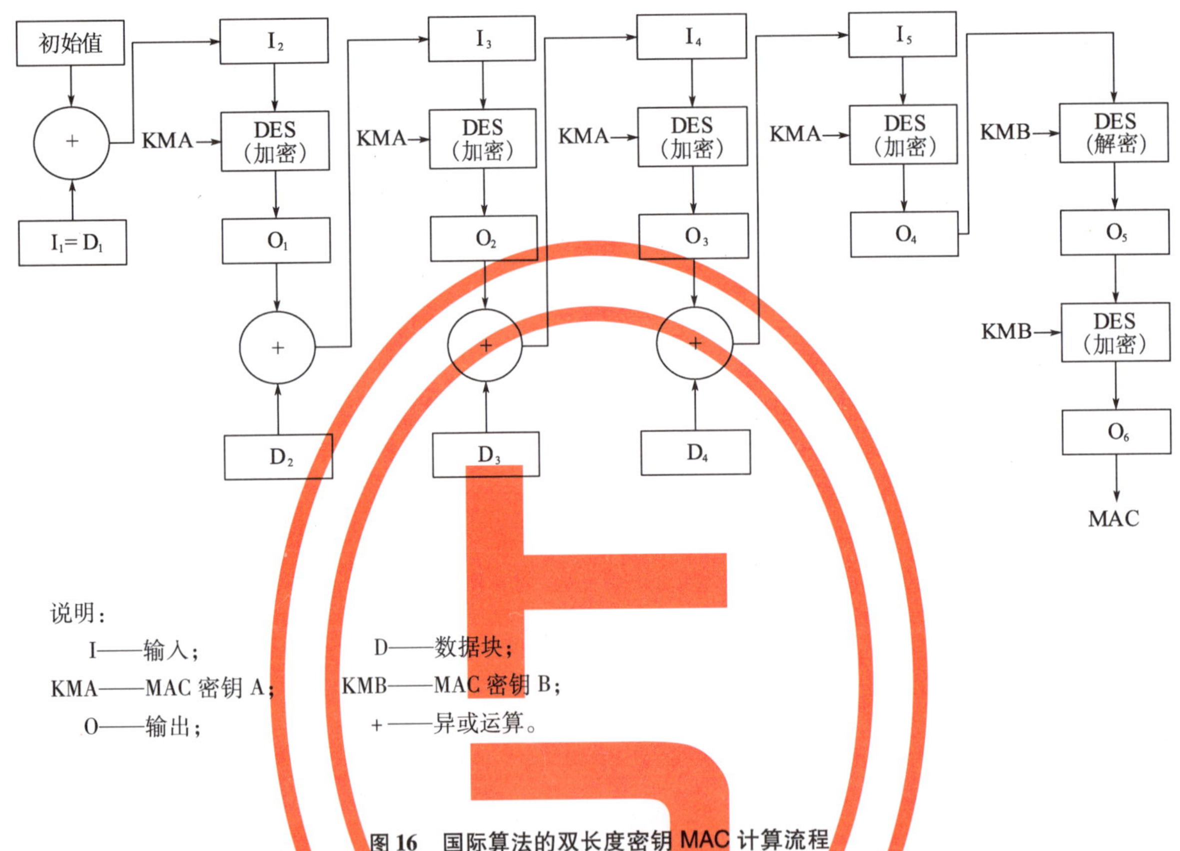

说明：

I——输入；　D——数据块；

KMA——MAC 密钥 A；　KMB——MAC 密钥 B；

O——输出；　+——异或运算。

图 16　国际算法的双长度密钥 MAC 计算流程

6.3.5　国密算法报文 MAC 的计算流程

产生 MAC 的使用 SM4 加密计算流程如下：

a)　取 16 个字节的十六进制数字‘0’作为初始变量；

b)　按照顺序将以下数据串联在一起形成数据块：

　1)　CLA、INS、P1、P2 和 Lc；

　2)　在 JT/T 978.2 中定义的数据；

　3)　在命令的数据域中(若存在)包含明文或加密的数据(例：若要更改个人识别码，加密后的个人识别码数据块放在命令数据域中传输)。

c)　将该数据块分成 16 字节为单位的数据块，标号为 D_1、D_2、D_3 和 D_4 等。最后的数据块有可能是 1 个 ~ 16 个字节；

d)　根据数据块进行补位：

　1)　最后的数据块长度是 16 字节的话，则在其后加上十六进制数字“0x 80 00 00 00 00 00 00 00 00 00 00 00 00 00 00 00”，转到步骤 e)；

　2)　最后的数据块长度不足 16 字节，则在其后加上十六进制数字‘80’，若达到 16 字节长度，则转入步骤 e)；否则在其后加入十六进制数字‘0’直到长度达到 16 字节。

e)　对这些数据块使用 MAC 密钥进行加密，MAC 的产生流程见图 17；

f)　最终将 16 字节计算结果左右 8 字节异或，得到 8 字节数据，再取高 4 字节作为 MAC。

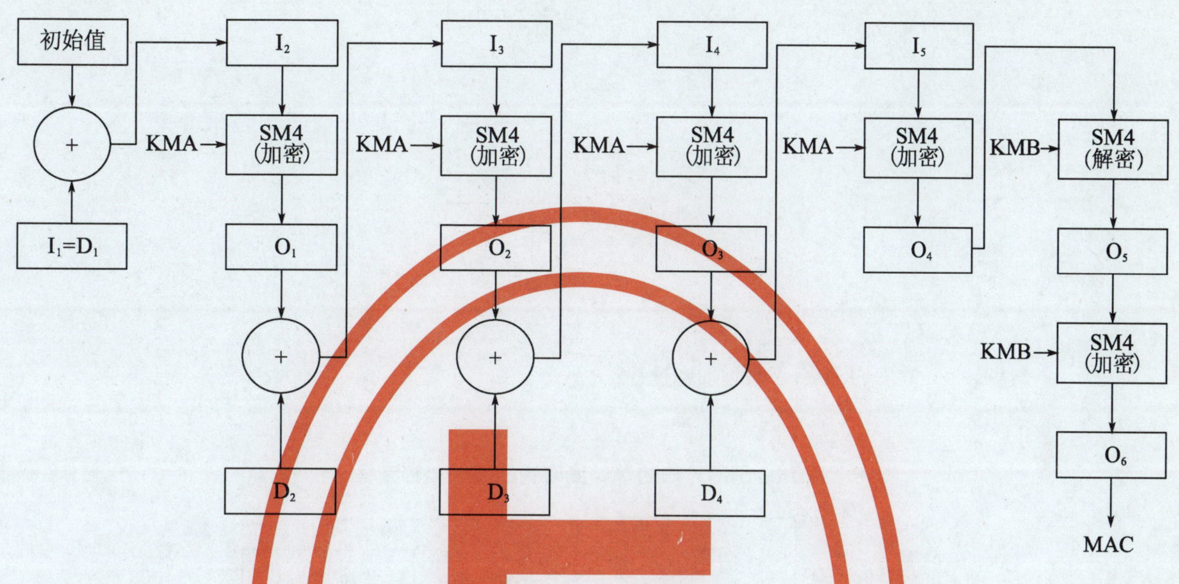

说明：

I——输入；　　D——数据块；

KMA——MAC 密钥 A；　KMB——MAC 密钥 B；

O——输出；　　+——异或运算。

图 17　国密算法的 MAC 计算流程

6.3.6　国际算法报文私密性

6.3.6.1　数据加密计算流程

数据加密计算流程如下：

a）用 LD 表示明文数据的长度，在明文数据前加上 LD 产生新的数据块；

b）将流程 a）中生成的数据块分解成 8 字节数据块，标号为 D_1、D_2、D_3 和 D_4 等。最后一个数据块长度有可能不足 8 字节；

c）最后（或唯一）的数据块长度等于 8 字节，转入流程 d）；若不足 8 字节，在右边添加十六进制数字'80'。若长度已达 8 字节，转入步骤 d）；否则，在其右边添加 1 字节十六进制数字'0'直到长度达到 8 字节；

d）每一个数据块使用 9.1.1 中描述的数据加密方式加密：

　1）采用单长度数据加密密钥，数据块的加密流程见图 18（使用数据加密密钥 A 进行加密）；

　2）采用双长度数据加密密钥，数据块的加密流程见图 19（使用数据加密密钥 A 和 B 来进行加密）；

e）计算结束后，所有加密后的数据块依照原顺序连接在一起（加密后的 D_1、加密后的 D_2 等）。并将结果数据块插入到命令数据域中。

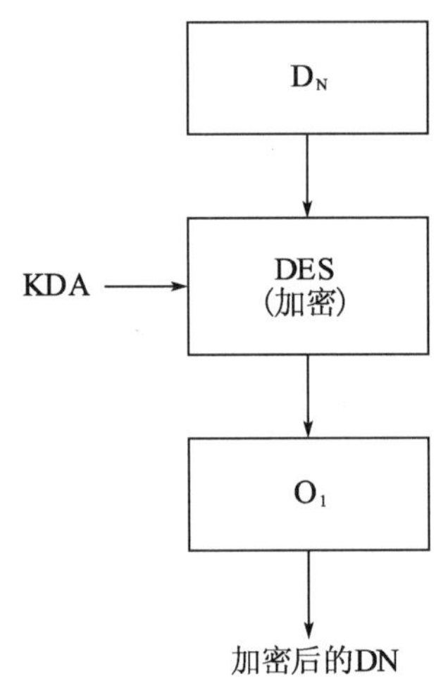

说明：

D——数据块；　　KDA——数据加密过程；

O——输出。

图 18　国际算法的单长度密钥的数据加密流程

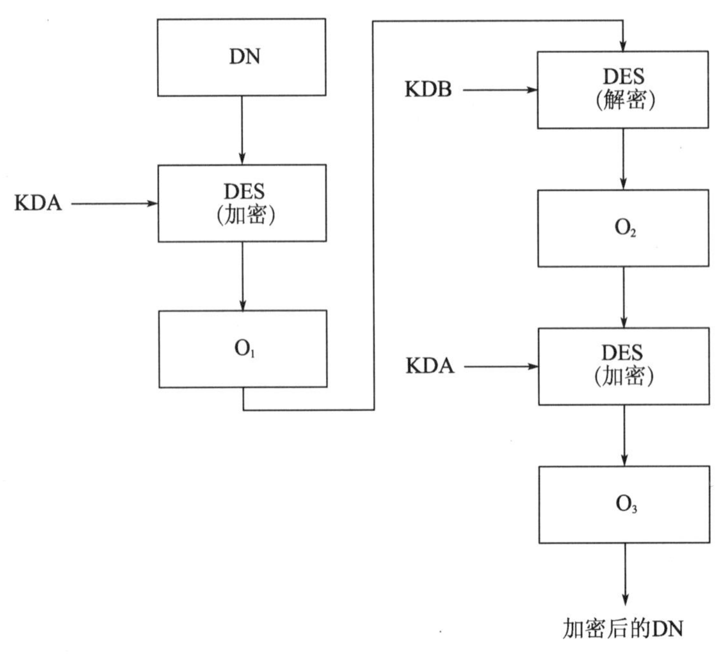

说明：

I——输入；　　D——数据块；

O——输出；　　KDA——数据加密密钥 A；

KDB——数据加密密钥 B。

图 19　国际算法的双长度密钥的数据加密流程

6.3.6.2　数据解密计算流程

卡片接收到命令之后，应将包含在命令中的加密数据进行解密。数据解密计算流程如下：

a）将命令数据域中的数据块分解成 8 字节长的数据块，标号为 D_1、D_2、D_3 和 D_4 等；

1）采用单长度数据加密密钥，数据块解密流程见图 20（使用数据加密密钥 A 进行解密）；

2）采用双长度数据加密密钥，数据块的解密流程见图 21（使用数据加密密钥 A 和 B 来进行解密）。

b) 计算结束后,所有解密后的数据块依照顺序(解密后的 D_1、解密后的 D_2 等)链接在一起。数据块由 LD、明文数据、填充字符(若在 6.3.6.1 描述的加密过程中增加的话)组成;

c) LD 表示明文数据的长度,用来恢复明文数据。

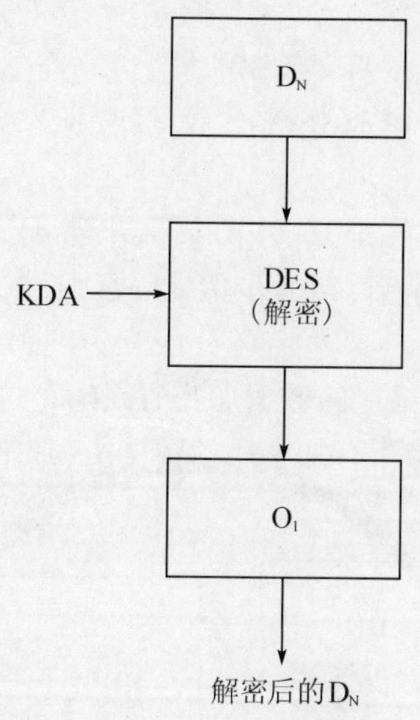

说明:

D——数据块; KDA——数据加密密钥 A;

O——输出。

图 20 国际算法的单长度密钥的数据解密流程

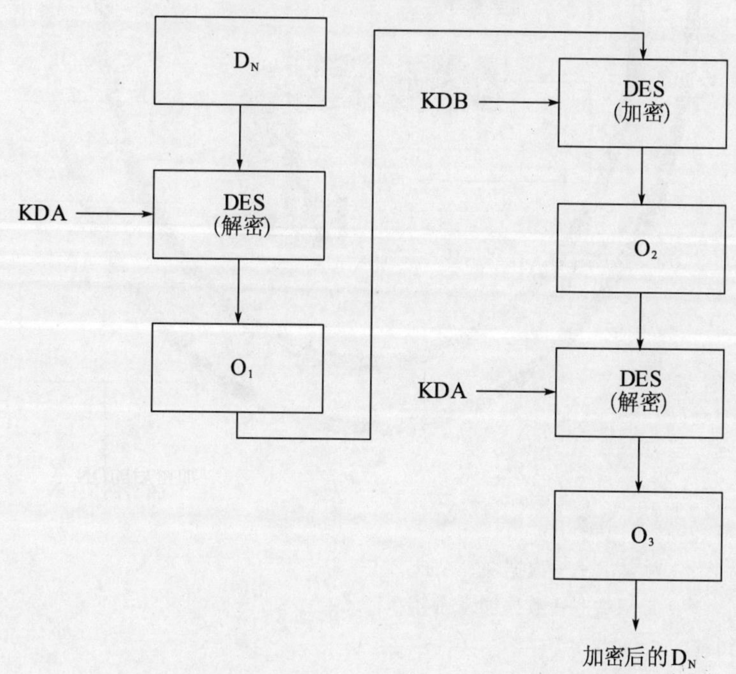

说明:

I——输入; D——数据块;

O——输出; KDA——数据加密密钥 A;

KDB——数据加密密钥 B。

图 21 国际算法的双长度密钥的数据解密流程

6.3.7 国密算法报文私密性

6.3.7.1 数据加密计算流程

数据加密计算流程如下：

a) 用 LD 表示明文数据的长度，在明文数据前加上 LD 产生新的数据块；

b) 将步骤 a) 中生成的数据块分解成 16 字节数据块，标号为 D_1、D_2、D_3 和 D_4 等。最后一个数据块长度有可能不足 16 字节；

c) 最后（或唯一）的数据块长度等于 16 字节，转入步骤 d)；若不足 16 字节，在右边添加十六进制数字‘80’。若长度已达 16 字节，转入步骤 d)；否则，在其右边添加 1 字节十六进制数字‘0’直到长度达到 16 字节；

d) 每一个数据块使用 9.2.1 中描述的数据加密方式加密，数据块的加密流程见图 22；

e) 计算结束后，依照原顺序连接所有加密后的数据块（加密后的 D_1、加密后的 D_2 等）。并将结果数据块插入到命令数据域中。

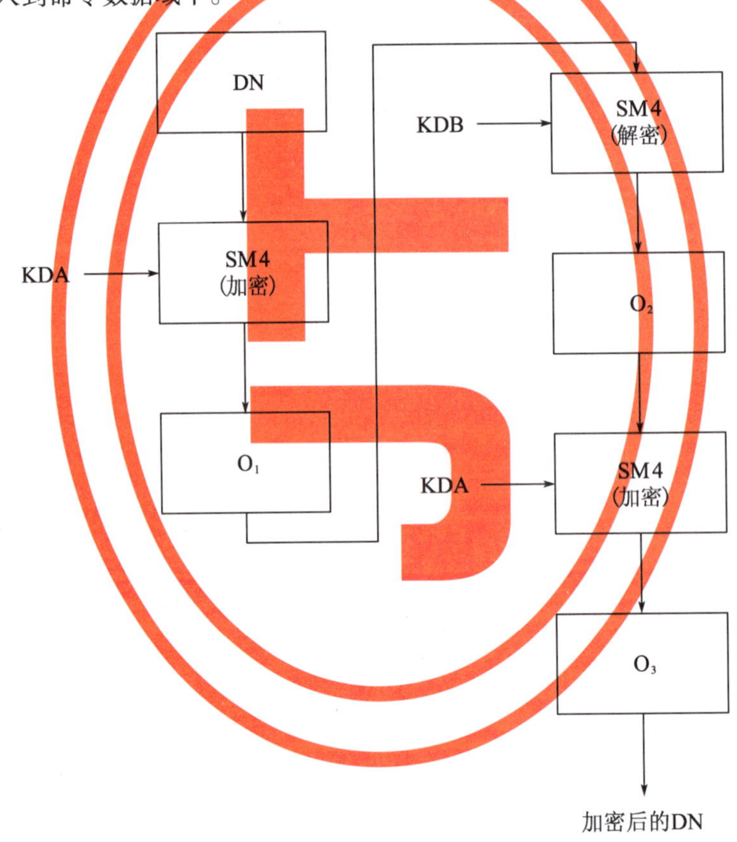

说明：

I——输入；
D——数据块；
O——输出；
KDA——数据加密密钥 A；
KDB——数据加密密钥 B。

图 22 国密算法的数据加密流程

6.3.7.2 数据解密计算

卡片接收到命令之后，应将包含在命令中的加密数据进行解密。数据解密计算流程如下：

a) 将命令数据域中的数据块分解成 16 字节长的数据块，标号为 D_1、D_2、D_3 和 D_4 等。数据块的解密流程见图 23；

b) 计算结束后，依照原顺序连接所有解密后的数据块（解密后的 D_1、解密后的 D_2 等）。数据块由

LD、明文数据、填充字符(若在 6.3.7.1 描述的加密过程中增加的话)组成;

c) LD 表示明文数据的长度,用来恢复明文数据。

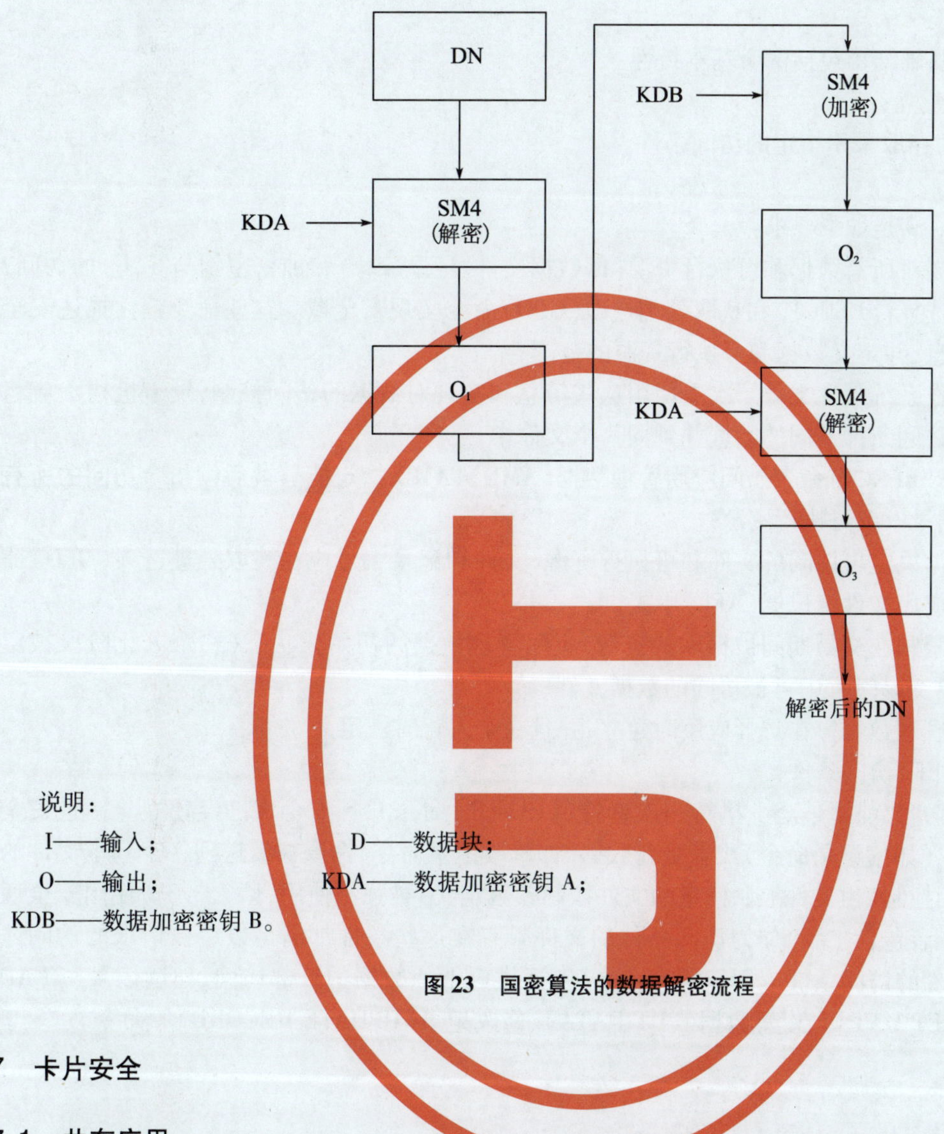

说明:

I——输入; D——数据块;

O——输出; KDA——数据加密密钥 A;

KDB——数据加密密钥 B。

图 23 国密算法的数据解密流程

7 卡片安全

7.1 共存应用

不同应用间应设计一道"防火墙"以防止跨过应用进行非法访问。包括所有不在本规范定义中的应用和其他的恶意应用。

不同应用不应与卡中共存的个人化要求和应用规则发生冲突。

7.2 密钥的独立性

特定功能(如:AC 密钥)的加密/解密密钥不能被任何其他功能所使用,包括保存在卡片中的密钥和用来产生、派生、传输这些密钥的密钥。

7.3 卡片内部安全体系

7.3.1 卡片内部安全目标

为了保证卡片操作系统使用合适的安全机制,并在卡片内部为所有数据及处理过程提供安全性和完整性保障;为访问数据文件和使用的命令与加密算法而设计的。

7.3.2 卡片内部安全概述

7.3.2.1 一般要求

这一安全体系的基础结构包括两个基本特性:

a) “安全域”的建立;

b) 对每个 EF 的存取采用指定的访问条件。

7.3.2.2 安全域

卡片内部安全域应满足如下要求:

a) 操作系统控制对所有数据和可执行资源(即数据文件、记录、命令和加密密钥与算法)的访问,应通过执行选择(SELECT)和获取处理选项(GPO)命令实现安全域。这些命令建立描述安全域的相关信息,并定义数据和可执行资源的范围;

b) 由于卡片操作系统是在文件层次上使用这些信息和实现对数据的访问控制,发卡机构不应将同一层次下访问条件不同的数据并到同一个文件中;

c) 应使用选择(SELECT)命令访问应用管理数据(AMD),AMD 指定能够被后续指令访问的所有数据文件,记录以及可执行资源;

d) 应用管理数据决定可访问的文件和可执行资源,文件和记录编号应在获取处理选项(GPO)命令响应内的应用文件定位器(AFL)中提供;

e) 发卡机构应限制在交易期间被存取的资源,应用管理数据的初始化状态(在个人化阶段被定义)应仅包含交易过程中可被访问的数据文件;

f) 初始的应用管理数据应在选择应用时建立,并且在个人化时被定义。

7.3.2.3 基本文件(EF)访问条件

对于基本文件的访问,前提是至少执行一次选择(SELECT)命令并且安全域已经建立。一旦安全域建立,并且后续读取(如读记录命令)或者更新数据(如修改记录命令)命令被发送到一个基本文件的时候,基本文件的访问控制(由文件控制信息的文件控制参数定义)被强制使用,见 7.3.3。使用安全通信或 VERIFY 命令(或者包含二者)作为访问条件的文件只有在这些条件都满足以后被请求的访问才能继续执行。基本文件的访问条件应用于所有命令,以提供对卡片数据的外部访问,如读记录(READ RECORD)、取数据(GET DATA)、设置数据(PUT DATA)、修改记录(UPDATE RECORD)等命令。

7.3.3 文件控制信息

7.3.3.1 概述

文件控制信息(FCI)附属于每个 ADF 或 AEF,描述了文件的特性。文件控制信息在个人化期间为每个文件建立,定义了初始的安全域。

7.3.3.2 应用管理数据

7.3.3.2.1 安全域的定义

应用管理数据描述的安全域定义以下内容:

a) 在应用范围内可以被存取的资源,应用基本文件和内部基本文件(如个人识别码 PIN、密钥、参数);

b) 可在应用的上下文范围内被执行的命令;

c) 命令与资源之间的关系。

7.3.3.2.2 安全域定义的资源类型

安全域由应用管理数据说明的相关资源定义。没有被包含在应用管理数据内的资源不能被应用所使用。对应用来说安全域是相互独立的。共有以下两类资源被定义:

a） 数据资源(见7.3.3.3.)；

b） 可执行代码资源。

7.3.3.3 数据资源

7.3.3.3.1 一般要求

数据资源可以是以下列出的任意一个：

a） 数据文件及其记录；

b） 密钥；

c） PIN。

7.3.3.3.2 数据标识

数据资源是指文件内的数据元，由卡片内部的唯一标识符所识别。文件由卡片内部唯一的文件标识符所标识。不包含在文件内的数据元则由一个唯一数据标识所标识。运行应用所需的任何数据资源应在应用管理数据内标识，要求如下：

a） 对包含了数据元(可由应用管理数据定义的命令访问)的文件而言，SFI(在应用内被唯一标识，并且可从外部被引用)与文件标识(在卡片内被唯一标识，并且可从内部被引用)之间的关系被维护在应用管理数据内；

b） 对未被包含在文件内的数据对象[可由应用管理数据定义的命令如取数据(GET DATA)命令访问]而言，数据对象标签(可从外部被引用)与唯一数据标识(在卡片内部，并且可从内部被引用)之间的关系被维护在应用管理数据内。

7.3.3.3.3 密钥标识

密钥不应从外部被引用。对保存在文件内的密钥，应用管理数据维护了在执行应用管理数据定义的命令和加密算法时定位密钥所必需的文件标识和指向密钥的引用；对不保存在文件内的密钥，应用管理数据维护了在执行应用管理数据定义的命令和加密算法时定位密钥所必需的卡片内部的唯一密钥标识。

7.3.3.3.4 PIN/口令标识

PIN/口令只能从外部通过应用管理数据和安全通信共同定义的命令被引用。对保存在文件内的PIN或者口令而言，应用管理数据维护了在执行应用管理数据定义的命令和加密算法时定位PIN/口令所必需的文件标识和指向PIN/口令的引用；对不保存在文件内的PIN/口令而言，应用管理数据维护了在执行应用管理数据定义的命令和加密算法时定位PIN/口令所必需的卡片内部的唯一PIN/口令标识。

7.3.3.3.5 可执行代码资源

可执行代码资源包括：

a） 命令；

b） 加密算法。

7.3.3.3.6 命令标识

命令资源包括CLA和INS字节，操作系统用他们来查找命令的位置。命令资源项包括了命令访问的数据的属性，有时还有与密钥和算法相关的参数属性。

7.3.3.3.7 算法标识

算法资源建立了为应用而定义的算法标识，与操作系统用来定位可执行代码的实际算法引用之间的联系。

7.3.4 文件控制参数

每个基本文件在其文件控制信息中包含一个文件控制参数(FCP)，它保存了同文件的访问条件相关的附加信息。该信息在个人化期间被放在卡片内，并且同保存在ADF的文件控制信息内的应用管理数据一起，由卡片操作系统用于建立应用的安全域。基本文件的访问条件见表21。

表 21　基本文件的访问条件

读　　取	更　　新	访 问 条 件
是/否	是/否	
是/否	是/否	安全通信
是/否	是/否	校验
(不可用)	是/否	数据加密

注 1:读取一栏表示使用读取命令,如读记录(READ RECORD)或取数据(GET DATA)命令,存取基本文件内部的数据。"更新"一栏表示使用更新命令,如修改记录(UPDATE RECORD)或设置数据(PUT DATA)命令,存取基本文件内部的数据。

注 2:文件控制参数指出是否在发卡机构脚本修改记录(UPDATE RECORD)命令中以加密或者明文格式传送数据。

注 3:文件控制参数也作为一个组件用于实现应用管理数据的逻辑结构。

7.3.5　卡片本地数据的访问条件

数据访问条件适用于可被读记录(READ RECORD)、修改记录(UPDATE RECORD)、取数据(GET DATA)命令或其他合适的类似命令访问的数据,具体如下:

a) 可被设置数据(PUT DATA)命令与安全通信改变的数据,以及可被取数据(GET DATA)命令读取的数据:
   1) 连续脱机交易下限("9F58");
   2) 连续脱机交易上限("9F59");
   3) 连续脱机交易限制数(国际—国家);
   4) 连续脱机交易限制数(国际);
   5) 累计交易总额限制;
   6) 累计交易总额限制(两种货币);
   7) 累计交易总额上限;
   8) 货币转换因子。

b) 可被应用私有的 PIN 修改/解锁(PIN CHANGE/UNBLOCK)命令与安全通信所更新的数据,以及不可被读取的数据:PIN;

c) 可被取数据(GET DATA)命令读取的数据,以及可被 PIN 修改/解锁(PIN CHANGE/UNBLOCK)命令与安全通信重新设置为预定限制的数据:PIN 尝试计数器。

8　终端安全

8.1　终端数据安全性要求

8.1.1　一般要求

终端存在两种类型的数据:

a) 通用数据:包括时间、终端识别号、终端交易记录等。外界可对这些数据进行访问,但不允许进行无授权修改;

b) 敏感数据:包括根公钥、用于 PIN 加密的对称密钥及终端内部的参数。在未授权的情况下,外界不允许对这类数据进行访问和修改。

8.1.1.1　通用数据的安全要求

通用数据可存放在存储器中。在更新参数以及下载新的应用程序时,终端应做到:

a) 验证更新方的身份,对于应用程序重新下载,只允许终端制造厂商、终端所有者或者经终端所有者或代理方批准的第三方执行;

b) 校验下载参数及应用程序的完整性。

对存储器要求应做到:无论在什么情况下,终端的应用数据都不应随意改变或丢失,并保证数据有效。所有与交易相关的数据均应以记录形式存储于终端存储器中,终端应保证这些数据的完整性。

8.1.1.2 敏感数据的安全要求

敏感数据应存放在终端安全模块中。

8.1.2 安全模块的物理安全要求

安全模块的硬件设计应能保证在物理上限制对其内部存储的敏感数据的存取与窃取,以及对安全模块的非授权使用和修改。一旦安全模块受到非法的攻击,其自身应立即完成对内部敏感数据的删除。同时,安全模块也应具有足够的安全特性,防止数据被非法篡改。安全模块的任何部分的损坏或失效都不能导致敏感数据的泄露。若安全模块是由多个分离部件组合而成,并且处理的数据在这些部件之间传递,则各部件须保持相同的安全级别。

8.1.3 安全模块的逻辑安全要求

安全模块的逻辑设计应保证,调用任何单一功能或组合功能,都不应导致敏感数据的泄露。对于某些敏感操作应具有一定的权限限制。

安全模块中可存放多组根公钥及其相关信息。若在终端使用过程中,需要更新或撤回根公钥,应使用安全报文方式;当需要以安全报文方式传递信息时,安全模块应能够实现安全报文传递。

8.2 终端设备安全性要求

8.2.1 防入侵设备

8.2.1.1 概述

防入侵的设备应保证在正常运行环境中,不应泄露或改变任何在设备中存储、处理或传输的敏感数据。

8.2.1.2 物理安全性

防入侵的设备应限制对内部敏感数据的物理访问,阻止窃取数据或未经授权的使用。设备应被设计和构造为:

a) 不允许轻易入侵设备并对设备的软硬件进行增加、替换或修改;

b) 设备的包装不能采用普通的易复制的材料;

c) 当设备的任何部件发生任何故障时,不应导致敏感的数据的泄漏;

d) 若设备的设计需要部分部件在物理上分离,并且处理的数据或持卡人的指令在这些分离的部件之间传递,则对设备的所有部件的保护等级应是相同的;

e) 对交换敏感数据如明文 PIN 来说,将不同的部件整合在单一的防入侵的外壳中是必要的条件。

8.2.1.3 逻辑安全性

终端逻辑安全性的要求如下:

a) 防入侵的设备应防止非法函数导致敏感数据的泄漏,即使在使用合法的函数的情况下,也应有逻辑保护敏感数据的安全;

b) 若终端被置于一种“敏感状态”,即允许通常情况下不被允许的函数的状态(如人工安装密钥),该转换应在两个或两个以上可信赖的人员的协助下进行。若用密码或其他明文数据来控制转换过程,则这些密码的输入也要用和其他敏感数据一样的方式来保护;

c) 为了将由未经授权的对敏感函数的使用所导致的风险降到最小,对敏感状态应有调用函数次数(适当的)的限制和时间限制。一旦达到了这些限制,设备应返回正常状态;

d) 在交易结束或超时后,防入侵的设备应自动清除内部的缓存。

8.3 终端密钥管理要求

8.3.1 终端密钥种类

在终端中存在的密钥种类见表22。

表22 终端内部保存的密钥种类

密钥名称	用途	密钥形式	条件
根公钥	用于动态数据认证	非对称密钥	M
根公钥维护密钥	用于导入,更新和撤回根公钥	对称密钥	M
PIN 加密密钥	用于保护 PINPAD 到终端的用户 PIN	对称密钥	O
电子现金互联互通密钥	用于保护交通行业信息	对称密钥	O-储存在扩展应用 SAM 卡中
电子钱包消费密钥	用于电子钱包的交易密文信息计算	对称密钥	M-储存在钱包应用 SAM 卡中
注:M-必备,O-可选。			

8.3.2 电子现金根公钥管理

8.3.2.1 概述

对收单机构管理终端中的根公钥的要求包括以下阶段:

a) 将根公钥导入终端;

b) 根公钥在终端中的存储;

c) 根公钥在终端中的使用;

d) 从终端中撤回根公钥。

8.3.2.2 根公钥导入

当密钥管理系统决定导入一个新的根公钥时,应保证将新的公钥从密钥管理系统分发给每一个收单机构。

8.3.2.3 根公钥储存和更新

根公钥储存和更新应满足如下要求:

a) 具备动态数据认证的终端应对每个卡片应用的 RID 提供6个根公钥的支持;

b) 每一个根公钥由5个字节的 RID 和1个字节的根公钥索引唯一标识。根公钥索引对于每个 RID 是唯一的,由密钥管理系统进行分配。对于每一个根公钥,表23描述在终端中有用的数据元的最小集;

c) 根公钥算法标识指明了与相应的根公钥一起使用的数字签名算法,哈希算法标识指定了在数字签名方案中用来生成哈希结果的哈希算法。算法选择与切换的流程见附录B。根公钥储存于终端的安全模块中,可以任意读取,但更新应使用安全报文。根公钥校验和用来保证根公钥及其相关数据准确无误接收到。

表 23　存储在终端中的根公钥相关数据元的最小集

名　称	长　度	说　明	格式
注册的应用提供商标识(RID)	5	指定根公钥和哪个密钥管理系统的关联	b
根公钥索引	1	和 RID 一起指定根公钥	b
密钥管理系统哈希算法标识	1	标识用于在数字签名方案中产生哈希结果的哈希算法	b
根公钥算法标识	1	标识使用在根公钥上的数字签名算法	b
根公钥模	变长最大为 248	根公钥模部分的值	b
根公钥指数	1 或 3	根公钥指数部分的值,等于 3 或 $2^{16}+1$	b
根公钥校验值	20	使用附录 A.3 指定的哈希算法对根公钥所有部分(RID、根公钥索引、根公钥模、根公钥指数)的连接计算得到的校验值	b

8.3.2.4　根公钥回收

当决定撤回某一个根公钥时,收单机构应保证在一个确定的时间后它的终端在交易中不再将这个根公钥用于静态和动态数据认证。

以下的原则适用于收单机构将根公钥从它的终端撤回:

a)　终端应能够验证它从收单机构收到的撤回通告没有错误;

b)　终端应能够验证收到的撤回通告确实是来自于它的合法收单机构;

c)　收单机构应能够确认一个特定的根公钥已经正确地从它的终端撤回。

8.3.3　SAM 卡

SAM 卡应由密钥管理系统统一发行和管理,不参与互联互通的地区扩展应用 SAM 卡应由各地区发卡机构发行和管理。

SAM 卡中存放电子现金互联互通主密钥以及电子钱包消费主密钥。

9　加密机制

9.1　国际算法对称加密机制

9.1.1　加密解密

9.1.1.1　填充并分块

填充及分块的流程如下:

a)　填充数据:

　1)　若报文 MSG 的长度不是分组长度的整数倍,在 MSG 的右端加上 1 个‘80’字节。在右端加上最少的‘00’字节,使得结果报文的长度 MSG: = (MSG||‘80’||‘00’||‘00’||…||‘00’)是分组长度的整数倍;

　2)　若报文 MSG 的长度是分组长度的整数倍,不对数据作填充。

b)　被加密数据首先应被格式化为以下形式的数据块:

　1)　明文数据的长度,不包括填充字符;

　2)　明文数据;

　3)　填充字符(按上述填充方式)。

c) 将 MSG 拆分为 8 字节或 16 字节的块 $X_1, X_2, \cdots, X_K$。

9.1.1.2 密文计算

用加密过程密钥 K_S 以 ECB 模式的分组加密算法将块 $X_1, X_2, \cdots, X_K$ 加密为分组长度的块 $Y_1, Y_2, \cdots, Y_K$。

当 $i = 1, 2, \cdots, K$ 时，分别计算：

$Y_i := ALG(K_S)[X_i]$。

9.1.1.3 密文解密

解密流程如下：

当 $i = 1, 2, \cdots, K$ 时，分别计算：

$X_i := ALG^{-1}(K_S)[Y_i]$。

处理填充字节：

为了得到原来的报文 MSG，将块 $X_1, X_2, \ldots, X_K$ 连接起来，若使用了填充(见上文)，从最后一块 X_K 中删除('80'||'00'||'00'||...||'00')字节串的结尾。

记为：

$MSG = DEC(K_S)[Y]$。

9.1.2 报文鉴别码

9.1.2.1 基于 64 位分组加密算法的 MAC 计算流程

计算一个 s 字节的 MAC($4 \leqslant s \leqslant 8$)是依照 GB/T 27929 规范，采用 CBC 模式的 64 位分组加密算法。更准确地说，用 MAC 过程密钥 K_S 对任意长度的报文 MSG 计算 MAC 值 S 的流程如下：

a) 依据 GB/T 16649.4 对报文 MSG 进行填充并分块：
   1) 在 MSG 的右端强制加上 1 个'80'字节；
   2) 在右端加上最少的'00'字节，使得结果报文的长度 MSG:=(MSG||'80'||'00'||'00'||…||'00')是 8 字节的整数倍；
   3) 将 MSG 拆分为 8 字节的块 $X_1, X_2, \cdots, X_K$。

b) MAC 过程密钥：K_S 可使用最左端密钥块 $K_S = K_{SL}$，也可以由最左端密钥块和最右端密钥块连接而成 KS = (KSL||KSR)；

c) 密文计算：

用 MAC 过程密钥的最左端块 K_{SL}，以 CBC 模式的分组加密处理 8 字节块 $X_1, X_2, \ldots, X_K$：

$H_i := ALG(K_{SL})[X_i \oplus H_{i-1}]$，这里 $i = 1, 2, \ldots, K$。

H_0 的初始值 H_0:=('00'||'00'||'00'||'00'||'00'||'00'||'00'||'00')。

依照 GB/T 27929 算法 3 计算 8 字节的块 H_{K+1}：

$H_{K+1} := ALG(K_{SL})[ALG^{-1}(K_{SR})[H_K]]$。

MAC 值 S 等于 H_{K+1} 的 s 个最高位字节。

9.1.2.2 基于 128 位分组加密算法的 MAC 计算方法

采用 CBC 模式的 128 位分组加密算法以及 MAC 过程密钥 K_S 对任意长度的报文 MSG 计算一个 s 字节的 MAC($4 \leqslant s \leqslant 8$)值 S 的步骤如下：

9.1.2.2.1 填充并分块

依据 GB/T 16649.4 对报文 MSG 进行填充：

a) 在 MSG 的右端强制加上 1 个'80'字节；

b) 在右端加上最少的'00'字节，使得结果报文的长度 MSG:=(MSG||'80'||'00'||'00'||…||'00')是 16 字节的整数倍；

c) 将 MSG 拆分为 16 字节的块 $X_1, X_2, \cdots, X_K$。

9.1.2.2.2 MAC 过程密钥

MAC 过程密钥 K_S 长度为 16 字节。

9.1.2.2.3 密文计算

用 MAC 过程密钥以 CBC 模式的分组加密处理 16 字节块 $X_1, X_2, ..., X_K$：

$H_i := ALG(K)[X_i \oplus H_{i-1}]$，这里 $i = 1, 2, ..., K$。

H_0 的初始值 H_0 :=（'00'||'00'||'00'||'00'||'00'||'00'||'00'||'00'||'00'||'00'||'00'||'00'||'00'||'00'||'00'||'00'）。

用以下方法计算 8 字节的块 H_{K+1}。

$H_{K+1} := H_{KL} \oplus H_{KR}$。

MAC 值 S 等于 H_{K+1} 的 s 个最高位字节。

9.2 国密算法对称加密机制

9.2.1 加密解密

9.2.1.1 填充并分块

填充并分块的流程如下：

a） 填充数据：
   1） 若报文 MSG 的长度不是分组长度的整数倍，在 MSG 的右端加上 1 个'80'字节，再在右端加上最少的'00'字节，使得结果报文的长度 MSG：=（MSG||'80'||'00'||'00'||…||'00'）是分组长度的整数倍；
   2） 若报文 MSG 的长度是分组长度的整数倍，不对数据作填充。

b） 被加密数据首先要被格式化为以下形式的数据块：
   1） 明文数据的长度，不包括填充字符；
   2） 明文数据；
   3） 填充字符（按上述填充方式）。

c） 将 MSG 拆分为 16 字节的块 $X_1, X_2, \cdots, X_K$。

9.2.1.2 密文计算

用加密过程密钥 K_S，以 ECB 模式的分组加密算法将块 $X_1, X_2, \cdots, X_K$ 加密为 16 字节的块 $Y_1, Y_2, \cdots, Y_K$。

当 $i = 1, 2, \cdots, K$ 时，分别计算：

$Y_i := ALG(K_S)[X_i]$。

9.2.1.3 解密过程

解密过程如下：

当 $i = 1, 2, \cdots, K$ 时，分别计算：

$X_i := ALG-1(K_S)[Y_i]$。

处理填充字节：

为得到原来的报文 MSG，将块 $X_1, X_2, \cdots, X_K$ 连接起来，若使用了填充（见上文），从最后一块 X_K 中删除尾部的（'80'||'00'||'00'||...||'00'）。

记为：

$MSG = DEC(K_S)[Y]$。

9.2.2 报文鉴别码

9.2.2.1 填充并分块

依据 GB/T 16649.4 对报文 MSG 进行填充：

a) 在 MSG 的右端加上 1 个‘80’字节；

b) 在右端加上最少的‘00’字节，使得结果报文的长度 MSG：=（MSG||‘80’||‘00’||‘00’||…||‘00’）是 16 字节的整数倍；

c) 将 MSG 拆分为 16 字节的块 $X_1, X_2, \cdots, X_K$。

9.2.2.2 MAC 过程密钥

MAC 过程密钥 K_S 长度为 16 字节。

9.2.2.3 密文计算

用 MAC 过程密钥以 CBC 模式的分组加密处理 16 字节块 $X_1, X_2, \cdots, X_K$：

$H_i := ALG(K)[X_i \oplus H_{i-1}]$，这里 $i = 1, 2, \cdots, K$。

H_0 的初始值 H_0：=（‘00’||‘00’||‘00’||‘00’||‘00’||‘00’||‘00’||‘00’||‘00’||‘00’||‘00’||‘00’||‘00’||‘00’||‘00’||‘00’）。

计算过程见图 24。

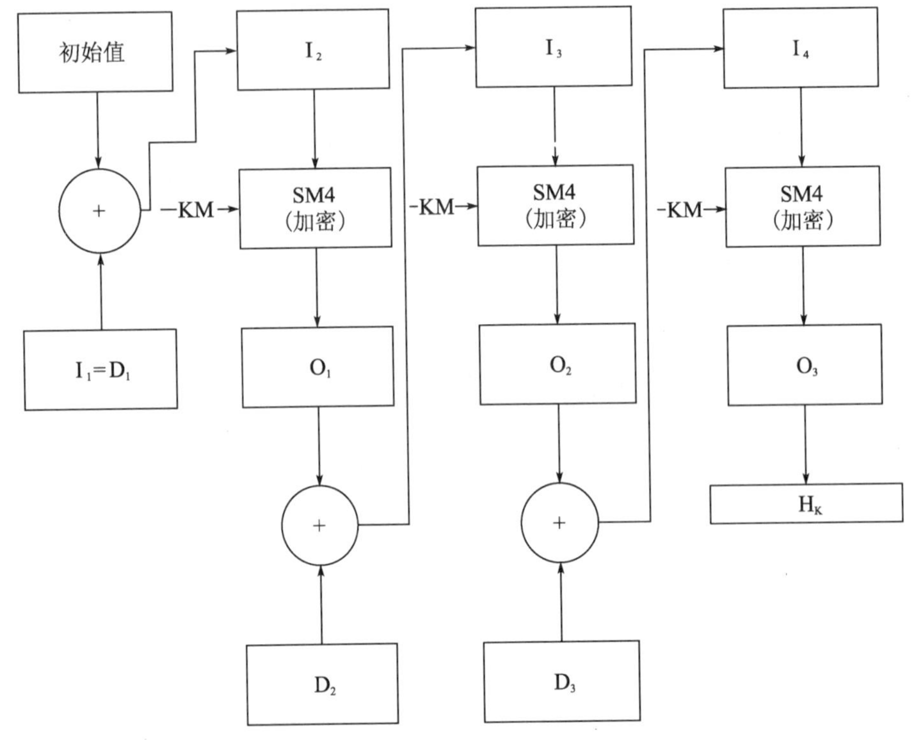

说明：

I——输入；

O——输出；

+——异或。

D——数据块；

KM——MAC 过程密钥；

图 24 使用 SM4 算法计算 HK 的流程

9.3 国际算法非对称加密机制

9.3.1 用于报文恢复的数字签名方案

9.3.1.1 概述

使用 GB/T 27929 规范的 HASH 函数，对指定报文数据恢复数字签名。

9.3.1.2 算法

数字签名方案使用下面两种算法：

a） 一种可逆的非对称算法，由一个依赖于私钥 S_K 的签名函数 Sign(S_K)[ ]和一个依赖于公钥 P_K 的恢复函数 Recover(P_K)[ ]组成。两个函数都将 N 字节的数字映射为 N 字节的数字，并且任何 N 字节的数字 X 有以下特性：

Recover(P_K)[Sign(S_K)[X]] = X；

b） 一种哈希算法 Hash[ ]，将任意长度的报文映射为一个 20 字节的哈希值。

9.3.1.3 数字签名产生

对由至少 $N-21$ 字节长的由任意长数据 L 组成的报文 MSG 计算签名 S 的步骤如下：

a） 计算报文 M 的 20 字节的 HASH 值 H：= Hash[MSG]；

b） 将 MSG 拆分成两部分 MSG = (MSG1||MSG2)，其中，MSG1 由 MSG 最左端（最高位）的 $N-22$ 个字节组成，MSG2 由 MSG 剩余的（最低位）的 $L-N+22$ 个字节组成；

c） 定义一个字节 B：= '6A'；

d） 定义一个字节 E：= 'BC'；

e） 将 N 字节的块 X 定义为块 B，MSG1，H 和 E 的连接，因此，X：= (B || MSG1 || H || E)；

f） 数字签名 S 被定义为 N 个字节的数字：S：= Sign(S_K)[X]。

9.3.1.4 数字签名验证

数字签名验证步骤如下：

a） 检查数字签名 S 是否由 N 个字节组成；

b） 由数字签名 S 恢复得到 N 个字节的数字 X，X = Recover(P_K)[S]；

c） 将块 X 分割成 X = (B || MSG1 || H || E)：

   1） B 为 1 字节长；

   2） H 为 20 字节长；

   3） E 为 1 字节长；

   4） MSG1 由剩余的 $N-22$ 个字节组成。

d） 检查字节 B 是否等于'6A'；

e） 检查字节 E 是否等于'BC'；

f） 计算 MSG = (MSG1 || MSG2)，并检查是否满足 H = Hash[MSG]。

当且仅当这些检查都正确时，这条接收的报文被认为是真实的。

9.4 国密算法非对称加密机制

9.4.1 算法

SM2 签名方案使用下面三种函数：

a） 一个依赖于私钥 S_K 的签名函数 Sign(S_K)[M]，该函数输出两个相同长度的数字 r 和 s；

b） 一个依赖于公钥 P_K 的验证函数 Verify(P_K)[M，Sign(S_K)[M]]，该函数输出 True 或 False，表示验证正确或失败；

c） 一个哈希算法 H[ ]，将任意长度的报文映射为一个 32 字节的哈希值。

9.4.2 数字签名产生

对任意长度的数据组成的报文 MSG 计算签名 S 的步骤如下：

a） 计算 $Z_A = H_{256}(ENTL_A || ID_A || a || b || x_G || y_G || x_A || y_A)$。其中 ID_A 固定设置为 16 字节定长的十六进制数据 0x31，0x32，0x33，0x34，0x35，0x36，0x37，0x38，0x31，0x32，0x33，0x34，0x35，0x36，0x37，0x38；$ENTL_A$ 值为两个字节数据 0x00，0x80；

b） 计算报文 MSG 的 32 字节的 Hash 值 h：$=H_{256}[Z_A||MSG]$；

c） 计算 $Sign(S_K)[h]$，得到两个数字 r 和 s；

d） 数字签名 S 被定义为 S：=r||s，即数字签名 S 由数字 r 和 s 串联而成。

9.4.3 数字签名验证

对任意长数据组成的报文 MSG 验证签名 S 的过程如下：

a） 计算 $Z_A=H_{256}(ENTL_A||ID_A||a||b||x_G||y_G||x_A||y_A)$。其中 ID_A 固定设置为 16 字节定长的十六进制数据 0x31，0x32，0x33，0x34，0x35，0x36，0x37，0x38，0x31，0x32，0x33，0x34，0x35，0x36，0x37，0x38；$ENTL_A$ 值为两个字节数据 0x00，0x80；

b） 计算报文 MSG 的 32 字节的 Hash 值 h：$=H_{256}[Z_A||MSG]$；$Verify(P_K)[h,S]$，若函数输出 True 表示验证正确，若输出 False，表示验证失败。

10 系统安全要求

10.1 概述

各级系统间的关系见 JT/T 978.1，各级系统的安全保障应按照本节要求进行。

10.2 安全要求

清分结算系统和入网机构系统的规划、设计、建设、验收、运维等全生命周期的安全保障应按国家信息安全和信息系统安全等级保护相关要求进行。

10.3 系统等级保护要求

部、省（区域）、省会城市的清分结算系统和入网机构系统应按国家信息安全等级保护要求和 JT/T 904—2014 确定为三级，开展规划、设计、建设、测评和运维等安全保障工作；其他城市根据发卡量和资金规模等参照国家相关标准和 JT/T 904—2014，自行评估对社会秩序、公众利益的作用和影响确定信息安全等级保护保护等级，按相关标准执行。

附 录 A
(规范性附录)
算法

A.1 对称加密算法

A.1.1 DES

DES 算法是以 64 位分组为单位进行运算,密钥长度为 8 字节。该算法被允许用于安全报文传送 MAC 机制密文运算,算法的详细过程见 GB/T 27929,并参考 GB/T 17964。

3DES 加密是指使用双长度(16 字节)密钥 K = (KL||KR)将 8 字节明文数据分组加密成密文数据分组,如下所示:

Y = DES(KL)[DES - 1(KR)[DES(KL)[X]]]。

解密的方式如下:

X = DES - 1(KL)[DES(KR)[DES - 1(KL)[Y]]]。

A.1.2 SM4

算法定义见 GM/T 0002。

A.2 非对称加密算法

A.2.1 RSA

A.2.1.1 该可逆算法是经批准用于加密和生成数字签名的算法。公钥指数的值只允许是 3 和$2^{16}+1$。该算法产生的密文及数字签名的长度与模长,见表 A.1。

表 A.1 对模长字节数的强制上限

名 称	最大长度
根公钥模	248
发卡机构公钥模	248
卡片公钥模	248

A.2.1.2 根公钥模的长度 N_{CA},发卡机构公钥模的长度 N_I,卡片公钥模的长度 N_{IC},应满足 $N_{IC} \leqslant N_I \leqslant N_{CA}$ 和 $N_{PE} \leqslant N_I \leqslant N_{CA}$。在选择公钥模长时,应考虑到比较密钥生命周期同预期的因数分解进程。

A.2.1.3 发卡机构公钥指数和卡片公钥指数的值由发卡机构决定。密钥管理系统,发卡机构和卡片公钥指数应等于 3 和 $2^{16}+1$。

A.2.1.4 标识本数字签名算法的公钥算法标识应编码为十六进制'01'。

注 1:卡片中一个记录的长度最长不超过 254 字节(包括 Tag 和 Length),因而实际卡片公钥和发卡机构公钥长度应小于最大长度 248 字节。命令数据长度最长为 255 字节,响应数据最长为 256 字节,动态签名数据作为卡片响应数据,也限制了卡片公钥的最大长度。

注 2:如卡片具备 DDA 和 CDA,包含卡片证书的记录模板的长度,即卡片公钥证书长度加上证书("9F46")和记录模板("70")的 Tag 和 Length 不超过 254 字节,则卡片公钥长度不超过 247 字节,因而发卡机构公钥长度最大长度也不超过 247 字节。

注 3:根据发卡机构应用数据长度不同,卡片公钥最大长度在 205 到 240 之间。若生成应用密文(GENERATE AC)命令响应包含其他可选数据，卡片公钥最大长度还应减去这些数据的长度（包括 Tag 和 Length）。若卡片应用具备内部认证（INTERNAL AUTHENTICATION）命令的格式二，卡片公钥最大长度还应减去 7 字节。

A.2.1.5 密钥

使用奇数公钥指数 e 的 RSA 数字签名方案的私钥 S_K 有两个素数 p 和 q，满足：p－1、q－1 与 e 互质，以及私钥 d，满足：$ed \equiv 1 \bmod (p-1)(q-1)$。组成相对应的公钥 P_K 由公钥模 n＝pq 和公钥指数 e 组成。

A.2.1.6 签名函数

使用奇数公钥指数的 RSA 签名函数被定义为：$S = Sign(S_K)[X] := X^d \bmod n, 0 < X < n$。

这里 X 是用于签名的数据，S 为对应的数字签名。

A.2.1.7 恢复函数

使用奇数公钥指数的 RSA 恢复函数被定义为：$X = Recover(P_K)[S] := S^e \bmod n$。

A.2.1.8 密钥的生成

密钥管理系统与发卡机构应对其各自的 RSA 公/私钥生成过程的安全性负责。

A.2.2 SM2

算法定义见 GM/T 0003。

A.3 哈希算法

A.3.1 SHA-1

SHA-1 对任意长度的报文的输入，产生一个 20 字节的哈希值。SHA-1 算法见 GB/T 18238.3。

本哈希算法的标志编码为十六进制数‘01’。

A.3.2 SM3

算法定义见 GM/T 0004。

附 录 B
（规范性附录）
算法选择与交易流程

B.1 新增数据元

双算法卡片同时支持 RSA/SHA1/DES 和 SM2/SM3/SM4 算法（以下简称“SM 算法”），在卡片进行交易时，需根据新增的数据元进行算法选择。新增的数据元见表 B.1。

表 B.1 新增数据元

数据元名称	标 签	长 度	格 式
SM 算法支持指示器	DF69	1	b

B.2 算法应用方案

B.2.1 本条包括单 SM 算法卡和双算法卡两种方案的技术要求。单 SM 算法卡指一张卡片支持 SM2/SM3/SM4 算法；双算法卡指一张卡片同时支持 SM2/SM3/SM4 与 RSA/SHA-1/3DES 两套算法。如采用单 SM 算法卡方案，在卡片个人化阶段，需要向卡内写入支持 SM2 算法所需的相关数据元；如采用双算法卡方案，在卡片个人化阶段，需要向卡内写入支持 RSA 算法和 SM2 算法两种算法所需的相关数据元。卡片个人化完成之后，卡片交易时应通过和终端之间的交互确定使用的算法。

B.2.2 技术要求主要包括如下：本条所述支持 SM 算法的终端应同时支持 RSA/SHA-1/3DES 及 SM2/SM3/SM4 两套算法环境，并使用 SM 算法支持指示器进行算法选择。

a） 卡片个人化阶段：
   1） 单 SM 算法卡：在卡片个人化数据包括了 SM2 算法所需的所有数据元；
   2） 双算法卡：在卡片个人化数据包括了 RSA 算法所需的所有数据元，同时包括了 SM2 算法所需的所有数据元。
b） 卡片应用流程：见图 B.1；
c） 应用执行情况：不同类型终端和卡片在标准扣款交易应用的执行情况见表 B.2。

表 B.2 标准扣款交易应用的执行情况

类 型	仅支持 RSA/SHA-1/3DES 算法的卡片	双 算 法 卡	单 SM 算法卡
仅支持 RSA/SHA-1/3DES 算法的终端	RSA/SHA-1/3DES 算法流程	RSA/SHA-1/3DES 算法流程	脱机验证失败，尝试进行联机交易
支持双算法的终端	RSA/SHA-1/3DES 算法流程	SM 算法流程	SM 算法流程

B.3 基于 SM 算法的标准扣费交易流程

使用 SM 算法的标准扣费交易流程与使用 RSA/SHA-1/3DES 算法的流程基本一致，见图 B.1。主要区别在基于 SM 算法的支付流程中需要终端和卡片增加算法选择的步骤，并且卡片在收到获取处理选项（GPO）指令以后，需要根据终端发送的 DF69 进行判定，若发现卡片不具备终端要求的算法，则卡片需要返回获取处理选项（GPO）指令的状态码为‘6985’，从而实现脱机拒绝。若终端和卡片均支持并选择了 SM 算法进行交易处理，则卡片需要返回采用 SM 算法计算 TC、动态认证数据、SM 算法的发卡机构自定义数据（“9F10”）、SM 算法对应的 AFL 等数据给终端，终端再进行数据读取以及完成 fDDA 认证操作。

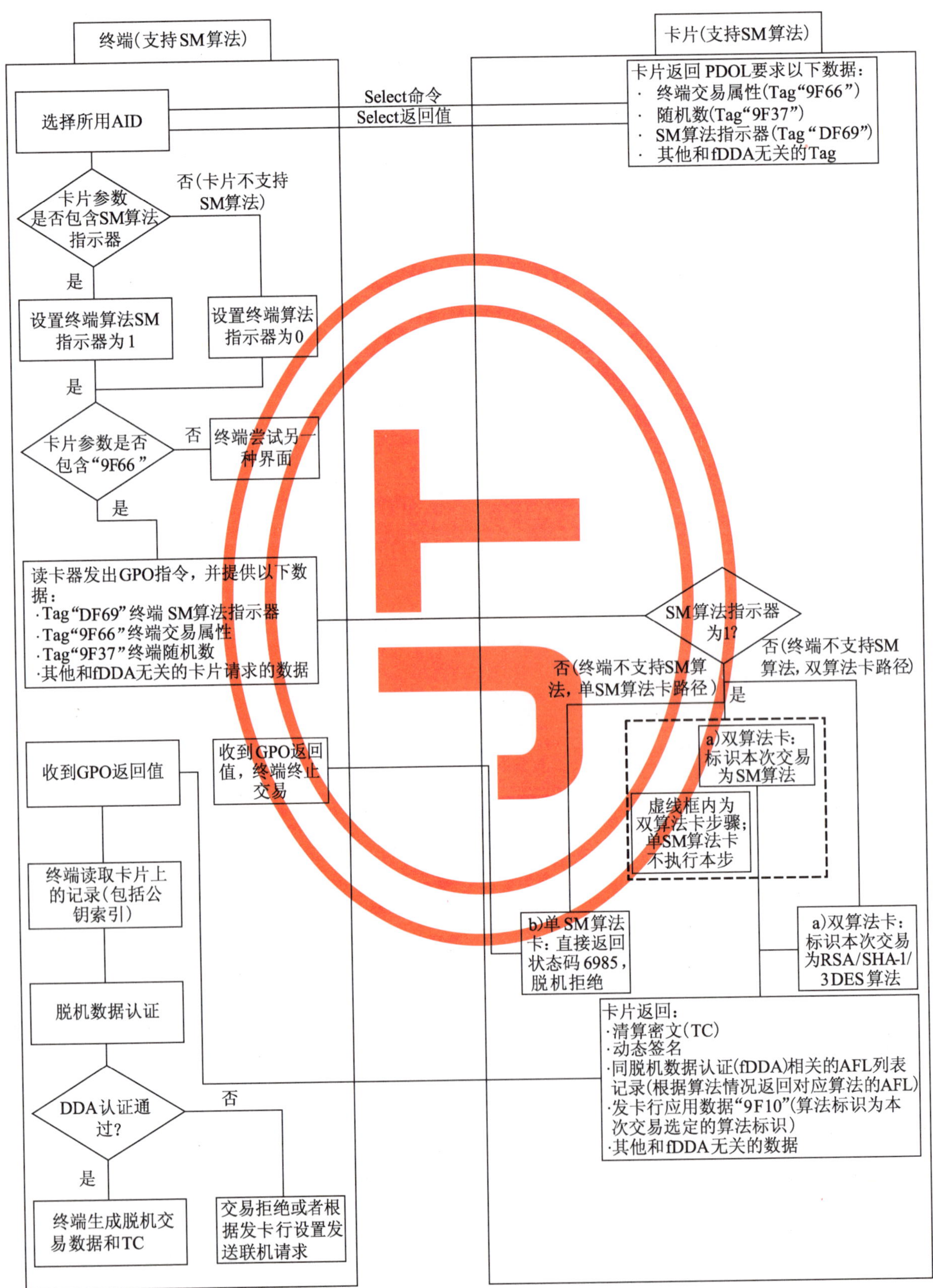

图 B.1　标准扣费交易流程

B.4 个人化相关密钥的初始化

KMC 密钥的长度应为 16 字节。个人化密钥(KENC、KMAC 和 KDEK)的产生采用 SM4 算法进行:

a) KENC: =SM4(KMC)[KEYDATA 的最右 6 个字节||'F0'||'01'|| KEYDATA 的最右 6 个字节||'0F'||'01'];
b) KMAC: =SM4(KMC)[KEYDATA 的最右 6 个字节||'F0'||'02'|| KEYDATA 的最右 6 个字节||'0F'||'02'];
c) KDEK: =SM4(KMC)[KEYDATA 的最右 6 个字节||'F0'||'03'|| KEYDATA 的最右 6 个字节||'0F'||'03']。

参 考 文 献

［1］ GB/T 17964 信息安全技术 分组密码算法的工作模式。

ICS 03.220.20;35.240.15
R 07
备案号:

中华人民共和国交通运输行业标准

JT/T 978.7—2015

城市公共交通 IC 卡技术规范 第 7 部分:检测项目

Technical specification on IC card for urban public transport—Part7:Test items

2015-05-21 发布　　2015-07-15 实施

中华人民共和国交通运输部　发布

目　次

前　　言

JT/T 978《城市公共交通 IC 卡技术规范》由 7 个部分组成：

——第 1 部分：总则

——第 2 部分：卡片；

——第 3 部分：读写终端；

——第 4 部分：信息接口；

——第 5 部分：非接触接口通信；

——第 6 部分：安全；

——第 7 部分：检测项目。

本部分为 JT/T 978 的第 7 部分。

本部分按照 GB/T 1.1—2009 给出的规则起草。

本部分由中华人民共和国交通运输部运输服务司提出。

本部分由全国城市客运标准化技术委员会(SAC/TC 529)归口。

本部分起草单位：中国交通通信信息中心、交通运输部科学研究院、北京市政交通一卡通有限公司、南京市市民卡有限公司、武汉城市一卡通有限公司、哈尔滨市城市通智能卡有限责任公司、银川市公共交通有限公司、泰州市凤城一卡通有限公司、银行卡检测中心、中钞信用卡产业发展有限公司、北京中电华大电子设计有限责任公司、天津市通卡公用网络系统有限公司。

本部分主要起草人：汪宏宇、李岚、唐猛、王一路、刘好德、谷云辉、陈文革、肖震宇、熊剑、李勇、嵇云峰、张策、王睿、周亮。

城市公共交通 IC 卡技术规范
第 7 部分:检测项目

1 范围

JT/T 978 的本部分规定了城市公共交通 IC 卡的卡片检测、SAM 卡检测、终端检测和系统检测基本要求。

本部分适用于城市公共交通 IC 卡卡片、终端及密钥管理系统的检测。

2 规范性引用文件

下列文件对于本文件的应用是必不可少的。凡是注日期的引用文件,仅注日期的版本适用于本文件。凡是不注日期的引用文件,其最新版本(包括所有的修改单)适用于本文件。

GB/T 14916　识别卡　物理特性

GB/T 16649.1　识别卡　带触点的集成电路卡　第 1 部分:物理特性

GB/T 17554.1　识别卡　测试方法　第 1 部分:一般特性测试

GB/T 22239　信息安全技术　信息系统安全等级保护基本要求

GB/T 28035—2011　软件系统验收规范

JT/T 978.1　城市公共交通 IC 卡技术规范　第 1 部分:总则

JT/T 978.2　城市公共交通 IC 卡技术规范　第 2 部分:卡片

JT/T 978.3　城市公共交通 IC 卡技术规范　第 3 部分:读写终端

JT/T 978.4　城市公共交通 IC 卡技术规范　第 4 部分:信息接口

JT/T 978.5　城市公共交通 IC 卡技术规范　第 5 部分:非接触接口通信

JT/T 978.6　城市公共交通 IC 卡技术规范　第 6 部分:安全

3 术语和定义

JT/T 978.1 ~JT/T 978.6 界定的及下列术语和定义适用于本文件。

3.1

保护时间　guard time

同一方向发送的前一个字符奇偶位下降沿和后一个字符起始位下降沿之间的最小时间。

3.2

接口设备　interface device

终端上插入卡片的部分,包括其中的机械和电气部分。

3.3

静止状态　inactive

当卡片上的电源电压(VCC)和其他信号相对于地的电压值小于或等于 0.4V 时,则称电源电压和这些信号处于静止状态。

3.4

冷复位　cold reset

当卡片的电源电压(VCC)和其他信号从静止状态中复苏且申请复位信号时,卡片产生的复位。

3.5

热复位　warm reset

在时钟(CLK)和电源电压(VCC)处于激活状态的前提下,卡片收到复位信号时产生的复位。

3.6

T=0 协议 T=0 protocol

异步半双工字符传输协议。

3.7

T=1 协议 T=1 protocol

异步半双工块传输协议。

3.8

单粒子效应　SEE single event effect

宇宙空间中单个高能粒子入射到半导体器件或集成电路中时诱发的一种现象。

4 符号和缩略语

下列符号和缩略语适用于本文件。

AC——应用密文(Application Cryptogram)

ACK——确认(Acknowledgment)

ADC——Type B 的应用数据编码(Application Data Coding, Type B)

ADA——应用缺省行为(Application Default Action)

ADF——应用数据文件(Application Definition File)

AFL——应用文件定位器(Application File Locator)

AID——应用标识符(Application Identifier)

AIP——应用交互特征(Application Interchange Profile)

ATC——应用交易序号(Application Transaction Counter)

ATR——复位应答(Answer to Reset)

AUC——应用用途控制(Application Usage Control)

ATQA——Type A 的请求应答(Answer to Request, Type A)

ATQB——Type B 的请求应答(Answer to Request, Type B)

ATTRIB——Type B 的 PICC 选择命令(PICC Selection Command, Type B)

ATS——选择应答(Answer to Select)

BGT——块保护时间(Block Guard Time)

CAPP——扩展应用(Comprehensive Application)/复合应用(Complex Application)

CDA——复合动态数据认证/应用密文生成(Combined DDA/AC Generation)

CDOL——卡片风险管理数据对象列表(Card Rish Management Data Object List)

CLK——时钟(Clock)

CTTA——累计脱机交易总金额(Cumulative Total Transaction Amount)

CTTAL——累计脱机交易总金额限制(Cumulative Total Transaction Amount Limit)

CTTAUL——累计脱机交易总金额上限(Cumulative Total Transaction Amount Upper Limit)

CVM——持卡人验证方法(Cardholder Verification Method)

CWT——字符等待时间(Character Waiting Time)
DDA——动态数据认证(Dynamic Data Authentication)
DF——专用文件(Dedicated File)
DIR——目录(Directory)
DOL——数据对象列表(Data Object List)
EF——基本文件(Elementary File)
EGT——Type B 的额外保护时间(Extra Guard Time, Type B)
EOF——帧结束(End of Frame)
f_c——载波频率(工作场的频率)
FCI——文件控制信息(File Control Information)
FDT——帧延迟时间(Frame Delay Time)
FO——帧选择(Frame Option)
FWT——帧等待时间(帧等待时间)(Frame Waiting Time)
GAC——生成应用密文(Generate AC)
GND——地(Ground)
GPO——获取处理选项(Get Processing Options)
IC——集成电路(Integrated Circuit)
ICC——集成电路卡(Integrated Circuit Card)
INF——信息域(Information Field)
I/O——输入/输出(Input/Output)
L_e——响应数据中的最大期望长度
LEN——长度(Length)
LOATC——上次联机交易计数器(Last Online ATC)
LRC——冗余校验(Longitudinal Redundancy Check)
MAC——报文认证码(Message Authentication Code)
MDK——主密钥(Master DEA Key)
NAD——节点地址(Node Address)
NAK——否定的确认(Negative Acknowledgment)
PAN——主账号(Primary Account Number)
PANSN——主账号索引号(PAN Sequnce Number)
PCB——协议控制字节(Protocol Control Byte)
PCD——接近式耦合设备(Proximity Coupling Device)
PDOL——处理选项数据对象列表(Processing Options Data Object List)
PICC——近距离接近式 IC 卡(Proximity ICC)
PIN——个人密码(Personal Identification Number)
PSE——支付系统环境(Payment Systems Environment)
PPSE——近距离支付系统环境(Proximity Payment Systems Environment)
RAM——随机存取存储器(Random - Access Memory)
RATS——Type A 的选择应答请求(Request for Answer to Select, Type A)
REQB——Type B 的请求命令(Request Command, Type B)
RFU——保留(Reserved for Future Use)
RID——注册应用提供商标签(Registered Application Provider Identifier)
RSA——Rivest、Sharmir 和 Adleman 提出的一种非对称密钥算法的简称

RST——复位(Reset)
SDA——静态数据认证(Static Data Authentication)
SFI——短文件标签符(Short File Identifier)
SFGI——启动帧保护时间整数(Start - up Frame Guard Time Integer)
SFGT——启动帧保护时间(Start - up Frame Guard Time)
SHA——安全哈希算法(Secure Hash Algorithm)
SM2——SM2 椭圆曲线公钥密码算法(Public Key Cryptographic Algorithm SM2 Based on Elliptic Curves)
SM4——SM4 分组密码加密算法(SM4 Cryptographic Algorithm)
SOF——帧开始(Start of Frame)
TAC——终端行为代码(Terminal Action Code)
TAL——终端应用层(Terminal Application Layer)
TC——交易证书(Transaction Certificate)
t_F——信号幅度从 90% 下降到 10% 的时间(Fall Time Between 90% and 10% of Signal Amplitude)
TLV——标签、长度、值(Tag,Length,Value)
t_R——信号幅度从 10% 上升到 90% 的时间(Rise Time Between 10% and 90% of Signal Amplitude)
TSI——交易状态信息(Transaction Status Information)
TVR——终端验证结果(Terminal Verification Results)
UID——Type A 的唯一标识符 (Unique Identifier, Type A)
VCC——电源电压(Supply Voltage)
V_{OH}——高电平输出电压
V_{OL}——低电平输出电压
WTX——等待时间扩展(Waiting Time Extension)
WUPA——Type A 的 PICC 唤醒命令(Wake-up Command, Type A)
WUPB——Type B 的 PICC 唤醒命令(Wake-up Command, Type B)
XRAM——外部随机存储器(Expanded RAM)

5 卡片检测

5.1 物理特性

5.1.1 一般要求

检测应符合 GB/T 14916 的要求。

5.1.2 通用物理特性

检测内容:卡片产品通用物理特性检测内容应符合 GB/T 14916、GB/T 16649.1 的要求。
测试条件:测试条件应符合 GB/T 14916 及 GB/T 16649.1 的要求。
测试过程:测试过程应符合 GB/T 17554.1 的要求。

5.1.3 卡片工作温度测试

检测内容:卡片产品在交通应用场景极限工作温度下的卡片功能。
测试条件:低温 -35℃ ±3℃;高温 70℃ ±3℃,相对湿度 95% ±5%。
测试过程:卡片在低温和高温环境下各放置 24h,然后再在实验室环境下静置 24h 后对卡片进行应用选择,查看卡片的功能响应。

5.2 非接触式电特性和通信协议

5.2.1 一般要求

检测环境为常温 23℃ ±3℃,湿度 40% ~80%。

参见附录 A 进行卡片准备。

本章检测结果应符合 JT/T 978.5 的要求。

5.2.2 电特性

5.2.2.1 PICC 负载调制幅值检测

检测内容:PICC 在最大工作场强(H_{max})及最小工作场强(H_{min})之间,负载调制信号的幅值。

测试条件:

a) 当 H=1.5A/m,对应 V_{rms} =480mV 时;

b) 当 H=2.5A/m,对应 V_{rms} =800mV 时;

c) 当 H=3.5A/m,对应 V_{rms} =1.12V 时;

d) 当 H=4.5A/m,对应 V_{rms} =1.44V 时;

e) 当 H=5.5A/m,对应 V_{rms} =1.76V 时;

f) 当 H=6.5A/m,对应 V_{rms} =2.08V 时;

g) 当 H=7.5A/m,对应 V_{rms} =2.40V 时。

测试过程:使终端发出 WUPA、WUPB 指令,调节功率放大器,使终端发出信号满足 PICC 工作场为[H_{min},H_{max}]。测量卡片在 12.7125MHz 和 14.4075MHz 两个频率点的负载调制幅值。

5.2.2.2 PICC 交变磁场检测

检测内容:检测 PICC 在交变磁场内测试后的卡片功能。

测试条件:默认环境条件。

测试过程:将待测样卡置于频率为 13.56MHz、平均场强为 10A/m、最大场强为 12A/m 的交变磁场中,平均时间 30s。

5.2.3 通信协议

5.2.3.1 Type A 传输协议

检测内容:检测卡片 Type A 协议。

测试条件:卡片支持 Type A 协议。

测试过程:按照表 1 的测试项目对卡片进行逐项测试。

表 1 Type A 传输协议测试项目

序 号	测 试 项 目
1	基本交换和时间测试
2	从 PCD 到 PICC 最短和较长帧延迟时间基本交换测试
3	防冲突状态机的正确处理测试
4	RATS 中所含变量的正确处理测试
5	IDLE 状态下的错误处理测试

表1（续）

序　号	测 试 项 目
6	READY 状态下的错误处理测试
7	ACTIVE 状态下的错误处理测试
8	进入 ACTIVE 状态之后的 HALT 状态下的错误处理测试
9	进入 PROTOCOL 状态之后的 HALT 状态下的错误处理测试
10	轮询和 PICC 复位的处理测试

5.2.3.2　Type B 传输协议

检测内容：检测卡片 Type B 协议。

测试条件：卡片支持 Type B 协议。

测试过程：按照表2的测试项目对卡片进行逐项测试。

表2　Type B 传输协议测试项目

序　号	测 试 项 目
1	从 PCD 到 PICC 最短帧延迟时间基本交换测试
2	支持 SFGT 的 PCD，从 PCD 到 PICC 最小 SFGT 时基本交换测试
3	PCD 最小和最大 EGT 交换测试
4	最小和最大 S 序列、E 序列的交换测试
5	防冲突状态机的正确处理测试
6	在 ATTRIB 命令中发送的上层信息域的正确处理测试
7	在 WUPB/REQB/ATTRIB 命令中发送含 RFU 值的正确处理测试
8	在 IDLE 状态下的错误处理测试
9	在 READY 状态下的错误处理测试
10	在 READY 状态后的 HALT 状态下的错误处理测试
11	在 ACTIVE 状态后的 HALT 状态下的错误处理测试
12	在 HALT 状态下的发 WUPA 的处理测试
13	轮询和 PICC 复位的处理测试

5.2.3.3　块传输协议

检测内容：检测卡片的块传输协议。

测试条件：卡片支持 Type A 或 Type B 协议。

测试过程：按照表3的测试项目对卡片进行逐项测试。

表3　块传输协议测试项目

序　号	测 试 项 目
1	从 PCD 接收链接 I 块的测试
2	块之中的 PCB 带 RFU 位的测试

表3（续）

序　号	测试项目
3	未指明链接I块的错误指示测试
4	接收非链接I块后的错误测试
5	接收链接I块后的错误指示及错误测试
6	PICC复位的块协议测试
7	块协议中的命令处理测试

5.3 应用功能

5.3.1 一般要求

检测环境为常温23℃ ±3℃。

参见附录A进行卡片准备,异形卡也应满足本章应用功能检测要求。

本章检测项目应符合JT/T 978.2和JT/T 978.3的要求。

5.3.2 联机交易应用

5.3.2.1 电子现金应用锁定命令

检测内容:检测卡片的应用锁定命令。

测试条件:默认环境条件。

测试过程:向卡片发送正常和异常的应用锁定命令并接收响应。

5.3.2.2 电子现金应用锁定流程

检测内容:检测卡片的应用锁定执行流程。

测试条件:默认环境条件。

测试过程:在不同的卡片状态下向卡片发送应用锁定命令并接收响应。

5.3.2.3 电子现金读应用数据

检测内容:检测卡片的READ RECORD命令和执行流程。

测试条件:默认环境条件。

测试过程:向卡片发送正常和异常的READ RECORD命令并接收响应。

5.3.2.4 电子现金获取应用数据

检测内容:检测卡片的GET DATA命令和执行流程。

测试条件:默认环境条件。

测试过程:向卡片发送正常和异常的GET DATA命令并接收响应。

5.3.2.5 电子现金应用选择

检测内容:检测卡片的应用选择命令和执行流程。

测试条件:默认环境条件。

测试过程:向不同状态的卡片发送应用选择命令并接收响应。

5.3.2.6 电子现金应用解锁命令

检测内容:检测卡片的应用解锁命令。

测试条件:默认环境条件。

测试过程:向卡片发送正常和异常的应用解锁命令并接收响应。

5.3.2.7 电子现金应用解锁流程

检测内容:检测卡片的应用解锁流程和执行流程。

测试条件:默认环境条件。

测试过程:在不同的卡片状态下向卡片发送应用解锁命令并接收响应。

5.3.2.8 电子现金卡片锁定命令

检测内容:检测卡片锁定命令和卡片锁定命令执行的情况。

测试条件:默认环境条件。

测试过程:向卡片发送正常和异常的卡片锁定命令并接收响应。

5.3.2.9 电子现金卡片锁定流程

检测内容:检测卡片锁定流程和执行流程。

测试条件:默认环境条件。

测试过程:在不同的卡片状态下向卡片发送卡片锁定命令并接收响应。

5.3.2.10 电子现金联机批准交易

检测内容:检测卡片对联机批准交易中命令的正确响应。

测试条件:默认环境条件。

测试过程:发送交易命令并接收响应。

5.3.2.11 电子现金上次交易发卡机构脚本失败

检测内容:检测卡片对上次发卡机构执行脚本失败情况下的处理流程。

测试条件:默认环境条件。

测试过程:在上次发卡机构脚本失败情况下发送交易命令并接收响应。

5.3.2.12 电子现金卡片风险管理

检测内容:检测卡片风险管理处理流程。

测试条件:默认环境条件。

测试过程:在满足风险管理的条件下发送交易命令并接收响应。

5.3.2.13 电子现金双货币超累计交易金额上限检查

检测内容:检测卡片执行交易金额(双货币)的频度检查处理情况。

测试条件:默认环境条件。

测试过程:发送第二货币交易命令并接收响应。

5.3.2.14 电子现金更新卡片数据

检测内容:检测卡片 PUT DATA 和执行流程。

测试条件:默认环境条件。

测试过程:在不同的卡片状态下向卡片发送 PUT DATA 命令并接收响应。

5.3.2.15 电子现金 EXTERNAL AUTHENTICATE 命令

检测内容:检测卡片的 EXTERNAL AUTHENTICATE 命令和执行流程。

测试条件:默认环境条件。

测试过程:向卡片发送正常和异常的 EXTERNAL AUTHENTICATE 命令并接收响应。

5.3.2.16 电子现金联机交易失败

检测内容:检测卡片联机交易失败情况下执行流程。

测试条件:默认环境条件。

测试过程:在联机失败交易时向卡片发送交易指令并接收响应。

5.3.2.17 电子现金 GET PROCESSING OPTIONS 命令

检测内容:检测卡片的 GET PROCESSING OPTIONS 命令和执行流程。

测试条件:默认环境条件。

测试过程:向卡片发送正常和异常的 GET PROCESSING OPTIONS 命令并接收响应。

5.3.2.18 电子现金应用初始化

检测内容:检测卡片的应用初始化流程和执行流程。

测试条件:默认环境条件。

测试过程:在不同的卡片状态下向卡片发送应用初始化命令并接收响应。

5.3.2.19 电子现金发卡机构认证

检测内容:检测卡片的发卡机构认证流程和执行流程。

测试条件:默认环境条件。

测试过程:在不同的卡片状态下向卡片发送卡机构认证命令并接收响应。

5.3.2.20 电子现金发卡机构脚本处理

检测内容:检测卡片的发卡机构脚本处理流程和执行流程。

测试条件:默认环境条件。

测试过程:在不同的卡片状态下向卡片发送不同的发卡机构脚本指令并接收响应。

5.3.2.21 电子现金日志文件

检测内容:检测卡片的日志记录处理流程。

测试条件:默认环境条件。

测试过程:发送交易指令进行交易并读取卡片日志文件记录。

5.3.2.22 电子现金新卡

检测内容:检测卡片的新卡处理流程。

测试条件:默认环境条件,新卡。

测试过程:在新卡状态下发送不同的交易指令并接收响应。

5.3.2.23 PIN CHANGE/UNBLOCK 命令

检测内容:检测卡片 PIN CHANGE/UNBLOCK 命令和执行流程。

测试条件:默认环境条件。

测试过程:向卡片发送正常和异常的 PIN CHANGE/UNBLOCK 命令并接收响应。

5.3.2.24 VERIFY 命令

检测内容:检测卡片 VERIFY 命令和执行流程。

测试条件:默认环境条件。

测试过程:向卡片发送正常和异常的 VERIFY 命令并接收响应。

5.3.2.25 电子现金 UPDATE RECORD 命令

检测内容:检测卡片的 UPDATE RECORD 命令和执行流程。

测试条件:默认环境条件。

测试过程:向卡片发送正常和异常的 UPDATE RECORD 命令并接收响应。

5.3.2.26 电子现金联机完成

检测内容:检测卡片联机完成情况下的交易流程处理,判定在联机完成的情况下卡片流程的执行情况。

测试条件:默认环境条件。

测试过程:向已经完成联机交易的卡片在重新上电的基础上发送交易命令并接收响应。

5.3.2.27 电子现金联机授权未完成

检测内容:检测卡片在联机授权未完成情况下的交易流程处理。

测试条件:默认环境条件。

测试过程:在联机授权未完成的情况下向卡片发送交易命令并接收响应。

5.3.2.28 电子现金持卡人认证

检测内容:检测卡片持卡人认证执行流程。

测试条件:默认环境条件。

测试过程:向卡片发送交易指令实现持卡人认证执行流程并接收响应。

5.3.2.29 电子现金 PUT DATA 连续国际交易限制

检测内容:检测卡片的 PUT DATA 连续国际交易限制处理流程,判定卡片在 PUT DATA 连续国际交易限制时的执行情况。

测试条件:默认环境条件。

测试过程:向卡片发送 PUT DATA 连续国际交易限制处理交易指令并接收响应。

5.3.2.30 电子现金执行交易金额(双货币)频度检查

检测内容:检测卡片的执行交易金额(双货币)频度检查处理流程,判定卡片在执行交易金额(双货币)频度检查时的执行情况。

测试条件:默认环境条件。

测试过程:向卡片发送第二货币交易指令并接收响应。

5.3.2.31 电子现金执行国际国家频度检查

检测内容:检测卡片的执行国际国家频度检查处理流程,判定卡片在执行国际国家频度检查时的执行情况。

测试条件:默认环境条件。

测试过程:向卡片发送不同国家代码的交易指令并接收响应。

5.3.2.32 电子现金执行指定货币交易金额检查

检测内容:检测卡片的执行指定货币交易金额检查处理流程,判定卡片在执行指定货币交易金额检查时的执行情况。

测试条件:默认环境条件。

测试过程:向卡片发送指定货币交易金额的交易指令并接收响应。

5.3.2.33 电子现金执行国际货币频度检查

检测内容:检测卡片的执行国际货币频度检查处理流程,判定卡片在执行国际货币频度检查时的执行情况。

测试条件:默认环境条件。

测试过程:向卡片发送国际货币交易指令并接收响应。

5.3.2.34 电子现金参数测试

检测内容:检测卡片支持的命令参数,判定卡片对错误参数的处理情况。

测试条件:默认环境条件。

测试过程:向卡片发送错误参数的交易指令并接收响应。

5.3.2.35 电子现金稳定性测试

检测内容:检测卡片最小交易稳定性,执行规定笔数的交易。

测试条件:默认环境条件。

测试过程:向卡片发送指定交易笔数的联机交易指令并接收响应。

5.3.2.36 电子现金自助终端受理测试

检测内容:检测卡片在模拟自助终端上交易流程处理,判定卡片在 GPO GAC 数据不一致情况下的流程执行情况。

测试条件:默认环境条件。

测试过程:向卡片发送 GPO 与 GAC 数据不一致的交易指令并接收响应。

5.3.3 脱机交易应用

5.3.3.1 PPSE 选择

检测内容:检测卡片 PPSE 选择执行流程。

测试条件:默认环境条件。

测试过程:向卡片发送正常和异常的 PPSE 选择命令并接收响应。

5.3.3.2 电子钱包应用状态测试

检测内容:检测卡片的电子钱包应用在不同状态下的命令执行流程,判定卡片在不同状态下的命令执行的情况。

测试条件:默认环境条件。

测试过程:向卡片发送指令将卡片设置为不同的应用状态并接收响应。

5.3.3.3 电子钱包应用锁定命令

检测内容:检测卡片电子钱包应用锁定命令。

测试条件:默认环境条件。

测试过程:向卡片发送正常和异常的电子钱包应用锁定命令并接收响应。

5.3.3.4 电子钱包应用锁定流程

检测内容:检测卡片的电子钱包应用锁定流程和执行流程。

测试条件:默认环境条件。

测试过程:在不同的卡片状态下向卡片发送电子钱包应用锁定命令并接收响应。

5.3.3.5 电子钱包应用解锁命令

检测内容:检测卡片的电子钱包应用解锁命令。

测试条件:默认环境条件。

测试过程:向卡片发送正常和异常的电子钱包应用解锁命令并接收响应。

5.3.3.6 电子钱包应用解锁流程

检测内容:检测卡片的电子钱包应用解锁流程和执行流程。

测试条件:默认环境条件。

测试过程:在不同的卡片状态下向卡片发送电子钱包应用解锁命令并接收响应。

5.3.3.7 电子钱包圈存初始化命令

检测内容:检测卡片的电子钱包圈存交易流程和电子钱包圈存初始化命令处理流程。

检测条件:默认环境条件。

测试过程:在不同情况下对卡片发送电子钱包圈存初始化命令并接收响应。

5.3.3.8 电子钱包圈存流程

检测内容:检测卡片的电子钱包圈存交易流程和执行流程。

测试条件:默认环境条件。

测试过程:在不同情况下对卡片发送电子钱包圈存命令并接收响应。

5.3.3.9 电子钱包圈提流程

检测内容:检测卡片的电子钱包圈提交易流程和执行流程。

测试条件:默认环境条件。

测试过程:在不同情况下对卡片发送电子钱包圈提命令并接收响应。

5.3.3.10 电子钱包修改透支流程

检测内容:检测卡片的电子钱包修改透支限额交易流程和执行流程,判定卡片涉及电子钱包修改透支限额交易(修改初始化命令、修改透支限额命令)的执行情况。

测试条件:默认环境条件。

测试过程:在不同情况执行电子钱包修改透支交易并接收响应。

5.3.3.11 电子钱包度记录命令

检测内容:检测卡片的 READ RECORD 命令和执行流程。

测试条件:默认环境条件。

测试过程:向卡片发送正常和异常的 READ RECORD 命令并接收响应。

5.3.3.12 电子钱包更新记录命令

检测内容:检测卡片的 UPDATE RECORD 命令和执行流程。

测试条件:默认环境条件。

测试过程:向卡片发送正常和异常的 UPDATE RECORD 命令并接收响应。

5.3.3.13 电子钱包 READ BINARY 命令

检测内容:检测卡片的 READ BINARY 命令和执行流程。

测试条件:默认环境条件。

测试过程:向卡片发送正常和异常的 READ BINARY 命令并接收响应。

5.3.3.14 电子钱包 UPDATE BINARY 命令

检测内容:检测卡片的 UPDATE BINARY 命令和执行流程。

测试条件:默认环境条件。

测试过程:向卡片发送正常和异常的 UPDATE BINARY 命令并接收响应。

5.3.3.15 电子钱包消费交易

检测内容:检测卡片在电子钱包消费的处理流程,消费流程中涉及的命令(初始化消费命令、消费命令)。

测试条件:默认环境条件。

测试过程:向卡片发送电子钱包消费交易指令并接收响应。

5.3.3.16 电子钱包复合应用消费交易(未使用共享文件)

检测内容:检测卡片在电子钱包复合应用消费(未使用共享文件)的处理流程,电子钱包复合应用消费流程中涉及的命令(初始化复合应用消费命令、更新缓存数据命令、复合应用消费命令)。

测试条件:默认环境条件。

测试过程:向卡片发送复合应用消费指令并接收响应。

5.3.3.17 电子钱包复合应用消费交易(使用共享文件)

检测内容:检测卡片在电子钱包复合应用消费(使用共享文件)的处理流程;电子钱包复合应用消费流程中涉及的命令(初始化复合应用消费命令、更新缓存数据命令、复合应用消费命令),并结合电子现金端共享文件进行核实。

测试条件:默认环境条件。

测试过程:向卡片发送交易指令并接收响应。

5.3.3.18 电子钱包共享余额测试

检测内容:检测卡片电子钱包应用在模拟交易流程及余额共享处理,判定卡片在进行余额改动操作后在电子现金端的同步共享。

测试条件:默认环境条件。

测试过程:向卡片发送交易指令并接收响应同时在电子现金端发送余额读取指令。

5.3.3.19 电子钱包文件共享测试

检测内容:检测卡片电子钱包应用在模拟交易流程及文件共享处理,判定卡片在进行文件改动操作后在电子现金端的同步共享。

测试条件:默认环境条件。

测试过程:向卡片发送交易指令和文件修改指令并接收响应然后在电子现金端进行读取。

5.3.3.20 电子现金终端或卡请求 CVM

检测内容:检测卡片的 CVM 流程,判定卡片在终端或卡片请求 CVM 时的执行情况。

测试条件:默认环境条件。

测试过程:在 CVM 流程中向卡片发送交易指令并接收响应。

5.3.3.21 电子现金检查联机处理请求

检测内容:检测在卡片或终端请求联机时的处理流程,判定卡片在终端或卡片请求联机时的执行情况。

测试条件:默认环境条件。

测试过程:在卡片或终端请求联机时向卡片发送交易指令并接收响应。

5.3.3.22 电子现金小额检查

检测内容:检测卡片小额检查流程,判定卡片小额检查的执行情况。

测试条件:默认环境条件。

测试过程:在小额检查执行过程中向卡片发送交易指令并接收响应。

5.3.3.23 电子现金小额和 CTTA 检查

检测内容:检测卡片小额和 CTTA 检查流程,判定卡片小额和 CTTA 检查的执行情况。

测试条件:默认环境条件。

测试过程:在小额和 CTTA 检查过程中向卡片发送交易指令并接收响应。

5.3.3.24 电子现金没有任何脱机选项被支持

检测内容:检测卡片在没有任何脱机选项被支持时的流程处理,判定卡片没有任何脱机选项被支持时的执行情况。

测试条件:默认环境条件。

测试过程:在没有任何脱机选项被支持时向卡片发送交易指令并接收响应。

5.3.3.25 电子现金脱机下的货币不匹配

检测内容:检测卡片的在脱机处理时处于货币不匹配状态下的处理流程,判定卡片在终端或卡片脱机交易完成时的执行情况。

测试条件:默认环境条件。

测试过程:在卡片处于货币不匹配状态下向卡片发送交易指令并接收响应。

5.3.3.26 电子现金预付

检测内容:检测卡片的电子现金预付处理流程,判定卡片的预付处理流程。

测试条件:默认环境条件。

测试过程:向支持预付的卡片发送交易指令并接收响应。

5.3.3.27 电子现金动态数据认证

检测内容:检测卡片的电子现金动态数据认证处理流程,判定卡片的动态数据认证处理流程。

测试条件:默认环境条件。

测试过程:向卡片发送触发动态数据认证的交易指令并接收响应。

5.3.3.28 电子现金闪卡测试

检测内容:检测卡片的电子现金闪卡流程,判定卡片的闪卡处理流程。

测试条件:默认环境条件。

测试过程:向卡片发送交易指令模拟闪卡流程并接收响应。

5.3.3.29 电子现金永久锁定应用

检测内容:检测卡片在电子现金永久锁定应用状态下的处理流程。

测试条件:默认环境条件。

测试过程:向卡片发送交易指令达到永久锁定状态,并接受卡片响应。

5.3.3.30 电子现金查询余额

检测内容:检测卡片查询电子现金余额处理流程,判定卡片查询余额的处理流程,并同时在电子钱包端与电子现金端进行核实。

测试条件:默认环境条件。

测试过程:向卡片发送交易指令并接收响应同时在电子钱包端进行核实。

5.3.3.31　电子现金稳定性测试

检测内容:检测卡片的电子现金稳定性处理交易方面。

测试条件:默认环境条件。

测试过程:向卡片发送指定笔数脱机交易指令并接收响应。

5.3.3.32　电子现金分段扣费功能测试(未使用共享文件)

检测内容:检测卡片电子现金的分段扣费处理流程(未使用共享文件),判定卡片的分段扣费处理流程。

测试条件:默认环境条件。

测试过程:向卡片发送分段扣费交易指令(未使用共享文件)并接收响应。

5.3.3.33　电子现金分段扣费功能测试(使用共享文件)

检测内容:检测卡片电子现金的分段扣费处理流程(使用共享文件)。

测试条件:默认环境条件。

测试过程:向卡片发送分段扣费交易指令(使用共享文件)并接收响应。

5.3.3.34　电子现金脱机预授权及预授权完成功能测试

检测内容:检测卡片电子现金的脱机预授权及预授权完成处理流程。

测试条件:默认环境条件。

测试过程:向卡片发送脱机预授权及预授权完成交易指令并接收响应。

5.3.3.35　电子现金押金抵扣功能测试

检测内容:检测卡片电子现金的押金抵扣处理流程。

测试条件:默认环境条件。

测试过程:向卡片发送交易指令实现押金抵扣功能并接收响应。

5.3.3.36　电子现金交易时间测试

检测内容:检测卡片电子现金的交易时间处理。

测试条件:默认环境条件。

测试过程:向卡片发送交易命令并接收响应,同时记录整个过程的交易时间。

5.3.3.37　电子现金增强性安全性测试

检测内容:检测卡片电子现金的安全报文,判定卡片交易执行中安全信息的生成情况。

测试条件:默认环境条件。

测试过程:向卡片发送交易命令并接收附带安全报文的卡片响应。

5.3.3.38　电子现金双币应用测试

检测内容:检测卡片在具备双币应用配置时的交易处理流程,其中应包括新增的数据元、异常响应和交易流程测试。

测试条件:默认环境条件。

测试过程:向卡片发送正常和异常的第二货币交易命令并接收响应。

5.3.3.39　电子现金共享余额测试

检测内容:检测卡片电子现金应用在模拟交易流程及余额共享处理。

测试条件:默认环境条件。

测试过程:向卡片发送交易指令并接收响应,同时在电子钱包端进行核实。

5.3.3.40　电子现金文件共享测试

检测内容:检测卡片电子现金应用在模拟交易流程及文件共享处理。

测试条件:默认环境条件。

测试过程:向卡片发送交易指令和文件修改指令,同时在电子钱包端进行核实。

5.3.3.41 脱机交易稳定性测试

检测内容:检测卡片电子钱包、电子现金应用在脱机状态下的稳定性。

测试条件:默认环境条件。

测试过程:循环向卡片发送电子钱包和电子现金混合交易指令并接收响应。

6 SAM 卡检测

6.1 接触式电气特性和通信协议

6.1.1 一般要求

检测环境为常温 23℃ ±3℃,湿度 40% ~60%。

本章检测结果应符合 GB 16649.3 的要求。

6.1.2 电特性

6.1.2.1 卡片电阻测试

检测内容:检测 SAM 卡卡片触点的电阻。

测试条件:默认检测环境。

测试过程:使用电阻测量设备测量 SAM 卡片各管脚的电阻。

6.1.2.2 卡片在不同环境条件下的测试

检测内容:当供电电压和输入信号在允许的范围内变化时,卡片应能够正确操作。

测试条件:

a) 电压选择如下:
   1) 类型 A:5V ±0.5V;
   2) 类型 B:3V ±0.3V;
   3) 类型 C:1.8V ±0.18V。
b) 信号类型选择如下:
   1) 典型的常规平均条件;
   2) 最小时钟频率;
   3) 最大时钟频率;
   4) 最小占空比;
   5) 最大占空比;
   6) 最低供电电压加最小信号幅度;
   7) 最高供电电压加最大信号幅度;
   8) 在最大时钟频率下减缓上升和下降时间;
   9) 在最大时钟频率,最小信号幅度下减缓上升和下降时间;
   10) 在最小时钟频率,最小信号幅度下减缓上升和下降时间;
   11) 最高供电电压加最小信号幅度。

测试过程:通过设置不同的电压和输入信号组合,并监控卡片的功能响应。

6.1.2.3 卡片在传输模式下的高低电压测试

检测内容:检测 I/O 触点在传输模式下信号的高低电压。

测试条件:默认检测环境。

$$V_{cc} = 4.5\text{V},5\text{V 和 }5.5\text{V}(\pm 25\text{mV})$$

V_{cc} =2.7V,3V 和 3.3V(±15mV)

测试过程:首先进行卡片复位;然后在 ATR 字符帧传送过程中监控 VOH 和 VOL;最后对所有 V_{cc}条件都重复上述测试。

6.1.2.4 卡片 I/O 触点在传输模式下信号的下降时间测试

检测内容:检测 I/O 触点在传输模式下信号的下降时间。

测试条件:默认检测环境。

V_{cc} =4.5V,5V 和 5.5V(±25mV)

V_{cc} =2.7V,3V 和 3.3V(±15mV)

测试过程:首先进行卡片复位;然后在 ATR 字符帧传送过程中测量 t_F 在 90% ~10% 点信号的下降沿;最后对所有 V_{cc}条件都重复上述测试。

6.1.2.5 激活时序过程测试

检测内容:在一个激活时序过程中卡片正确控制 I/O 信号的时序。

测试条件:默认检测环境。

V_{cc} =4.5V,5V 和 5.5V(±25mV)

V_{cc} =2.7V,3V 和 3.3V(±15mV)

测试过程:通过发送正常的激活时序并记录相关时间。

6.1.2.6 复位应答测试

检测内容:卡复位应答相关参数。

测试条件:默认检测环境。

测试过程:通过发送冷热复位信号,截取相关的时间参数和 ATR 响应间隔。

6.1.2.7 字符传输测试

检测内容:卡片返回的字符中每一位和字符持续时间在本规范规定范围,同时卡片应能正确处理位持续时间和总的持续时间达到规定的边界值的字符。

测试条件:默认检测环境。

测试过程:通过正常流程信号,截取相关的时间参数和字符响应间隔。

6.1.3 通信协议

6.1.3.1 T =0 协议

检测内容:检测卡片 T =0 协议。

测试条件:支持 T =0 协议的卡片。

测试过程:按照表 4 的测试项目对卡片进行逐项测试。

表 4 T =0 协议测试项目

序 号	测 试 项 目
1	卡片发送的同向字符间隔测试
2	卡片从终端接收到字符同返回字符间的时间间隔测试
3	字节接口(1)定的字符间的最小时间间隔测试
4	接收时的最小保护时间测试
5	过程字节的传输测试
6	命令情况 2 正常流程测试
7	命令情况 2 的 L_e > 卡响应数据测试

表 4（续）

序　号	测试项目
8	命令情况 2 的 L_e = 卡响应数据测试
9	命令情况 2 的 L_e < 卡响应数据测试
10	卡传输时单次字符循环发送测试
11	卡传输时多次字符循环发送测试
12	卡接收时单次字符循环发送测试
13	卡接收时多次字符循环发送测试

6.1.3.2　T = 1 协议

检测内容:检测卡片 T = 1 协议。

测试条件:支持 T = 1 协议的卡片。

测试过程:按照表 5 的测试项目对卡片进行逐项测试。

表 5　T = 1 协议测试项目

序　号	测试项目
1	同向最小字符间隔的接收测试
2	同向最大字符间隔的接收测试(CWT)
3	反向最小字符间隔的接收测试(BGT)
4	反向最大字符间隔的接收测试(BGT)
5	来自卡的最小标准字符间隔测试
6	来自卡的最大标准字符间隔测试
7	块保护时间测试
8	I 块序列号测试
9	LRC 错误测试
10	奇偶校验错误测试
11	S 块的单次纠错测试
12	I 块的单次纠错测试(seq = 0)
13	I 块的单次纠错测试(seq = 1)
14	S 块的多次纠错测试
15	I 块的多次纠错测试(seq = 0)
16	I 块的多次纠错测试(seq = 1)
17	传输错误次数超出测试
18	来自卡的 S 块单次重发测试
19	来自卡的 I 块单次重发测试
20	命令结构错误测试(seq = 0) – PCB = C5 INF = 10
21	命令结构错误测试(seq = 0) – PCB = E5 INF = 10
22	命令结构错误测试(seq = 0) – PCB b7 = 1

表 5（续）

序号	测试项目
23	命令结构错误测试(seq=0)－R 块 PCB b5=0
24	命令结构错误测试(seq=0)－R 块 LEN=1
25	命令结构错误测试(seq=0)－I 块 NAD=01
26	命令结构错误测试(seq=1)－PCB=C5 INF=10
27	命令结构错误测试(seq=1)－PCB=E5 INF=10
28	命令结构错误测试(seq=1)－PCB b7=1
29	命令结构错误测试(seq=1)－R 块 PCB b5=0
30	命令结构错误测试(seq=1)－R 块 LEN=1
31	命令结构错误测试(seq=1)－I 块 PCB b5=0
32	字符超出的命令结构错误测试
33	特定 11 测试

6.2 应用功能

6.2.1 一般要求

检测环境为常温 23℃±3℃。

本章检测项目应符合 JT/T 978.3 的相关要求。

6.2.2 功能检测

6.2.2.1 INIT_FOR_DESCRYPT 命令

检测内容：检测 SAM 卡的卡片 INIT_FOR_DESCRYPT 命令和执行流程。

测试条件：默认检测环境。

测试过程：向卡片发送正常和异常的 INIT_FOR_DESCRYPT 命令并接收卡片响应。

6.2.2.2 DES CRYPT 命令

检测内容：检测 SAM 卡的卡片 DES CRYPT 命令和执行流程。

测试条件：默认检测环境。

测试过程：向卡片发送正常和异常的 DES CRYPT 命令并接收卡片响应。

7 终端检测

7.1 非接触电气特性和通信协议

7.1.1 一般要求

检测环境为常温 23℃±3℃，湿度 40%～60%。

本章检测项目应符合 JT/T 978.5 的要求。

7.1.2 电气特性

7.1.2.1 PCD 场强测试

检测内容：检测终端的 PCD 场强。

测试条件:默认检测环境。

测试过程:开启终端并将终端设置为场强打开状态,使用场强探测仪在非接触检测环境下对终端的场强进行测量并记录。

7.1.2.2 载波频率测试

检测内容:检测终端的载波频率。

测试条件:默认检测环境。

测试过程:开启终端并将终端设置为场强打开状态,使用非接触探测设备在非接触检测环境下对终端的载波频率进行波形截取。

7.1.2.3 场复位测试

检测内容:检测终端复位时的场强和复位时间。

测试条件:默认检测环境,并且终端支持连续复位模式。

测试过程:开启终端,将中断设置为循环复位状态,使用非接触探测设备在终端复位过程中截取终端发出的复位波形,测量复位期间的幅值和低电平的持续时间。

7.1.2.4 Type A、Type B 通信的 PCD 到 PICC 波形测试

检测内容:检测终端的 Type A 波形的 $t_1 \sim t_4$ 时间,验证 $V_4 \sim V_2$ 单调下降和上升应符合要求,检测波形上冲和下冲时间。检测 Type B 波形的负载调试幅度和上升下降沿时间。

测试条件:默认检测环境,并且终端支持循环寻卡模式。

测试过程:在非接触检测环境下对终端的发出的 Type A 波形的 1 时间和单调性进行截取,对 Type B 终端的负载调试幅度的上升下降沿时间进行测量并记录。

7.1.2.5 验证最小调制下的负载调制接收灵敏度测试

检测内容:当测试 PICC 距离被测设备天线平面不大于 2cm 时,应用最小负载调制特性时的 PCD 功能状态。

测试条件:默认检测环境,并且终端支持循环寻卡模式。

测试过程:在非接触检测环境下对终端的发出的 Type A、Type B 波进行响应,验证 PCD 在测试 PICC 应用最小负载调制特性时功能。

7.1.2.6 验证最大调制下的负载调制接收灵敏度测试

检测内容:当测试 PICC 距离被测设备天线平面距离大于 2cm 时,应用最大负载调制特性时的 PCD 功能状态。

测试条件:默认检测环境,并且终端支持循环寻卡模式。

测试过程:在非接触检测环境下对终端的发出的 Type A、Type B 波进行响应,验证 PCD 应在测试 PICC 应用最大负载调制特性时功能正常。

7.1.2.7 Type A、Type B 通信的比特电平编码信号接口测试

检测内容:在初始化期间 PCD 到 PICC 的比特率和比特编码同步情况。

测试条件:默认检测环境,并且终端支持循环寻卡模式。

测试过程:在非接触检测环境下对终端的发出的 Type A、Type B 波形进行测量,确定波形速率是否符合规范。

7.1.3 通信协议

7.1.3.1 Type A 测试

检测内容:检测终端的 Type A 协议。

测试条件:支持 Type A 的终端。

测试过程:在非接触检测环境下对终端的 Type A 协议功能按照表 6 所示测试项目进行逐项检测。

表 6　Type A 功能测试项目

序　　号	测 试 项 目
1	轮询的执行及时间验证
2	基本的 Type A 交互和时间测量
3	Type A 正确的移出测试
4	基本的 Type A 交互,使用最小或最大的 FDT 测试
5	2 级和 3 级长度的 UID 测试
6	支持的 ATQA 的值测试
7	支持的各种长度的历史字节测试
8	支持的 SFGI 测试
9	支持的 TC 测试
10	对 HALT 命令的 Type A 桢应答测试
11	ATQA 的不同值测试
12	可能情况下的 FWT 下的非链接 I 块交互测试
13	FSC = 256 字节的链接块传输测试
14	FSC = 16 - 128 字节的链接块传输测试
15	非链接 I 块,对桢等待时间扩展的请求处理测试
16	链接 I 块,对桢等待时间扩展的请求处理测试
17	长度不规则情况下链接 I 块处理测试
18	最小帧延迟时间情况下的时序处理测试
19	WUPA 响应错误的处理测试
20	ANTICOLLISION CL1 后错误处理测试
21	轮询到 1 个 Type A 卡和 1 个 Type B 卡测试
22	冲突探测 WUPA 后一个错误测试
23	冲突探测 SELECT CL1 后一个错误测试
24	激活 RATS 后错误测试测试
25	激活 RATS 响应带噪声测试
26	冲突探测 ANTICOLLISION CL1 后超时测试
27	冲突探测 WUPA 后超时测试
28	冲突探测 SELECT CL1 后超时测试
29	激活 RATS 后超时测试
30	忽略所有传输错误并在 RECOVERY 时间内接受正确的序列测试
31	激活 RATS 后遵守不回应期测试
32	非链接 I 块的错误通知测试
33	非链接 I 块响应超时测试
34	非链接 I 块响应传输错误测试

表6（续）

序　号	测 试 项 目
35	非链接 I 块响应协议错误测试
36	链接 I 块错误通知测试
37	链接 I 块响应超时测试
38	链接 I 块响应传输错误测试
39	链接 I 块响应协议错误测试
40	R(ACK)块后超时测试
41	R(ACK)响应传输错误测试
42	R(ACK)响应协议错误测试
43	S(WTX)响应块后超时测试
44	S(WTX)请求后再次使用 FWT 扩展测试
45	非链接 I 块响应带噪声测试
46	链接 I 块响应带噪声测试
47	R(ACK)块响应带噪声测试
48	R(NAK)指出传输错误的响应协议错测试
49	移出后 WUPA 响应错测试
50	S(WTX)响应块后连续超时测试
51	忽略所有传输错误并在 1 280/f_c 时间内接受正确的序列测试
52	Type A 协议下的不响应时间测试

7.1.3.2　Type B 测试

检测内容:检测终端的 Type B 协议。

测试条件:支持 Type B 协议的终端。

测试过程:在非接触检测环境下对终端的 Type B 协议功能按照表 7 所示测试项目进行逐项检测。

表7　Type B 功能测试项目

序　号	测 试 项 目
1	Type B 预测确定 TR1 最小值测试
2	基本的 Type B 交互和时间测量测试
3	Type B 使用支持的 SOF 和 EOF 交互测试
4	Type B 正确的移出测试
5	基本的 Type B 交互,使用最小或最大的 FDT 测试
6	基本的 Type B 交互,使用最小或最大的字符间延迟测试
7	支持的 ADC 值测试
8	支持的 FO 值测试
9	支持的位速率测试
10	支持的 ADF 值测试

表 7（续）

序　　号	测 试 项 目
11	支持的 ATQB 中协议类型 b4－b2 值测试
12	支持的 ATTRIB 响应中 MBLI 的值测试
13	不同的 ATQB 值测试
14	可能的 FWT 值下的非链接 I 块交互测试
15	FSC＝256 双方向链接块传输测试
16	FSC＝16－128 字节链接块传输测试
17	非链接 I 块，对帧等待时间扩展的请求处理测试
18	链接 I 块，对帧等待时间扩展的请求处理测试
19	长度不规则情况下链接 I 块处理测试
20	最小帧延迟时间情况下的时序处理测试
21	WUPB 响应错误的处理测试
22	轮询，探测到一个 Type B 卡然后探测一个 Type A 卡
23	冲突探测 WUPB 响应错误测试
24	激活，ATTRIB 响应带噪声测试
25	激活，ATTRIB 响应错误测试
26	冲突探测，WUPB 后超时测试
27	激活，ATTRIB 响应超时测试
28	忽略所有传输错误并在 1 280/f_c 时间内接受正确的序列测试
29	激活 ATTRIB 后遵守不回应期测试
30	非链接 I 块的错误通知测试
31	非链接 I 块响应超时测试
32	非链接 I 块响应传输错误测试
33	非链接 I 块响应协议错误测试
34	链接 I 块错误通知测试
35	链接 I 块响应超时测试
36	链接 I 块响应传输错误测试
37	链接 I 块响应协议错误测试
38	R(ACK)块后超时测试
39	R(ACK)响应传输错误测试
40	R(ACK)响应协议错误测试
41	S(WTX)响应块后超时测试
42	S(WTX)请求后再次使用 FWT 扩展测试
43	非链接 I 块对噪声响应的处理测试
44	带链接 I 块对噪声响应的处理测试

表 7（续）

序　号	测 试 项 目
45	R(ACK)块对噪声响应的处理测试
46	R(NAK)指出传输错误的响应协议错测试
47	移出,WUPB 响应错测试
48	S(WTX)响应块后连续超时测试
49	忽略所有传输错误并在 1 280/f_c 时间内接受正确的序列测试
50	Type B 协议下的不响应时间测试

7.2 应用功能

7.2.1 一般要求

检测环境为常温 23℃ ±3℃。

本章检测项目应符合 JT/T 978.2 和 JT/T 978.3 的要求。

7.2.2 数据元和命令

检测内容:检测终端对数据元和命令的支持情况。

测试条件:默认检测环境。

测试过程:选择卡片应用,按照表 8 中所示数据元和命令测试项目进行检测。

表 8　数据元和命令测试项目

序　号	测 试 项 目
1	数据元的存储
2	TLV 中的长度编码
3	DOL 对象处理
4	EXTERNAL AUTHENTICATE 状态码的处理
5	GET DATA 命令的处理
6	GET PROCESSING OPTIONS 的正常和异常处理
7	READ RECORD 的处理
8	SELECT 命令的处理
9	RFU 字节和位的编码
10	GENERATE AC 返回的数据域的格式
11	密文信息数据处理
12	CVM 列表处理
13	发卡机构脚本命令最大数据长度
14	来自终端或者发卡机构的数据
15	来自 SELECT ADF 的 FCI 中的自定义数据的响应
16	最小数据长度

表8（续）

序　　号	测 试 项 目
17	扩展应用中使用到的 CAPP 交易指示位、分段扣费应用标识、电子现金分段扣费抵扣限额、电子现金分段扣费已抵扣额支持性测试
18	READ CAPP DATA 命令处理
19	UPDATE CAPP DATA CACHE 命令处理
20	APPEND RECORD 命令处理
21	GET TRANS PROVE 命令处理

7.2.3　应用选择

检测内容:检测终端对应用选择的处理支持情况。

测试条件:默认检测环境。

测试过程:选择卡片应用,按照表9所示终端检测应用项目进行逐项检测。

表9　终端检测应用项目

序　　号	测 试 项 目
1	PPSE 的定义
2	支付系统目录中记录的定义
3	终端支持的应用列表
4	AID 的匹配
5	表明记录结束
6	目录入口定义
7	部分匹配的候选列表
8	部分匹配选择下一个应用
9	AID 列表选择
10	DF 名称的异常测试
11	不同情况下的最终选择测试
12	支持应用显示
13	来自候选列表的最终应用选择

7.2.4　密钥安全检测项目

检测内容:检测终端对密钥的选择和加密解密安全方面的处理支持情况。

测试条件:默认检测环境。

测试过程:选择卡片应用,按照表10所示的密钥安全检测项目进行逐项检测。

表 10　密钥安全检测项目

序　号	测 试 项 目
1	证书密钥相关参数测试
2	不同类型的密钥数据缺失测试
3	不同类型的证书恢复失败测试
4	证书内容异常情况下的处理过程测试
5	签名和验签的正常和异常测试
6	哈希数据的正常和异常验证测试

7.2.5　数据对象

检测内容:检测终端不同类型的数据对象支持情况。

测试条件:默认检测环境。

测试过程:选择卡片应用,执行交易检测终端对表 11 所示类型的数据对象进行逐项检测。

表 11　数 据 对 象

序　号	测 试 项 目
1	长度域:1 字节
2	长度域:2 字节
3	在 an(字母数字)格式的数据对象中“空格”字符的识别
4	应用选择时接受卡片中格式错误的应用选择数据对象

7.2.6　认可的加密算法

检测内容:检测终端不同类型的加密算法的支持情况。

测试条件:默认检测环境。

测试过程:选择卡片应用,执行交易模拟终端对不同类型的加密算法的执行情况,同时针对支持多种算法的终端也按照上述过程进行逐项算法测试。

7.2.7　交易接口文件

检测内容:检测终端对交易接口文件的读取处理情况。

测试条件:默认检测环境。

测试过程:选择卡片应用,执行交易并记录终端对不同类型的交易接口文件的处理结果。

7.2.8　交易流程检测项

检测内容:检测终端对交易过程中的流程处理情况。

测试条件:默认检测环境。

测试过程:选择卡片应用,按照表 12 所示的检测项目对检测终端交易流程进行逐项检测。

表 12　交易流程检测项目

序　　号	测 试 项 目
1	初始 TSI 和 TVR 的设置
2	DOL 数据处理流程
3	GPO 流程处理
4	READ RECORD 命令的执行
5	数据对象的处理
6	记录的数据格式
7	处理输入数据的规则
8	AUC 处理限制
9	CVM 处理
10	各类限制寄存器的处理
11	发卡机构脚本处理
12	终端行为分析
13	分段扣费流程处理
14	脱机预授权交易流程处理

7.2.9　生成应用密文命令编码

检测内容：检测终端对交易过程中 GAC 密文的处理情况。

测试条件：默认检测环境。

测试过程：选择卡片应用，执行交易并记录终端交易过程中不同情况下的 GAC 处理结果。

7.2.10　卡片中错误和数据缺失检测项目

检测内容：检测终端在卡片出现缺少数据和内部数据错误情况下的支持。

测试条件：默认检测环境。

测试过程：选择卡片应用，按照表 13 所示卡片中的错误和数据缺失检测项目进行逐项检测。

表 13　卡片中的错误和数据缺失检测项目

序　　号	测 试 项 目
1	必备数据对象丢失：FCI、DF、SFI、AFL、AIP、CDOL1、CDOL2、PAN 等
2	各类密钥及证书相关数据缺失
3	结构数据对象无法正常解析
4	GENERATE AC 响应中强制数据缺失

7.2.11　终端总体检测

检测内容：检测终端在不同商户要求情况下的处理情况。

测试条件：默认检测环境。

测试过程：执行交易并在交易过程中使用不同商户的配置要求并记录检测终端响应。

7.2.12 软件体系结构

检测内容:检测终端软件体系结构。

测试条件:默认检测环境。

测试过程:选择卡片应用,执行交易并在终端数据元的初始化、支持语言和失败显示错误信息情况下记录终端响应。

7.2.13 持卡人和商户界面

检测内容:检测终端在不同情况下的界面显示情况。

测试条件:默认检测环境。

测试过程:选择卡片应用,执行交易并查看检测终端对不同情况下的商户显示界面内容。

7.2.14 终端数据元的编码

检测内容:检测终端必备数据元编码。

测试条件:默认检测环境。

测试过程:选择卡片应用,执行交易并按照表14所示的数据元编码检测项目对终端进行逐项测试。

表14 数据元编码检测项目

序号	测试项目
1	终端类型
2	终端性能
3	终端附加性能
4	账户类型

7.2.15 综合测试

检测内容:检测终端在不同交易流程下的处理流程。

测试条件:默认检测环境。

测试过程:选择卡片应用,执行交易并检测终端对不同交易流程下的处理。

7.2.16 补充测试

检测内容:检测终端在特殊规定情况下的处理流程。

测试条件:默认检测环境。

测试过程:选择卡片应用,按照表15所示的异常交流检测项目对终端进行逐项测试。

表15 异常交易流程检测项目

序号	测试项目
1	持卡人证件出示验证,身份证
2	持卡人证件出示验证,PIN验认证失败,执行下一个
3	核对持卡人证件失败,执行下一个
4	持卡人证件出示,护照

表 15（续）

序　　号	测 试 项 目
5	持卡人证件出示,军官证
6	读交易明细
7	终端性能:持卡人证件验证位的置位
8	密文传输:从外置密码键盘到终端
9	持卡人姓名扩展
10	圈存日志读取
11	脱机交易时间

8　系统检测

8.1　一般要求

被检测的系统应为实际生产系统或准生产系统。

本章检测项目应符合 GB/T 28035 及 JT/T 978.4 的要求。

8.2　文件接口

8.2.1　文件名称检测

检测内容:检测系统各类文件名称。

测试条件:默认检测环境和相关设计文档。

测试过程:查看相关设计文档,查看相关交易、清算和反馈文件。

8.2.2　文件记录格式

检测内容:检测系统交易明细文件记录格式。

测试条件:默认检测环境和相关设计文档。

测试过程:查看相关设计文档,查看相关交易、清算和反馈文件。

8.2.3　文件类型测试

检测内容:检测系统各类文件记录类型。

测试条件:默认检测环境和相关设计文档。

测试过程:查看相关设计文档,查看相关交易、清算和其他文件。

8.2.4　文件结构测试

检测内容:检测系统各类文件记录结构。

测试条件:默认检测环境和相关设计文档。

测试过程:查看相关设计文档,查看相关交易、清算和其他文件。

8.2.5　报文结构检测

检测内容:检测系统查看报文结构。

测试条件:默认检测环境和相关设计文档。

测试过程:查看相关设计文档,模拟交易并查看报文头及报文结构。

8.2.6 报文格式检测

检测内容:检测系统查看报文格式。

测试条件:默认检测环境和相关设计文档。

测试过程:查看相关设计文档,模拟交易并查看报文格式。

8.3 通信接口

8.3.1 接口方式检测

检测内容:检测系统查看通信接口的网络接口、通信接口方式。

测试条件:默认检测环境和相关设计文档。

测试过程:查看相关设计文档,查看实际接口环境。

8.3.2 接口运行检测

检测内容:查看通信接口的网络接口、通信接口的运行效果和传送文件的格式。

测试条件:默认检测环境和相关设计文档。

测试过程:查看相关设计文档,查看实际接口环境,使用接口传送文件并查看。

附 录 A
(资料性附录)
卡片应用送检示例

A.1 技术准备

A.1.1 送检卡片个人化建议

在送检时声明卡片实际支持的算法类型。支持不同算法类型中卡片 PDOL 数据的不同，同时要将 PPSE 相关数据个人化至卡片中，以满足现行规范中非接触界面应用选择的要求。

A.1.2 卡片送检方式

可以选择以下两种方式的其中一种进行送检。

A.1.2.1 方式一

提交卡片个人化工具(软件或者装有该软件的笔记本电脑)，并且参见 A.2 的个人化数据示例，将不同的个人化情况事先加入个人化工具中，测试时检测方可通过选择各种个人化配置对卡片进行个人化。

A.1.2.2 方式二

在不提供个人化工具的情况下，将送检样卡参见 A.2 的个人化数据要求，分别做好个人化，并在卡片上标记好对应的个人化的配置号。

A.2 个人化数据示例

A.2.1 概述

根据卡片功能的不同可能不需要支持本部分中列出的全部卡片特征。支持不同功能的卡片所应支持的卡片特征见表 A.1。

表 A.1 卡片支持的功能与卡片特征的对应关系

卡片支持的应用	送检时应准备的卡片特征
仅支持国际算法的卡片	
脱机交易应用	卡片特征 31 ~ 45，卡片特征 48 ~ 49
脱机交易扩展应用	卡片特征 31 ~ 49
非接触式联机交易应用	卡片特征 1 ~ 26(加入 PPSE 并采用非接触界面下的 PDOL 个人化数据)
仅支持国密算法的卡片	
脱机交易应用	卡片特征 31 ~ 45，卡片特征 48 ~ 49
脱机交易扩展应用	卡片特征 31 ~ 47
非接触式联机交易应用	卡片特征 1 ~ 26(加入 PPSE 并采用非接触界面下支持国密算法的 PDOL 个人化数据)
支持国际算法和国密算法的卡片	
脱机交易	卡片特征 31 ~ 45，卡片特征 48 ~ 49
脱机交易扩展	卡片特征 31 ~ 49
非接触式联机交易应用	卡片特征 1 ~ 28(与仅支持国密算法的卡片特征相比加入了国际对称与非对称算法相关的必备数据)

A.2.2 基本特征

A.2.2.1 联机交易应用测试基本特征

表 A.2 列出了支持联机交易应用功能的卡片基本特征，数据分组可自行设计，但除 SFI = 1 的文件的 1 号记录外，SFI 1 的 1 号记录可存储以下数据：

70 13 57 11 38 88 88 01 00 00 11 17 D3 01 22 01 01 23 45 67 89

表 A.2 联机应用卡片基本特征

数据元素	标签	数值
应用货币代码	9F51	01 56
应用货币代码	9F42	01 56
应用生效日期	5F25	14 06 12
应用失效日期	5F24	99 12 31
应用标识符	4F	A0 00 00 06 32 01 01
应用首选名称	9F12	43 41 52 44 20 49 4D 41 47 45 20 30 30 30 31
应用优先指示器	87	01
应用用途控制	9F07	FF C0
应用版本号	9F08	00 30
CDOL1	8C	9F 02 06 9F 03 06 9F 1A 02 95 05 5F 2A 02 9A 03 9F 21 03 9C 01 9F 37 04
CDOL2	8D	8A 02 9F 02 06 9F 03 06 9F 1A 02 95 05 5F 2A 02 9A 03 9F 21 03 9C 01 9F 37 04
持卡人姓名	5F20	46 55 4C 4C 20 46 55 4E 43 54 49 4F 4E 41 4C
CVM 列表	8E	00 00 00 00 00 00 00 00 41 03 42 03 5E 03 43 03 1F 00
根公钥模索引	8F	xx
连续交易计数器(国际)		00
连续交易限制数(国际)	9F53	05
连续交易计数器(国际—国家)		00
连续交易限制数(国际—国家)	9F72	00
密文版本号		01
累计交易金额		00 00 00 00 00 00
累计交易金额限制数	9F54	00 00 00 01 00 00
数据认证代码		DA C1
分散密钥索引		01
发卡机构行为代码—缺省	9F0D	F0 20 04 00 00
发卡机构行为代码—拒绝	9F0E	00 50 88 00 00
发卡机构行为代码—联机	9F0F	F0 20 04 98 00
发卡机构应用数据	9F10	07 01 01 03 00 00 00 xx

表 A.2（续）

数据元素	标签	数值
发卡机构认证指示位	9F56	80
发卡机构代码表索引	9F11	01
发卡机构国家代码	5F28	01 56
发卡机构国家代码	9F57	01 56
首选语言	5F2D	7A 68 65 6E 66 72 64 65
日志入口	9F4D	0B 0A
日志格式	9F4F	9A 03 9F 21 03 9F 02 06 9F 03 06 9F 1A 02 5F 2A 02 9F 4E 14 9C 01 9F 36 02
联机授权指示位		00
PDOL 非接触界面(若卡片不支持国密算法)	9F38	9F 66 04 9F 02 06 9F 03 06 9F 1A 02 95 05 5F 2A 02 9A 03 9C 01 9F 37 04 9F 33 03 9F 4E 14 9F 7A 01
PDOL 非接触界面(若卡片支持国密算法)	9F38	9F 66 04 9F 02 06 9F 03 06 9F 1A 02 95 05 5F 2A 02 9A 03 9C 01 9F 37 04 9F 33 03 9F 4E 14 9F 7A 01 DF 69 01
PIN 尝试计数器	9F17	03
PIN 尝试限制数		03
PIN 数据(可选)		12 34
第二应用货币代码	9F76	00 00
服务码	5F30	02 01
预留		
产品标识信息	9F63	11 22 33 44 55 66 77 88 00 00 00 00 00 00 00 00

A.2.2.2 脱机交易应用测试基本特征

A.2.2.2.1 读记录时卡片至少应返回以下数据，以下数据至少分四条记录存储：

a) “93”——签名的静态应用数据；
b) “8F”——根公钥模索引；
c) “90”——发卡机构公钥证书；
d) “92”——发卡机构公钥余项；
e) “9F32”——发卡机构公钥指数；
f) “9F46”——卡片公钥证书；
g) “9F47”——卡片公钥指数；
h) “9F48”——卡片公钥余项；
i) “5F24”——应用失效期；
j) “5F25”——应用生效期；
k) “5A”——应用主账号；
l) “9F74”——电子现金发卡机构授权码；
m) “9F08”——应用版本号。

A.2.2.2.2 表 A.3 规定了脱机交易的基本特征；表 A.4 规定了双币脱机交易的基本特征。

表 A.3 脱机交易的基本特征表

数　据	标　签	长度(字节)	数　值
电子现金余额	9F79	06	00 00 00 01 00 00
电子现金余额上限	9F77	06	00 00 00 01 50 00
电子现金发卡机构授权码	9F74	06	45 43 43 31 31 31
电子现金单笔交易限额	9F78	06	00 00 00 00 10 00
电子现金重置阈值	9F6D	06	00 00 00 00 15 00
卡片交易属性	9F6C	02	30 00
卡片 CVM 限额	9F6B	06	00 00 00 00 05 00
PDOL 非接触式(若卡片不支持国密算法)	9F38		9F 66 04 9F 02 06 9F 03 06 9F 1A 02 95 05 5F 2A 02 9A 03 9C 01 9F 37 04
PDOL 非接触式(若卡片支持国密算法)	9F38		9F 66 04 9F 02 06 9F 03 06 9F 1A 02 95 05 5F 2A 02 9A 03 9C 01 9F 37 04 DF 69 01
产品标识信息	9F63	10	11 22 33 44 55 66 77 88 00 00 00 00 00 00 00
连续交易限制数(国际—货币)	9F53	01	03
密文版本		01	0X01,0X17
发卡机构应用数据	9F10	0x13	07 01 01 03 00 00 00 xx 0A 01 xx xx xx xx xx yy yy yy yy
脱机可用余额	9F5D	06	00 00 00 00 00 01

表 A.4 双币脱机交易的基本特征表

数　据	标签	长度(字节)	数　值
第二币种电子现金应用货币代码	DF71	02	03 44
第二币种卡片 CVM 限额	DF72	06	00 00 00 00 05 00
第二币种电子现金余额	DF79	06	00 00 00 02 00 00
第二币种电子现金余额上限	DF77	06	00 00 00 03 00 00
第二币种电子现金单笔交易限额	DF78	06	00 00 00 00 20 00
第二币种电子现金重置阈值	DF76	06	00 00 00 00 30 00

A.2.2.3 扩展交易测试基本特征

A.2.2.3.1 表 A.5 规定了脱机交易扩展的基本特征。

表 A.5 脱机交易扩展的基本特征表

数据对象	说　明	数　值
PDOL	密文版本 01	DF 60 01 9F 66 04 9F 02 06 9F 03 06 9F 1A 02 95 05 5F 2A 02 9A 03 9C 01 9F 37 04
	密文版本 17	DF 60 01 9F 66 04 9F 02 06 9F 37 04 5F 2A 02

表 A.5（续）

数据对象	说明	数值
分段扣费应用标识 DF61	BF0C 模板	02
卡片附加处理 9F68	所有的卡片特征	Byte1 bit 8 = 1 支持小额检查
来自应用提供商、发卡机构或卡片供应商的 1 个或多个附加(专用)数据元	DF11（前 20 字节与电子钱包 0x15 文件前 20 字节一致）	00 08 30 10 FF FF FF FF 00 00 38 88 88 01 00 00 11 17 01 00 00 00 00 00 00 00 00 00 00 00 00
电子现金分段扣费抵扣限额	DF62	00 00 00 00 00 00
电子现金分段扣费已抵扣额	DF63	00 00 00 00 00 00

A.2.2.3.2 支持脱机交易扩展应用的卡片还应初始化 2 个扩展应用专用文件：一个变长文件和一个循环文件。变长文件，其 SFI = 0x1A。

A.2.2.3.3 该文件至少可新开 14 条记录。每个记录不超过 128 字节，见表 A.6。

表 A.6 应用记录格式表

字节	数据元	长度(字节)	数据格式
1-2	记录 ID 标识	2	2701
3	记录长度	1	固定为 0x7D
4	应用有效标识	1	固定为 0x01
5-128	行业应用信息数据	124	

注 1：开通密钥：191A5F026001DF259A03019C37049F11，循环文件，其 SFI = 0x1E。
注 2：该文件包含 30 条循环记录，每个记录不超过 48 字节，开通密钥：191A5F026001DF259A03019C37049F11。

A.2.3 密钥信息

A.2.3.1 对称密钥—3DES

A.2.3.1.1 电子钱包对称密钥

电子钱包对称密钥见表 A.7。

表 A.7 电子钱包对称密钥表—3DES

密钥名称	密钥值(十六进制)
圈存主密钥(MLK_01)	D3 D6 E8 83 68 32 FD D4 70 6D 06 71 BB 8B D2 8B
圈存主密钥(MLK_02)	B1 17 DE 00 7E 79 E7 86 63 4B 73 A4 83 AE 97 46
圈提主密钥(MULK_01)	E9 38 FD DA AE 9E 5C 8C E6 A1 37 B7 F1 62 E5 7E
圈提主密钥(MULK_02)	EF FA 77 3C 95 53 3A 03 71 BB A0 B2 D5 45 73 4A
消费主密钥(MPK_01)	70 E9 BE A6 97 72 3D F8 36 05 EB BC B7 C2 C7 C4
消费主密钥(MPK_02)	6F 15 3B 35 A9 7E 1B 56 A1 F8 A3 CE 7A C5 DA E2
应用解锁主密钥(MUBK)	07 C3 EA A0 99 7C E0 26 B8 62 9A 77 CC B5 AC 9A
应用锁定主密钥(MBK)	48 39 6B 19 B5 E9 76 5F DA 25 EC 5C 39 40 58 A0
应用主控密钥(MAMK)	0F 6F F9 CC 72 20 43 71 09 39 16 F9 E8 BB F0 62
TAC 主密钥(MTK)	13 8D 34 F8 4B 20 31 FF 47 9E 71 BE FF 10 7A 76

A.2.3.1.2 电子现金对称密钥

表 A.8 给出了 3DES 算法适用的对称密钥,在使用此类密钥时,无须使用 PAN 和 PANSN 分散这些密钥。

表 A.8 电子现金对称密钥表—3DES

密 钥 名 称	密钥值(十六进制)
应用密文密钥	11 22 33 44 00 66 77 88 11 22 33 44 55 00 77 88
安全报文认证(MAC)密钥	8B 4F 85 4F 08 31 FB F2 63 5A 21 2E 4D DD B9 2A
安全报文加密密钥	11 22 00 44 55 66 77 88 11 22 33 00 55 66 77 88

A.2.3.2 对称密钥—SM4

表 A.9 描述了 SM4 算法适用的对称密钥,在使用此类密钥时,无须使用 PAN 和 PANSN 分散这些密钥。

表 A.9 电子现金对称密钥表—SM4

密 钥 名 称	密钥值(十六进制)
应用密文密钥	11 22 33 44 00 66 77 88 11 22 33 44 55 00 77 88
安全报文认证(MAC)密钥	8B 4F 85 4F 08 31 FB F2 63 5A 21 2E 4D DD B9 2A
安全报文加密密钥	11 22 00 44 55 66 77 88 11 22 33 00 55 66 77 88

A.2.3.3 发卡机构公私钥对及证书

按照 JT/T 978.2 卡片规范的要求进行公私钥对和证书的个人化。

A.2.3.4 卡片公钥证书和卡片公钥余项

无须计算卡片公钥证书(tag“9F46”)和卡片公钥余项(tag“9F48”),只需写入与卡片公钥的模的长度相等的卡片公钥证书和任意值的卡片公钥余项。

A.2.3.5 签名的静态应用数据

无须计算签名的静态应用数据(tag“93”),只需写入与发卡机构公钥的模的长度相等的签名的静态应用数据(tag“93”)。

A.2.4 电子现金卡片特征与密钥信息的对应关系

电子现金卡片特征与密钥信息的对应关系见表 A.10。

表 A.10 密 钥 对 应 表

卡片特征	采用算法	发卡机构公私钥对	卡片公私钥对	对称密钥
1	仅支持国际算法	RSA 1024 位	RSA 1024 位	3DES,见 A.2.3.1.2
2		RSA 1024 位	RSA 1024 位	3DES,见 A.2.3.1.2
3		RSA 1152 位	RSA 1152 位	3DES,见 A.2.3.1.2
4		RSA 1408 位	RSA 1408 位	3DES,见 A.2.3.1.2
5		RSA 1984 位	RSA 1976 位	3DES,见 A.2.3.1.2
6		RSA 1024 位	RSA 1024 位	3DES,见 A.2.3.1.2
7		RSA 1152 位	RSA 1152 位	3DES,见 A.2.3.1.2

表 10（续）

卡片特征	采用算法	发卡机构公私钥对	卡片公私钥对	对称密钥
8	仅支持国际算法	RSA 1408 位	RSA 1408 位	3DES，见 A.2.3.1.2
9		RSA 1984 位	RSA 1976 位	3DES，见 A.2.3.1.2
10～27		RSA 1024 位	RSA 1024 位	3DES，见 A.2.3.1.2
1～27	仅支持国密算法	SM2—推荐曲线—索引 57	SM2—推荐曲线—索引 57	SM4，见 A.2.3.2
1	支持双算法	RSA 1024 位 SM2—推荐曲线—索引 57	RSA 1024 位 SM2—推荐曲线—索引 57	3DES，见 A.2.3.1.2 SM4，见 A.2.3.2
2		RSA 1024 位 SM2—推荐曲线—索引 57	RSA 1024 位 SM2—推荐曲线—索引 57	3DES，见 A.2.3.1.2 SM4，见 A.2.3.2
3		RSA 1152 位 SM2—推荐曲线—索引 57	RSA 1152 位 SM2—推荐曲线—索引 57	3DES，见 A.2.3.1.2 SM4，见 A.2.3.2
4		RSA 1408 位 SM2—推荐曲线—索引 57	RSA 1408 位 SM2—推荐曲线—索引 57	3DES，见 A.2.3.1.2 SM4，见 A.2.3.2
5		RSA 1984 位 SM2—推荐曲线—索引 57	RSA 1976 位 SM2—推荐曲线—索引 57	3DES，见 A.2.3.1.2 SM4，见 A.2.3.2
6		RSA 1024 位 SM2—推荐曲线—索引 57	RSA 1024 位 SM2—推荐曲线—索引 57	3DES，见 A.2.3.1.2 SM4，见 A.2.3.2
7		RSA 1152 位 SM2—推荐曲线—索引 57	RSA 1152 位 SM2—推荐曲线—索引 57	3DES，见 A.2.3.1.2 SM4，见 A.2.3.2
8		RSA 1408 位 SM2—推荐曲线—索引 57	RSA 1408 位 SM2—推荐曲线—索引 57	3DES，见 A.2.3.1.2 SM4，见 A.2.3.2
9		RSA 1984 位 SM2—推荐曲线—索引 57	RSA 1976 位 SM2—推荐曲线—索引 57	3DES，见 A.2.3.1.2 SM4，见 A.2.3.2
10～26		RSA 1024 位 SM2—推荐曲线—索引 57	RSA 1024 位 SM2—推荐曲线—索引 57	3DES，见 A.2.3.1.2 SM4，见 A.2.3.2
27		RSA 1024 位 SM2—推荐曲线—索引 57	RSA 1024 位 SM2—推荐曲线—索引 57	SM4，见 A.2.3.2
28		RSA 1024 位 SM2—推荐曲线—索引 57	RSA 1024 位 SM2—推荐曲线—索引 57	3DES，见 A.2.3.1.2
31	支持国际算法	RSA 1152 位	RSA 768 位	3DES，见 A.2.3.1.2
32				
33			RSA 1024 位	
34				
35				
36				
37		RSA 1152 位	RSA 1152 位	
38				
39		RSA 1408 位	RSA 1280 位	
40				
41		RSA 1984 位	RSA 1976 位	

表 10（续）

卡片特征	采用算法	发卡机构公私钥对	卡片公私钥对	对称密钥
42	支持国际算法	RSA 1024 位	RSA 1024 位	
43				
44				
45				
46				
47		RSA 1024 位	RSA 1024 位	3DES,见 A.2.3.1.2
48		RSA 1024 位	RSA 1408 位	3DES,见 A.2.3.1.2
49		1984 位	1984 位	3DES,见 A.2.3.1.2
31 ~ 49	仅支持国密算法	SM2—推荐曲线—索引 57	SM2—推荐曲线—索引 57	SM4,见 A.2.3.2
31 ~ 43	支持双算法	同时具备上述“仅支持国际算法”的密钥和“仅支持国密算法”的密钥		
44		同时具备上述“仅支持国际算法”的密钥和“仅支持国密算法”的密钥		SM4,见 A.2.3.2
45				3DES,见 A.2.3.1.2
46 ~ 49		同时具备上述“仅支持国际算法”的密钥和“仅支持国密算法”的密钥		

A.2.5 电子现金卡片特征

A.2.5.1 卡片特征 1 ~ 19

对卡片个人化特征 1,SFI 4 的 1 号记录应存储以下数据:70 08 9F 14 01 03 9F 23 01 07;卡片特征 1 ~ 19 见表 A.11。

表 A.11 卡片特征 1 ~ 19

应用首选名称“9F12”	AIP“82”	ADA“9F52”	发卡机构认证指示位“9F56”	连续脱机交易下限“9F58”	连续脱机交易上限“9F59”
43 41 52 44 20 49 4D 41 47 45 20 30 30 30 31 卡片特征 1	5C 00 a) 支持 SDA; b) 支持持卡人认证; c) 执行终端风险管理; d) 支持发卡机构认证	82 40 a) 如果发卡机构认证失败,下次联机交易; b) 如果是新卡,联机交易; c) 如果在前次交易中 PIN 尝试次数超限,拒绝交易	80 ——强制	00	07
43 41 52 44 20 49 4D 41 47 45 20 30 30 30 32 卡片特征 2	58 00 a) 支持 SDA; b) 支持持卡人认证; c) 执行终端风险管理	82 40 a) 如果发卡机构认证失败,下次联机交易; b) 如果是新卡,联机交易; c) 如果在前次交易中 PIN 尝试次数超限,拒绝交易	N/A	03	07

表 A.11（续）

应用首选名称“9F12”	AIP“82”	ADA“9F52”	发卡机构认证指示位“9F56”	连续脱机交易下限“9F58”	连续脱机交易上限“9F59”
43 41 52 44 20 49 4D 41 47 45 20 30 30 30 33 卡片特征 3	7C 00 a） 支持 SDA； b） 支持 DDA； c） 支持持卡人认证； d） 执行终端风险管理； e） 支持发卡机构认证	82 40 a） 如果发卡机构认证失败，下次联机交易； b） 如果是新卡，联机交易； c） 如果在前次交易中 PIN 尝试次数超限，拒绝交易	00 ——可选	03	07
43 41 52 44 20 49 4D 41 47 45 20 30 30 30 34 卡片特征 4	7C 00 a） 支持 SDA； b） 支持 DDA； c） 支持持卡人认证； d） 执行终端风险管理； e） 支持发卡机构认证	1E 40 a） 如果交易拒绝脱机执行，生成通知； b） 如果在本次交易中 PIN 尝试次数超出而且交易拒绝，生成通知； c） 如果因为发卡机构认证失败或没有执行导致交易拒绝，生成通知； d） 如果是新卡，联机交易； e） 如果在前次交易中 PIN 尝试次数超限，拒绝交易	80 ——强制	03	07
43 41 52 44 20 49 4D 41 47 45 20 30 30 30 36 卡片特征 6	7C 00 a） 支持 SDA； b） 支持 DDA；—支持持卡人认证； c） 执行终端风险管理； d） 支持发卡机构认证	82 40 a） 如果发卡机构认证失败，下次联机交易； b） 如果是新卡，联机交易； c） 如果在前次交易中 PIN 尝试次数超限，拒绝交易	80 ——强制	00	07
43 41 52 44 20 49 4D 41 47 45 20 30 30 30 37 卡片特征 7	7D 00 a） 支持 SDA； b） 支持 DDA； c） 支持持卡人认证； d） 执行终端风险管理； e） 支持发卡机构认证； f） 支持复合 CDA 过程中的 GENERATE AC	82 40 a） 如果发卡机构认证失败，下次联机交易； b） 如果是新卡，联机交易； c） 如果在前次交易中 PIN 尝试次数超限，拒绝交易	80 ——强制	09	07
43 41 52 44 20 49 4D 41 47 45 20 30 30 30 38 卡片特征 8	7D 00 a） 支持 SDA； b） 支持 DDA； c） 支持持卡人认证； d） 执行终端风险管理； e） 支持发卡机构认证； f） 支持复合 CDA-GENERATE AC	80 40 a） 如果发卡机构认证失败，下次联机交易； b） 如果在前次交易中 PIN 尝试次数超限，拒绝交易	00 ——可选	03	09

表 A.11（续）

应用首选名称“9F12”	AIP“82”	ADA“9F52”	发卡机构认证指示位“9F56”	连续脱机交易下限“9F58”	连续脱机交易上限“9F59”
43 41 52 44 20 49 4D 41 47 45 20 30 30 30 39 卡片特征 9	79 00 a) 支持 SDA； b) 支持 DDA； c) 支持持卡人认证； d) 执行终端风险管理； e) 支持复合 CDA-GENERATE AC	80 40 a) 如果发卡机构认证失败，下次联机交易； b) 如果在前次交易中 PIN 尝试次数超限，拒绝交易	N/A	09	07
43 41 52 44 20 49 4D 41 47 45 20 30 30 31 30 卡片特征 10	5C 00 a) 支持 SDA； b) 支持持卡人认证； c) 执行终端风险管理； d) 支持发卡机构认证	80 00 如果发卡机构认证失败，下次联机交易	80 ——强制	03	07
43 41 52 44 20 49 4D 41 47 45 20 30 30 31 31 卡片特征 11	1C 00 a) 支持持卡人认证； b) 执行终端风险管理； c) 支持发卡机构认证	82 40 a) 如果发卡机构认证失败，下次联机交易； b) 如果是新卡，联机交易； c) 如果在前次交易中 PIN 尝试次数超限，拒绝交易	80 ——强制	03	07
43 41 52 44 20 49 4D 41 47 45 20 30 30 31 32 卡片特征 12	5C 00 a) 支持 SDA； b) 支持持卡人认证； c) 执行终端风险管理； d) 支持发卡机构认证	C2 40 a) 如果发卡机构认证失败，下次联机交易； b) 如果发卡机构认证执行但失败，拒绝交易； c) 如果是新卡，联机交易； d) 如果在前次交易中 PIN 尝试次数超限，拒绝交易	80 ——强制	09	07
43 41 52 44 20 49 4D 41 47 45 20 30 30 31 33 卡片特征 13	5C 00 a) 支持 SDA； b) 支持持卡人认证； c) 执行终端风险管理； d) 支持发卡机构认证	C6 40 a) 如果发卡机构认证失败，下次联机交易； b) 如果发卡机构认证执行但失败，拒绝交易； c) 如果因为发卡机构认证失败或没有执行导致交易拒绝，生成通知； d) 如果是新卡，联机交易； e) 如果在前次交易中 PIN 尝试次数超限，拒绝交易	80 ——强制	03	07

表 A.11（续）

应用首选名称“9F12”	AIP“82”	ADA“9F52”	发卡机构认证指示位“9F56”	连续脱机交易下限“9F58”	连续脱机交易上限“9F59”
43 41 52 44 20 49 4D 41 47 45 20 30 30 31 34 卡片特征 14	5C 00 a）支持 SDA； b）支持持卡人认证； c）执行终端风险管理； d）支持发卡机构认证	92 40 a）如果发卡机构认证失败，下次联机交易； b）如果交易拒绝脱机执行，生成通知； c）如果是新卡，联机交易； d）如果在前次交易中 PIN 尝试次数超限，拒绝交易	80 ——强制	03	07
43 41 52 44 20 49 4D 41 47 45 20 30 30 31 35 卡片特征 15	5C 00 a）支持 SDA； b）支持持卡人认证； c）执行终端风险管理； d）支持发卡机构认证	82 40 a）如果发卡机构认证失败，下次联机交易； b）如果是新卡，联机交易； c）如果在前次交易中 PIN 尝试次数超限，拒绝交易	80 ——强制	03	00
43 41 52 44 20 49 4D 41 47 45 20 30 30 31 36 卡片特征 16	5C 00 a）支持 SDA； b）支持持卡人认证； c）执行终端风险管理； d）支持发卡机构认证	83 40 a）如果发卡机构认证失败，下次联机交易； b）如果是新卡，联机交易； c）如果是新卡，当交易无法联机时拒绝交易； d）如果在前次交易中 PIN 尝试次数超限，拒绝交易	80 ——强制	03	07
43 41 52 44 20 49 4D 41 47 45 20 30 30 31 37 卡片特征 17	5C 00 a）支持 SDA； b）支持持卡人认证； c）执行终端风险管理； d）支持发卡机构认证	82 30 a）如果发卡机构认证失败，下次联机交易； b）如果是新卡，联机交易； c）如果在前次交易中 PIN 尝试次数超限，拒绝交易； d）如果在前次交易中 PIN 尝试次数超限，当交易无法联机时拒绝交易	80 ——强制	03	07
43 41 52 44 20 49 4D 41 47 45 20 30 30 31 38 卡片特征 18	5C 00 a）支持 SDA； b）支持持卡人认证； c）执行终端风险管理； d）支持发卡机构认证	93 40 a）如果发卡机构认证失败，下次联机交易； b）如果交易拒绝脱机执行，生成通知； c）如果是新卡，联机交易； d）如果是新卡，当交易无法联机时拒绝交易； e）如果在前次交易中 PIN 尝试次数超限，拒绝交易	80 ——强制	03	07

表 A.11（续）

应用首选名称“9F12”	AIP“82”	ADA“9F52”	发卡机构认证指示位“9F56”	连续脱机交易下限“9F58”	连续脱机交易上限“9F59”
43 41 52 44 20 49 4D 41 47 45 20 30 30 31 39 卡片特征 19	5C 00 a) 支持 SDA； b) 支持持卡人认证； c) 执行终端风险管理； d) 支持发卡机构认证	82 C0 a) 如果发卡机构认证失败，下次联机交易； b) 如果是新卡，联机交易； c) 如果在本次交易中 PIN 尝试次数超限，应用锁定； d) 如果在前次交易中 PIN 尝试次数超限，拒绝交易	80 ——强制	03	07

A.2.5.2 卡片特征 20

卡片特征 20 见表 A.12。

表 A.12 卡片特征 20

数据元素	值
连续脱机交易下限 9F58	0F
连续脱机交易上限 9F59	0F
连续交易限制数(国际)9F53	0F
累计交易金额限制数 9F54	000099999999
累计交易金额限制数(双货币)9F75	000000030000

应用首选名称“9F12”	AIP“82”	发卡机构认证指示位“9F56”	ADA“9F52”	连续交易限制数“9F72”	累计交易金额上限“9F5C”	第二应用货币代码“9F76”	货币转换因子“9F73”
43 41 52 44 20 49 4D 41 47 45 20 30 30 32 30 卡片特征 20	5C 00 a) 支持 SDA； b) 支持持卡人认证； c) 执行终端风险管理； d) 支持发卡机构认证	80 ——强制	C2 48 a) 如果发卡机构认证失败，下次联机交易； b) 如果发卡机构认证执行但失败，拒绝交易； c) 如果是新卡，联机交易； d) 如果在前次交易中；PIN 尝试次数超限，拒绝交易； e) 如果发卡机构脚本命令在前次交易中失败，联机交易	05	000000005000	0826	20000175

A.2.5.3 卡片特征 24

卡片特征 24 见表 A.13。

表 A.13 卡片特征 24

应用首选名称"9F12"	应用交易计数器"9F36"
43 41 52 44 20 49 4D 41 47 45 20 30 30 32 34	FF FD

A.2.5.4 卡片特征 5,25,26

卡片特征 5,25,26 见表 A.14。

表 A.14 卡片特征 5,25,26

<table>
<tr><th colspan="4">数 据 元 素</th><th colspan="4">值</th></tr>
<tr><td colspan="4">连续国际交易下限 9F58</td><td colspan="4">0F</td></tr>
<tr><td colspan="4">连续脱机交易上线 9F59</td><td colspan="4">0F</td></tr>
<tr><td colspan="4">连续交易限制数(国际)9F53</td><td colspan="4">0F</td></tr>
<tr><td colspan="4">累计交易金额限制数 9F54</td><td colspan="4">000099999999</td></tr>
<tr><td>应用首选名称"9F12"</td><td>AIP "82"</td><td>AIA "9F 56"</td><td>ADA "9F52"</td><td>连续交易限制数"9F72"</td><td>累计交易金额限制数(双货币)"9F75"</td><td>第二应用货币代码"9F 76"</td><td>货币转换因子"9F73"</td></tr>
<tr><td>43 41 52 44 20 49 4D 41 47 45 20 30 30 30 35
卡片特征 5</td><td>7C 00
a) 支持 SDA;
b) 支持 DDA;
c) 支持持卡人认证;
d) 执行终端风险管理;
e) 支持发卡机构认证</td><td>80
强制</td><td>82 40
a) 如果发卡机构认证失败,下次联机交易;
b) 如果是新卡,联机交易;
c) 如果在前次交易中;PIN 尝试次数超限,拒绝交易</td><td>0F</td><td>000000015000</td><td>0826</td><td>20000175</td></tr>
<tr><td>43 41 52 44 20 49 4D 41 47 45 20 30 30 32 35
卡片特征 25</td><td>5C 00
a) 支持 SDA;
b) 支持持卡人认证;
c) 执行终端风险管理;
d) 支持发卡机构认证</td><td>80
强制</td><td>82 40
a) 如果发卡机构认证失败,下次联机交易;
b) 如果是新卡,联机交易;
c) 如果在前次交易中;PIN 尝试次数超限,拒绝交易</td><td>03</td><td>000000015000</td><td>0826</td><td>20000175</td></tr>
</table>

表 A.14（续）

应用首选名称"9F12"	AIP "82"	AIA "9F 56"	ADA "9F52"	连续交易限制数 "9F72"	累计交易金额限制数（双货币）"9F75"	第二应用货币代码 "9F 76"	货币转换因子 "9F73"
43 41 52 44 20 49 4D 41 47 45 20 30 30 32 36 卡片特征 26	5C 00 a) 支持 SDA； b) 支持持卡人认证； c) 执行终端风险管理； d) 支持发卡机构认证	00 可选	82 40 a) 如果发卡机构认证失败，下次联机交易； b) 如果是新卡，联机交易； c) 如果在前次交易中；PIN 尝试次数超限，拒绝交易	03	000000015000	0826	20000175

A.2.5.5　卡片特征 27

卡片特征 27 见表 A.15。

表 A.15　卡片特征 27

应用首选名称"9F12"	应用标识符"84"
43 41 52 44 20 49 4D 41 47 45 20 30 30 32 37	A0 00 00 06 32 01 01

A.2.5.6　卡片特征 28

本特征仅适用于双算法模板，按卡片特征 27 个人化，对称密钥算法不同。

A.2.5.7　卡片特征 31

卡片特征 31 见表 A.16。

表 A.16　卡片特征 31

	AIP"82"	卡片附加处理	卡片交易属性	LOATC
卡片特征 31	70 00——脱机交易 AIP a) 支持 SDA； b) 支持 DDA； c) 支持持卡人认证	92 70 10 00 a) 支持小额检查； b) 支持新卡检查； c) 卡优先选择接触式联机； d) 不允许不匹配货币的交易； e) 如果是新卡且读卡器仅支持脱机则拒绝交易； f) 支持签名； g) 脱机交易脱机批准的交易，卡片记录交易日志	30 00	1

A.2.5.8　卡片特征 32

卡片特征 32 见表 A.17。

表 A.17 卡片特征 32

	AIP“82”	卡片附加处理	卡片交易属性	CTTAUL
卡片特征 32	70 00——脱机交易 AIP a) 支持 SDA; b) 支持 DDA; c) 支持持卡人认证	44 00 50 00 a) 支持小额和 CTTA 检查; b) 允许货币不匹配的脱机交易; c) 不匹配货币的交易支持联机 PIN; d) 支持签名	30 00	102.00

A.2.5.9 卡片特征 33

卡片特征 33 见表 A.18。

表 A.18 卡片特征 33

	AIP“82”	卡片附加处理	密文版本	卡片 CVM 限额	CTTAUL
卡片特征 33	70 00——脱机交易 AIP a) 支持 SDA; b) 支持 DDA; c) 支持持卡人认证	41 20 80 00 a) 支持小额和 CTTA 检查; b) 返回脱机消费可用余额; c) 如果是新卡且读卡器仅支持脱机则拒绝交易; d) 匹配货币的交易支持联机 PIN	01	00 00 00 00 11 00	110

A.2.5.10 卡片特征 34

卡片特征 34 见表 A.19。

表 A.19 卡片特征 34

	AIP“82”	卡片附加处理	密文版本	CTTAL	CTTAUL
卡片特征 34	70 00——脱机交易 AIP a) 支持 SDA; b) 支持 DDA; c) 支持持卡人认证	21 00 F0 00 a) 支持小额或 CTTA 检查; b) 返回脱机消费可用余额; c) 匹配货币的交易支持联机 PIN; d) 不匹配货币的交易支持联机 PIN; e) 对于不匹配货币交易,卡要求 CVM; f) 支持签名	01	50.00	102.00

A.2.5.11 卡片特征 35

卡片特征 35 见表 A.20。

表 A.20 卡片特征 35

	AIP"82"	卡片附加处理	卡片 CVM 限额	CTTAL	CTTAUL
卡片特征 35	70 00——脱机交易 AIP a) 支持 SDA; b) 支持 DDA; c) 支持持卡人认证	41 10 20 00 a) 支持小额和 CTTA 检查; b) 返回脱机消费可用余额; c) 对于不匹配货币交易,卡要求 CVM; d) 脱机交易脱机批准的交易,卡片记录交易日志	00 00 00 00 11 00	70.00	不存在

A.2.5.12 卡片特征 36

卡片特征 36 见表 A.21。

表 A.21 卡片特征 36

	AIP"82"	卡片附加处理	CTTAL	CTTAUL
卡片特征 36	70 00—— 脱机交易 AIP a) 支持 SDA; b) 支持 DDA; c) 支持持卡人认证	01 00 10 00 a) 返回脱机消费可用余额; b) 支持签名	不存在	不存在

A.2.5.13 卡片特征 37

卡片特征 37 见表 A.22。

表 A.22 卡片特征 37

	AIP"82"	卡片附加处理	PDOL	密文版本	LOATC	卡片 CVM 限额和第二币种卡片 CVM 限额
卡片特征 37	70 00——脱机交易 AIP a) 支持 SDA; b) 支持 DDA; c) 支持持卡人认证	83 10 40 00 a) 支持小额检查; b) 卡优先选择接触式联机; c) 返回脱机消费可用余额; d) 不匹配货币的交易支持联机 PIN; e) 脱机交易脱机批准的交易,卡片记录交易日志	支持国密算法:9F 66 04 9F 02 06 9F 37 04 5F 2A 02 DF 69 01 不支持国密算法:9F 66 04 9F 02 06 9F 37 04 5F 2A 02	17	0	00 00 00 00 11 00

A.2.5.14 卡片特征 38

卡片特征 38 见表 A.23。

表 A.23 卡片特征 38

	AIP“82”	卡片附加处理	PDOL	密文版本	“9F17”
卡片特征 68	70 00——脱机交易 AIP a) 支持 SDA; b) 支持 DDA; c) 支持持卡人认证	81 0 30 00 a) 支持小额检查; b) 卡片不选择接触式联机; c) 返回脱机消费可用余额; d) 对于不匹配货币交易,卡要求 CVM; e) 支持签名	支持国密算法:9F 66 04 9F 02 06 9F 37 04 5F 2A 02 DF 69 01 不支持国密算法:9F 66 04 9F 02 06 9F 37 04 5F 2A 02	17	0

A.2.5.15 卡片特征 39

卡片特征 39 见表 A.24。

表 A.24 卡片特征 39

	AIP“82”	卡片附加处理	应用交易计数器“9F36”	“9F17”	CTTAL
卡片特征 39	70 00——脱机交易 AIP a) 支持 SDA; b) 支持 DDA; c) 支持持卡人认证	2C 00 F0 00 a) 支持小额或 CTTA 检查; b) 支持 PIN 重试次数超过检查; c) 允许货币不匹配的脱机交易; d) 匹配货币的交易支持联机 PIN; e) 对于不匹配货币交易,卡要求 CVM; f) 支持签名	FF E0	0	50.00

A.2.5.16 卡片特征 40

卡片特征 40 见表 A.25。

表 A.25 卡片特征 40

	AIP“82”	卡片附加处理	“9F17”	CTTAL	CTTAUL
卡片特征 40	70 00——脱机交易 AIP a) 支持 SDA; b) 支持 DDA; c) 支持持卡人认证	24 10 B0 00 a) 支持小额或 CTTA 检查; b) 允许货币不匹配的脱机交易; c) 匹配货币的交易支持联机 PIN; d) 对于不匹配货币交易,卡要求 CVM; e) 支持签名; f) 脱机交易脱机批准的交易,卡片记录交易日志	3	50.00	102.00

A.2.5.17 卡片特征 41

卡片特征 41 见表 A.26。

表 A.26 卡片特征 41

	AIP"82"	卡片附加处理	"9F17"	CTTAL	CTTAUL
卡片特征 41	50 00 ——脱机交易 AIP a) 支持 SDA; b) 支持 DDA; c) 支持持卡人认证	45 90 F0 00 a) 支持小额和 CTTA 检查; b) 允许货币不匹配的脱机交易; c) 返回脱机消费可用余额; d) 支持预付; e) 匹配货币的交易支持联机 PIN; f) 对于不匹配货币的交易支持联机 PIN; g) 对于不匹配货币交易,卡要求 CVM; h) 支持签名; i) 脱机交易脱机批准的交易,卡片记录交易日志	3	50.00	102.00

A.2.5.18 卡片特征 42

卡片特征 42 见表 A.27。

表 A.27 卡片特征 42

	AIP"82"	卡片附加处理	PDOL	"9F17"	
卡片特征 42	70 00——脱机交易 AIP a) 支持 SDA; b) 支持持卡人认证; c) 支持 DDA	85 80 F0 00 a) 支持小额检查; b) 允许货币不匹配的脱机交易; c) 返回脱机消费可用余额; d) 支持预付; e) 匹配货币的交易支持联机 PIN; f) 对于不匹配货币的交易支持联机 PIN; g) 对于不匹配货币交易,卡要求 CVM; h) 支持签名	9F 66 04 9F 02 06 9F 03 06 9F 1A 02 95 05 5F 2A 02 9A 03 9C 01 9F 37 04	3	

A.2.5.19 卡片特征 43

卡片特征 43 见表 A.28,此特征的非接触界面下的 PDOL 9F38 应设置为 9F 66 04 9F 02 06 9F 03 06

9F 1A 02 95 05 5F 2A 02 9A 03 9C 01 9F 37 04(即不含有 SM 算法支持指示器)。

表 A.28 卡 片 特 征 43

	AIP“82”	卡片附加处理	PDOL	CTTAL	CTTAUL
卡片特征 43	70 00——脱机交易 AIP a) 支持 SDA; b) 支持 DDA; c) 支持持卡人认证	8D 00 30 00 a) 支持小额检查; b) 支持 PIN 重试次数超过检查; c) 允许货币不匹配的脱机交易; d) 返回脱机消费可用余额; e) 对于不匹配货币交易,卡要求 CVM; f) 支持签名	9F 66 04 9F 02 06 9F 03 06 9F 1A 02 95 05 5F 2A 02 9A 03 9C 01 9F 37 04	不存在	不存在

A.2.5.20 卡片特征 44

卡片特征 44 见表 A.29。

表 A.29 卡 片 特 征 44

	AIP“82”	卡片附加处理	密文版本	CTTAUL
卡片特征 44	70 00——脱机交易 AIP a) 支持 SDA; b) 支持 DDA; c) 支持持卡人认证	41 20 80 00 a) 支持小额和 CTTA 检查; b) 返回脱机消费可用余额; c) 如果是新卡且读卡器仅支持脱机则拒绝交易; d) 匹配货币的交易支持联机 PIN	01	110

A.2.5.21 卡片特征 45

卡片特征 45 见表 A.30。

表 A.30 卡 片 特 征 45

	AIP“82”	卡片附加处理	密文版本	卡片 CVM 限额	CTTAUL
卡片特征 45	70 00——脱机交易 AIP a) 支持 SDA; b) 支持 DDA; c) 支持持卡人认证	51 20 80 00 a) 支持小额和 CTTA 检查; b) 支持新卡检查; c) 返回脱机消费可用余额; d) 如果是新卡且读卡器仅支持脱机则拒绝交易; e) 匹配货币的交易支持联机 PIN	01	00 00 00 00 11 00	110

A.2.5.22 卡片特征 46

卡片特征 46 见表 A.31。

表 A.31 卡片特征 46

数据对象	标签	长度(字节)	值
AIP	82	02	70 00 ——脱机交易 AIP a) 支持 SDA; b) 支持持卡人认证; c) 支持 DDA
卡片附加处理	9F68	04	81 00 00 00 a) 支持小额检查; b) 返回脱机消费可用余额
电子现金余额	9F79	06	00 00 00 10 00 00
电子现金余额上限	9F77	06	00 00 00 50 00 00
电子现金单笔交易限额	9F78	06	00 00 00 10 00 00
电子现金重置阈值	9F6D	06	00 00 00 00 00 00
卡片交易属性	9F6C	02	00 00
卡片 CVM 限额	9F6B	06	00 00 00 10 00 00
连续交易限制数(国际—货币)	9F53	01	00

A.2.5.23 卡片特征 47

卡片特征 47 见表 A.32。

表 A.32 卡片特征 47

数据对象	标签	长度(字节)	值
可用脱机消费金额	9F5D	06	00 00 00 00 00 01
电子现金分段扣费透支限额	DF62	06	00 00 00 10 00 00
电子现金分段扣费已透支额	DF63	06	00 00 00 00 00 00

A.2.5.24 卡片特征 48,49

数据同卡片特征 31,区别在于选用的密钥长度,具体见本部分第 A.2.4。

A.2.6 电子钱包卡片特征

电子钱包卡片特征见表 A.33 ~ 表 A.35。

表 A.33 数据文件内容规定表

文件标识	0x15
文件类型	二进制数据文件
文件大小	0x1E
文件存取控制	读:自由

表 A.33（续）

文件标识		0x15
字　节	数　据　元	数　值
1~8	发卡机构代码	00 08 30 10 FF FF FF FF
9	应用类型标识	00
10	发卡机构应用版本	00
11~20	应用主账号	03 88 88 80 10 00 00 00 11 17
21~24	应用启用日期(YYYYMMDD)	20 14 06 12
25~28	应用有效日期(YYYYMMDD)	20 99 12 30
29~30	发卡机构自定义 FCI 数据	00 00

表 A.34　持卡人基本信息文件表

文 件 标 识		0x16
文件类型		二进制数据文件
文件大小		0x37
文件存取控制		读:自由
字节	数据元	数值
1	持卡人类型标识	00
2	本机构职工标识	00
3~22	持卡人姓名	初始化全 00
23~54	持卡人证件号码	初始化全 00
55	持卡人证件类型	00

表 A.35　管理信息文件表

文 件 标 识		0x17
文件类型		二进制数据文件
文件大小		0x3C
文件存取控制		读:自由
字节	数据元	数值
1~4	国际代码	00 00 00 00
5~6	省级代码	00 00
7~8	城市代码	30 10
9~10	互通卡种	FF FF
11	卡种类型	00
12~60	预留	初始化全 00

附 录 B
（资料性附录）
终端应用送检示例

B.1 文档

在送检时提交下列文档：终端的安装和使用手册、终端应用功能测试终端功能陈述文档。

B.2 送检终端

B.2.1 在送检时提交下列终端和相关内容：提供送检终端；

B.2.1.1 终端中的 AID 建议由检测方添加或删除，并且对应于每个 AID 的 ASI 应可配置，下列 AID 预先备下装到终端中：

AID1——A0 00 00 06 32 01 01
AID2——A0 00 00 06 32 10 10
AID3——A0 00 00 06 32 10 10 03
AID4——A0 00 00 06 32 10 10 04
AID5——A0 00 00 06 32 10 10 05
AID6——A0 00 00 06 32 10 10 06
AID7——A0 00 00 06 32 10 10 07
AID8——A0 00 00 00 99 90 90
AID9——A0 00 00 99 99 01
AID10——A0 00 00 00 04 10 10
AID11——A0 00 00 00 65 10 10

B.2.1.2 根公钥模建议可独立下装，并且下列的根公钥模应被预先下装到终端中：

公钥索引‘80’‘57’‘58’‘61’‘62’‘63’‘64’‘65’‘66’‘94’‘96’‘97’‘50’‘51’‘53’对应 RID’A0 00 00 06 32’；

公钥索引‘E1’‘E2’‘E3’‘E4’‘E5’‘E6’对应 RID‘A0 00 00 99 99’；

公钥索引‘FE’‘FC’‘FB’‘FD’‘FA’‘FF’对应 RID‘A0 00 00 00 04’；

公钥索引‘02’或‘03’对应 RID‘A0 00 00 00 65’。

B.2.1.3 CA 公钥模的值请按照终端规范要求格式设置：

B.2.1.3.1 终端风险管理

终端支持异常文件检查，终端中的异常文件应该可以由测试人员配置。预先将下列账号写入异常文件：卡号为 47 61 73 90 01 01 00 10 。

基于对终端风险管理的支持情况，下列项应可由测试人员配置：最低限额、随机选择目标百分数、偏置随机选择阈值、偏置随机选择的最大目标百分数。

B.2.1.3.2 终端行为码

终端支持终端行为码，可由测试人员修改配置；如果终端不支持终端行为码，指出缺省的假设值。

B.2.1.3.3 应用版本号

存储在终端中的应用版本号设置为‘008C’。

B.2.1.3.4 终端国家代码

终端的国家代码设为‘0840’。

图书在版编目(CIP)数据

城市公共交通 IC 卡技术规范 ：JT/T 978—2015 / 中华人民共和国交通运输部主编. — 北京 ：人民交通出版社股份有限公司, 2015.6

ISBN 978-7-114-12269-9

Ⅰ. ①城… Ⅱ. ①中… Ⅲ. ①城市交通—公共交通系统—IC 卡—技术规范 Ⅳ. ①U491-65②TN43-65

中国版本图书馆 CIP 数据核字(2015)第 114251 号

标准类型: 中华人民共和国交通运输行业标准
标准名称: 城市公共交通 IC 卡技术规范
标准编号: JT/T 978—2015
主编单位: 中华人民共和国交通运输部
责任编辑: 李 农 张 鑫 潘艳霞
出版发行: 人民交通出版社股份有限公司
地　　址: (100011)北京市朝阳区安定门外外馆斜街 3 号
网　　址: http://www.ccpress.com.cn
销售电话: (010)59757973
总 经 销: 人民交通出版社股份有限公司发行部
经　　销: 各地新华书店
印　　刷: 北京市密东印刷有限公司
开　　本: 880×1230　1/16
印　　张: 28.75
字　　数: 870 千
版　　次: 2015 年 6 月　第 1 版
印　　次: 2015 年 6 月　第 1 次印刷
书　　号: ISBN 978-7-114-12269-9
定　　价: 180.00 元